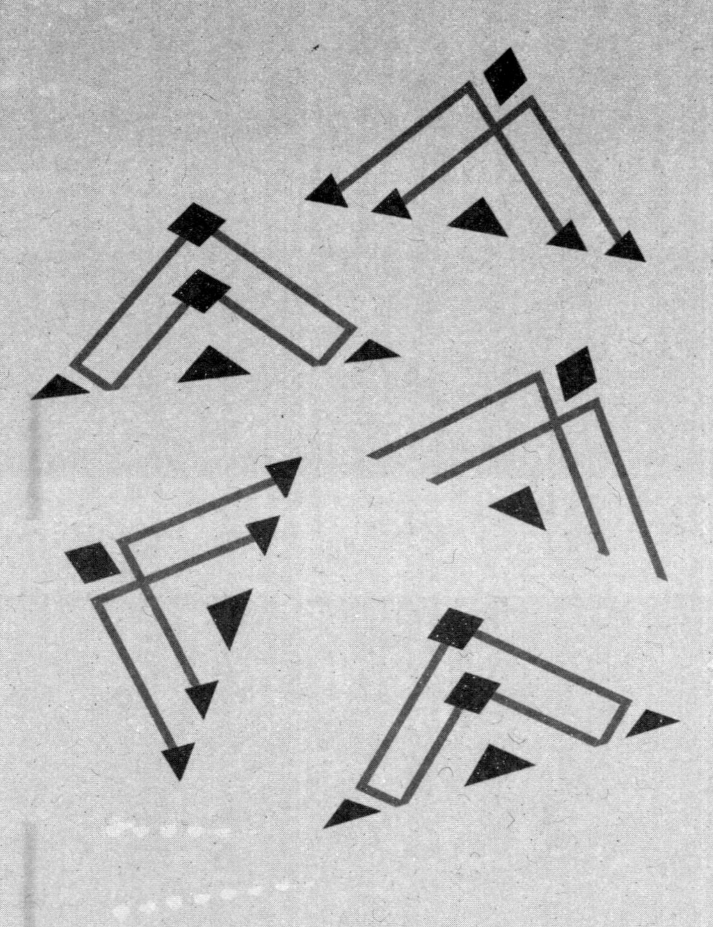

心理学译丛·教材系列

跨文化心理学

批判性思维和当代的应用

(第4版)

Cross-Cultural Psychology Critical Thinking and Contemporary Applications 4th Edition

[美] 埃里克·B·希雷(Eric B. Shiraev)
戴维·A·利维(David A. Levy) 著
侯玉波 等译

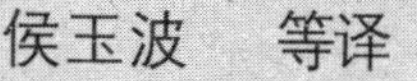

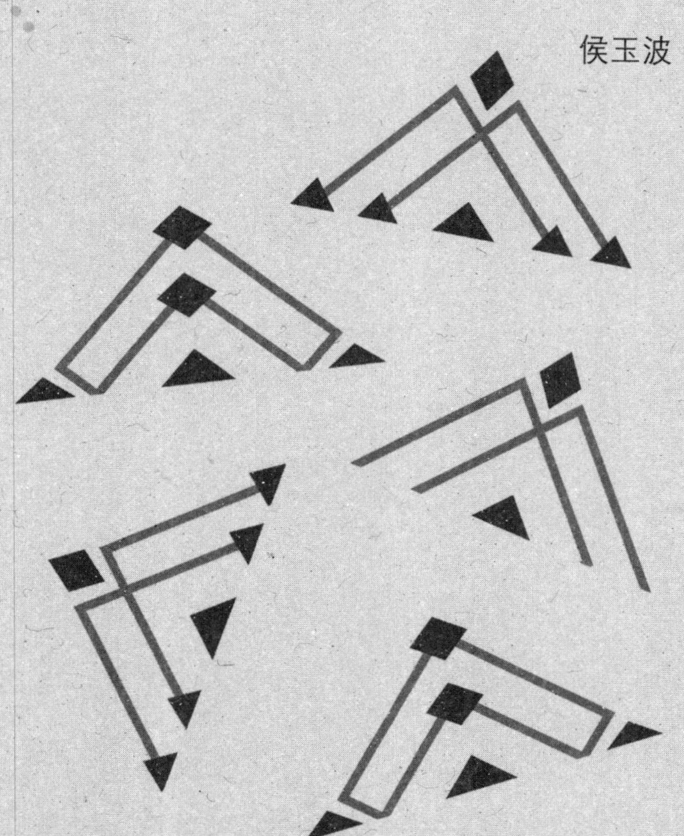

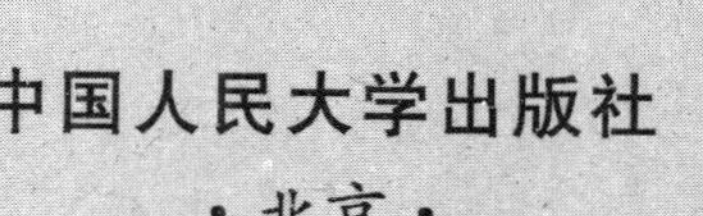

中国人民大学出版社
·北京·

心理学译丛·教材系列
出版说明

我国心理学事业近年来取得了长足的发展。在我国经济、文化建设及社会活动的各个领域，心理学的服务性能和指导作用愈发重要。社会对心理学人才的需求愈发迫切，对心理学人才的质量和规格要求也越来越高。为了使我国心理学教学更好地与国际接轨，缩小我国在心理学教学上与国际先进水平的差距，培养具有国际竞争力的高水平心理学人才，中国人民大学出版社特别组织引进“心理学译丛·教材系列”。这套教材是中国人民大学出版社邀请国内心理学界的专家队伍，从国外众多的心理学精品教材中，优中选优，精选而出的。它与我国心理学专业所开设的必修课、选修课相配套，对我国心理学的教学和研究将大有裨益。

入选教材均为欧美等国心理学界有影响的知名学者所著，内容涵盖了心理学各个领域，真实反映了国外心理学领域的理论研究和实践探索水平，因而受到了欧美乃至世界各地的心理学专业师生、心理学从业人员的普遍欢迎。其中大部分教材多次再版，影响深远，历久不衰，成为心理学的经典教材。

本套教材以下特点尤为突出：

● 权威性。本套教材的每一本都是从很多相关版本中反复遴选而确定的。最终确定的版本，其作者在该领域的知名度高，影响力大，而且该版本教材的使用范围广，口碑好。对于每一本教材的译者，我们也进行了反复甄选。

● 系统性。本套教材注重突出教材的系统性，便于读者更好地理解各知识层次的关系，深入把握各章节内容。

● 前沿性。本套教材不断地与时俱进，将心理学研究和实践的新成果和新理论不断地补充进来，及时进行版次更新。

● 操作性。本套教材不仅具备逻辑严密、深入浅出的理论表述、论证，还列举了大量案例、图片、图表，对理论的学习和实践的指导非常详尽、具体、可行。其中多数教材还在章后附有关键词、思考题、练习题、相关参考资料等，便于读者的巩固和提高。

这套教材的出版，当能对我国心理学的教学和研究具有极大的参考价值和借鉴意义。

中国人民大学出版社

前 言

欢迎走进21世纪的跨文化心理学。这是一个激动人心的崭新领域，它拥有着迷人的内容、重要的应用价值，以及充满挑战性的目标和抱负，但在有些时候几乎难以跟上当今时代环境飞速变化的步伐。

看看我们周遭的世界吧。那些无法逾越的屏障——无论是字面意义上的还是象征意义上的——虽然在过去的成百上千年里一直将人们分隔开来，但现在已经逐渐分崩离析，并最终在我们的眼前坍塌。在相对来说很短的一段历史时期内，电话、广播、电视、电影，以及更近一些的电脑、电子邮件、手机和互联网，正在剧烈地改变着我们关于时间、空间、文化以及彼此的认知。轻轻的一个点击，只要一瞬间，你事实上已经身处在地球的另一边，甚至可能到了另一个星球上。

我们正在以一种人类历史上前所未见的——甚至是无法想象的——规模，从一个地方旅行、迁徙到另一个地方。仅仅美国一个国家，每年就要吸纳500 000名新公民，并接受将近400 000名国际学生。越来越多的欧洲国家正在走向经济和政治的一体化。香港已经回归了中国。从北爱尔兰到毛里塔尼亚，从波斯尼亚到萨尔瓦多，许多民族、社会和宗教的冲突都已经停息，过去的仇敌坐到了谈判桌前。数百万人知晓了人权的概念，并开始尝试相互包容。人们意识到，他们其实共享着许多共同的习俗、观念与愿望。这个世界确实已经变小了。

真的如此吗？这些乐观主义的信念是不是缺乏事实基础，更多地基于美好的愿望而不是经验证据？我们是不是犯了一种认知上的错误，混淆了"是"和"应该是"的界限？考察当今之世界，我们可以确信，不同文化群体之间的基本差异是——并且总是——不可调和的。我们可以这样说，所谓的"文明"、"文化启蒙"或者"社会革命"，在很大程度上不过是一种幻觉。在这些脆弱外壳的下面，潜伏着人类的原始本能：自私、贪婪和暴力。的确，我们已经取得了一些进步。但是，许多国家仍然被民族和宗教的界限所分割。国际恐怖主义已经成为了一个严重的问题。全世界的少数民族群体一直被排斥、威胁和攻击。属于不同民族和宗教群体的数百万人不断地成为系统性暴力活动的目标。本土政治家拒绝在他们的国家里宣扬人权，并给这些诉求贴上"文化扩张主义"的标签。各个民族群体并没有"融合"到一起，跨文化婚姻的数量也没有上升。国际紧张关系、恐怖活动和民族冲突确实正在无可否认地增长。想一想中东、塞拉利昂、东帝汶、苏丹、克什米尔、塞浦路斯……我们有什么确实的理由相信，这个名单不会继续变长？

即使世界确实正在变小，这又意味着什么呢？对于一些个人来说，"更小"意味着共享、关联与友情。但是对于其他人来说，这等同于促狭、拥挤和束缚。我们现在身处何地，正在走向何方？

在寻找类似这样的问题的答案时，我们发现了大量的理论、研究、书籍、期刊文章和网络站点。然而，经过仔细的审视，这些东西并不是特别鼓舞人心的，甚至不能说很有用：许多理论没有支持、许多发现相互矛盾、许多姿态是防御性和情绪化的、许多思考非常不清晰。

如何才能够将这些东西整理出头绪？有没有一种方法可以从麦麸中筛选出小麦？我们通过什么方法才可以做出明智的决策？

对于这些问题，我们已经纠结了很长时间；简要地说，在很大程度上，正是这些问题促使我们写出了这本书。关于我们合作的背景，有几个方面值得关注一下。虽然我们年龄相仿，拥有许多共同的特点（从职业选择到音乐品位），但是我们成长在非常不同的世界里。本书的第一作者埃里克·B·希雷（Eric B. Shiraev）出生并成长在苏联的列宁格勒（现更名为圣彼得堡。——译者注），他在那里获得了第一个学位，此后去了美国弗吉尼亚州。他是一名教授，独著、合著过11本书。本书的第二作者戴维·A·利维（David A. Levy）来自加利福尼亚州的南部，他在那里接受了正式的教育和训练，现在是一名心理学教授、心理治疗师、作者和研究者。

所以说，我们每个人都为这本书的写作带来了一套独特的经验和视角。我们为彼此背景的相似和差异而感到惊讶，并希望将这种互补性的优势发挥到极致。

在讨论过去经历的时候，我们发现在当初进入大学的时候，我们对于跨文化心理学都没有什么了解。到了开始读研究生的时候（埃里克在国立列宁格勒大学，戴维在加州大学洛杉矶分校），我们对其的兴趣已经开始增长。但是，对跨文化心理学真正着迷是在很久之后，确切地说是当我们各自在对方的祖国从事了一段时间的教学工作之后。这种吸引力从没有衰减，一直持续到今天。

本书的目标。我们努力将自身从以往的教育、研究、训练和生活经历中获得的知识提炼融合，得到了四个具有可操作性的主要目标。

- 向大学生介绍跨文化心理学这个领域。
- 理解当代跨文化心理学中的理论和研究。
- 为读者——包括教师和学生——提供一套有效的批判性思考工具，用来检验、分析和评估跨文化心理学这个特定的领域，以及一般性的教育领域。
- 帮助来自各个不同领域和部门的当前和未来的从业者。

目标读者。这本书在编写时考虑了以下的读者群和适用范围：

1. 作为不同专业（包括但不限于心理学、社会学、人类学、教育学、哲学、新闻学、政治学等）本科生的主修或辅助教材。
2. 作为心理学、社会工作、教育学、法律、新闻学、护理、商学和公共管理等专业的研究生的辅助教材。
3. 临床心理学家、咨询师和社会工作者。
4. 教育家和其他在当代多文化环境中工作的从业者。

整体概览。本书包括12章。前两章综述了跨文化心理学中关键的理论、流派和研究方法。第3章介绍了批判性思考的原则，并且通过鉴别常见错误和提供解决办法，将这些工具直接应用到了跨文化心理学的主题当中。第4章关注于感觉、知觉和意识状态的跨文化层面。第5章探讨了跨文化心理学和智力的关系。第6章和第7章依次包含了关于情绪和动机的跨文化分析。关于人类发展和社会化的问题被放到了第8章。第9章关注于从跨文化的观点诊断、治疗和解释心理障碍。第10章和第11章的主题是对于社会知觉和社会互动的跨文化解释。最后，第12章确定了跨文化心理学的几个应用问题。

这本书有哪些不同？

强调批判性思考

我们坚信批判性思考可能是高等教育和学习中最关键的、最必不可少的成分。虽然教育界对于这个主张已经有了广泛的共识，但是根据我们的经验，批判性思考的具体工具很少地——如果有的话——被提供给参加课程的学生。换句话说，人们可能相信批判性思考的价值，但是却不知道应该如何去做。本书希望弥补这种矛盾的局面。

我们将批判性思考视为一系列的技巧，这些技巧可以被成功地传授和学习。所以，我们为读者提供了具体的策略、方法和技术（伴随着大量的练习），以期达成这个目标。基于本书的主题，每条批判性思考的原则（“元思维”）主要通过当代跨文化心理学的理论和应用来加以说明。但是请牢记，这些原则超越了任何特定主题的限制，可以被应用到许多不同的领域之中。

从一种意义上讲，我们使用批判性思考来教授跨文化心理学；从另一种意义上讲，我们使用跨文化心理学来教授批判性思考。这种双向关系强调了思维和学习中“内容”和“过程”的相互依赖。

用于促进学习的教学特点

我们在本书中囊括了许多不同种类的教学工具。

- **练习**：30个练习被策略性地安排在本书的各个部分。这些练习可以通过各种方式来利用，包括课堂讨论、演示、辩论、个人或小组家庭作业、学期论文以及口头报告。我们特意编写了一些“批判性思考”专栏，用来为发展那些与跨文化心理学有关的批判性思考技术提供练习。
- **本章总结和关键词**列表呈现在每章的末尾。
- **“经典案例”专栏**：在一些情况下，生动的例子或故事本身就足以说明一切。每章中有一个特别部分，用于回顾和说明跨文化心理学中的争议性主题，展示案例和研究结果，并介绍关于不同文化背景下人类行为的不同观点。
- **“跨文化敏感性”专栏**：这一部分——出现在每章中——展示了一些有争议的论述和行为，强调了人际交流中共情的重要性。
- **引语**：许多引语出现在本书的各个章节。使用这些引语的目的包括：提供不同的观点，激发读者的兴趣和好奇心，使用幽默作为一种手段来促进学习，以及引导批判性思考。引语的来源包括马丁·路德·金博士、欧玛尔·海亚姆、孔子、莫罕达斯·甘地、老子、阿尔伯特·爱因斯坦、P. T. 巴纳姆、弗拉基米尔·纳博科夫、R. D. 莱恩、杰基·梅森、米格尔·德·塞万提斯、《圣经》，以及来自不同文化的民俗谚语（中国的、俄罗斯的、犹太人的，等等）。
- **小品文**：每章内容始于一段小品文，即一段与本章内容有关的、关于真实生活案例、情景或问题的描述。

关注于当代的应用问题

我们努力使这本书尽可能地有用处、有实践性，并且与重大问题相关联。作为这种努力的结果，我们讨论了各种当代应用的主题，并且从跨文化的角度分析了当代社会正在面临的——或者在近期和远期的未来可能面临的——一系列复杂问题。贯穿始终地，我们试图达成一种平衡，使得本书不会太过于理论化（以至于对于真实世界没有太大用处），也不会过于具体（从而不能培养读者独立思考）。

第 4 版中的更新和变化

这一版本增加了133条新的引文。具体来说，这一版本包括了许多新的研究和理论数据，主题涉及传统和非传统文化、宗教认同集体主义、社会知觉、睡眠、催眠、附身信念、智力、思维、情绪理解、暴力、身体虐待、性行为、荣誉、儿童发展、态度、言语交流、焦虑和焦虑障碍、情绪障碍、文化束缚症候群、精神分裂症、灵性、风俗、进食障碍、进化心理学、心理障碍的治疗以及文化适应。

这一版本也包括新的研究数据，这些数据来自不同国家和地区的样本，例如荷兰、美国、俄罗斯、阿拉伯国家、印度、中国、德国、加拿大、马来西亚、日本、肯尼亚、罗马尼亚、英国、柬埔寨、博茨瓦纳、巴西、赞比亚、芬兰、冰岛、土耳其、奥地利、墨西哥和中国台湾。这一版本还包括关于不同移民群体、穆斯林、基督徒、本土美国人、阿拉伯裔美国人、拉丁裔美国人和非裔美国人的新数据。

第1、2、5、7、10和12章经历了最明显的重写和改进。这些章节里包括了关于情绪、动机、社会和民族刻板印象、治疗以及应用问题的新主题。

总的来说，我们希望将我们自己的价值观清晰地呈现出来，而不是把它们呈现为“事实”或“真相”。我们相信，尽管存在各种民族、文化、宗教、种族和国家的差异，但人们可以（事实上也应该）学会彼此理解、尊重和宽容。排除过度的乐观主义，我们确实相信，知识、理性和同情心在帮助我们实现这些目标方面有巨大的潜力。

的确，跨文化心理学本身并不能够单独解决人类所面临的根本问题。但是，知识与意愿的结合肯定可以创造出积极的心理氛围，从而逐渐产生出有效的解决办法。我们希望我们对于跨文化心理学和批判性思考的热情具有感染力，并且能够促进读者自身的学术、职业和个人成长。

致　谢

任何一个像这种规模的项目，如果没有许多人做出宝贵的贡献、帮助和支持，都不可能实现。同行和审稿人富有洞察力的反馈和建议，研究助手勤奋的工作，亲友们的耐心和理解，都使我们深深地获益。我们特别感谢的人有：Tamara Levy、Elizabeth Laugeson、Maykami L. McClure、Beth Levy、Jacob Levy、Briana Levy、Zorro Levy、Emma Levy、Dmitry Shiraev、Dennis Shiraev、Nicole Shiraev、Oh Em Tee、Thomas Szasz、Fuji Collis、Don Kilburg、Evangeline Wheeler、Alex Main、Susan Siaw、Gerald Boyd、Vlad Zubok、Elena Vitenberg、Anthony Galitsky、Diana Smith、Mary Jo Carnot、Beverly A. Farrow、Bruno Bornet、Yola Ghammashi、Buraq Amin、Janett Chavez、Jason Smith、Sondra Saterfield、Joseph Morris、Judith Farell、William Lamers、Rita Chung、Michele Lewis、Fred Bemak、Vladimir Shlapentokh、Jane McHan、James Sidanius和Vinnie DeStefano。

我们同时希望感谢以下审稿人：耶鲁大学的Denis Sukhodolsky、休斯顿社区学院的Elaine P. Adams、史密斯大学的Karen L. Butler和Johnson C，霍夫斯特大学的Sergei Tsytsarev、旧金山大学的Kevin Chun、中部华盛顿大学的Fuji Collins、肯尼索州立大学的G. William Hill、纽约州立大学帝国学院的Thomas Hodgson、康奈尔大学的William W. Lambert、默多克大学的Alex Main、马歇尔大学的Pamela Mulder、纽约州立大学布法罗分校的Jill Norvilitis、霍华德大学的B. James Starr、萨福克大学的Yvonne Wells和陶森州立大学的Evangeline Wheeler。感谢他们富有洞察力的评论。

我们要特别感谢我们各自所属的学术机构（佩珀代因大学、乔治·梅森大学和北弗吉尼亚社区学院）的管理层、教员、工作人员以及学生们，他们为我们持续不断地提供着大量的鼓励、支持和肯定。我们还希望借这个机会感谢Allyn & Bacon出版社的工作小组——特别是Stephen Frail和Kate Motter——在项目各个阶段给我们的巨大支持。从更加个人的角度来说，我们希望表达对于彼此之间作为合作者、同事、同志以及朋友关系的感激之情。

目录

第 3 章 跨文化心理学的批判性思考 / 36

第 4 章 认知：感觉、知觉和意识状态 / 64

第1章 理解跨文化心理学

要知道万物都只是观念，它取决于你如何按自己的喜好去思考。

——马可·奥勒留（Marcus Aurelius，121—180），
古罗马皇帝、禁欲主义哲学家

西方可以教会东方怎样生存，但西方最终会要求东方演示如何生存。

——谢德怡（20世纪），中国教育家和外交官

你是否注意到有些习俗在某些国家中或文化下就显得更为适合？一个名叫安娜·玛丽亚的12岁女孩嫁给了一个名叫比利塔的15岁男孩。当然，我们听说过发生在非洲和印度的包办婚姻，但这桩婚姻却是发生在罗马尼亚这个欧洲国家。为什么大家都对发生在罗马尼亚的这桩婚事感到愤怒，而对发生在世界其他地区的数千桩类似婚事无动于衷呢？

是不是有些习俗对你来说很奇怪，而其他习俗则不是这样？在西非的塞拉利昂，人们在打猎的时候从来不叫对方的名字，因为他们害怕魔鬼会借此知道他们的名字并伤害他们。摩洛哥人像其他伊斯兰教国家的人一样相信恶魔或是神怪，相信他们控制着人类的躯体并虐待他们的心灵，使其发疯。不论是东京人、纽约人还是伦敦人，听到这种故事，他们都会认为：恶魔神怪会令人精神失常的想法很愚蠢。

但为什么很多西方人仍会相信诸如精神引导、磁力、宇宙能量，以及能使人发疯的恶魔之眼之类的东西呢？

可能所有的差异都只是表面的，而且全世界的人都拥有相同的心理特性，这使得他们做出伟大的或是荒唐的决定。一位名叫玛丽娜·巴伊（Marina Bai）的俄罗斯占星家起诉了美国宇航局，她声称美国宇航局向“坦普尔1号”彗星发射的一颗空间探测器在彗星表面留下的坑破坏了宇宙的自然平衡，并且干扰了她的占星术。在台湾，一个姓陈的人跳进了动物园的狮笼里，因为他听到有声音指引他跳下去。很多人都声称自己听到过命令式的声音。幻听是一种叫做精神分裂症的心理障碍的普遍症状。在香港，人们把贴着纸条的橘子扔向“许愿树”，并相信如果写着愿望的纸条能附在树枝上，这个愿望就会实现。与之类似的是，几乎在世界的每一个角落，人们都喜欢向喷泉里投硬币，用护身符抵御病痛，忌讳某些诅咒，避开某些颜色，以及敲击木头以求好运。

人们的行为和信念既类似而又有不同。由于我们接受不同的教育，拥有不同的资源，学习不同的教材，吃不同的食物，并向不同的国旗宣誓效忠，所以我们是不同的；而由于我们都是可以听、看、感觉、行动、分享的人类，所以我们又是相似的。跨文化心理学试图分辨并理解不同文化下人类的行为、情感、动机及思想的相同和不同之处。最为重要的是，这一学科为通过更深层次的欣赏和理解而与他人相处提供了机会。

跨文化心理学是什么？

我们大多数人在成年以前并不会选择自己的居住地或所说的语言。不论是在城市、小镇还是村庄或是任何地方——大雪纷飞的奥斯陆附近或潮湿的金沙萨长大，人们都是根据父母的意愿、社会的要求以及祖先的习俗来学习如何行动、如何感觉以及如何理解身边事物的。人们通过感情和思想所学习的与世界相联系的方式影响着他们的行为，而这些行为又反过来孕育了他们的思想、需要和情感。

人们居住在不同的环境中。在这些环境里形成和发展出来的人们的行为及心理定势也会在群体层面表现出不一致。跨文化心理学就是要研究这些不一致性（当然，还有相似性）（Gudykunst & Bond，1997）。**跨文化心理学**是以批判和比较的方式研究文化如何影响人的心理的科学。请注意这一定义中的两个重要元素。这是一个比较研究领域。跨文化心理学的任何研究都是至少研究了两个代表不同文化群体的样本才得出结论的。由于跨文化心理学研究的比较性质，而且这种比较需要研究者具有一定的批判性技巧，所以跨文化研究也与批判性思维密不可分。

跨文化心理学研究的是心理的多样性以及这种多样性背后的原因。从比较的角度出发，跨文化心理学具体研究的是文化常模与行为间的关联及特定的人类活动受不同社会、文化驱力影响的方式（Segall et al.，1990）。例如，不同文化下的灾难幸存者是否体验着类似的痛苦症状？如果这一假设成立（Bemak & Chung，2008），那心理学家能否将针对美国患者的创伤后症状的疗法运用到其他文化环境，例如苏丹或伊朗中去？

跨文化心理学研究跨文化的交互作用，例如，在几个世纪的时间里，西班牙的中部和南部都在阿拉伯人的统治下，伊斯兰教与阿拉伯文化总体上是怎样影响信奉基督教的西班牙人的文化和后续行为、习俗和价值观的？在今天的西班牙人和西班牙文化中我们能否找到某些受阿拉伯文化影响的线索呢？这些是可以测量的吗？

跨文化心理学不只关注不同文化群体间的差异，它也构建心理学的普遍性，即对多种甚至所有文化中的人来讲都很普遍的现象（Berry et al.，1992；Lonner，1980）。人格结构——通常包括思维方式、情绪及行为——或许是普遍性的一种。例如，在许多国家（比如德国、葡萄牙、以色列、中国、韩国、日本）中，人格的构成成分是一致的。这些普遍特质包括神经质、外向性、对体验的开放程度、宜人性以及责任心（Costa & McCrae，1997）。最近的全球性研究支持了这些发现（Schmitt et al.，2007）。

跨文化心理学的研究不是由一位研究者、心理治疗师或是社会工作者进行的独立观察。听故事或是目击一次生动的事件并不能取代在不同文化情境下对行为和体验进行的系统比较。跨文化心理学必须建立在科学的研究方法之上。

跨文化心理学与文化心理学有哪些不同呢？首先，**文化心理学**试图发现文化与生活在其中的个体的心理活动间有意义的联系。文化心理学传递的信息是：人的行为只有在其发生的社会文化情境中才有意义（Segall et al.，1999）。例如，文化心理学家可能对描述某种特定的宗教观念如何影响某国年轻夫妇关于离婚的态度和行为感兴趣。或者他们也可能对研究伊斯兰教的教义如何影响个体的意识和人格特质感兴趣（Monroe & Kreidie，1997）。总之，文化心理学主要关注于研究生活在某一特定文化下的个体是否、何时以及怎样内化这一文化的品质（Cole，1996）。文化心理学宣扬这样一种观点：心理过程是文化与个体交互作用的产物。

> 文化是一个人的生活方式，并通过习俗与历史联系在一起。
>
> ——勒罗伊·琼斯（Le Roi Jones），美国作家、民权宣传者
>
> 文化不只是一个装饰品，它是民族性格的表现，同时也是塑造性格的有力工具。文化的最终结局是正确的生活。
>
> ——威廉·萨默赛特·毛姆（W. Somerset Maugham，1874—1965），英国剧作家、小说家

基本概念

文　化

从本书的写作目的出发，我们将**文化**定义为由一群人共享并逐代传递下去的一系列态度、行为及符号。态度包括信念（包括政治的、意识形态的、宗教的、道德的等）、价值观、基本知识（理论的与经验的）、信念、迷信以及刻板印象。行为包括不同的图式、规则、风俗、习惯、实践以及时尚。符号由人们赋予了含义，代表了某种事物或是观念。符号可能以物体、颜色、声音、口号、建筑物或是任何形式出现。人们对特定的符号赋予特定的含义，并把它们逐代相传，由此创造了文化符号。例如，一片土地可能对居住在离其几英里远地方的人们来说没有什么意义，但对居住在这片土地上的人来说，它意味着团结和荣耀（Brislin，2000）。

文化可以被描述为具有内隐和外显的两种特性。文化的外显特性指在文化中可以有规律地观察到的一系列行为。它们是显性的习俗、可观察的实践以及典型的行为反应，例如跟陌生人打招呼。文化的内隐特性指的是隐藏在基于外显文化的持续特性基础上的可观测行为背后的组织原则。例如语法、称谓、讨价还价的潜规则，或者在某种标准环境中特定的行为期望，都有可能被认为是内隐文化的例子。

没有任何一个社会仅具有一种文化。任何两种文化也都不可能完全一致或完全不一致，即使是在同一文化族群中也会存在显著差异和不相似的地方。

社会、种族及民族

我们经常互换使用例如社会、文化、国籍、种族及民族这样的概念。但它们实际上是不同的。社会是由人构成的，而文化则是由这些人所实践的一种共享的互动方式。文化这一概念与种族、民族及国籍有什么不同呢？

种族被大多数专家定义为通过特定相似的由基因传递的生理特性区分出的一群人。例如，拉什顿（Rushton，1995）将种族看成可遗传的特质、形态学特征、行为特征及生理特征或多或少的集合。例如，狭窄的鼻隧及较短的眼间距是典型的高加索人种特征，突出的颧骨则代表了典型的蒙古人种，尼格罗人的鼻孔宽阔，像倒置的心形。莱文（Levin，1995）认为种族间的差异也是进化造成的。根据此种观点，尼格罗人最早出现于距今大约11 000年的撒哈拉沙漠以南的非洲，随后进化成了高加索人种和蒙古人种。黑人（非洲人、尼格罗人）的祖先大多数来自撒哈拉以南的非洲；白人（欧罗巴人、高加索人）的祖先大多来自环太平洋地区。当然，在谈到人种或是种族间的差异的时候，我们指的是平均水平，这三个族群在几乎所有的生理和心理维度上都有重叠（Rushton & Jensen，2005）。需要指出的是这指生理特性出现的高频率或低频率，因为大多数生理特性在所有种族中都有体现。例如，某些德国人的头发是鬈曲的，而某些非洲人的头发则是红色的。很多欧裔美国人拥有深色皮肤，而很多非裔美国人却拥有浅色皮肤，对于一个现代生物学家来说，种族是用来描述在很多生理特性上存在差异的人群的，这一族群的成员可以与其他族群的成员通婚，但他们基本不会这么做。所以，在一个相对彼此隔绝的时期里，种族内出现了某些特定的生理特征，并通过基因逐代传递下去。过去，地理隔绝是创造种族的一个因素，然而在现代，政治、文化或者宗教因素比地理因素更能解释种族间的差异。

某些专家认为种族更多地属于社会范畴，因为根据这些专家的观点，种族首先揭示了由一群恰好属于某一被称为“种族”范畴的人所共享的特殊经验（Gould，1994，1997；Langaney，1988）。例如，阿瑟·多尔（Arthur Dole，1995）放弃“种族”这一概念，转而使用例如“大陆起源（非洲人）”，“人类学指定（高加索人）”，或者“殖民历史（拉丁人）”这样的名词来描述大的人类群体范畴。布雷斯（Brace，2005）认为既然种族是一个社会建构和社会性分配的产物，那么种族差异仅仅体现了人为划分的不同范畴间的差异。

种族是人类身份的重要元素。例如，现在美国政府以及很多私人组织或机构会询问应聘者的种族或来源地，并提供规范的种族身份标准（表1—1）。政府在人口普查的时候也会询问人们的种族（表1—2）。

表1—1　美国的种族类别

白人	（包括欧洲人、阿拉伯人以及中亚人）
黑人	（包括非洲人）
土著	（包括印第安人、爱斯基摩人以及阿留申人）
亚裔	（包括东亚人以及太平洋岛国人）
西班牙裔	（包括中、南美洲人）

尽管自1980年以来“西班牙裔”都是美国政府的官方用词，但很多人还是认为用“拉丁裔”会更加合适。争论的焦点在于“西班牙裔”强调的是拉丁美洲的西班牙后裔。作为折中方案，有人建议使用“拉丁—西班牙裔”这一提法。

在美国，**民族**通常指的是文化的传承，即由同种同源的人所共享的经验、语言、风俗习惯，通常还有宗教及领地。**国家**指的是拥有共同的地理起源、历史、语言的一群人，他们集合成同一个政治实体，即被其他国家认为是一个独立的国家。例如获得美国国籍，成为美国公民，要么是在美国出生，要么是通过归化程序获得的。**宗教归属**指一个人对某种特定信仰有关的知识、信念、实践的接受程度。从70年以前就开始的调查来看，95%的人一直报告他们相信上帝。但是他们的宗教归属却千差万别。而且，大概四分之一的美国人从童年开始就改变了宗教归属，30 岁以下的成年人中，有 25%的人没有任何宗教归属（Pew，2008）。美国总共有 78%的基督教徒。人们更多地开始皈依佛教或伊斯兰教，尽管这一群体规模还很小——两种教徒都不到总人口的 1%，不到人口总数 2%的人信仰犹太教。无神论者或者不可知论者占人口总数的 4%。

表 1—2　美国 2000 年及 2050 年的人口（美国人口调查局，估计数字）

种族/起源	2000 年	2050 年
所有种族	282 000 000	420 000 000
白人（非拉丁裔）	196 000 000	210 000 000
黑人	36 000 000	61 000 000
拉丁—西班牙裔	36 000 000	103 000 000
亚裔	10 700 000	33 400 000

各国人们在使用“种族”、“民族”、“宗教同一性”及“国籍”这些概念的时候总会有很多混淆。例如，居住在以色列的信仰基督教的阿拉伯人从来不称自己是“以色列裔阿拉伯基督徒”，尽管他们都是以色列公民。阿拉伯人认为以色列国籍是一个公民或是法律概念，而不是文化概念。而对大多数犹太人来说，以色列国籍不仅是法律概念，同时也是文化概念（Horenczyk & Munayer，2007）。在美国被认为是民族或是种族的概念，在其他国家可能代表了国籍。例如，一个叫罗恩的非裔美国男子跟一个叫莉里亚的拉丁裔美国女子结婚，他们的婚姻在美国会被称为跨种族婚姻，而如果同样的婚姻发生在俄罗斯或其他国家，则可能被称为跨民族或跨国婚姻。此外，在美国被认为是很普通的种族范畴，在其他国家例如巴拿马、巴西或是南非可能情况会不一样。

人群总是在不断地移动，并与其他群体融合，在美国这种情况可能比在其他国家更加频繁，人们可以自由地选择自己的文化同一性，以及他们想要被认为的那一群体，这种现象（例如民族或国家认同）变得越来越动态化，而且基于不同的兴趣、观念以及个人的选择。

跨文化心理学中的知识

知识是有目的或用途的信息。人们会因为各种各样的原因来利用知识。预言家可能会跟你解释说梦是关于你的未来的镜像，然而科学家可能会跟你解释梦的生理机制，认为梦不可能预示未来。因为追求不同的目标，人们发展出了不同类型的心理学知识，至少有四种（表 1—3）。

经典案例　民族与国籍：美国人是怎么理解的（摘自 Shiraev & Boyd，2008）

多数国家都有若干不同的民族，美国也不例外。同样地，在同一民族内也会有不同的国籍群体。

同一国籍，不同民族：玛莎和马丁都是美国公民，从国籍来说，他们都是美国人。但从民族来说，玛莎是巴西人，因为她的父母是从巴西移民过来的，她不久前才获得了美国公民身份。马丁是第 7 代纽约人，他的民族渊源比较复杂，包括爱尔兰、法国、德国及俄罗斯。

同一民族，不同国籍：哈麦德跟阿齐扎都是居住在新泽西的巴勒斯坦交换生，哈麦德的父母都住在特拉维夫，并且都是以色列公民。阿齐扎是约旦公民，持有约旦护照。

跨文化敏感性

在一个普通的周六下午，Fairfax 医院的急诊室像通常一样忙碌，可能在所有的急诊室里，病人都不会有太多隐私，他们说的都可能碰巧被旁边的人听到。一位年轻的医生正在给一位新病人做检查——确定疾病严重程度的日常程序。医生刚结束了对这位女病人的提问——她显然没什么问题——正要离开去检查旁边另一位病人。

"医生，你上的是哪所大学？"女病人问道。

"威克森林大学。"医生回道。

"那你是哪国人？"好奇的女病人继续问道。

"我是美国人。"医生微笑着回答。

"不，不，你是哪国人？"病人坚持问道，她着重强调了"国"这个词，"我觉得你看上去像中国人或越南人。"

"夫人，我是美国人，我出生在美国，我父母来自中国，但他们也是美国人，你可以认为我是美籍华人。"

"我明白了，"病人大声说道，"我就说我是对的，你是中国人。"

仍然有人将"美国人"这个词跟典型的"欧洲"长相以及"主持人"一样的口音联系在一起，有些人无法理解美国过去是、现在是并且将来也会是一个多民族国家，肤色、名字、发质并不能决定人的国籍或是宗教信仰，当被问到是否感觉被女病人的言论侵犯了时，医生对目击了这一对话的笔者之一说道："没什么大不了的，我从小就在纠正人们对我的民族的错误认识，但有些人就是不明白，这永远都不会变。"人们认为医生不会做错误的判断，但我们希望医生的这个判断是错误的。

第一种是**科学知识**。这种知识来自对大量心理学现象进行的系统的观察、测量以及评估。观察被概括成了科学概念和理论的形式，这些概念理论通常要被进一步的观察、论证和实验来验证。科学家通过理论的形式提出关于世界的新知识，这样的知识来源于观察、假设和推论。根据理论提出的预测通过新实验得以验证。什么是"科学"的在不同历史时期和不同国家都没有统一的标准，某些科学理论在某一时期得到了学术界的认可，但很快就被其他理论所取代。颅相学是很荒谬的，但在某一历史时期，人颅骨的凸起被认为是与人的情绪和智力有关的，这一论断被认为是科学的。现在这样的观点无疑是荒谬的，在心理学教材里，这一观点被用作非理性科学的例子。

表 1—3　跨文化心理学中四种不同的知识

知识类型	知识来源
科学知识	通过对大量心理学现象进行研究而积累的知识。
通俗知识	来自对心理现象的不论是常识还是个人见解角度的日常假设。
意识形态知识（基于价值的）	对世界的固定看法，善恶、对错的本质，以及人生的意义——都基于一个特定的观念或中心思想。
法律知识	与个体的心理机能有关的，来自法律的并具体体现在公务规则中的知识。

第二种心理学知识代表了一系列常识，通常被称为通俗知识。这类知识是一种"日常心理学"，来源于大众，也被用于大众。这类常识是人们对某一特定领域的心理现象的共同假设。这些假设包括了普遍现象例如认为梦可以预测未来，及特定现象例如认为穿着的某些细节可以带来好运。常识都是假设，有可能与主流科学理论一致，也有可能不一致。很多受过教育的人仍然对特定

的数字很敏感：很多基督徒不喜欢 666 或 13，东南亚人不喜欢 4。在一些国家，人们认为如果一只黑猫穿过家门就预示着有不好的事情将要发生。很多人信奉占星术，甚至根据星辰的特定位置来计划自己的行动。

科学知识一直在与常识竞争，有时科学知识支持常识，但更多的时候常常挑战很多流行的假设。例如，在很多国家，个人要对自己的心理问题承担道德责任（Haslam，2005）。然而科学上并没有发现不道德行为会导致心理障碍的证据。尽管没有得到科学证实，很多人还是认为某些特定的文化群体会更加暴力。还有一些人认为梦可以预测未来。科学通常也不认可这一观点：厌食症的案例无论在哪个时代和哪个国家都能发现。一直以来，很多"通俗"专家为人们提供了帮助和建议，其中有些人为人们的心理体验提供了通俗的和合理的解释，另外一些人则转向了超感、潜意识和神奇的体验，他们是星相学家、萨满、通灵者、唯心论者、灵媒和巫医。就像多年前一样，常识在现代还是对很多人的生活产生了影响。另外一个例子：历史上很多人习惯于错误地将特定的民族和国家与某些突出的人格特质或其他特性联系起来：美国人是有野心的和粗鲁的，英国人是有教养的和坏脾气的，中国人是乐于服从和有礼貌的，俄国人是无法无天的，印度人玩象棋、设计新软件，巴西人踢足球、喜欢跳舞，等等。但科学研究表明这种简单的概括是不正确的（Terracciano & McCrae，2007）。

第三种知识是在人类价值观中发现的。与通俗知识相比，这种知识来自对世界、善恶、对错的本质，以及对生命意义的稳定的感知。基于价值的知识与常识不同，因为它根源于一系列毫不动摇并紧密联系的准则，并不需要先验的检查。基于价值的知识倾向于教条，因为它的准则不容挑战或质疑。例如，某些人对灵魂可以以非物质的形式永生深信不疑。宗教作为一种社会团体提供了大多数基于价值的知识。

最后一种知识是**法律知识**，这种知识以法律或权威（不论是部落领袖、社区领导人还是中央政府）创建的其他方式存在。这种知识包括了权威及人民大众都可以使用的规则与原则，以做出对人类心理活动的判断。法律知识为人类做出有关生死、婚姻、理性、精神、抚育后代的能力等重要决定提供了基础。在西方社会，从法律角度对死亡产生的思考与人们的宗教信仰认为灵魂是存在的并没有太多关系。法律上认为人死亡的标志就是脑死亡。关于一个人是否成熟到可以结婚或是接受审判的程度在任何社会都是很关键的。法律条款界定了可以接受的人类行为的边界。例如，以扇耳光的形式来惩罚小孩在全世界都是通用的，很多家长认为适度的体罚是正常的，但在美国，大多数家长意识到任何针对自己孩子的身体暴力从法律角度讲都是不合适的。

对跨文化心理学家来讲，怀着敏感度、理解以及尊重来看待这些知识是很关键的。在大多数国家，科学知识被接受过高等教育的社会群体所接受和支持，然而，对大学教授和学生来讲很"正常"和"显而易见"的现象，对习惯了其他类型知识的人来讲可能就没有那么正常和显而易见。虽然在任何国家，接受和使用非科学知识对受教育程度低的人来讲估计会很普遍，但实际上这种推论经常是错误的。例如，在尼日利亚的研究发现，在受过教育的、有医疗保险的工人中，高达 90%的人认为巫术及恶魔是造成人类心理异常现象的重要因素（Turner，1997）。同样地，在尼泊尔的某些族群中，压力造成的例如疲劳、缺乏动机、厌食、失眠等症状被解释为失魂（Desjaralis，1992）。或者以科学教为例，它是一种在很多国家都非常流行的宗教。它的一种治疗方法是排除有害印象精神治疗方法——一种鉴别和治疗人们的精神、情绪或受心理影响的各种问题的方法。这一体系的基础是记忆痕迹的概念，被定义为由某一刺激在原生质组织留下的永久痕迹。科学教认为这些痕迹在心理异常或创伤过程中会出现，并成为所有心理障碍的基础（Hubbard，1955）。大多数受过教育的人都会认为排除有害印象精神治疗法是伪科学，因为它在物理证据方面不能达到科学方法的标准。然而，很多有文化的人认为该疗法是有价值的，并在日常生活中应用这一疗法。

文化传统主义

有两种文化的影响是可见的，一种被称为**传统文化**，是基于自古就建立的传统、规则、符号及原则基础上的文化架构。另一种是**非传统文化**（通常也称为现代文化），是基于现代原则、创意及实践的。基于科学知识的传播及技术驱动的进步通常与现代文化有关。传统文化通常局限于区域或局部范围内，并倾向于保守，无法容忍创新。非传统文化倾向于接受性，并充满活力。现代非传统文化中的现实图景正在不断扩张。而传统文化在这一方面倾向于约束性：现实的图景仅涉及与特定的宗教信条、部落、族群或是领地有关的某一特定观念。传统文化与非传统文化的区别见表1—4。

传统社会限制了人们的生活，并只对他们的行动给出了很少的选择：他们生活中的大多数事情都是由权威指派的，只给他们很少的自由空间。传统社会通过宗教或其他文化形式告诉人们什么是善恶，什么是美好的，什么是令人讨厌的，什么是有意义的行为，什么是无意义的行为，以及什么是清醒的，什么是疯狂的。然而，需要理解的是，传统价值和图式并不总是通过强制和服从而被保护的。很多代表了传统文化的人不愿接受新知识，包括精神病是由其他原因导致的非传统观点。有些人不想面对对他们来讲是全新的知识和实践带来的不确定性，另外一些人不想失去他们的文化认同感。非传统文化总体来讲包括个人主义观念，强调个体解放的至高无上以及自由的选择。尽管这是积极的进步，然而过多观念的出现也会导致心理问题的产生，心理学家巴里·施瓦茨（Barry Schwartz，2004）认为当代消费驱动的社会中的人们在挑选食品、家具、汽车、衣物、共同基金及度假目的地上花费了太多时间。这一系列观念会导致所谓的选择阻塞以及由于错误选择所带来的挫折感。在非传统文化中的人就没有这些问题，然而，他们的生活挑战却比因选择度假目的地而产生压力的人们所面对的大得多。

表1—4　传统文化与非传统文化的比较

传统文化	非传统文化
多数社会角色是指派的	多数社会角色是个人争取的
评价个体行为着重于习俗及惯例	评价个体行为着重于个人选择
人类行为的善与恶是截然分明的	人类行为的善与恶是相对的
事实是不容置疑的，一旦确立就不能改变	事实是通过思辨解释的
个体的选择被限制在社会命令范围内。例如：婚前性行为、私通以及同性恋都是被禁止的	个体选择不一定局限在社会命令范围内。例如：容忍婚前性行为、私通以及同性恋行为

对文化的先验检查

我们经常说“她来自另外一种文化”，或者“考虑一下他独特的文化背景”。文化分不同种类吗？许多学术派心理学家一直试图证实文化差异可以通过文化二分得以概念化，包括高—低权力距离、高—低不确定性规避以及集体主义—个人主义。

权力距离是社会成员接受机构与组织中的权力的分布是不平均的这一观念的程度（Hofstede，1980）。假设有高权力距离和低权力距离的文化。高权力距离文化中的人们通常接受领导者与被领导者、精英与大众、管理者与下属，以及养家糊口的人与其他家庭成员间的不平等性。

> 我们飞得越高，那些不能飞的人在我们眼里越渺小。
>
> ——弗里德里希·尼采（Friedrich Nietzsche，1844—1900），德国哲学家

> 征求与你同级人的意见，就是对你上级的帮助。
>
> ——丹麦谚语

印度社会就是一种典型的高权力距离社会。可以预见同样会有低权力距离社会，在这种社会中，关系中的平等性更受欢迎。研究表明，在等级化、高权力距离文化中的人们倾向于对与社会阶层有关的社会行为制定更为严格的规矩（例如，“当你成为父亲了，你应当表现得像一个受尊敬的家族领导人”），在平等主义和低权力距离文化中的人们相对较少地接受与地位有关的行为准则（“父亲归根到底也是人啊”）。例如很多研究证明，美国被认为是一个相对平等的、低权力距离的文化体，而日本和韩国通常被认为是更富等级性和高权力距离的（Matsumoto，2007）。研究同样证实，在个体水平上，高权力距离可能来自个体的社会支配取向，即一种关于人们对任何给定的社会制度中的等级性的偏好程度的测量（Sidanius & Pratto，2001）。接受等级观念的人们倾向于认为社会、性别、种族及其他群体是不平等的，这些态度最有可能在童年形成（Lee et al.，2007）。

如果生命是永恒的，所有的兴趣和预期就会消散。是不确定性带来了魅力。

——吉田兼好（Yoshida Kenko，1283—1350），日本官员及僧侣

如果你摒弃确定性而依赖于不确定性，你会二者皆失。

——梵文谚语

不确定取向是人们在日常生活中处理不确定性的通常方式。一般通过对不确定性接受到规避这一连续体的测量来确定这一现象。

不确定性规避是社会成员对不确定性及模糊性感到不能接受的程度。高不确定性规避文化中的人们倾向于支持能够保证确定性的信念，并会维持保证一致性的惯例。而在低不确定性规避文化中的人们习惯于保持不一致性的态度、不确定性、创造性，以及新的思维、行为方式。接受不确定性的人倾向于通过搜集信息及参与解决不确定性的行动来面对不确定性。而确定性取向的人们倾向于寻求制度、风俗、他人的意见（包括权威的指示）来解决不确定性（Sorrentino et al.，2008）。研究发现东方文化及西方文化中的人们在处理不确定性时表现出差异。例如日本文化及中国文化比法国文化或是加拿大文化表现出更多的“不确定性规避”（Hofstede，1980）。

集体主义及**个人主义**可能是被提及和被检验最多的文化特征（Triandis，1989）。个体主义通常被认为是基于关注自我及直系亲属或亲密群体（针对其他群体或社会）的复杂行为。而集体主义通常被认为是基于关注他人和传统以及价值的行为，集体主义与个人主义可以在所谓的强纽带（strong ties，家庭成员间以及亲密朋友间的）以及弱纽带（weak ties，出现在偶然认识的关系中）这一层面得以研究（Granovetter，1973）。集体主义文化中的群体规范是高于一切的，可能会指导个体行为。集体主义文化中的人们在解决冲突时通常偏爱能增进和谐的解决策略，而个人主义文化中的人们更偏爱竞争性策略。通常在亚洲国家、传统社会及以前的社会主义国家会存在更多的集体主义，个人主义则多出现在西方国家（Triandis，1996）。

人所需要的只是独立的选择，不管这种独立的代价是什么，或将要把人带往何方。

——费奥多尔·陀思妥耶夫斯基（Fyodor Dostoevsky，1821—1881），俄国小说家

早期研究发现，作为一个群体，欧裔美国人更多地体现出个体主义，即更多地关注个人的独立性，而表现出很少的集体主义，即对所在群体中其他成员的义务感的强调。然而过去 20 年的研究表明，欧裔美国人并不比非裔或拉丁裔美国人表现出更多的个体主义，也并不比日本人或韩国

人表现出更少的集体主义。亚洲人中只有中国人比其他群体表现出更少的个人主义和更多的集体主义。此外，关于文化差异的结论多来自学生样本，并不能准确地反映庞大的、多样的种族、国家或文化群体间的差异（Oyserman et al.，2002）。

其他文化表现可能包括经济活动、宗教风俗及信仰、婚姻与性、血缘关系以及饮食习惯（Fiske，2002）。某一社区通常的经济活动也会影响风俗习惯、信仰以及日常行为。宗教信仰解释了善恶的本质，并阐明了不良行为的后果。宗教活动决定了生活方式、关系、助人行为的规则、与陌生人有关的习惯等等。婚配传统影响到人们结婚的年龄、离婚或再婚的可能性，以及成为好丈夫、好妻子的行为准则。血缘系统为代代延续的长期关系和风俗设定了准则。性习俗为习惯性的或被禁止的性关系和特定活动建立了规则和限制条件。例如，禁止乱伦是具有普遍性的。然而，对婚前性行为的非难及禁止却取决于不同的文化环境。

集体主义与个人主义：进一步研究

哈里·特里安迪斯（Harry Triandis，1996）对个人主义—集体主义现象提出了更详细和高级的理解。他建议从垂直和水平两个角度进行研究。在垂直的文化表现上，人们从权力和成就角度看待他人。他们彼此像雇主和雇员、领导和被领导者一样交流。人们也会像朋友、家庭成员及同事一样参与各种活动，而善意和平等则可以代表水平的文化表现。例如，平等主义的统治更可能强调平等性（水平维度）而不是自由。西方民主更多地强调自由（垂直维度）而不一定是平等（Kurman & Sriram，2002）。

传统社会（例如印度）中的人们可能是垂直的集体主义者，美国人则可能被认为是垂直的个人主义者，瑞典人可能被认为是水平的集体主义者，为什么会这样呢？美国人比瑞典人更能容忍不平等性，瑞典人——最起码大多数瑞典人——多年以来都希望增加税率以降低收入不平等性。事实上，美国人中最富有的10%与最贫穷的10%间的经济差异是瑞典的3倍（Triandis，1996）。

集体主义与个人主义的国家样本各不相同。例如，美国的集体主义与亚洲的集体主义应当是不同的。亚洲的集体主义会对个体施加压力以避免与他人的不一致，因为在亚洲文化中，关注和谐及他人的幸福可能比个人的满意更重要（Barnlund，1975，1989）。在集体主义的拉丁文化——例如墨西哥中，人们希望与他人保持平衡的关系，这可能伴随着隐含的对个人目标的追求。也就是说，在协商过程中他们会避免冲突，然而，他们会通过间接的方式保持与他人的竞争。

费耶曼（Fijeman）与同事（1996）对中国香港、土耳其、希腊、荷兰及美国进行了一个经典研究。被试是大学生，要求他们表达对8个有关心理与经济需求的假设情境的看法。参与者特别被要求报告他们是否愿意通过金钱、货物或热情帮助他人。这一研究挑战了对集体主义和个人主义的传统简单理解。研究关键之处是集体主义文化中的人不只是希望对他人有所贡献，同时也希望能从他人处得到回报。个体主义文化中的人不只是希望少对他人做贡献，同时也不指望从他人处得到回报，从而减少他们自身对权利的期望。

“独立性”与“依赖性”也成了跨文化心理学中常用到的术语。在有些文化中，多数人期望通过关注自己以及表达独有的特质以保持相对他人的独立性。而在其他文化中，人们是依赖性的，他们关注他人，适应并保持与高层、同级及低层人的和谐关系（Markus & Kitayama，1991）。

文化症候群

此前展示的每种分类都是一种标签，描述了一种或几种文化特质。哈里·特里安迪斯（1996）提出了“文化症候群”的概念，指讲同一种语言，处于某一特定历史时期，以及在某一限定的地理区域内的人群所认同的与某一主题有关的共享态度、信仰、分类、定义、规范以及价值的常态或集合。这种症候群包括约束性——适用于社会情境的特定规则和惯例，以及违反这些规则的人所接受的制裁，文化复杂性——多种不同的文化元素，主动性与被动性（例如行动与思想），荣誉——一系列支持以自我防卫为名的侵犯行为的态度和行为的集合，集体主义与个人主义，以及垂直与水平关系，或者平等主义。跨文化心理学家采用几种不同的取向研究在不同文化中的人类行为，让我们来看一下这些取向。

进化论取向

进化论取向这一理论模型探讨了进化因素如何影响人类行为并成为人类文化的自然基础。这一理论图式宣称行为的基本自然法则是对人类行为的最佳诠释。文化只是一种满足人类基本需求和后续目标的存在形式。根据这一取向的观点，人类最初的目标是生存，为了生存，人们需要食物和资源，人们寻找伴侣、怀孕、生子、保护后代直到他们成熟。所有文化中的人类都像动物一样试图避免不必要的伤害，并试图消除一切危及生命的事物。

根据查尔斯·达尔文（Charles Darwin）描述的自然选择法则，出于很多（大多数是生物学的）原因，某些生命体比其他生命更有可能存活下去。一般来说，健康的、强壮的、适应性好的个体比羸弱的、病态的以及适应性差的个体存活的机会更大，根据“适者生存”（Spencer，1954）的原则，如果某一特定群体的成员比另一群体的成员更适应环境，那么该群体就更有机会生存下去并产生出社会结构。于是其成员就有机会生活在一个较先进的社会情境中，变得更具竞争力。自然选择同样会抛弃掉无用的惯例、行为以及信仰。

竞争通过偏爱最适合的成员来促进社会发展。存活下来的人通过基因把他们的优点传递给后代，经过几代的传递，有利于生存的基因类型——例如进取心、主动、好奇心或者服从——会取得统治地位，并形成文化的基础。男性与女性的生理差异——例如体型、力量、激素及繁殖行为——成为文化习惯的基础，并且强化了性别间的不平等性。

这一理论取向的拥护者为人类的多样行为，包括合作、侵犯、智力、道德、偏见、性偏好以及不忠行为，提供了自然与进化论的解释。例如，根据进化论学者杰弗里·米勒（Geoffrey Miller）的观点，大脑就像孔雀尾巴一样，是用来在进化中吸引异性的，男性跟女性都会通过“炫耀”来试图吸引对方，但双方做出选择的范围是不同的。再例如，对比无私与贪婪，这两种现象显然是不同的，但他们也有共同点：两种行为都会造成资源的浪费，并且都是个人具有这种资源的象征。根据米勒的观点，男女的差别是：女性天然倾向于无私，而男性倾向于是消费者。所以，从进化论的角度看，女性希望从伴侣处得到物质支持，而男性希望女伴做出自我牺牲（Miller，2000）。

社会学取向

这一取向关注作为整体的庞大的社会结构，然后才关注个体。某些早期社会学理论对在文化情境中科学地、比较性地理解人类行为具有深远的影响。总体来说，这些理论认为社会是客观存在的，不以个人的体验为转移的。特定的社会驱动力塑造了大的社会群体的行为，而人类会调整他们的反应以符合和适应来自大的社会群体的需要和压力。文化是人类行为和主要塑造因素的共同产物。

这一取向包括若干观点，其中一种观点可以在埃米尔·涂尔干（Emile Durkheim，1924）、塔尔科特·帕森斯（Talcott Parsons，1951）以及其他早期社会科学家的著作中看到。根据这一观点，社会一旦被人类创造出来，就会超越人类，并要求人类服从它。文化规范及价值便成为人类行为极其重要的调节器。社会为其成员提供了道德教育以限制他们的需要和欲望。

根据涂尔干的观点，这一体系在19世纪初工业革命前的社会中的运作是完美的，然而随着生活水平和人类自由的不断发展，很多工业社会中的个体将自己从束缚中解放出来，所以人们在生活中很少接受到道德指引，结果导致暴力、犯罪、自杀以及其他恶行。

另一位早期社会科学家马克斯·韦伯（Max Weber）的观点以符号互动论的形式体现出来，根据韦伯（1922）的观点，前工业社会发展出了传统，并一代代地传递下去，这类社会评价人类行为是“合适的”或“不合适”的，相反地，资本主义社会崇尚理性，理性对实现特定目标是最有效的。理性击退了情感，计算代替了直觉，科学分析消灭了猜测。

生活的循环是这样的：个体有了思想，这些思想改变了他生活的社会，而社会的变化又影响了人的思想。例如，新教教堂成了快速发展的欧洲及北美资本主义的精神引导。当代成功取向的社会促使了效率及成就价值观的产生。这种社会的成员以“你怎么样”而不是像传统社会以“你是谁”那样看待彼此。

根据卡尔·马克思（Karl Marx）提出的冲突理论，经济因素是人类行为与信仰的首要诱因。所有社会都被划分为两大对立的阶级，资源所有者是社会中最强大阶级的成员，大多数既没有资源又没有技术的社会成员无法接触到权力。为了保护自己的权利，统治阶级创造了政府、意识形态、教育、法律、价值观、宗教及艺术。所以每个社会都包括了至少两种亚系统或亚文化：统治阶级文化及被统治阶级文化。被统治阶级创造了自己的信仰、价值观、规范以及习俗。这些规范和习俗表现了这一阶级对社会和政治平等的诉求。

> *在阶级社会中，每一个人都在一定的阶级地位中生活，各种思想无不打上阶级的烙印。*
>
> ——毛泽东（1893—1976），中国共产党领袖

根据马克思的观点，同一阶级但是不同种族的人，比同一种族或国籍但属于不同阶级的人更有共同点。如果人人都是平等的，不同阶级间再也没有差异的话，所有的国家、民族及种族都自然会消失。

生态文化取向

根据这一跨学科的综合观点，个体不能从环境中分离出来，人们不断与环境交流信息，并不断地改造自己和周围环境。也就是说，这种交互作用是互惠的（Goodnow，1990）。个体不被认为是被动和静止地受社会影响的物体，而是一个动态的人，与环境互动并改造着环境（Harkness，1992）。例如，父母在教育孩子的同时，孩子也在教育他们。

根据布朗芬布伦纳（Bronfenbrenner，1979）的观点，跨文化心理学家进行研究的时候不应当局限于实验室情境中个体的直接感受。专家们应当重点关注个体全面理解文化时的不同背景。

约翰·贝里（John Berry）发展了当代跨文化心理学中的生态文化理论模型，他认为在主要的环境因素中影响个体心理的是（1）生态因素和（2）社会政治背景（Berry，1971；Berry et al.，1992）。人类与环境互动的自然背景被称为**生态情境**，包括人的经济活动。例如食物丰富或短缺、营养质量、冷热或是人口密度之类的因素对个体有着巨大的影响。在**社会政治情境**中人们参与全球的或是地区的决策。这一情境包括不同的意识形态价值、政府组织形式以及政治自由的充裕或匮乏。通过（1）基因传递，（2）文化传递，以及（3）文化适应，人们适应现实并寻求特定文化中的成员角色。当考虑生态的、生物的、文化的以及文化适应因素时，专家们应当要解释文化表现是怎样、为什么、在什么程度上是彼此不同的。

即使是很小的跨文化差异都可能与环境及社会状况有关。例如在巴西，一项研究发现社会经济地位高的城市儿童的扮演游戏比在恶劣环境中成长起来的儿童多得多。这极有可能是因为贫困儿童的生存需要要求他们想出迅速的、具体的解决方案，而富裕儿童可能经常接触象征或抽象的思维（Gosso et al.，2007）。

或者以气候为例，恶劣的气候会带来一系列不利的挑战，包括食物短缺、饮食限制以及健康问题。生活在恶劣气候中的人与生活在温和气候中的人相比会更经常面对巨大的挑战，并且要不断做出调整。人们需要特殊的衣物、住房、工作安排，特殊的生产组织、交通、贸易、食物短缺，以及特殊的医疗康复设施。有研究表明，生活在较冷地区的人比温暖地区的人要更富有。这种资源获取的不平等性可能影响多种文化表现（Van de Vliert，2006），你能猜到是哪些吗？

经济与政治的稳定性是影响长期风俗和信仰的重要因素。某些国家多年来一直保持稳定，而另外一些国家则一直不稳定。最稳定的国家包括瑞典、美国、英国、加拿大、荷兰以及爱尔兰，最不稳定的国家和地区包括苏丹、阿富汗、伊拉克、约旦河西岸、海地、津巴布韦、乍得、科特迪瓦以及中非共和国。多数稳定的国家是民主国家（Jane's Information Group，2008）。你觉得社会的长期稳定会影响人们的行为及文化症候群吗？

经典案例 **生态文化取向：文化与空间可用性**

拥挤已经成为日本社会最重要的元素。地铁上、街道上的人们摩肩接踵，几乎全部日本人都住在庞大的城市聚集体中，空间很有限，而且很昂贵。

东京的平均住宅面积大概是620平方英尺（约合57.6平方米）。大多数日本房屋没有地下室，只有一个浴室，而且很多住宅的前门会直接面对车道，因为大部分街道都没有人行道。很多大公司都会为高层提供私人会客室，因为他们的家太小，不能举行晚宴招待客人。

文化混合取向：21世纪的跨文化心理学？

荷兰心理学家休伯特·赫尔曼斯（Hubert Hermans）以及哈里·肯普恩（Harry Kempen）（1998）介绍了一种关于跨文化心理学研究的新概念。与在限定的地理范围（日本、法国、墨西哥等）内研究心理现象不同的是，研究者应该将注意力转移到新的文化混合体、接触带、互相联系系统，以及多重文化认同等。旧的文化心理学，就像作者质疑的那样，还是基于文化是固定的、限定在特定地理区域内的这一假设。然而，社会、经济、技术及政治的不断变化已经改变了现代文化，使其变得更加不纯一，更复杂。文化在不停地运动和融合，人们拥有更多的选择接受何种文化信息的自由。例如文化认同之类的现象变得更为动态，吸收了不同背景、兴趣、观念及自我选择的来源。例如，纽约或巴黎居民现在的文化认同是什么？他们可能代表了现在的文化融合。总之，作者呼吁对当代跨文化心理学的基础进行重新审视，它可能随着文化的变化而变化。很多观察家发现日本流行文化——包括卡通、音乐、服饰、食物以及艺术——仅次于美国文化成为世界上第二受欢迎的流行文化。日本文化在某种程度上已经变得国际化（Faiola，2003）。

文化融合的另一取向与全球化这一概念相联系。这基于某些互相关联的原则，包括经济—政治（自由市场及民主）和文化—心理（自由选择、容忍以及对体验的接受程度）。由于全球化涉及了人类活动的太多方面，跨越了太多文化与国家的边界，所以容忍的心理价值对人们来讲就显得极为重要（Freidman，2000；Giddens，2000）。

心理学家提出了三种关于区域文化如何应对全球化的观点，第一种预言全球化会不可避免地弱化区域文化并发展出一种全新的国际文化。个人主义、竞争以及对效率的追求将成为全球性趋势，生活水平的提高以及互联网的高速发展会创造出相似的生活方式（Ho-Ying Fu & Chi-Yue，2007）。

第二种观点是基于全球化会使文化更加分裂这一假设。区域习俗和民族习惯的重要性会由于大多数人对全球化的恐惧而保存下来。这一趋势会强化区域性观点以及宗教从属，会不可避免地造成民族及宗教冲突，所以全球化只会影响生活在富裕地区的很少的一部分人。

第三种观点认为全球化只会影响全球大约一半的人口。这些人可以接触到现代技术、教育且能够旅行。另外一半人由于贫穷或政府严格的政策，或是两者皆有，可能仍然保持相对隔绝的状态。同时，大的人类群体可能还会由于心理的不确定性及适应全球变化的需要而保持文化变迁的状态。

综合取向：总结

为了将上述取向批判性地结合起来，我们下面将会介绍两个基本概念，这两个概念将会贯穿本书的始终，它们是：**活动**以及**资源可得性**。

对跨文化心理学家来说，人类行为不仅是文化影响的“结果”或“产物”，人同样是自由的、主动的、理性的个体，有能力实现自己的愿望。**活动**是由目标驱动的，个体与环境的互动过程。

人类的动机、情绪、思想以及反应与人类活动是密不可分的，活动（1）受个体、经济社会、环境、政治及文化状况的影响，并且（2）改变这些状况。事实上，人类心理与活动共同发展，并通过它表现出来（Vygotsky，1932）。例如，假设一个小孩在充满民族冲突的地区长大，那求生就是他的首要活动，他的感情、动机及认知过程都与生活在安全区域的孩子截然不同。同时，由于这个小孩还可以参与大多数环境中的孩子都会从事的活动——例如玩耍、学习算术、思考未来、帮助父母，所以他会跟世界上其他孩子具有某些类似的心理特性。文化在其成员的行为上可能是相似的，也可能是不同的。

对人类的生活安康至关重要的资源很大程度上决定了人类活动的类型、范围及方向。某些区域资源丰富，而另外一些地区的资源很匮乏。地理位置、气候、是否发生自然灾害都会影响个体能够获得的资源的多少。

例如贫困显然会使寿命缩短并导致健康状况恶化。穷人会居住在有害的环境中，而且比富人更有可能暴露在各种伤害之下。儿童期，尤其是一岁左右时期的营养不良、儿童感染以及随时面对各种事故及伤害都会导致成人期可能出现的慢性甚至致残性疾病，并给生活带来重大变化。总之，贫穷会影响人们的决策方式、看待自己与他人以及周围环境的方式吗？这个问题将会在本书中得到解答。

资源并不是对所有社会成员都平等的。**资源可得**是另一个聚合或分离人和文化的重要因素。人们对资源的获取——这也会是我们的一个关注点——影响着文化与个体行为的许多方面。很多关于少数族裔与文化的心理学研究指出，不平等性与压迫是造成少数文化族群与主流文化群体间差异的主要原因（参见 Jenkins 的例子，1995）。例如，压迫通常被定义为一种资源的不平等分配，从而导致被压迫者的心理劣势感（Fowers & Richardson，1996）。每年联合国的研究者们都会调查全球多数国家的生活水平。人们的平均教育和收入水平以及预期寿命通常被用来作为检验生活水平的标准。很多年以来，像挪威、瑞典、澳大利亚、加拿大、法国、日本及美国这样的国家一直占据着排行榜的前10位，然而处在排行榜最后的国家却一直在发生变化，在最近20年中，处在排行榜后20位的都是非洲国家。

然而，远比资源和资源可得性更重要的东西决定了文化及文化行为的特性。构成了这些的思想和实践与个体心理是密不可分的。像之前提到的那样，韦伯彻底改变了关于思想在人类生活中角色的科学看法。例如人们对家庭与祖先的归属。自古以来，中国社会与欧洲相比，家庭——而非个体——被看做社会的基本单元。人类被看做群体的一部分，而不是独自的个体。

> 数典忘祖，无异于无源之水，无本之木。
>
> ——中国谚语

这种对中国的互联性本质的理解事实上可能解释了中国社会的巨大成就（Ho，1998）。同时，“集体主义”观点可能导致了中国过去的领导人无视人们的个性，并将人们看做社会微不足道的成员，以及实现特定政治目的的一种途径。这同样发生在苏联等国家（Shlapentokh et al.，2008）。

社会生态的观点极大地丰富了对人类有关文化行为的科学理解。跨文化心理学家不可避免地借用人类学、历史学及社会学知识。这类知识必然会对数据解释有所帮助。例如，人类生态系统可能会受特定社会实践及人类活动的影响。例如，日本工人可能毕生都为同一家公司工作，而科威特的印度移民可能会更换工作及生活场所。总之，跨文化心理学界的任何知识，如果不考虑正在发生的基本经济、政治及意识形态过程，都是不完整的。

经典案例 **财富与个人主义**

财富与个人主义间存在正相关（参见 McClelland，1961），然而，某一社会财富可能会不断增加，但仍然是集体主义社会，例如科威特或新加坡。人们可能认为资本主义导致个人主义。资本主义基于竞争原则，受民主政治自由保护，保障大多数人的权利——如果大多数人通过选举来实现自己的权利。这种自由竞争需要大量可用的资源。其他人也可能成功地表明集体主义基于合作但并不排斥竞争：人们可能将他们的关系建立在合作原则之上，但仍彼此竞争。

本土心理学

当代心理学的一大假设是我们不可能完全理解某一特定族群或其他社会群体的人们的心理，除非我们能完整地理解塑造这群人的社会、历史、政治、意识形态及宗教前提。本土理论，包括本土心理学，其特征是运用与被研究的文化群体有关的概念与方法论（Ho，1998）。金与贝里（Kim & Berry，1993）将本土心理学定义为对本土的而不是从其他地区传递来的人类行为或意识的科学研究。

种族优越感

请思考这样一个例子。来自多个国家的大学生被要求在10分钟内画出世界地图，并尽可能多地表现细节。在多数情况下，他们的祖国被画得不合比例地大（Whittaker & Whittaker，1972）。可能我们倾向于夸大我们熟悉的东西。

种族优越感某种程度来说是一种夸大。这一观点支持基于观察者自己的种族、国家和文化群体的视角产生的对其他种族、国家及文化群体或事件的判断。例如在心理学中，很多基于所研究文化的孤立概念的理论很容易犯种族优越感的错误。对那些在某地成长起来，从未接触过其他国家的人来说，智利与阿根廷，法国与英国以及美国黑人与拉丁裔之间的区别可能并不明显。种族优越感使我们对其他国家及社会群体的感知变得狭窄。种族优越感同样是对现实的曲解。

多数情况下，种族优越感同样是从主流文化的角度判断而产生的。被主流所接受的价值观与图式由于其规模及其成员所拥有的地位和权利而具有强大的力量。

文化多元主义

寻求对所有社会及文化群体的平等对待已经成为当代心理学的标准（Fowers & Richardson，1996；Sears，1996）。**文化多元主义**是一种个体心理及理论的观点，它不只提倡对所有文化及社会群体的平等性，而且提出不同的文化群体都有权遵循自己独特的发展路径，并拥有自己独特的活动、价值观及惯例。多元文化观根源于自我发现所导致的自我觉醒。我们应当理解我们的观点是有限的、局部的，并与自己的背景相关。这并不意味着我们总是错误的。这意味着我们必须了解并理解他人的观点。然而，这种认识只是一个心理学家职业发展的开端。多元文化取向的心理学家必须增强与其他群体的联系，思考其他信仰、习惯及生活方式。这种体验会帮助建立应用文化相关的心理学知识的能力（Fowers & Davidov，2006）

多元文化取向的跨文化心理学强化了心理学的国家流派，提供了关于生活在其他国家、种族及文化情境下的人类行为、动机及情感的证据。

本领域简史

跨文化心理学是一个相对新的领域，衍生于科学心理学。它同样是根源于欧洲，发展于美国的智力传统的一部分。然而，跨文化心理学古老的根源散布于当代科学的历史中。除了与普通心理学的历史联系之外，跨文化心理学还产生了很多影响，包括产生于例如人类学、生理学、社会学、历史及政治科学的内容。请注意很多对当代跨文化心理学产生贡献的理论在各章中都会有所涉及，但现在我们只提及某些重要理论。

尽管我们对古代哲人及他们的科学发明的了解有限，但我们还是可以认为他们对人类多样性是有所了解的，并且关注人类行为中的群体及社会差异。在中世纪相当长的停滞以后，人类对多样性的科学兴趣发生了某些显著变化，尤其是15世纪以后（Jahoda & Krewer，1997）。科学的进步、与他人联系的增加、地理探索以及贸易都是导致这一变化的因素。人类关于多样性的最激烈的思想变化可能发生在启蒙运动时期：从17世纪到19世纪。通过书籍及系统的教育，很多关于人类本质的辩论触及了千万受过教育的人们的思想。笛卡尔（René Descartes）在荷兰，培根（Francis Bacon）及休谟（David Hume）在英国，康德（Immanuel Kant）在普鲁士，狄德罗（Denis Diderot）及罗素（Jean Jacques Rousseau）在法国，以及其他早期思想家的著作都塑造了当代很多关于理性、情绪、价值及行为的观点。

在19世纪末20世纪初，社会科学对比较的兴趣仍在增加，人类学家、心理学家及社会科学家例如法国的埃米尔・涂尔干以及加布里埃尔・塔尔德（Gabriel Tarde）、俄国的弗拉基米尔・别赫捷列夫（Vladimir Bekhterev）等都试图提出引人注意的理论（例如社会本能或模仿）以解释跨文化的人类行为。研究重点逐渐从推测转向实证研究。高尔顿（Francis Galton）将他的比较研究建立于智力基础上。威廉・里弗斯（William Rivers）在新几内亚开展数据搜集及探索工作。理查德・特恩沃尔德（Richard Thurnwald）在美拉尼西亚研究人们的认知功能。在20世纪中期的心理学研究及人类学观测中，很多心理学家相信理解人类行为的关键是个体与文化环境的交互作用。到20世纪60年代，跨文化心理学已经开始成为一门独立的学科了。

在很多卓越的进展中，20世纪60年代关于文化对视知觉的影响的国际研究（Segall et al.，1966）以及1966年《国际心理学期刊》（*International Journal of Psychology*）的创刊最为著名。跨文化心理学以1970年《跨文化心理学刊》（*Journal of Cross-Cultural Psychology*）的发行为非正式的建立标志。今天，该期刊的编辑关注于描述文化与心理过程间关系的研究。他们认为所有心理都是文化的，所有文化都是心理的。他们希望发表将文化描述成所有行为的中介或调节变量的文章。该期刊倡导两种或更多种文化间的比较，也包括某国家内部不同群体或族群间的文化比较（www.iaccp.org/jccp/jccp.html）。

1972年，国际跨文化心理学协会及跨文化心理学研究协会成立。到20世纪80年代，两本重要的手册发表，一本是关于跨文化心理学的（Triandis et al.，1980），另一本是关于人类发展的（Munroe et al.，1981）。近期的重要进展是1997年《跨文化心理学手册》（*Handbook of Cross-Cultural Psychology*）第二版的发布。今天，跨文化心理学是一个国际性学科，本领域的众多专家来自世界上几乎所有国家。

练习 1.1

全球联合还是全球冲突？

关于当今世界，至少可以提出两种对跨文化心理学具有价值的对立观点。

一方面，在一个联系日益紧密的社会中，独立的、一致的以及稳定的文化的概念已经变得无关紧要了。来自不同文化的人们被拉近并形成亲密关系。例如，在旅游业空前发展的情况下，我们可以看到：跨国公司的繁荣和新的地理实体的出现，欧洲共同体建立，国际货币基金组织一直以来都在帮助经济困难的国家，很多贸易壁垒和旅游限制都被取消。大众文化的传播，移民潮的增加，散居族群的增长，以及互联网交流的出现都是人类文化全球化的标志。

另一方面，有大量的证据支持文化和种族的全球分化。有很多的国家由于民族和宗教不同而分裂。捷克斯洛伐克、南斯拉夫和苏联分裂成多个不同的国家。民族和宗教的冲突使得塞浦路斯、以色列、印度、卢旺达、波斯尼亚、南非以及其他一些国家至今仍然存在分裂。在加拿大、俄罗斯、土耳其、伊拉克和塞尔维亚，宗教团体仍然在要求独立。宗教激进主义的快速发展成为许多国家近期社会发展的标志。

作业：

请比较这两种对立的趋势：文化分裂和文化全球化。你认为哪一种趋势更强更显著？文化最终会融合在一起还是变得彼此分离？用事实和推理证明你的观点。

* *

本章总结

● 跨文化心理学是批判性并比较性地研究文化如何影响人的心理的科学。请注意这一定义中的两个重要元素。这是一个比较性的研究领域。跨文化心理学的任何研究都是至少研究了两个代表不同文化群体的样本才得出结论的。由于跨文化心理学研究的比较性，而且这种比较需要研究者具有一定的批判性技巧，所以跨文化研究也与批判思维密不可分。

● 跨文化心理学考察的是心理学的多样性及其背后的原因，通过比较性研究，跨文化心理学考察了文化规范与行为及受多种文化驱力影响的不同人类行为间的联系。跨文化心理学建立了心理学的普遍性，即对几种或所有文化中的人都适用的现象。

● 跨文化心理学试图发现文化与生活在此文化中的个体心理间有意义的联系。

● 最少可以鉴别出 4 种与心理学有关的知识：科学的、流行的（通俗的）、意识形态的（基于价值的）以及法律的。对跨文化心理学家来讲以敏感性、理解以及尊重的态度对待不同类型的知识是很关键的。

● 没有哪个社会在文化上是一致的。没有哪两种文化是完全相同或完全不同的。在同一个文化群体中可能有显著的变化、不一致及不同。

● 跨文化心理学家用文化二分法构建并概念化了主流文化的特征。这些二分包括高—低权力距离、高—低不确定性规避、男子气—女子气，以及集体主义—个人主义。

● 进化论取向这一理论模型解释了生物学因素如何影响人类行为并成为人类文化的自然基础。社会学取向关注从整体上影响社会的广阔的社会架构，以及其中的个体。某些特定的社会驱力塑造大的社会群体的行为，人类发展并调整个体的反应以适应社会群体或组织的需要。

● 根据跨文化心理学中生态社会学派的观点，个体不能与其生活的环境相分离。人们持续地与周围环境交换信息，不但改变了环境，也改变了自己。

● 根据“文化混合”学派的观点，研究者应当将他们的目光从传统文化观转移到文化混合、接触区域以及多元文化认同上来。

● 跨文化心理学的综合取向强调人类活动，即个体与环境的目标驱动的互动。人类的动机、情绪、思想及反应不能与人类的活动相分离。人类活动受个体、社会经济、环境、政治及文化状况影响，并改变这些状况。资源的存在及可得性这两个因素很大程度上决定了人类活动的种类、范围和方向。

● 本土理论由于使用与所研究的文化群体密切相关的概念和研究方法而与众不同。本土心理学是对人类行为或思想的科学研究，并用来研究土著而非从其他区域移居的人。

● 种族优越感这一观点支持了从观察者自己的种族、国家或文化群体的视角对其他种族、国家或文化群体及事件的判断。文化多元主义这一观点鼓励对所有文化及国家群体的平等认知，并支持不同文化群体有权选择自己独特的发展路径并拥有自己独特的活动、价值观及习俗这样的观点。

关键词

资源可得 对一群人来讲物质资源可获得程度的指标。

活动 个体与环境的目标驱动的互动过程。

资源可得性 衡量对个体幸福来讲至关重要的资源的存在及可得程度。

集体主义 基于对其他人、传统及共享价值观考虑的行为。

跨文化心理学 对文化如何影响人类心理的批判性及比较性研究。

文化心理学 试图发现文化及心理学变量间系统关系的研究。

文化 一系列由同一群人共享并世代传递下去的态度、行为及符号。

生态情境 人类与环境在其中互动的自然背景。

民族 由一类拥有共同祖先、语言及宗教的人共享的文化传承。

种族优越感 支持从观察者自己的种族、国家或文化群体的视角对其他种族、国家或文化群体及事件的判断的观点。

意识形态（基于价值的）知识 一系列关于世界、善恶、对错的本质，以及生命意义的信念。基于价值的知识与常识不同，它根源于一系列有组织的准则或核心思想。

个人主义 基于关注自我及直系亲属或生活的主要群体（而不是关注其他群体或社会）的复杂行为。

法律知识 与个体的心理机能有关的，来自法律的并具体体现在公务规则中的知识。

文化多元主义 鼓励对所有文化及国家群体的平等认知，并支持不同文化群体有权选择自己独特的发展路径并拥有自己的活动、价值观及习俗的观点。

国家 国家指的是拥有共同的地理起源、历史、语言的一群人，他们集合成同一个政治实体。

非传统文化 基于现代原则、创意及实践的，基于科学的知识的传播及技术驱动的进步的现代文化，倾向于接受性，并充满活力。

流行（或通俗）知识 来自对心理现象的不论是常识还是个人见解角度的日常假设的知识。

权力距离 指的是社会成员接受机构与组织中的权力分布不平均的程度。

种族 通过某些相似的并通过基因遗传的生理特征而区分出的一群人。

宗教归属 指一个人对某种特定信仰有关的知识、信念、实践的接受程度。

科学知识 来自对大量心理学现象进行的系统的观察、测量以及评估。

社会政治情境 人们参与全球的或是地区决策的情境。这一情境包括不同的意识形态价值、政府组织形式以及政治自由的充裕或匮乏。

传统文化 基于自古就建立的传统、规则、符号及原则的文化架构。传统文化通常局限于区域或局部范围内，并倾向于保守，无法容忍创新，在这一方面倾向于约束性。

不确定性规避 社会成员对不确定性及模糊性感到不能接受的程度。

不确定取向 人们在日常生活中处理不确定性时采用的通常方式。

第2章 跨文化研究方法

一个用心去看的盲人比一个盲目的正常人强得多。

——波斯谚语

不可主观臆断，眼见为实！人不学，不知道。

——贝尔托特·布莱希特（Bertolt Brecht，1898—1956），20世纪德国剧作家

不久之前一个后来成为美国加州大学洛杉矶分校研究生的朋友向我们寻求帮助，想进行一个关于美俄被试对服从的知觉的比较研究。在我们把问题翻译成俄语，复印了数千份，并录制了实验材料后，我们飞往俄罗斯搜集实验数据。我们研究了很大范围的样本，从学生到建筑工人，从工程师到心理学专业人士不等。问题只有一个，我们需要接触俄罗斯警察，但我们无法从警察局局长那里得到许可。不过令人高兴的是几天后我们终于被允许对100名警察进行访谈。我们冲到警察局，见到了当地的警察局局长，并因为用他的手下作被试而给了他很多钱。

整个过程进行得很顺利，在最后一名警察完成他的问卷后，我们回到局长办公室，感谢他给我们提供的帮助。“不客气，”他微笑着回答我们，“我很想帮你们得到最好的结果，我告诉我的伙计们（他指的是警察们）要认真，要给你们最好的答案。我告诉他们这是个比较研究，所以他们给你们的答案应该是相当得体的。”

我们简直不敢相信他所说的！他真的要求他的手下提供给我们仅仅是“得体”的，也就是社会赞许的答案吗？如果是那样的话，我们就不能用这些结果，因为其他所有美俄被试都没有从他们老板那里得到任何关于如何答题的指示，但现在，一名官员为了创造俄罗斯警察的良好形象而告诉他的下属如何答题！

这可能是所有比较研究中遇到的最常见的研究方法问题：由于假设他们的答案会拿去与国外被试做比较，所以被试试图呈现比他们的真实面貌更好的形象。我们如何避免出现这种情况呢？也许我们应当更好地隐藏我们正在进行比较研究的事实。然而，第二天我们的一个同事帮我们解决了这一困境。他问我们知不知道为什么警察局局长花了好几天的时间才同意为我们的研究开绿灯。我们说不知道，他提示我们：“局长打了很多电话并且搜集了你们及你们项目的信息。你们不可能隐瞒你们进行比较研究的事实，所以不要责备自己了。这就是俄罗斯：你需要推测并且核实所有事情。局长做了所有他认为自己该做的事情，换做其他人也会这么做，换句话说，你得到了一个具有代表性的样本。”

为了更好地理解人类行为的多样性，心理学家需要搜集可信的证据——可证实的事实及用最无偏颇的方式解释的稳定的数据。本章探讨了跨文化心理学研究的方法论，概览了跨文化心理学家最常用的研究方法，并对比较研究中搜集事实及解释数据的过程给出了重要意见。

跨文化研究的目的

假设有个研究者想研究哪些心理因素影响了美国土著包办婚姻的稳定性，使他们的家庭组合比欧裔美国人及其他族群的婚姻持续时间更长。为了找出答案，研究者应当进行科学的研究并选择合适的方法。这一案例中心理学家想要得到什么呢？

首先，研究者想要描述包办婚姻与非包办婚姻间的主要差别。假设最重要的差别是包办婚姻家庭中夫妻双方的所谓回避冲突行为：他们很少制造紧张气氛，并试图在问题发展到不可解决之前解决所有小问题。

其次，发现了族群间的差异后，研究者试图解释这些因素是否影响婚姻的稳定性。如果有影响，那这些影响为什么及怎样发生？当给出解释后，心理学家试图传播他们获得的数据及解释。心理学家可能会参加会议，与同事及学生分享数据，或是在学术期刊上发表文章。

如果获取的数据不只是解释，而且能预测决定成功婚姻关系的因素的话，那么它们的实用价值可能会很高。例如，心理学家可能会认为回避冲突行为在包办婚姻关系中是最有效的影响因素，但在其他婚姻关系中不是这样，因为解决冲突行为可能比回避冲突行为更流行。如果是这样的话，实践者可能会利用这些研究数据帮助其他人更好地理解并管理——有效地控制——家庭关系。

总体而言，跨文化心理学的研究方法可以分为两大类：定量研究和定性研究。

跨文化心理学中的定量研究

跨文化心理学——及整个心理学科——中的定量研究指的是从比较的视角对人类行为的某个方面进行测量。对研究变量，主要应通过观察进行实证研究，而不是求诸直觉、信仰或者迷信。

由于跨文化心理学家对建立两个或多个变量间的相似性、差异及其他统计关系感兴趣，所以最常见的数据是对**集中趋势**的测量。对集中趋势的测量指明了某一变量的分数分布的位置，也就是说，描述了大多数分布的位置。有三种描述集中趋势的度量：众数、中数及平均数。

出现最多的分数被称为**众数**。例如，比较两组人：A组与B组的测验成绩，你发现A组中大多数人得到10分，B组人多数得到7分，你可以将10与7作为两组的众数进行比较。大多数情况下众数并不能提供精确度量。所以要使用对集中趋势的更佳度量——**中数**，当所有分数的50%是X，或者低于X，X就是中数。例如，如果有以下分数：1，2，2，2，3，4，5，5，5，中数是3，因为一半的数据（1，2，2，2）在3之前，而另一半数据（4，5，5，5）在3后，分数的数值并不影响中数。简言之，中数是位于50%分位的分数。例如，你想知道你进行研究的国家的社会经济状况。你要找出在该国收入分布上位于50%的点，假设是12 000美元。这一数值说明12 000美元是该国收入的中数水平。但中数不能准确地描述某些数据。假设有个孩子正在接受关于认知发展的测验，得分是2，3，3，4，9，9，9。中数是4，然而，这一描述很明显忽视了最后三次测验的高分。如果最后三次得分是6，6，6，中数还会是4。

最常用的集中趋势的度量是**平均数**。平均数指出了数学上某分布的中点。它把所有数相加然后除以相加数的个数。例如，把2，3，7，8，15相加，然后用总和35除以5，也就是数字的个数，就得到平均数7。然而，这一度量并不总能精确地描述偏态分布。例如，假设考察行为中的攻击性反应。在4种实验情境下，愤怒反应的得分是10，平均数就是10。在第5种情境中得分是0，平均数就会降到8，这一结果有误导性，因为任何对研究不了解的观察者都会假设所有分数都围绕8分布。所以，当你搜集数据的时候，你要对位于两个极端的数据以及分数与平均数的偏离程度非常当心。

定量研究取向：测量量度

当测量距离、重量、体积、速度或温度时，结果代表了质量、大小或是度数。人类行为也可以在这些维度上进行测量。选择正确的测量量度对成功的心理学实验至关重要。有4种测量量度：称名、顺序、等距及比例。在称名量度下，所有分数都不代表数量，这一量度并不测量任何等级或顺序，多数用做鉴别用途。例如，问“你说什么语言”的测度：英语—西班牙语—普通话—阿拉伯语—其他就是称名量度。记得众数的概念吗？事实上众数常用来描述称名量度数据的集中趋势（Heiman，1996）。

在顺序量度下，数据以等级形式命名。等级顺序可能代表了被试的偏好、态度或是意见，例如，可以要求两个国家的被试选出某个朋友最好的特质并给出顺序：坚定、诚实、聪明、创造力、自信、幽默感等。这一过程就用到了顺序量度。然而这一量度不能测量等级间的距离。

在等距量度下，每个分数都代表了一定数量。事先推测每个分数中都有一个同等的测量单位。问“你是支持还是反对婚前性行为?”的量度：完全支持（+2)，有条件支持（+1)，不知道（0)，有条件反对（−1)，完全反对（−2）是等级量度。分数可正可负（例如摄氏度），零点并不代表数量为0，也就是说没有真正的零点。

比例量度的分数代表了变量的数量，零点就指数量为零。比例量度不能包括负数，一般用来测量定量的变量，例如花在看电视上的时间、测验犯错的数量或者网站点击率。

定量研究取向：寻找联系与区别

进行跨文化心理学研究的专家或是学生经常需要确定相关，即两个或多个变量间的关系。如果在一系列数据中，变量X低的情况下，变量Y也低，变量X高，Y也高，那两变量间存在正相关。如果在另外一系列数据中，X低，Y高，X高，Y低，则两者存在负相关。例如，呈现图片的频率与对图片的喜好程度呈正相关。扎伊翁茨（Zajonc，1968）进行的研究中，对不同的人呈现不同的脸部照片，呈现每张脸的次数不同，被试看某张照片越频繁，他们报告越喜欢照片上的脸。作为对负相关的解释，我们参见婚姻稳定性：全世界的离婚率与繁殖率负相关。也就是说一个家庭拥有的孩子越多，越不可能离婚（Lucas et al.，2008）。

对相关的测量——**相关系数**——包括两个内容，一是呈现正线性关系或负线性关系的符号，二是数值。绝对值越大，关系越强。例如，共同抚养或分开抚养的同卵双胞胎的智力分数是高度相关的：＋0.88。共同抚养的陌生人的智力分数是低相关的：＋0.2（Bouchard et al.，1990）。相关研究可以描述大样本的全球及普遍的变量的关系。比如，对42个国家的59 169名被试的研究发现，婚姻状况与主观幸福感高度正相关，也就是说，已婚的人倾向于比未婚的人感觉更好。这一相关在全世界都比较相似（Diener et al.，2000）。相关研究同样能处理“小”事件及小样本。基于对从大城市中随机选择的355名未文身成人被试的面对面访谈（平均年龄49岁），研究者发现年龄及对宗教的态度与个体对文身的知觉相关（Lin，2002）。这意味着年长且信奉宗教的人不太可能文身。

相关建立了变量间的因果关系吗？例如一个心理学家发现了暴力犯罪与贫困程度间的跨文化正相关，在多数情况下，不能下结论说存在因果关系。换句话说，贫困可能导致犯罪，犯罪可能导致贫穷，或者第三个心理学家未知的变量可能对两者都有影响。对相关的更加细节的分析，请看第3章。

> 世界上任何事都不能事先假设，万事都是由很多独特且不能被事先预见的因素构成的。
>
> ——赖内·马利亚·里尔克（Rainer Maria Rilke，1875—1926），奥地利诗人

跨文化心理学中的定性研究取向

定性研究通常在自然环境中进行，被试在非研究环境中进行日常活动。心理学家试图探测并描述文化、潜规则及影射等不正当或不能说的一面——所谓很难通过定量研究程序进行测量的情境（Marsella，1998）。很明显，使用这些方法可能会带入主观成分，这可能导致积极的或消极的结果。在哪些情况下可以使用定性研究？当现象很难测量（例如梦、图片、绘画、歌曲），被试或主题很难适用标准化测量（被试是文盲或不能回答量表，参见 Tutty et al.，1996），或变量不是完全概念化或操作定义化（很多文化中的性骚扰或是精神病，见第9章）时，你可以试着使用定性研究方法。

研究者经常需要同时使用定量和定性研究方法。在本章开头的例子中，被试的答案受警察局局长的影响，因此我们可以采用定性研究作为定量研究的补充，因为当受警察局局长影响时，很难进行测量。

定性研究的一种形式是**心理传记研究**，或是对特定个体的深度研究——通常是杰出人士、名人及领袖，他们代表了不同的国家或文化。大多数情况下专家试图搜集实证证据以对研究对象进行人格素描。为了搜集类似证据，要对日记、演讲、信件、自传、访谈及目击者证词等进行研究。心理传记研究解释了行为是如何形成的以及如何在特定文化状况下发生改变的。

经典案例

2003年在芬兰进行的一项研究发现隆胸的芬兰女性比普通人的自杀率高3倍（Kaufman，2003）。这些结果与国家癌症基金会对瑞典及美国女性的研究结果非常相似。在美国，最近6项研究的结果表明隆胸女性的自杀率大概是普通人的两倍（Sarver et al.，2007）。为什么呢？芬兰研究后媒体的普遍反应是隆胸导致了更高的自杀率。这是有可能的：高自杀率可能是术后不适、痛感或是后悔导致的。也有可能是高自杀率反映了寻求隆胸的女性的心理结构。也就是说，寻求隆胸的女性这一群体可能比其他女性更有可能产生心理问题。

准备进行跨文化心理学研究的主要步骤

一个可信的跨文化心理学实验必须满足一般心理学实验的所有要求（见下面的经典案例）。研究者试图同时发现跨文化差异或相似性的重要性及内涵，由于跨文化研究是比较性的，所以最起码要追求两个目标。

经典案例　多步骤跨文化研究设计的例子

1. 描述你需要研究的问题。查阅关于此问题的文献。可以使用期刊或报纸。如果需要的话使用所有可能的资源。

2. 确定研究目的，也就是说解释你最后想得到什么结果，并提出若干研究假设，可以使用至少两种策略：（1）诱导：首先搜集数据然后提出结论；（2）推论：首先选择理论，然后搜集数据支持或推翻理论假设。

3. 选定样本：一群人、新闻报道、图画等。

4. 选定研究方法，不能违反研究道德。

5. 进行预研究，看你的研究方法是否适合实验、是否影响搜集数据。

6. 搜集数据。

7. 统计分析。

8. 呈现并在报告中分析结果。

9. 在报告中，建议数据在何处及如何使用。

选择**应用导向的策略**，研究者试图将在某一文化或国家中得到的结果应用到另外的文化或国家中去。在这种研究中，在某一特定文化中验证的研究方法或程序（如在日本集体主义社会）要在另外的文化背景中接受验证（如在芬兰个体主义社会）。例如一个阿根廷心理治疗师发明的特殊行为疗法需要在智利重新验证其有效性。

比较策略侧重于文化样本在特定的统计测量上的异同。例如一个加拿大研究者发现家庭成员的教育水平及家庭规模在国家层面是呈负相关的。那他应该使用比较策略来鉴别其他国家的教育水平与家庭规模间的关系与加拿大是否相似。

选择好的研究方法对比较研究是很重要的。同一种方法常常可以除了翻译以外不加修正而用在不同的国家，霍夫斯塔德（Hofstede，1980）的研究就是一个很好的例子，原始的问卷被翻译成了10种语言，并应用在53个国家。在另外一些情况下，对原始方法的修正是必需的。有些作者相信一种文化下的心理测验经过修正后可以很好地应用到其他国家（Butcher et al.，1998），其他人则建议为比较研究发明新的研究方法。比如张和他的同事（Cheung，1996）认为西方的人格量表不能很好地测量中国人的人格，应当为中国人建立新的人格量表。

另外需要考虑的问题是**等价**。指用研究方法测量到不同国家或文化中的相同现象的证据。例如如果研究者要做焦虑的跨文化比较研究，他应当证明研究方法测量了不同文化中的相同现象。此外，方法应当是同源的。出于此目的，研究者不应当在巴西或日本用某一问卷搜集数据，而与在阿根廷或法国用其他问卷搜集的数据进行比较。

选择样本

跨文化研究应当选择怎样的样本？有三种策略（van de Vijver & Leung，1997）。一是方便选择，研究者随机选择或是通过其职业或个人关系进行选择。例如你以前的同事、同学或朋友是印度的心理学家，你会抗拒跟他合作进行比较研究吗？

二是系统选择，研究者根据某些理论假设选择样本。样本被选可能是他们代表了践行不同习俗的人。例如，研究指婚家庭中婚姻满意度的心理学家可能会选择具有或没有指婚习俗的国家。一类包括德国、西班牙、智利及澳大利亚，另一类包括印度、巴基斯坦及索马里。

三是随机选择，任何群体被选择的机会都是一样的，例如施瓦茨（Schwartz，1994）使用的方法。这一方法同样被戴维·施米特（David Schmitt）及同事用来研究来自56个国家的17 837名被试的人格特质（Schmitt et al.，2007）。

代表性样本指样本的特性反映了总体特性。代表数量的限制几乎是所有跨文化心理学研究的共同问题。有一些统计方法能比较精确地确定样本的数量（Heiman，1996）。总之，样本量越小，抽样误差越大，反之，样本量越大，抽样误差越小。例如某项研究发现了权力距离与领导沟通及心理可接近性间存在跨文化负相关，其抽样误差可能比较小，因为其样本来自39个国家（Offermann & Hellmann，1997）。

最可靠的方法之一就是随机抽样，随机样本被期待是有代表性的，有代表性样本的平均数可能是对总体的良好估计。然而，这只是一个假设，即使是随机抽样也可能产生没有代表性的样本。

研究证明根据大样本做出的估计比根据小样本做出的估计更为可靠。但我们在决策的时候通常不会运用这一原则，所以，尽管从小样本搜集的数据不能做出很好的预测，但我们还是容易犯将小样本泛化的错误。从数学的角度来说，你觉得7/10比60%看上去更大吗？看上去是这样的，但哪个更可靠呢？很显然是60%更可靠，因为它来自一个更大也就是更可靠的样本。

样本应当代表较大的种族、国家或社会群体。如果两个样本包括法国中产阶级及来自蒙得维的亚的乌拉圭大学生，他们就不能称为国家样本。在这个案例中无法确定到底比较了哪些差异：到底是国家间的差异还是居民与学生群体间的差异。就算是霍夫斯塔德基于来自60多个国家的88 000名IBM员工的著名研究的结果，我们在接受的时候也要倍加小心。由于所有参与研究的员工都来自大的跨国公司，所以此样本只能具有部分代表性。跨文化研究的一个显著不足是它过于依赖以学生为主的样本群体。很多情况下学生的代表性并不强。学生群体受教育程度高、年轻，而且比普通人群体更有钱。来自例如博茨瓦纳、民主刚果、埃塞俄比亚、摩洛哥、南非、坦桑尼亚及津巴布韦的学生（尤其是在国外留学的学生）可能是国家的“精英”阶层（Schmitt et al.，2007）。

总之，在选择和分析跨文化研究样本时，研究者应当注意被试在人口学和社会特征上的显著差异。

> 你不能创造体验，你只能经历它。
>
> ——阿尔贝·加缪（Albert Camus，20世纪），法国小说家、哲学家、记者

批判性思考 **抽样与结果的解释**

布达和埃萨耶德（Buda & Elsayed-Elkhouly，1998）从美国、埃及及波斯湾国家（例如科威特、沙特及阿联酋）选择了对照样本。美国样本个人主义的得分显著高于阿拉伯样本，此外，埃及与波斯湾国家也存在显著差异，埃及人在集体主义上的得分与其对照组相比显著偏低。研究者将此差异归因于埃及受西方影响较大。很多埃及人，尤其是开罗人会去其他国家，并受西方文化影响。

然而，观察这些样本就会产生一个疑问。总样本是400人，包括大概130名女性，埃及样本包括224名男性、75名女性，在102名美国被试中有55名男性。波斯湾国家的样本都是男性。总之，该研究到底是测量了三个国家间的差异，还是实际上揭示了波斯湾国家男性、大部分埃及男性及两性混合的美国样本间的差异呢？

跨文化心理学中的观察

如果你不加干涉地在自然环境中记录人的行为（例如在马德里或孟买街头），这一过程就是**自然观察**。科学的跨文化观察应当使用可鉴别的、可度量的变量。例如研究不同国家的行走方式时（见第 10 章），研究者不会影响人们的行走速度。大多数情况下，同步观察是有偏差的，研究者的态度会影响观察结果。例如对中国研究者来说，大多数美国小学生可能显得“缺乏管教”及“多动”，与之相反，对美国心理学家来说，中国小学生可能显得“克制”及“犹豫”。

在**实验室观察**中，被试被带到实验室中，你——作为心理学家——设计特定情境或者准备一系列刺激然后要求被试反应。

使用这种方法要求研究者具备两种特质：耐心与怀疑态度。有一个问题常被问到：“我观察到了所有问题吗？还是有一些东西我没有发现？”对因纽特文化的观察是一个非常有趣的例子。研究者最初——作为观察的结果——发现该种族不怎么发怒。这一发现是否意味着因纽特人缺乏愤怒体验？根本不是这样。更耐心的观察得到了新的数据，尽管因纽特人的人际关系中少有愤怒，但仍有至少两种情况会导致愤怒：对狗的愤怒及对从群体中被驱逐的人的愤怒。

调查

调查可能是跨文化心理学研究中最常用的搜集数据的方法。一个典型的调查中，研究者要求被试就一个特定的主题或话题给出答案。可能有开放性问题，但更多的是单项选择题。开放性问题给了被试更多表达自己、解释自己思想与情感细微之处的自由。然而，答案很难进行定量分析，而且某些被试——小孩或不善表达的人，或不愿提供自己信息的人——并不能很好地表达自己的想法。单项选择虽然容易分析，但限制了被试的回答，而且在第 5 章我们会讨论到，在某些情况下，对标准量表不熟悉也会影响测验分数。例如在某些社区，引入问卷调查可能由于当地的高文盲率及人们不愿与陌生人打交道而受限制。

调查分直接调查和间接调查。在**直接调查**中，访问者可以与被访者进行面对面交流并得到反馈，可以重复或增加问题。而在**间接调查**中访问者的影响很小，因为访问者与被访者间没有直接交流，问题通常都是通过信件或电邮的方式发送到被访者的家里、教室或是公司里。

使用直接调查有以下几种方式，最常见的是面对面调查及电话调查。在面对面调查中，访问者可以在被访者的居所或办公场所及其他场所见到他。电话访问——尽管访问者与被访者不能看到对方——同样基于直接交流。这种方式成本最低，并且可以用在人们可以随意使用电话的场合。

调查的一大问题是研究者不能很好地鉴别出被访者是否诚实地回答问题。例如调查性行为，男性通常会比女性更多地谈到很年轻时就有了第一次性行为，性行为频率更高，并且拥有更多的性伴侣。但事实上有研究证实这种差异是因为女性认为此类话题是不合适的，并且感到羞涩。在一项研究中，心理学家询问男女被试的性态度和性行为。被试认为用了测谎仪，他们被告知在完成问卷的过程中，测谎仪足以鉴别出不诚实的回答。但其实测谎仪并没有打开。有意思的是，在认为测谎仪打开的情况下，女性被试的答案非常接近男性被试，男性被试的回答则没有太大变化（Alexander & Fisher，2003）。一种解释是多数女性对社会期望更加敏感并给出“社会称许”的答案。

西方研究者在对千里之外的国家进行调查研究的时候会遇到哪些困难呢？能用电话进行调查吗？没有那么多可用的电话线路。能进行随机的个人提问吗？这可能会有问题。想象这样一个场景：一个外国研究者在一个小村落里向人们提问并记录答案。怎么能期待人们对研究者持开放态度呢？在这种情况下可能就需要采取其他的研究方式。例如，霍（Ho，1998）描述了在菲律宾进行心理学研究的一种方法。这是一种被称为 pagtatanung-tanong 的不引人注目的研究程序，可以用于相对较小的、稳定的、同质性的社区。这种方法的一个优点是研究者可以避免使被访者感受到他们是“被试”并且答案将被用作研究信息。使用这种方法，研究者可以在自然、不被打扰的情境中提问。研究者与人们聊天，“随便问问”可以按顺序提问，也可能引出新问题，或者在需要的情况下做进一步澄清。答案中不一致的地方表明被访者的观点存在差异。如果答案是一致的，表明人们的观点存在特定的趋势。使用这一方法不会打扰被访者，并且能够讨论在“标准”民意测验情况中得不到任何答案的某些敏感话题。

调查的另一个不足是人们看待自己时的文化差异。例如，美国人认为自己是高度理智和努力工作的：他们的工作时间比很多其他国家的要长。美国经济还是世界上最强的，但是研究发现埃塞俄比亚、坦桑尼亚及津巴布韦人——经济都不发达——竟然认为自己是最理智、最努力工作的。中、日、韩被试认为自己是世界上最不努力工作的！数据证明人们的自我知觉基于太多不同的因素，所以对待这些答案要加倍小心。

想从专制国家中通过调查获取可信的数据非常困难。这有几个原因（Mills & Singh，2007）。第一，政府不希望公民提供可能影响政府“声誉”的信息（例如报告腐败或暴力事件）。第二，人们对提供信息的隐秘性并不确定，尤其是性命攸关的信息。心理学家提供的隐私声明对他们来讲没有任何意义。第三，很多被试会提供社会期望的回答以避免与当局的冲突，就像本章开头提到的那样。

实验研究

做**实验**的时候你要将被试随机分配到不同的实验情境中。通过情境的变化，你试图发现被试在情绪、动机、行为等方面的变化。在实验中，被你控制的变量称为**自变量**，人类行为的各个方面，即期待在自变量的影响下有所变化的称为**因变量**。主试控制自变量，即改变实验情境。

一个典型的跨文化心理学实验通常会将两个或多个群体放入不同的实验情境中，被试群体不同的种族、国籍等就是自变量，如果实验设计合理，那在实验中表现出的行为差异都可以由被试不同的文化背景加以解释。

劳森（Lawson，1975）的实验提供了一个实验研究的典型程序。他研究了阿拉伯与犹太学生对旗帜的偏好。研究者测量了这两组都住在以色列的被试群体选择代表自己国家的旗帜——以色列国旗与巴勒斯坦国旗的次数。在此研究中，选择某张旗帜图片的决策是因变量，图片是自变量——由主试操纵。在此研究中，记录被试的反应，结果发现两组被试对旗帜的偏好存在显著差异（Lawson，1975）。在另外一个研究中，两组随机选择的被试——一组来自纽约韦斯特切斯特县，另一组来自瑞士波恩——接到主试的电话称自己的车坏了，而且没有钱打付费电话，主试要被试给她的朋友打电话。反应率表明，来自波恩的被试比纽约被试更乐于助人（Gabriel et al.，2001）。

内容分析

内容分析是一种系统地组织和分析交流内容的内外在含义的研究方法。研究者通常会研究对话记录、电视广播节目、信件、新闻稿及其他沟通形式。内容分析的步骤主要有两步，研究者首先确定编码分类，可以是特定的名词、概念、姓名或主题。一级编码是很具体的，要鉴别出文本中很明显的数据的属性。二级编码是抽象的，意在发现一级编码的内在含义。

当研究者出于某些原因而不能使用标准问卷时，内容分析就显得极有价值。例如对美国非法移民的研究（Shiraev & Sobel，2006）发现被试不愿提供书面答案，因为他们怕被移民局发现。他们喜欢与访问者进行语言交流，并可以被录下。由于此种原因，很多定量的问卷在某些情况下就不能使用。需要适用于“语言”访谈的特殊的定性研究方法（见下面的经典案例）。另外一个例子是对一组14名土著美国本科生或研究生进行的研究，分析他们的个体、家庭及部落经验如何影响他们对接受高等教育的兴趣、持续时间及适应程度。访谈被录音并进行编码和分析，结果发现了美国土著人关于团结的知识对例如学习、发展学术认同及对社会支持的知觉的重要影响（Montgomery et al.，2000）。

研究者必须明确信息的来源，尤其是分析故事或自传时。我们应当相信他们的话是真的，但人们也可能犯诚实的错误，即只能回忆起支持他们观点的事件或事实。有很多西方作者写的所谓模拟自传仅代表某些种族、经济或其他少数群体。历史学家对此类信息会非常小心（Browder，2000）。

经典案例 对访谈问题的修正

“标准”访谈的 14 题

“你过去是否做过关于被驱逐出美国的噩梦?”

测量量度

一直有　经常有　偶尔有　很少　从不　不能说

对 14 题的修正

“现在请告诉我，你过去是否做过被驱逐出美国的噩梦?”

新版的增加问题

“如果有的话，你还记得那些梦吗?”“你能描述一下吗?”“你经常做类似的梦吗?”“频率是怎样的?”

焦点群体法

焦点群体法经常既用于学术研究，也用于市场调查。此方法的主要优势是能够深度研究某些社会、性别及种族问题，例如，某时尚品牌是否能在某一种族群体中获得成功，或某种心理治疗方法对几个文化群体是否都有效。

这种方法最常用在对特定的社会、政治或市场信息有所反应的群体中。典型的焦点群体包括 7 到 10 名被试，基于特定的研究目标，该组可以是同质或异质的（种族、国家、职业等）。但焦点群体法对跨文化心理学研究来说可能存在一些问题，因为此组并不是随机选择的样本，此外，由于缺乏外部效度，专家认为焦点群体法的总体效度——尤其是在跨文化心理学研究中的效度——需基于研究发现在不同群组间的重复（Kern & Just，1995）。

元分析：研究的研究

你知道同一个心理学问题可能被很多研究者和研究团队彼此独立地进行研究。实际上人类行为某些方面的趋势可能会从不同的角度多次被研究。假设你要研究不同国家家庭气氛与心境障碍间的关系，然后发现关于此主题在 1980 年到 2009 年间已经有 30 多篇相关研究文献得以发表了。如何对这些研究进行科学的概括？能否分析这些数据并做出家庭关系质量与家庭成员出现心境障碍间存在（或不存在）关系的结论呢？你可能会意识到标准的比较观不能解决这一问题。这些研究很难进行比较，因为它们是千差万别的。有些是基于对一些家庭的访谈，而其他则在不同时期研究了来自不同国家的数百被试。

有种特殊的统计方法可以让跨文化心理学家对大量这类数据进行分析整合并发现结果，这一方法称为**元分析**。简单来说，元分析就是对分析的分析——通常称为“联合检验”——收集大量的单独的研究，并赋予各不相同的数据以意义。这一方法的诱人之处在于它基于统计公式，并包含了大量研究结果，而不只是那些“好的”和“有趣的”结果。元分析的结果常常是个体研究不能实现的，例如对跨文化奖励行为例如表扬、鼓励的元分析（共有 25 个研究）发现，研究结果与样本密切相关，学生样本的结果与员工样本的结果显著不同（Fischer & Smith，2003）。

但元分析也存在一些缺点，它试图比较许多定义不同的变量。例如，如果两个研究者用各自不同的方式定义集体主义，那么对两个研究的任何比较都是无效和不可信的。此外，有些研究使用了不常见的测量技术，并且结果来自不同被试群体。最后，元分析依赖于公开发表的显著的发现，非显著的发现就被忽视或忽略了，这在样本选择上可能存在偏差。

跨文化研究的潜在障碍——测验的翻译

跨文化心理学的多数研究——尤其是用调查进行的研究——需要进行翻译，此时对研究者来说最困难的任务之一就是保证研究方法的翻译版与原版尽可能地接近，然而，就算是翻译得很好的测验版本与原版也存在差异。语言有不同的语法及句子结构，某些一眼看上去一样的单词可能有不同的意思，例如英语的“friend”与西班牙语的“amigo”。某些词需要进一步的澄清，例如“cousin”。在阿拉伯语和俄语中这个词需要特别翻译以表明性别。而英语中这个词并不特指某一性别。同时要避免使用比喻（例如“pie in the sky”）及模糊词（例如可能、总是），因为它们很难翻译（Brislin，1970）。

某些对普通美国人来说常见的词或短语可能对其他国家的人来讲并不常见。例如将“性骚扰”翻译为其他语言时需要做详细解释，如果你对此有疑问，可以问任何人——西班牙人、阿拉伯人、乌尔都人、越南人，或是以色列人——看他们如何翻译“性骚扰”。他们可能会说一个本国语言的短语，然后让另外一个此国人将短语翻译回英语，结果肯定不是“性骚扰”。

总之，对跨文化研究来讲有一些通用的翻译原则。

- 第一，翻译从最开始就要由双语者进行，他们会做所谓的反向翻译，他们首先会将原始版本翻译成其他语言，然后将翻译版再反向翻译回原始语言，并比较这两个版本。
- 第二，很多人同时做翻译，然后得到多个翻译版本是很有益的，可以对这些版本进行比较并整合成一个版本（Heine et al.，2002）。
- 第三，问卷的两种版本可以同时用于同一个双语被试，如果得到的结果相近，翻译就是成功的。

经典案例　测验翻译

我们会用卡西诺夫等人关于状态—特质愤怒表达问卷（STAEI）的研究（Kassinove，1997）解释这一过程。为了验证斯皮尔伯格（Spielberger，1980）提出的愤怒理论模型的普遍性，建立了一个特别的俄语版STAEI，在这一问卷中，被试需要表明自己对多种不同的愤怒感受或体验的认同程度。测验条目——翻译自美国原版问卷——是由一位讲俄语的本地心理学家在一位俄罗斯心理治疗师的帮助下翻译的。新翻译的条目随后被一位纽约霍夫斯特拉大学临床心理学的博士生反向翻译成英语，此人与其助手都是在苏联出生并接受教育的。由于英语中某些描述愤怒的习语——例如“harboring grudges”，“keeping cool”，或是“feeling burned up”——不能准确翻译成俄语，为了突破这一障碍，俄语版本新编了一些条目进行调整，另外一位讲俄语的美国助手将这些习语从俄语反向翻译成了英语。整个研究团队随后就最具争议的条目进行了讨论，参加讨论的还有几位发明了在讲俄语的人中从心理测量角度对愤怒进行声测的仪器的研究者。丹尼斯·苏霍多尔斯基（Denis Sukhodolsky）与他的同事采用了类似的技术验证他们公开发表的愤怒沉浸量表（ARS），这一量表现在被用来研究在不同的国家或文化群体中的愤怒控制（Sukhodolsky et al.，2001）。

比较两种现象：某些重要原则

东京人与纽约人在思维、情绪与归因上有多相似？理论上来讲，这一问题有两个答案，反映跨文化心理学研究的不同取向（Berry et al.，1992）。支持**绝对论取向**的心理学家认为心理现象在所有文化中都是相似的：诚实就是诚实，性虐待就是性虐待，抑郁就是抑郁，不论这些心理现象或其他心理现象在何时何地研究，如何研究。在这一取向下，有种将某群组设为标准来看待其他群组的趋势。在绝对论取向的心理学家看来，心理过程在不同文化中应该是恒定的，但特定过程和行为的出现因文化不同而不同，因此心理学家可以在“外面”研究人类行为，用相同的标准比较不同的文化。对此类特质的测量可以用标准的心理学工具或其翻译版，通常可以根据此类测量进行评估性比较（Segall et al.，1999）。

第二种是**相对论取向**，认为人类行为是复杂的，只有在其发生的文化情境中才能理解。所以科学家只能在个体存在的文化内研究其心理。相对论者对文化间的相似性或平行性没有任何兴趣。因为没有脱离情境的心理过程或行为，所以文化间不能进行有效的比较，也就是说，从相对论角度看，跨文化比较是有偏差的。

在跨文化心理学文献中经常能看到“非本位”和“本位”两种表达方式。“非本位”是绝对论的，而“本位”是相对论的。几乎没有任何心理学家是纯粹的绝对论或相对论者，当代的多数跨文化心理学家同时接受这两种观点。有些心理现象对所有社会群体，不论大小、文化或亚文化都是一样的。但有些心理现象是某些社会或文化状况下所特有的，因此心理学的比较研究应当以有文化含义的概念形式发展，进行比较及解释结果的时候应当特别注意。这一综合取向没有分开非本位与本位，反而在某种程度上将两者联系起来。跨文化心理学的任务之一就变成了确定人类行为、情感、动机及思想中的通用文化与特定文化特征间的平衡。

尽管相对论与绝对论取向看上去不同，但它们都是有意义的。例如从相对论的视角看待问候的程序，对所有研究不同国家中人类交际的人来讲，很容易发现交流的规则是很不同的。在某些文化例如美国及加拿大文化中，握手对男女都适用。在斯拉夫国家，多数女性不会正式地在与他人见面时握手。在北欧，男性见面时很少吻对方的脸颊，而在中东这种习惯是很正常的。在很多国家，眼神的直接接触是很正常的。但在东亚文化中，人们在大多数情况下以鞠躬表示问候，而没有眼神接触。甚至谈话时彼此的距离也会因国家的不同而变化（见第 11 章关于此问题的更多细节）。因此，很难研究不同文化下的问候模式，因为在这些案例中，按美国的俗语来说，我们是在比较“苹果与橘子”。

绝对论取向也是值得商榷的。假设你是某国一个研究针对女性的身体及性虐待的心理学家，通过研究案例及个体访谈，你发现该国女性被虐待的程度比美国要高得多。有些批评者，就是相对论的支持者们可能认为你的数据有问题，因为美国人对虐待的看法不一定适用于其他国家的样本。然而你可以说没有所谓从文化上对虐待进行的辩解，就像不能从文化上对暴力和谋杀进行辩解一样。

> *相似是差异的影子，不同的人看到不同的相似性和相似的差异性。*
>
> ——弗拉基米尔·纳博科夫（Vladimir Nabokov，20 世纪），俄裔美籍作家

关于相似与不同：一些批判性思考的应用

没有比较就没有跨文化心理学，当我们比较——例如两国在情绪表达上的差异或两国、两种族在测验分数上的差异——时，我们寻找的是两个变量间的相似性或不同。比较任何两个现象，一开始它们可能会有某些共同点，但不论有多少共同点，它们还是不可避免地在某些地方存在差异。我们可以把这个结合点定义为关键鉴别点（PCD）。在此之前两种现象是相似的，而在此之后则变得不同。当我们试图定义、比较或对比任何两种现象时，鉴别及发现与特定事件有关的关键鉴别点是很重要的。如果我们对相似性感兴趣，我们应当检验出现在关键鉴别点之前的变量；相反地，如果我们想发现差异，我们就应当关注关键鉴别点之后出现的变量。当然，如果为了对两者关系有全面和综合的认识，我们应当检验关键鉴别点之前和之后的所有变量，尤其要关注关键

鉴别点本身。

当差异被发现以后，我们通常会比较样本与其总体的关系。然而，例如当我们比较集体主义与个人主义的时候，我们会认识到这两个对立的概念彼此互相依存，一方不存在，另一方也就不能存在了，如果没有“个人主义”的概念，我们该如何定义“集体主义”呢？如果没有“无偏”的概念，我们又该如何定义“有偏”呢？如果我们不知道什么是“分歧”，我们能真正理解什么是“一致性”吗？这一原则对其他相对的概念也适用：女子气与男子气，主观与客观，低权力距离与高权力距离，无私与自私，高情境与低情境，被迫与赞成，狩猎文化与农耕文化，适应与不适应，有效与无效。当定义或理解任何现象时，如果有可能也要关注和发掘其理论的对立面，就像上述例子阐述的一样，将某现象与其对立面进行比较就是给双方下定义。

我们谈论过有关自我评价的研究。彭等人（Peng et al.，1997）以及其他心理学家注意到来自不同文化群体的人们在描述他们的信念与价值观时，首先会关注自己的文化。所以，在一个先验的集体主义文化中，集体主义得分可能不会很高，因为它早就是日常生活的一部分了。自我评估的其他方面同样如此，一个5英尺10英寸（约1.78米。——译者注）高的人在某些情境中可能是很高（例如对儿童或多数日本女性来说），但对其他人（例如篮球运动员或冰岛人）来讲就很矮。中国人在自我评价的时候喜欢与其他中国人进行比较，而美国人在自我评价的时候只是参考其他美国人（Heine et al.，2002）。来自日本和韩国这样国家的人在评价自己的时候是批评性的，认为自己工作不够努力，尽管事实并非如此，日本、韩国都是生产力和经济高度发达的国家。在日语中有一个专门指工作过劳而死的词叫 karoshi。在韩国，情况是相似的，非自然死亡是与工作有关的死亡的主要形式（Park et al.，1999）。想要了解为何这些国家的人们自我评价如此低，我们应当认识到努力工作与勤奋通常在更大的文化标准下得以估计，如果所有人都是努力工作、守时且可靠的，那很多人可能认为自己没有达到由文化标准创造的“完美”状态。结果导致多数参加调查的人报告自己不够有组织和坚定，这就是文化反应偏差的例子（Schmitt et al.，2007）。

文化二分

差异比人们认为的要少

像之前提到的一样，主流的跨文化心理学在文化二分的传统下进行研究，反映了对文化的分类取向。通常，文化二分比较的是西方与非西方文化，西方人（多数富裕的欧洲和美洲国家的公民，包括共享基督教价值观的一些国家）多数与个人主义、独立及自我中心联系在一起（即个体是首要价值），非西方人与集体主义、依赖及社会中心联系在一起（即群体和社会具有至高无上的价值）。然而这种概括经常过于简单，不够准确（Hermans & Kempen，1998）。文化二分无法面对全球化、技术进步及人口变化的挑战。但最重要的是对西方与非西方的刻板划分通常会将标签与符号变为“事物”，这是一个典型的归因错误（见第3章的详细讨论）。结果导致多样化及不一致的国家可能被看作是和谐一致的。根据类似假设，人们可能不只认为美国人是个人主义者，并且以认为他们是自私的为前提与他们进行交流。相似地，人们可能不只认为日本人是集体主义者，而且会把他们看作真正的集体主义者那样与他们进行互动。最近的研究发现，尽管文化间存在差异的假设可以在历史上或重大事件中看到，但文化间的相似性却是压倒性的（Liu et al.，2005）。

任何群体（或个体）都会落在这两个理论假设的极端的中间。而且这些取向与不同的社会情境是密切相关的，例如某人在她自己的文化中可能是个人主义者，但与其他文化群体相比可能表现出更多的集体主义。相似地，一个人可能是高度集体主义者，但他所在的文化可能比其他文化表现得更个人主义化。

差异比人们认为的要多

研究者处理来自西方国家的样本时，应当认识到这些国家喜欢文化与社会的多样性。例如，假设一位心理学家研究三个国家的一年级大学生对脏话的态度。样本经过了仔细选择，包括同岁的学生，男女比例一致。然而此研究并不能发现在高等教育方面的国家性差异及人们在自己的国家如何成为学生。在这个假设的案例中，研究中应当注意德国与日本的高度竞争化的高等教育体系：想要成为大学生需要参加多科目的许多很难的考试。很多年轻人在这个过程中失败了。对被试库的批判性评估揭示了这个研究并没有测量到三个有代表性样本间的差异，而是发现了受过高等教育的、成就动机强烈的、相对成功的日本人和德国人与随机选择的没有像日本人、德国人那样经历过高难度的入校前选拔过程的美国“普通”大学生群体间的差异。

天上无云难下雨。

——阿拉伯谚语

避免概括化偏差

人们倾向于对特定的群体做出不准确的假设。我们的印象可能建立在某些跨文化比较之上，但我们要寻求怎样的比较呢？总的来说，我们的注意力被吸引到了解释最明显、最主要或最突出的差异的研究上了。然后我们很可能根据这些显著的样本做出对该群体的过度概括，结果却并不准确。

有这样一个有趣的研究发现，在中国的浪漫爱情歌曲里，主题关于消极期望的比美国的更流行。这一结论是在分析了 80 首中国与美国的爱情歌曲后得出的（Rothbaum & Tsang，1998）。这一发现是否说明中国人比美国人更悲观呢？可能是也可能不是，歌曲中的消极主义并不能代表在实际生活中也是悲观的。

为了避免做出快速的概括，我们提供了以下批判性地评估跨文化数据的方法：

- 样本的容量及代表性怎样？如果该研究只包括来自两个国家的 50 名被试，回答几个有关对宗教态度的问题，就不能做出对两国宗教差异的可靠结论。
- 选择的研究方法是否在不同文化背景下都适用？翻译正确吗？能否说在一种环境中开发的研究工具在其他环境中也是可用的？用该工具发现的差异代表了文化变量间的差异吗？
- 数据具有说服力吗？为了保证研究结果反映了特定的规律，而且不是由于偶然因素造成的，研究者应当重复实验或进行类似实验以保证数据的可靠性。
- 是否有没考虑到的因素影响了研究结果？例如，生理心理现象被认为是跨文化一致的，实际上，它们并不属于跨文化研究者感兴趣的范畴。然而，此类生理因素可能产生非期望效应（Berry et al.，1992）。例如对酒精消费及抽烟的研究（见第 9 章）证明了生理因素对跨文化研究的重要影响。

当比较大的群体如美国白人、黑人、拉丁裔、亚裔或其他种族或宗教群体时，不要忘了这些群体并不是完全同质的，在他们中间有受过和没受过教育的个体，有穷人和富人，有住在城里的人和住在小镇上的人。在跨文化研究中，寻找被你研究的国家的更多信息总是有用的。例如总体的多样性或同质性，或是人们对多样性的体验可能会影响观察过程，根据松本（Matsumoto，1992）的观点，来自同质性社会（例如日本）的个体可能不如来自异质性社会（例如美国）的个体能精确地分辨和鉴别出他人的情绪。

此外人们对他们所属的文化传统、图式、习俗及价值观的心理依恋有强有弱。每个社会群体都有高智商的和低智商的个体，在移民中有由于经济原因和政治避难而移居到美国的科学家和工程师。有人觉得中国台湾与大陆代表了同一种文化，然而它们在意识形态上、政治上甚至哲学上都是不同的，两地的居民有不同的生活方式，对很多问题的看法也不同。

年龄的悲剧：不在于人的贫穷——所有人都知道贫穷；不在于人的邪恶——有谁是好的？不在于人的愚昧——什么是真理？不，在于人们对自己知之甚少。

——W. E. B. 杜波依斯（W. E. B. Du Bois），
美国社会学家、作家、教师

多了解你所研究的文化

对跨文化心理学家来说，很少有比对所研究国家和文化的总体知识更重要的了。旅行、合作及思想的交流可能会对看起来相似的问题带来一些启发，并脱离批判性的评估（Bemak & Chung，2008）。

贾比尔里迪斯等（Gabrielidis et al.，1997）研究了冲突解决模式的文化差异，他们选择了来自美国和墨西哥公立大学的200名学生，被试被要求回答20道问题，题目有关个人对冲突解决的选择：竞争、合作、回避及适应。结果发现墨西哥学生选择的冲突解决方式比美国学生更强调对他人的影响——例如适应及合作。墨西哥人作为集体主义者可以协商、达成妥协并关心彼此，然而墨西哥作为一个国家，其政府却不能解决国家内部的种族冲突，这些纸笔测验不能提供典型的墨西哥人解决冲突方式的可靠证据。

> 不患人之不知己，患不知人也。
>
> ——孔子（公元前551—前479），中国哲学家

在设计访谈的过程中，心理学家应当注意自己所研究文化的传统实践、价值观及信念。例如，设计一个测量自杀意向的研究对穆斯林来说很困难，尤其是对那些没接触过西方文化的人。伊斯兰教禁止自杀，认为自杀是一种犯罪，所以问“你是否考虑过结束自己的生命”这样的问题基本搜集不到任何信息，因为多数被访者会拒绝类似想法。然而心理治疗师可以这样问：“你认为神会让你死吗？”从而以规避这一耻辱，并且能得到更多细节性的回复（Ali et al.，2004；Hedayat-Diba，2000）。

总之，观察，分析，提出疑问，再观察！比较研究中的差异可以用多种方法加以解释。例如多米诺（Domino）1986年进行的研究。在这个研究中，他比较并测量了来自墨西哥、西班牙及委内瑞拉的562名拉丁裔被试的梦，将这些数据与非拉丁裔美国人样本的数据进行比较，结果发现了某些文化差异。例如，非拉丁裔报告的回忆起的梦境比所有三个拉丁裔群组都要多，此外，墨西哥与委内瑞拉被试比西班牙及美国被试表现出更多的与梦有关的负性情绪。研究者解释说报告梦的数量差异是因为拉丁裔群体在应对方式上是消极的。此外，他们认为噩梦是恶兆，所以不如非拉丁裔报告的多。

然而，这些差异可能有其他解释——如果仔细观察某些细微的因素的话。此研究的被试就算是职业地位相同，他们的居住环境与睡眠时间也有显著不同。非拉丁裔与欧洲家庭通常没有那么多孩子，并且在家中具有更多的个人隐私。睡眠模式可能会影响能回忆起多少梦境来。

此外，例如所研究国家的政治发展、体育赛事、天气变化及股市表现也会影响人们评价自己生活的方式。文化差异可能会通过与特定事件的相关重要程度检测出来，例如在美国，4%的失业率被认为是正常的，所以不会成为多数人关注的主题。相反，在韩国，1998年同样的失业率被认为是悲剧性的，因为多年来人们认为零失业率才是可以接受的。所以在20世纪90年代末很多人充满了挫折感并且对未来的预测很悲观（Jordan & Sullivan，1998），这种态度自2003年后开始变化，因为经济形势开始好转了。

经典案例 对集体主义—个人主义的样本研究

马歇尔（Marshall，1997）考察了来自新西兰和印度尼西亚的两个样本，两者都包括捡垃圾者、公交司机及大学教授，每种社会类别都包括25名被试，总共有150人。给每组包括14个条目的问卷，其中7个条目有关个人主义取向，另外7个代表了集体主义取向。被试在5点量表上表达他们对每个条目的认可度。

集体主义条目：如果我朋友不高兴，我也不高兴。我很高兴作为组织的一分子工作。我愿意与我的朋友分享自己的问题。选择与你具有类似的社会和家庭背景的人做朋友是明智的。同事们需要我，所以不论组织如何欺骗我，我都不能让同事们失望。我的多数决定是与朋友和亲戚共同做出的。我的第一要务是保证我的亲人们的幸福。

个人主义条目：如果我工作的组织遇到了财政困难，并要求我接受降薪，我会去找其他工作。我通常做对我来讲最有利的事，不论其他人怎么说。幸福来源于最大化我自己的快乐。理想状态下，我喜欢为自己或自己的公司工作。我十分抵制任何侵犯个人隐私的行为。我的幸福取决于我的精神状态，而不是我身边人的感受。

结果揭示了这样的趋势：印度尼西亚被试比新西兰被试显示出更多的集体主义和更少的个人主义特质。由于该研究考察了同样的职业群体，研究者认为样本间的差异可以解释为文化差异，即集体主义与个人主义的差异。

问题：你还能提出研究发现的差异的其他解释吗？请考虑到新西兰在经济上比印度尼西亚更发达——在新西兰有更多的中产阶级。

同样可以预期来自集体主义国家的被试可能考虑到社会赞许性而表现得比本来更加像集体主义者。也就是说，人们在某种程度上是在表演，这并不是必须的，因为这是他们的典型行为，但由于他们想给研究者留下好的印象，所以给出了社会赞许的答案。对东亚国家（如中国、日本、韩国）精神健康的研究发现，当人们在纸上写下他们的感受和在心理学家面前讲述他们的感受时，他们会给出不同的信息（Park，1988）。

练习 2.1

1. 请找出以下案例中有哪些潜在的抽样误差。

案例1：一名教授研究学生的种族刻板印象。他的班里有55个学生。在周一上午，有25个学生来上课；教授让这些学生填写了调查问卷，并以这25个学生作为该班级的一个代表性样本。

案例2：学生会在学生中开展一项民意调查：在学校图书馆随机选取受访者，并要求其回答一些问题；共收回300份问卷，其中男女受访者各占一半。

案例3：一名广播脱口秀节目主持人希望了解人们对反歧视行动的意见，并要求听众发送电子邮件到广播台。

2. 确保你的问题能被参与者正确理解是非常关键的。人们通常回答的不是你所问的问题，而是你提问的意图（Zaller，1992）。下面是一些能对调查研究有帮助的规则。

- 不要问有说服倾向的问题。（“人们谴责这种行为。你呢？”）
- 不要将两个问题合并在一起。（“你隔多久会感到焦虑和沮丧？”）
- 不要问难以理解的问题。（“哪一种范例可以变成这些现象的解释模型？”）
- 不要问没有答案的问题。（“世界上何时才能没有暴力？”）
- 不要问本来就有答案的问题。（“你认为人们会彼此歧视吗？”）

使用这些规则，你能找出以下问题的错误吗？请更正并重新写出来。

(1) 你认为人们从一个地方移民到另一个地方是因为他们想寻求更好的生活吗？

(2) 你多久会和父母讨论一次种族或社会问题？

(3) 你最喜爱的电视或广播脱口秀节目是什么？

(4) 你看晚间新闻时，隔多久会感到抑郁、沮丧，或者愤怒？

(5) 假如偏见是由于无意识因素引起的，那么这些变量在多大程度上与之前建立的情境条件相重叠？

(6) 你父母的种族背景是什么样的？

* *

本章总结

● 跨文化心理学研究有四个基本目标：描述、解释、预测、管理。确定目标后研究者需要选择最适合的研究方法。总的来说，跨文化心理学研究方法可以分为两类：定量研究和定性研究。

● 定量研究包括从比较的视角对人类行为的某个方面进行测量。对研究变量，主要应通过观察进行实证研究，而不是求诸直觉、信仰或迷信。最常见的数据是对集中趋势的测量，有三种描述集中趋势的度量：众数、中数及平均数。有四种测量量度：称名、顺序、等距及比例。

● 对跨文化心理学来讲最重要的统计方法是相关法，它建立了两个变量间的关系，独立样本的t检验目的是估计两样本间的差异是否是由概率造成的。

● 定性研究通常在自然环境中进行，被试在非研究环境中进行日常活动。当现象很难测量，被试或主题很难适用标准化测量，即被试是文盲或不能回答量表，或变量不是完全概念化或操作定义化时，可以试着使用定性研究方法。

● 选择应用导向的策略，即研究者试图将在某一文化或国家中得到的结果应用到另外的文化或国家中去。在这种研究中，在某一特定文化中验证的研究方法要在另外的文化中接受验证。相对应的，比较策略侧重于文化样本在特定的统计测量上的异同。

● 抽样策略有三种。一是方便选择。二是系统选择，研究者根据某些理论或假设选择国家或种族样本。三是随机选择，任何群体被选择的机会都是一样的。

● 跨文化心理学家使用所有典型的心理学研究方法：观察、调查、实验、内容分析、心理传记、元分析、焦点群体及其他方法。

● 跨文化心理学的多数研究——尤其是用调查法进行的研究——需要进行翻译，此时对研究者来说最困难的任务之一就是保证研究方法的翻译版与原版尽可能地接近。

● 跨文化心理学研究最少有两种不同取向。支持绝对论取向的心理学家认为心理现象在所有文化中都是相似的，但特定过程和行为的出现因文化不同而不同。支持相对论取向的心理学家认为人类行为是复杂的，只有在其发生的文化情境中才能得以理解。

● 跨文化心理学家可能在不同现象中发现相似性，同样地相似性也不能掩盖样本间的差异。专家们应当注意将现象与其对立面相比较，以同时给双方下定义。所有对立面都彼此依存。

● 跨文化心理学家应当避免概括化偏差。同时，应当认识到跨文化心理学需要大量的想象和抽象化。具体的人类行为发生在不同的环境中，原因也是极为复杂的。研究者如果想理解和比较心理现象，他就应该假设类似因素是有限的。

关键词

绝对论取向　认为心理现象在所有文化中都相似的观点。

应用导向的策略　研究者试图将在某一文化或国家中得到的结果应用到另外的文化或国家中去。

比较策略　尝试发现文化样本在特定的统计测量上的异同。

内容分析　一种系统地组织和分析交流内容的内外在含义的研究方法。

相关系数　概括并描述了变量X与Y间的关系和强度的数值。

因变量　被研究的人类行为的各个方面，被期待在自变量的影响下有所变化。

直接调查　访问者可以与被访者进行面对面交流并得到反馈，可以重复或增加问题。

等价　指选择的研究方法能够测量不同国家或文化中的相同现象的证据。

实验　将被试随机分配到不同的实验情境中。通过情境的变化，试图发现被试在情绪、动机、行为等方面的变化。

焦点群体法　经常既用于学术，也用于市场调查，最常用在对特定的社会、政治或市场信息有所反应的群体中。典型的焦点群体包括7到10名被试，可能是专家，或代表了潜在消费者、观众或其他类型的顾客。

自变量　被研究者控制的条件称为自变量。

间接调查　间接调查中访问者的影响很小，因为访问者与被访者间没有直接交流，问题通常都是通过信件或电邮的方式发送到被访者的家里、教室或是公司里。

实验室观察　在研究者创造的环境中记录人的行为。

平均数　平均数指出了数学上某分布的中点。

集中趋势　集中趋势指明了某一变量的分数分布的位置，也就是说，描述了大多数分布的位置。

中数　中数是位于中间位置的分数。

元分析　对大量科学结果进行分析并整合发现结果的定量研究方法。

众数　出现最多的分数被称为众数。

自然观察　不加干涉地在自然环境中记录人的行为。

心理传记研究　对代表了不同的国家或文化的特定个体——通常是杰出人士、名人及领袖——的纵向研究。

相对论取向　相对论取向认为人类行为是复杂的，只有在其发生的文化情境中才能理解。所以科学家只能在个体存在的文化内研究其心理。

代表性样本　指样本的特性就代表了总体特性。

调查　研究者要求被试就一个特定的主题或话题给出答案的研究方法。

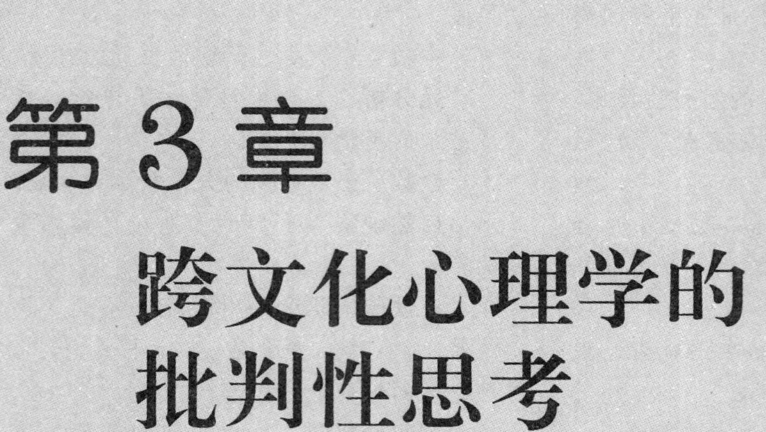

第3章 跨文化心理学的批判性思考

对统治者来讲最幸运的是人们都不思考。

——阿道夫·希特勒（Adolf Hitler，1889—1945），纳粹德国领袖

思维开放是很好的，但不要开放到你的大脑掉出来。

——雅各布·尼德曼（Jacob Needleman），美国当代作家

只有两件事情是永恒的：宇宙和人类的愚蠢。对于前者，我还不确定。

——阿尔伯特·爱因斯坦（Albert Einstein，1879—1955），德裔瑞士/美国物理学家

这个故事发生在新奥尔良，或是纽约，或是东京、开普敦，或布宜诺斯艾利斯。一个女人走进医生办公室抱怨说自己是僵尸，医生尽全力试图说服她：

“你能走路能说话是吗?”

“僵尸也能走路能说话。”病人回答道。

“你还在呼吸。”

“是啊，但僵尸也能呼吸。”

“好吧，僵尸不会做什么呢？他们流血吗?”

“不，当然不会了。”病人说。

医生回答道：“好，下面我会用针扎你的胳膊，我们看你的想法是对是错。”

于是他用针扎了病人的胳膊，血自然从伤口流出来了，病人惊呆了，她对医生说：“上帝啊，我错了，僵尸确实是流血的!”

这个故事的含义是什么呢？有说服力的事实并不足以说服别人，而我们对这些事实的解释更为重要。我们的思维的最显著的特征之一就是我们的信念和解释，这种趋势被称为信念固着效应，这种效应会经常导致我们随意歪曲、贬低甚至忽视事实。

思考是人类的基本特征之一，内隐在我们所有行为中。但我们思考过思考吗？我们是否经常让思考过程遵从批判性分析？

教育学家认为学会如何批判性思考是学习的最基本和有价值的成分。但我们却很少得到有关**批判性思考的**工具。尽管我们认识到了批判性思考的价值，但我们对它却一无所知。

本章的主题是，提高你的思考技巧，教会你批判性思考，帮助你思考思考这回事——也就是说促进跨文化心理学的**元思考**。元思考不是神秘的抽象过程，也不是不可获得的、只有天才才有的天赋。它是一种技能（更具体说是一系列技能），可以传授也可以习得（Levy，1997）。本章包含的思考原则或者元思维（或者说，关于思想的思想）是一种认知工具，能够提供给使用者特定的问询及问题解决策略。它们可以作为通常容易是偏颇的、简单化的、固执的、懒惰的，或者只是马虎草率的思考的矫正。

从本书的目的出发，每个元思维基本都是通过当代跨文化心理学的理论和应用加以解释的。但要记住这些原则并不受特定主题的局限，并可以用在很多不同的领域，从哲学及神学到法律、政治科学、历史、社会学、人类学、新闻学、商业、医学、体育、艺术——事实上所有教育和学习的领域。

> 描述总是来自某人的视角。
>
> ——罗达·凯斯勒·昂格尔（Rhoda Kesler Unger），美国心理学家
>
> 你的邻居失业是经济萧条，你失业就是抑郁了。
>
> ——哈里·S·杜鲁门（Harry S Truman，1884—1972），美国第33任总统

语言的评价偏差：描述就是做断定

语言有很多功能，当然其最常见和最重要的功能就是帮助我们描述各种现象，例如事件、情境及人：“这是什么?”另外一个目的是评价这些现象：“是好还是坏呢?”通常来讲，我们认为描述是客观的，而认为评价是主观的。

然而，客观描述与主观评价间的分界清楚吗？答案在多数情况下是否定的。为什么呢？因为语言即能描述又能评价。我们描述某事或某人的时候，用词总是附有价值的，代表了我们个人的喜好和憎恶。所以我们的语言不仅只是描述，而且能规定我们喜欢什么不喜欢什么。

这个问题在描述物体的时候不如描述人的时候那么严重。例如冷和热这对概念。对物体来讲，两个概念都指温度：“这种液体很冷”或是“这种液体很热”。当我们用同样的概念描述个体时，它们就有了评价的含义：“那个人很冷淡”或者“这人很火辣”。

我们只能通过限制语言来尽可能保持中立。在描述人（比如做研究）的时候，有必要找出不带评价意义的词。看上去不可思议的是，几乎很

难找到描述人格特质的中性形容词，不论是对个体还是对群体而言。即使有这样的词存在，我们还是会使用表现我们个人偏好的词。

语言的评价偏差见表3—1和练习3.1。比如两个不同的观察者珍妮与利，两人的价值观不同，他们被要求描述同一个人、事件或群体，注意他们是怎么用词表达自己的主观看法的。

表3—1　从两个角度评价同一个人

珍妮的价值体系	利的价值体系
年长的	成熟的
幼稚的	有理想的
鲁莽的	勇敢的
有控制欲的	善于游说的
懦弱的	合作的
孩子气的	天真的
奇怪的	有趣的
困扰的	重承诺的
有洁癖的	干净的
共存的	忠诚的
不想依赖的	移情的
自恋的	高自我评价的
疯狂的	有雄心的
精神病的	有创造力的
游荡的	职业存在劣势的
反社会的	道德上具有挑战性的
麻木的	受损的

练习3.1

价值观、知觉和语言的交互作用

做好准备一试身手了吗？记得你要选的是揭示利个人态度和价值观的词语，这些词语应该比珍妮的更积极。

珍妮	利	珍妮	利
问题人物	________	变态的	________
失败者	________	种族中心主义的	________
恐怖分子	________	沙文主义（排他的爱国主义）	________
人质	________	文化亵渎	________
谋杀犯	________	歧视	________
种族灭绝主义者	________	反歧视	________
被洗脑的	________	虐待儿童	________
残障者	________	忽视儿童	________
无能者	________	救济金	________
粗浅的	________	盗窃癖者	________

这种元思维还强调态度和语言之间的相互影响。也就是说，不仅我们的信念、价值观和知觉影响我们对语言的使用，我们对语言的运用反过来也会影响我们的信念、价值观和知觉（见双向因果关系）。例如，当某个人或某个团体被认为是“病态的”时，我们更倾向于把他们知觉为病态的，这会引导我们对他们贴上“病态”的标签，从而促使我们假定他们是病态的等等。

态度和语言之间的这种双向关系与“政治上正确”这一术语的使用（包括误用）有直接关系。各种各样的种族名称的变迁也正是不同社会和历史情境作用的结果。例如，印第安人—土著美国人，伊朗人—波斯人，东方人—亚洲人，有色人、黑人、黑鬼、美国黑人—非裔美国人，从这些称谓的变迁中，你能看出它们背后透露的价值观吗？为什么称呼其为其他肤色的人，而不再称呼其为有色人种？同样地，当主张堕胎合法化（pro-choice）和反对堕胎（pro-life）都不能精确地揭示某个持不同观点的人的道德立场时，该怎样做？在这些例子中以及更多数不尽的例子中，我们都可以看到价值观是怎样塑造了我们的语言，并被我们的语言所塑造的。

矫正方法

1. 记得作描述，尤其是有关人格特质的时候，永远不可能是完全客观、无偏向或中立的。

2. 要意识到自己的价值观及偏向，并注意这些如何影响你的语言。

3. 避免将你的价值判断作为对事实的客观反应。

4. 辨别其他人的语言如何反映出他们的价值观和偏向。

> 不与我相合的，就是敌我的；不同我收聚的，就是分散的。
>
> ——《马太福音》12：30
>
> 理智只是程度问题。
>
> ——奥尔德斯·赫胥黎（Aldous Huxley，1894—1963），20 世纪英国作家

分辨二分变量和连续变量：黑与白，还是灰色的阴影？

有些现象可以划分为两个相互排斥的类别，这种现象称为**二分变量**。例如掷硬币不是正面就是反面——没有中间状态。同样，一个女人不可能“有点”、“某种程度上”或者是“适度地”怀孕——她要么怀孕了，要么没怀孕。还有其他一些例子。

- 灯要么开着，要么关上了。
- 一个人要么出生在卢旺达，要么不是出生在卢旺达。
- 一个人不是男性就是女性（除掉某些例外情况）。

相比来说，其他一些现象在理论上来讲两个极端间存在无限的值。这种现象称为**连续变量**，例如在黑白两个极端之间存在不同程度的灰色的中间状态。

问题是我们经常混淆这两种变量。具体来讲，人们有一种自然倾向，对于应当是连续变量的变量做二元划分。多数与人有关的现象经常被认为适用于独立的两类（不是 A 类就是 B 类），而不是存在连续体（在 A 点与 B 点之间）。然而在多数例子中，连续变量更精确，更能表达我们想要描述和解释的现象的意义。

对跨文化心理学来说，潜在的错误的二元划分的例子就是个人主义和集体主义（见第 1 章）。哪些连续变量的例子被认为是二分变量？

正常—不正常
心理健康—精神疾病
内向—外向
偏颇—公正
竞争—合作
自主—依赖
有效—无效
适应—不适应

练习 3.2

区分二分变量和连续变量

以下习题会帮助你练习区分二分变量和连续变量。区分以下词组哪些是二分变量（D），哪些是连续变量（C）。

女性—男性	负责的—不负责的
已婚—单身	适应文化的—不适应文化的
有意识—无意识	已寄出的—未寄出的
有偏见的—无偏见的	民主—专政
奴役—自由	有罪判决—无罪判决
种族主义—非种族主义	异质的—同质的
同性恋—异性恋	唯物主义—唯心主义
经许可的—未经许可的	传统主义者—改良主义者
种族融合—种族隔离	上瘾—未上瘾
酒精饮料—不含酒精饮料	相似—不同
性别歧视者—非性别歧视者	死亡的—活着的
完美的—不完美的	容忍—不容忍
年轻的—年老的	投篮成功—投篮失败
在场—缺席	通电—停电
富有—贫穷	主观—客观
开明—保守	政治上正确—政治上错误
升空—落地	

矫正方法

1. 学着分辨哪些是二分变量，哪些是连续变量。
2. 记住多数与人有关的现象——例如特质、态度及信念——都是连续变量。
3. 在做跨文化比较时，尽量避免人为的或错误的二元划分（Hermans & Kempen，1998）。

为了概括水果，把苹果和橘子结合起来是完全得当的。

——洛宾·道斯（Robyn M. Dawes），美国当代心理学家

所有的人都不过是人类，与他人的相似多于不同。

——哈里·斯塔克·沙利文（Harry Stack Sullivan，1892—1949），美国心理医生

相似性—独特性悖论：所有现象既相似又不同

为了介绍这个元思维，我们先来看一下这个问题：下面四项中哪个与其他三个不属于一类。

A. 加拿大人（Canadian）

B. 意大利人（Italian）

C. 古巴人（Cuban）

D. 印度教徒（Hindu）

答案是D，因为印度教徒代表了一个宗教而不只是国家。但稍等，答案是B，因为其他都不属于欧洲。同样，答案也是C，因为古巴是唯一一个社会主义国家。是这样吗？答案是

A，因为加拿大是唯一一个包含双数位字母的单词（指英文。——译者注）。

所以到底是哪个？四个答案都对吗？如果都对，那每个选项怎么可能与其他选项既相似又不同？这个明显存在悖论的解决之道存在于最开始接触问题的认知图式或知觉定势中。具体来说，是人们在特定维度或变量上评价反应选项的产物。

你能看到，确定任何事件的相似性或一致性——例如两种文化——依赖于你选择的看问题的视角。这样来说，一种现象与其他现象相比可能既是独特的又是相似的。

我们来大概看一下对比和比较现象的连锁过程。首先，我们如何确定现象相似的程度？起初，任意两种现象都最少有一个共同点：他们都叫现象。以此为起点，他们可以在无限多的维度上进行比较，从最广阔的通用属性到最细微的平凡的细节。

例如当你比较两组人时，你可以关注生理特征（身高、体重、头发和眼睛的颜色、健康程度、力量、吸引力），人口学特征（年龄、种族、国籍、文化、宗教、收入、职业），社会背景（竞争的、合作的、结构化的、模糊不清的、限制性的、悲观的），人格特质（智力、动机、成熟度、创造力、心理问题、态度、价值观、信念、目标），个人品位（艺术、音乐、食物、穿衣、壁纸）等。

练习 3.3

发现相同点和不同点

以下习题可以帮助你练习对一系列多种多样的社会文化现象进行比较、对比并确认其异同点。首先，在浏览全部词组后从中选取三对，不用想什么理由，听从你的兴趣即可。然后，采用任一维度或分类指标对所选择的每对词组回答以下两个问题：(1)“它们有何相似?”(2)“它们有何不同?”

上帝和魔鬼
天堂和地域
宗教和艺术
宗教和科学
宗教和神话
宗教和心理治疗
宗教和奴隶制
宗教和自由
犹太教和基督教
天主教和新教
佛教和印度教
《圣经》和《古兰经》
《圣经》和《宪法》
宗教领袖和政治领袖
宗教皈依和邪教教化
电视布道者和广告销售员
男性和女性
同性恋和异性恋
西方哲学和东方哲学
犹太裔美国人和非裔美国人
西班牙文化和墨西哥文化
日本艺术和中国艺术
以色列音乐和阿拉伯音乐
意大利食品和法国食品
种族歧视和性别歧视
因无知所致的种族歧视和因敌意所致的种族歧视
1950年的种族不平等和2009年的种族不平等
白人至上主义和黑人民族主义
针对妇女的偏见和针对青少年的偏见
亲近行为和歧视
歧视和反歧视
政府和父母
国家和家庭
爱国主义和民族主义
习俗和法律
民主党和共和党
资本主义和社会主义
共产主义和纳粹主义
婴儿期和老年期
奥林匹克和战争
你的文化背景和总统的文化背景
你的文化背景和你对手的文化背景

做这个练习的目的是什么呢？第一，它表明任何两个事物，不管其第一眼看上去多么不相干，它们之间也总有一些相同点。第二，这些现象总会由于各种关键的差异而被区分开来。从本质上来看，这些关键的差异也划清了一事物区别于另一事物的边界。第三，通过这种对现象加以比较和对比的方法，你可能会收获一些新的洞见，并且发现一些你之前没有想过的、新的视角来审视这些事物之间的关系。第四，既然任何两个事物之间都有相同点和不同点，那么我们在评价一个现象的时候就应该将二者都考虑进去，这是非常重要的一点。

当你日后对社会文化现象进行比较和对比时，请不要忘了这些准则。当每次意识到你为了评价事物而选择的维度或变量将决定这些现象有多“相似”和“独特”的结果时，你会大吃一惊的。

矫正方法

1. 当比较任何两种现象时要问自己：“它们以何种方式相似?”以及“它们以何种方式不同?”

2. 在开始评估前，问自己：“分析的目的是什么?”问这个问题能帮助你选择最合适和相关的维度及分类指标。

3. 仔细地选择你评估各种现象所用的维度，这些维度最终会决定两种现象的“相似”和“独特”程度。

4. 不论两件事件看起来有多么相似，还是要试着寻找它们的不同之处；同样地，不论两件事件看起来存在多么大的差异，也要试着发现它们的相似之处。

5. 不要让自己受“这些事完全一样”或“你无法比较这些事，因为他们完全不同”这些的影响而动摇。

一个好的马戏团对每个人来说都应该有动人之处。

——P. T. 巴纳姆（1810—1891，P. T. Barnum），美国马戏团经纪人

每分钟都有一个没有主见的人诞生。

——P. T. 巴纳姆

巴纳姆效应：“均码”描述

巴纳姆式陈述是对一个特定个体或群体的人格描述，并且对所有人类都适用；也就是说，它是一个对所有人来说都“有些意义”的普遍性陈述。**巴纳姆效应**指的是人们愿意接受这种过度概括和普遍的赞扬。

巴纳姆式陈述遍布大众媒体，从广播到印刷品，以自助读本、星象预报、灵媒热线、生理节律及数理占卜学读物及解梦、手相或颜色喜好等形式存在，为了找出它们，你只需要看你最近的幸运签饼即可（见Levy1993年名为《均码心理学简介》的讽刺文章）。

这些陈述被频繁地用来描述个体及特定的社会文化群体。例如，我们可能会很自信地称“移民都有自尊问题（谁没有呢?）”或者“中国人对批评很敏感（谁不是呢?）”或者“女人不喜欢被拒绝（谁喜欢呢?）”。

这一问题的变种是无限的，此处只列出几个：“他有偏见”，“她对自己的文化背景有些敏感”，“印度教徒寻找生命的意义”，“白人喜欢自己群体的成员”，“意大利人喜欢美食”，“少数民族只想要争取他们的权利”，“共和党人关注家庭价值”，“同性恋关注性”。

经典案例 **“你的人格”**

许多研究者作过巴纳姆式的人格陈述，如下面的例子（Forer，1949）。

“你强烈地需要别人喜欢并羡慕你，你倾向于批评自己……有时候你对自己是否做了正确的决定有强烈的怀疑。你喜欢变化，并对被限制感到不满。你为自己是一个独立思考者感到骄傲，并且不接受证据不足的观点。你认为对其他人过于诚实并不明智。你有时候是外向的、友善的、社会化的，其他时候你是内向的、谨慎的、保守的。你的有些想法可能很不现实。”

当实验中的被试被引导相信这些伪造的人格描述是专门为他们准备的，并且在描述讨人喜欢的内容时，他们几乎总是评价这些描述为“好的”或是“很棒的”（Dickson & Kelly，1985）。事实上，当给出一个巴纳姆式描述和一个基于测验的真实人格描述时，人们倾向于选择假的描述，认为他们更精确（见 Snyder 等人关于该领域的综述，1977）。

练习 3.4

巴纳姆式陈述的“去巴纳姆化”

请选择一些巴纳姆式陈述来开始这一练习。然后通过加入一些可能的限定词、修饰语或副词来进行去巴纳姆化。开始前请参照以下两个例子：

巴纳姆式陈述：Roberto 对批评敏感。

去巴纳姆化的陈述：Roberto 对批评尤其敏感。

巴纳姆式陈述：印第安人欣赏自然。

去巴纳姆化的陈述：相较于现代工业化社会，印第安人更为欣赏自然。

现在自己试一试吧：

巴纳姆式陈述：____________________

去巴纳姆化的陈述：____________________

矫正方法

1. 学着分辨巴纳姆式陈述与针对特定个人和群体的描述和解释。

2. 注意巴纳姆式陈述的内在限制。具体来说，记得尽管巴纳姆式陈述总体上是有效的，但他们不能发现任何个体或社会文化群体间的差异。

3. 一旦可行或合适时，记得通过限定人格描述和放大解释用词的程度来减少巴纳姆效应。

没有任何两个人会以同样的视角看待同一个人。例如，我有一个女朋友，对我来说，她是世界上最引人注目的、最美妙的人。这是对我来说，但对我妻子来说……

——杰基·梅森（Jackie Mason，1931— ），美国喜剧演员

即使是丑陋的猴子，在它母亲眼里也是美丽的羚羊。

——阿拉伯谚语

知人知面不知心。

——中国谚语

同化偏差：透过图式的有色眼镜看世界

人类最基本和普遍的心理活动是分类的倾向。人们有一种把周围世界分类、组织、系统化、分组、分小群组及分为其他结构的内驱力。

我们把从人、物体、地点及事件到概念、经验、情感及记忆的所有东西都分类。这一现象是无所不在的，没有什么可以避免：性别与种族、宗教与职业、文化与国家、时间与空间。

我们可以将所有这些分类概念化为心理表征，即**图式**。图式是我们组织自己的知识、信念及过去经验的认知结构，它提供了理解未来事件和经验的框架（见 Cantor & Mischel，1979；Fiske & Taylor，1991；Levy et al.，1988；Piaget，1952；Taylor et al.，1994）。换句话说，图式是对大量现象的普遍预期和先验构想。在跨文化领域，图式包括人们基于自己的年龄、性别、种族、宗教、职业、社会经济状况、政治从属、社会角色及其他特征的一系列知觉定势。事实上，我们可以把刻板印象看作群体图式（Hamilton，1979，1981）（见第10章社会认知）。

图式有什么作用？最重要的是它们使我们能够以相对快捷高效的方式处理过剩的刺激，也就是说，图式帮助我们减轻了认知负担。无论何时收到信息，我们都会迅速并自动地将此信息与头脑中的已经存在的图式相比较，这大大简化了个体组织和理解自身经历的过程。

如果我们遇到的信息与我们事先的知觉不同会怎么样？换一种说法，也就是当输入的数据和我们已有的图式相冲突时，我们会怎么做？瑞士心理学家让·皮亚杰（Jean Piaget，1954，1970）确定了我们处理此种情况可用的两种基本过程：顺应与同化。他认为，这两种反应都是认知发展的组成部分，构成了我们适应环境和构建自己现实的方式（见第8章发展）。

顺应指调整图式以适应数据的过程。也就是说，我们调整自己已有的信念以容纳新信息。相比而言，同化是调整数据以适应图式，我们把新信息融进已有的信念——即使它意味着歪曲信息本身。

科学研究需要同化和顺应两种过程。具体来讲，心理学家用理论帮助自己发现一系列杂乱无章或是歧义的事件的意义，也就是说，他们将观察到的现象融合进自己的概念图式。一旦数据与理论彼此契合，同化就有效而成功地完成了它的使命。然而，假如某个特定的观察与研究者的预期不符合，新数据不适合旧的理论，该怎么办？为了追求知识，好的科学家们将自己的骄傲、固执和自大放在一边，他们调整理论以适应数据。

人们一般能合理地使用顺应和同化吗？答案是否定的，数据与图式间的差异多是由同化而不是顺应解决的。换句话说，我们更多地会调整数据以符合图式，而不是采用其他办法。

由于图式过程自动发生并且相对是无意识的，所以它很难改变——即使其充斥着错误。当外部有效信息和我们已有的图式不一致时，个体倾向于忽视、曲解，甚至彻底否定外在的信息。简而言之，图式加工过程中一种基本和普遍的倾向就是同化问题。

这一**偏差**以多种形式在多种情境中存在。具体来说，这种偏见使得我们过分依赖生动的，但未必是准确的信息；在这种偏见的影响下，我们会用与图式一致但却是错误的信息来填补知识的空白，会带有偏见地在头脑中搜索证据，曲解回忆来证实已有的图式；会无意地想起我们期待的事情，长此以往会形成社会文化刻板印象，难以自拔。

总之，图式使我们对现实的知觉倾向于与我们相信的东西相一致。**同化偏差**代表了清晰思考及有效问题解决的巨大障碍。透过图式的有色眼镜看待世界，我们事实上使所有输入的信息出现了不同程度的失真、误解和失效。

道斯（Dawes，1994）提供了一个生动的例子，这个例子讲的是决策中的性别偏见。一个著名医学院的院长对他的学院为什么招不到女性学生而困惑，他让道斯的一个同事来调查这个问题。

结果是惊人的，面试官之一通过“情感成熟度”、“对医学的兴趣”及“神经质”对申请人评分，结果是多数女性并没有得到他的积极评价。具体来说，如果一名女性没有结婚，他就会评价她“不成熟”。当她结婚了，他会评价她“对医学没有足够的兴趣”。如果她离婚了，结果当然是“神经质”。

练习 3.5

用不同的视角看问题

接下来的练习是让你练习通过不同的社会文化视角来看待同一个现象。从下边的列表中选择一个身份（或者自己选择），并且从这个身份的个体出发，写出他们是怎样认知、解释和应对一个来自俄勒冈州做身体穿孔的青少年的。然后，换一个视角，看看从其他的角度会怎样看待这个青少年。

父母・祖鲁部落酋长・中西部农民・好莱坞经纪人・海军长官・大屠杀幸存者・新时代哲学家・黑帮成员・精神医师・文化人类学者・职业咨询师・时尚设计师・说唱音乐家・牧师・巫师・地下摄影者・皮条客・雅皮士・施虐受虐狂

矫正方法

1. 不要低估过去的信念、知识及期望（图式）对现在的经验、印象及知觉的影响程度。

2. 试着尽可能注意对你来说重要的图式，可以增加你修正它们的几率。

3. 试着通过理解他人的主观（现象学）知觉或经验来暂时地调低或改变你的“知觉过滤器”或“图式有色眼镜”。

4. 学着区分使用同化和顺应，尤其是当你的信念（图式）与信息（数据）出现分歧时，注意同化多于顺应的趋势。

5. 试着在不习惯、放松或者犯懒等你会倾向于自动地同化的时候进行顺应。

闪光的并不都是金子。

——佚名

如果我的相对论被证明是正确的，德国会宣称我是德国人，法国会宣布我是世界公民。如果我的理论被证明是错误的，法国人会说我是德国人，德国会说我是犹太人。

——阿尔伯特・爱因斯坦，德裔瑞士/美国物理学家

典型性偏差：适合或不适合分类

在日常生活中，我们经常需要迅速做出判断，而不能保证考虑充分或精确。考虑以下几个场景：

- 工作面试中，你只有有限的时间来思考如何建立正确的印象。
- 在一个咨询情境中，你可能被指派迅速地评价一个来自你知之甚少的文化群体的个体。
- 在国外旅行的时候，一群陌生人接近你，你必须尽快判断出他们的用意。

在这些情况下理想的决策策略是有机会综合系统地分析问题，搜集相关数据，验证若干假设，做出合理的推论，详细地评估所有可能结果的利弊，然后在行动前得到最终的理想结论。

但出于显而易见的原因，这种策略在多数现实情况下并不实用，我们没有用这种方式解决问题所需要的时间、信息或资源（更不要提动力了）。我们在决策时面对的是变化的不确定性。

认知心理学家特沃斯基和卡尼曼（Tversky & Kahneman，1974）指出人们使用多种心理捷径，或者**启发性算法**，即可以减少任务复杂程度和所用时间，使其更简单、可控、可操作和有效率的问题解决策略。我们都有类似的捷径可以自动地使用，而不需考虑每种情境的准确性和有效性。

不过这些捷径是双刃剑。一方面它们保证了处理信息的高效率并快速解决这些问题。另一方面它们以放弃周全性和精确性为代价，本质上说，我们放弃精确度换得速度，因此我们可能得到不好的判断结果。

特沃斯基和卡尼曼（1973，1982）鉴别出了一些类似的捷径，最基本的是**典型性启发算法**。该算法涉及判断某事属于某一特定类型的可能性，典型性是估计A属于类型B的几率的方法。在2002年，卡尼曼获得了诺贝尔经济学奖，他的研究解释了人们如何做出正确或错误的经济或商务决策。

我们用典型性启发算法通过直觉地比较现象（可以是人、物体、事件、研究数据或意识形态）与我们的相关心理表征、原型或是相关分类的图式鉴别生活中的现象。我们试图确定现象的特征是否与类别的特征相匹配，如果是匹配的，我们就认为我们成功地鉴别了这一现象；如果不成功，我们就继续我们的认知搜索。

典型性启发算法的应用之一就是判断一个人是否属于某个特定的群体，基于他与这个群体的典型成员有多类似。例如我们可以推测，泰德（A）是犹太人，因为他看起来像你关于犹太人的原型（B），或者简（A）是同性恋，因为她的行为与你关于同性恋（B）的原型很像。类似地，我们使用典型性启发算法鉴别从意识形态的类别（宗教、哲学、政治）到因果解释（随机、无意、有意）的所有事物。正如你所看到的，这一简单的行动是所有后续推论和行为的基础。在其他认知任务进行之前，我们必须先回答这个问题："它是什么？"

尽管多数情况下典型性启发算法可以得到快速且相对准确的结果，但有时候它会导致信息处理过程中的系统性错误。这一效应，即**典型性偏差**可能由多种原因导致，包括我们相信不准确或错误的原型，我们没有选择准确的统计数据（例如基线率、样本容量及概率），或者我们倾向于让我们的情感需要误导我们的认知搜索和评价。

练习3.6

检验社会文化图式和刻板印象

这个练习的目的是帮助你认清并且探索自己认知图式的本质和内容，从以下不同的社会文化分类（例如种族背景、职业、宗教、社会经济情况或者政治倾向）中选择三个场景。你可以在下面的列表中选择也可以选择跟自己的生活经验更相关的例子。

德国人·意大利人·德国人·法国人·墨西哥人·阿拉伯人·中国人·美国人·南非人·伊朗人·纽约人·律师·士兵·演员·心理医生·摇滚音乐家·警官·出租车司机·企业管理者·职业运动员·政客·护士·修女·保险销售·卡车司机·便利店店员·殡葬业者·佛教徒·耶和华见证人·犹太人·科学论者·共和党人·环境主义者·福利接受者·雅皮士·同性恋活动者·素食者·海洛因成瘾者·酗酒者·单亲家庭成员·资深公民·艾滋病患者

首先，记下关于这个类目最初的想法、印象或者图像。然后，评估一下（1到5分）你的图式对这个类目是特定的（定义清晰的、生动的、清楚的）还是宽泛的（分散的、松散的、模糊的）。然后描述你的每个图式的细节（也就是你自己的认知）。现在请确定并且描述图式的来源和发展。最后，请回忆（或想象）一个场景，在这个场景中你遇到了一个完全不符合你的图式的事件（也就是不匹配）。你会如何应对？你的图式会怎样？

社会图式 #1：__________

图式的区分度：特定的　　1　2　3　4　5　　宽泛的

内容：______________________________

____

来源和发展：______________________________

____

你如何应对与图式不符的事件：______________________________

____

在总结这一想法之前，请注意两点。既然启发式认知存在着诸多问题，为什么我们还一直将其作为我们决策过程的重要组成部分呢？一个主要原因就是，总的来说，它们为我们提供的正确答案要比错误答案多。不仅如此，即便是在那些不适用的情况下，结果也往往是无关紧要的。

然而，也存在着一个明显的例外，那就是当我们针对不同的人群使用例如种族、文化、国籍、宗教、性取向，或者甚至是心理诊断等不同分类的原型时候。在这些情况下，这些组别相关的图式与刻板印象是等同的。因此，当启发式应用到这些类别中时，要特别地注意。正如历史一再重演的那样，刻板印象会存在深远的社会影响，包括傲慢、偏见和歧视——这些影响都至关重要。

矫正方法

1. 在可能使用典型性启发算法的情况下，要考虑原型是不正确的、偏颇的或不完整的这一可能性。

2. 考虑相关统计信息，例如基线水平、样本容量及概率。

3. 注意高估现象与类别间相似度的自然倾向。

4. 注意你个人关于他人或群体的原型会误导你的比较及后续判断。

狗咬人不是新闻，人咬狗才是新闻。

——约翰·B·博加特（John B. Bogart，1836—1920），美国记者

一幅图胜过一千个单词。

——佚名

可得性偏差：生动事件的说服力

为了介绍这种元思维，我们首先来看几个小测验。请对下面的问题做最佳估计：

1. 坐汽车与坐飞机遭遇致命事故的概率是怎样的？

2. 美国穷人中哪个种族所占比例最大，黑人、白人还是拉丁裔？

3. 哪个年龄段的人最容易自杀？年轻人、中年人还是老年人？

4. 哪国的自杀率更高，斯里兰卡还是美国？

先不考虑问题的答案，花时间考虑一下你在思考这些问题时的认知过程，具体来说你是怎么做出对每个问题的估计的？你的策略有相似性吗？

如果你跟大多数人一样，你的估计可能主要是基于每个问题的例子有多迅速地出现在脑海中。哪类例子最可能出现在记忆中呢？一般来说，最生动、戏剧化、最重要、与个人最相关的事件可能会留下深刻的印象，我们也会很容易地想到那些容易想象的例子。

然而，依赖于事件从记忆中提取出来的难易程度来判断其可能性的问题是，我们的知觉不一定准确地反映了现实。具体来说，这种策略使我

们高估了事件的发生、频率或是全世界的分布。

你在回答这些问题的时候有类似的偏差吗?让我们一个一个地看。

1. 没有比看到或听到飞机失事更令人印象深刻的了，即使在11点新闻上瞄到一眼那些恐怖的图片都会给我们留下深刻的印象。这类事故就在我们的记忆中变得容易获得，结果很多人错误地认为坐飞机比坐汽车更危险，但人们坐汽车死亡的概率是坐飞机的100倍（Greenwald，1986；Rich，1999）。

2. 美国接近一半的穷人是白人，四分之一是黑人，只有不到四分之一是拉丁裔，为什么人们倾向于高估少数族裔的比例呢？除掉肤色的因素，这些群体确实表现出较多的经济困难。具体来说，差不多30%的拉丁裔和黑人生活在贫困线以下，而只有不到10%的白人生活在贫困线以下（美国人口统计局，2008）。

3. 尽管全国老年人（65岁及以上）的自杀率在过去60年中已经显著地下降了，但该群体的自杀率在美国仍是最高的。很多人对此结果会感到惊讶，他们可能认为青少年的自杀率会更高。什么导致了这种错误的知觉呢？有三种可能的因素，首先，一旦一个年轻人自杀了，这件事对我们来讲就很突出，我们感到震惊、沮丧，为一个充满潜力的年轻人选择结束生命而感到悲哀。其次，谈到尝试自杀，至少三分之二的尝试自杀者（自杀失败了）是35岁以下的年轻人（Bernman et al.，2005）。甚至只是年轻人失败的自杀尝试都会对我们的印象产生深刻的影响并歪曲我们的知觉。再次，年轻人（甚至儿童）自杀的成功率在近年显著上升（Brenton，2004；Berman & Jobes，1992）。年轻人自杀率上升不止发生在美国，在研究的29个国家中有23个都是如此。这一趋势也会误导我们高估年轻人的自杀率。老年人的自杀没有吸引太多注意。他们并不能引起我们的关注，他们的自杀没有报道价值，不能让我们感到震惊。这是网络效应么?“眼不见，心不烦。”

4. 美国的自杀率是十万分之十一，俄罗斯和韩国的自杀率大概是十万分之三十——是美国的三倍。然而，很多人认为美国的自杀率比其他国家都高，造成这一误解的原因是什么？原因之一是美国媒体对自杀事件的关注，尤其是名人自杀。有人也假设西方工业国家应当比其他国家的自杀率更高，因为高压力和缺少情感支持系统，这些假设可能是正确的，但他们只是假设而已，不能解释全世界自杀的复杂性和成因。

上述例子中阐述的认知策略就是**可得性启发算法**（Tversky & Kahneman，1973），因为它指的是寻找记忆中容易接近或“最可得”的例子的过程。可得性启发策略帮助我们了解特定事件发生的频率（有多少次?）、间隔（事情多久发生一次?）和可能性（事情发生的几率）。

如果记忆中的例子是现成的，我们会倾向于假设此类事件发生得很频繁。例如，如果你能够不费吹灰之力就想起X的事例（如南方人热情好客），那么你就可能认为X很普遍。相反，如果你想事情Y（如德国人很幽默）的例子要花上一会儿的话，那么，你就可能做出Y不那么常见的结论。总而言之，与那些有同样频率，但例子却很难想的事情，例子很容易回想的事情会被人们认为更加普遍常见。

像在典型性启发算法的例子中一样，可得性启发算法需要的认知活动很少。而且在很多情况下，可得性启发算法提供给我们准确及可信的估计。毕竟，如果例子很快地出现在脑海中，通常是因为这类例子很多。

然而，很多偏颇的因素会影响记忆中事件的可得性使其无法反映真实面貌。例如当使用这种策略估计频率很低但很生动的事件时就会出问题。当你使用可得性启发算法进行判断并导致系统错误时，我们就说出现了**可得性偏差**。

可能导致可得性偏差的最重要的一个因素是我们未充分利用、忽略甚至忽视基线信息（也就是关于某一特定群体中事件实际发生频率的数据）及其他抽象的统计事实，而选择更显著和具体，但不可靠的事实。结果导致个人证词、生动的案例研究、戏剧故事、不寻常的事件和奇闻轶事都有往往歪曲我们的判断。

考虑到社会文化问题，可得性偏差导致的一个重要问题是对几个甚至有时是一个生动的例子做过度概括。这一错误最起码部分解释了刻板印象（见第10章）。

总之，我们如何构建自己对特定人群的信念，不论是种族、文化、国家、宗教、政治、职业还是其他群体？我们通常将我们的印象建立在观察人群的特定成员上。但选择哪些成员呢？我们的注意力被吸引到最显著最突出的个体上，所以我们倾向于根据这些极端个体对整个群体做出过度概括，结果导致角色图式或刻板印象。这样，可得性偏差使得关于社会上各种群体特点的生动然而却是错误的信息在我们头脑中长久地保存下来。

道德呢？我们倾向于被一盎司有趣的证据而不是一磅可信的统计数据说服。尽管生动和戏剧性的事件可能成为诱人的小说，但它们不能令喜欢事实的人满意。

矫正方法

1. 当估计事件的频率或概率时，提醒自己不要仅基于来自记忆的例子就做出结论。

2. 对坊间证据要有保留态度，尽管个人证词和生动的案例可能很有说服力，但是他们本身并不是反映事件的可靠指标。

3. 可行的情况下，努力发现并使用基线信息及其他有用的统计数据。

4. 记得做出可信概括的最佳基础来自相关案例的典型性样本。

不要因为一个人从来没机会偷东西就说他诚实。

——犹太谚语

你绝不会看到一辆劳斯莱斯的保险杠上有这样的标签：“人生不如意十之八九！”

——乔治・卡林（George Carlin，1937—2008），美国喜剧演员

基本归因错误：低估了外在影响

我们如何解释人类行为的成因？我们通常将行为归因于人格或情境，也就是说，我们要么做特质归因，要么做情境归因。特质归因是将行为归因于人格特质、个性或态度，即内部影响。相反，情境归因将行为归因于人所处的情境、氛围或环境，即外部影响（见第 10 章）。

当然，现实生活中行为是多种因素共同作用的结果，既有内部因素，也有外部因素，其程度各不相同而导致个体的行为。然而，对因果归因来说，我们倾向于高估人的特质，低估情境。换句话说，我们倾向于过于重视内在决定因素，并过于低估外在决定因素的作用。这样，在解释他人行为时，我们倾向于认定他人行为主要是人格的结果，往往低估（甚至忽视）了背景和情境的重要性。事实上这种错误很常见，心理学家罗斯（Ross，1977）将其称为**基本归因错误**。

有哪些现象表明这种归因错误的存在呢？如果某人在与你谈话时没有目光接触，你可能觉得此人“不可信”、“害羞”或者“鬼鬼祟祟的”。如果有人不是出于特定的目的而送你礼物，你会觉得此人“很体贴”、“慷慨”或者甚至“有控制欲”。注意这些归因没有考虑任何可能导致这些行为的外部或情境因素。

再举一个例子，想想那些流浪者的处境。一些人可能认为这些人无家可归，到处流浪可能是因为他们人格的问题，像好吃懒做、道德上的弱点、吸毒成瘾或是心理疾病。然而，这样的归因并没有将环境因素考虑在内。造成流浪者问题难以解决的因素很可能是无法供房、工作稀缺、歧视和不稳定的经济等因素。

同样的原则也适用于我们对社会中亚群体的归因。例如，我们如何解释男性与女性的差异？我们用内在特质解释这种差异，认为男性可能天生就充满竞争性，或者认为合作是“女人的天性”，而忽略社会期待、社会约束和社会制裁这些能够塑造性别角色行为的因素。与此类似，你能够想出什么情景因素可以解释一个群体在体育上取得惊人的成就，而另一个群体在学术上表现卓越吗？小型公司所有权呢？地下犯罪？高层管理岗位上的优异表现？抑或是在军队中的不良表现？子嗣众多？差强人意的测验成绩？饮食失调？暴力行为？总而言之，我们倾向于忽视那些能够解释群体间行为差异的外在因素。

练习 3.7

探索社会情境的作用

这个练习旨在强调大量却又通常被忘记的社会情境对我们的感觉、态度和行为的影响。想象在下列场景中，你将如何回答这样一个简单的问题："你感觉怎么样？"针对每个情境，不仅回答你可能会说的，还请详细地描述你可能的想法、行为和回答问题时的腔调。

工作面试时：______

班级聚会时：______

葬礼时：______

跟父母在一起：______

跟最好的朋友在一起：______

跟一个完全陌生人在一起：______

跟一个听力受损的人在一起：______

跟一个坐轮椅的人在一起：______

跟一个长相迷人的人在一起：______

跟一个长相令人厌恶的人在一起：______

在一个你不会讲当地语言的国家：______

一个无家可归的儿童接近你时：______

一个无家可归的成年人接近你时：______

当遇到一个警官时：______

当遇到一个妓女时：______

当遇到一群拉丁裔年轻人时：______

当遇到一群拉丁裔游客时：______

当遇到一群日本游客时：______

当遇到一群人穿着橙色长袍又唱又跳并向你提供免费香烛时：______

______

请看你的答案，应该注意到的是，答案的变化完全是因为情境的变化。最后值得提醒的一点是，你能断定这些回答中哪个可以代表"真正"的你吗？请注意，如果不考虑情境的因素，这个问题是无法回答的。

这个结果是由什么导致的呢？社会心理学家找到了两个主要来源：**认知偏差**和**动机性偏差**。

认知偏差指的是由于我们自身信息处理能力有限所导致的系统性错误。因为我们无法感知环境中的全部事物，我们的注意总是自动地关注最显著的或者"最吸引眼球的"——也就是那些明显的感知刺激。这会导致我们形成有偏的、不准确的归因（Taylor & Fiske，1975）。特别要强调的是，我们往往将最容易感知的刺激等同于最有影响的刺激。

相反，动机性偏差指的是由于我们为了满足自身的需求，例如对自尊、权力和控制的渴望，所产生的系统性偏差。简单地说，动机性偏差的功能主要是让我们感觉更好，尽管是以扭曲、模糊和篡改事件的真实性为代价的。

那么我们是否动机性地在两种归因中偏好一种呢？似乎是这样的。以西方文化为例，我们从小就被教导人可以掌控自己的命运，是自己生命的主人。因此，社会普遍宽恕物质归因，然而这就不鼓励情境归因。在这种情况下，尽管知道外在因素对我们控制力的影响，我们也还会让自己误以为拥有比实际大的控制力。因此，我们倾向于夸大我们控制力的感知。

一个不幸的结果是，动机性偏差会让那些在超出他们控制的情况下受到伤害的人承担更多的责任。换言之，我们对控制力的幻觉会让我们责怪那些坏事降临在他们身上的人。

这一切为何会发生？勒纳（Lerner，1970）的理论阐述道，让我们接受生活中的不公平是非常困难的。进而，我们有强烈的需求去相信我们生活的世界是公平的，善恶皆有报。这种想法会让我们相信人们的得到的是他应得的："种什么因，得什么果。"

这类归因倾向的例子有：

- 强奸受害者肯定表现轻佻。
- 同性恋者患艾滋病是自找的。
- 有生理残疾的人肯定做错了什么事。
- 贫穷国家的人一定要对他们国家的经济状况负责。
- 被迫害的人肯定有罪，否则他们不会被迫害。

是什么在强迫人们做出这些归因呢？同样地，我们这样做是为了保留我们有控制力的幻觉。让受害者为那些灾难负责，而不是接受我们生活的世界并不公平这一现实会让我们的心理觉得舒服。毕竟，如果负面事件是不可控的，那么就很容易发生在我们自己身上。换言之，通过特质归因，我们希望可以获得对命运更强的控制感。进而，让我们把对社会受害者的冷漠合理化了：如果每个人为自己负责，那么其他人就没有必要帮助他们（事实上，他们很有可能是活该）。

矫正方法

1. 不要低估外部情境因素对行为的影响力。

2. 记得在任何时间，人们的行为既取决于他们带给情境什么（他们是谁），也取决于情境本身（他们在哪里）。

3. 记得归因错误可以被纠正，这取决于研究者的视角，具体来说，尽管人们倾向于低估情境对他人的影响，但他们会高估情境对自己的影响。

4. 同时考虑造成这种归因错误的认知及动机偏差。

> 尊重他人，他会尊重你更多。
>
> ——佚名
>
> 相信一件事是不可能的就是在把它变成不可能。
>
> ——法国谚语

自证预言：期望创造现实

我们对他人的态度和信念可以——在我们有意或无意的情况下——产生出我们所期望的行为。也就是说，感知者对他人的假设可能使他人获得这些期望的属性，这一现象被称为**自证预言**。

最有名的也是最有争议的自证预言是罗森塔尔与雅各布森（Rosenthal & Jacobson，1968）的研究，他们告诉旧金山一所小学的老师，根据可靠的心理测验，班里的某些学生的学业成绩将在未来一学年突飞猛进。事实上根本没有这个测验，被称为"智力爆发者"的学生也是随机选择的。然而几个月后测量学生们的成绩，发现被称为智力爆发者的人确实在学习上有进步，甚至他们的智商分数也提高了，老师们无意中创造出了他们期望的行为。

自证预言经过一系列正性或负性的期望加以阐释，包括敌意（Snyder & Swann，1978）、外向性（Snyder，1984）、性别刻板印象（Skrypnek & Snyder，1982）、种族刻板印象（Word et al.，1974），甚至外貌吸引力的刻板印象（Snyder et al.，1977）。这些研究不仅揭示了偏见如何影响受害者的行为，而且揭示了受害者的行为如何迎合了偏见（见双向因果关系）。自证预言不仅影响了人们对受害者的偏见，而且使得受害者的行为向着人们最初所持偏见的方向变化。

我们不仅极少意识到我们的期望会影响他人

的行为，而且更少意识到他人的期望如何影响我们的行为。我们的行为不只是由自己的态度塑造，也受与我们交往的他人的期望的影响。换一种说法是，我们一直不断地互相建构着彼此的社会真实。

由于自证预言无处不在，我们应当考虑它对我们的社会互动的潜在影响。例如在少数族裔社区，如果警察觉得居民们有敌意或不诚实，会发生什么？抗拒？无助？疯狂？

相似地，如果居民觉得警察有敌意、不诚实，会发生什么？不公平？冷漠？虐待？警察与社区最后会建立起一个不断强化的对抗系统以支持他们最初的期望，而且他们不会直接注意到这一点。

练习 3.8

探索自证预言的表现形式

作为一个练习，挑选两个——虚拟的或者真实的——包含自证预言的场景。在选择的时候，请考虑多种主题（如刻板印象、偏见、抚养孩子、测试、竞赛），情境（如研究、教室、工作场所、宗教）以及政府政策、项目或者法律（如福利、失业、扶持行为、废除种族隔离、移民、双语教育、性骚扰、强制退休）。针对每个场景，请写下A的期望会怎样影响他对B的行为。最后，讨论A对B的行为是如何导致B按照与A之前的期望相符合的行为表现。换言之，指出那些你认为能够使A的初始期望改变B的态度或行为的因素或事件。

场景：______________________________

____

A的期望对B的影响：______________________________

____

A的行为对B后续行为的影响：______________________________

____

矫正方法

1. 在所有的社会交往中，记得期望本身会创造现实。

2. 努力注意你的期望可能会诱导他人的行为。

3. 别忘了你的行为也会受自证预言的影响，记住他人的期望会塑造你的行为。

4. 做研究时，尽力减少期望效应的潜在影响，可以通过使被试不知道研究的目的、目标和假设来实现。

> 罗杰斯定律：空姐一上咖啡，飞机就会遇到气流颠簸。
> 戴维斯对罗杰斯的解释：在飞机上送咖啡导致气流颠簸。
>
> ——阿瑟·布洛克（Arthur Bloch，1948— ），作家

相关并不能证明因果关系：混淆“什么”与“为什么”

相关阐述了两个或多个变量间的关系，相关可以使我们通过一个变量预测另外一个变量。也就是如果两个事件相关（或共同发生），那么一个事件的呈现会给我们提供另一个事件的信息。然而相关并没有建立变量间的因果关系。也就是说，因果关系不能通过简单的相关和共同出现加以证实。

例如，考虑创造性与心理障碍的相关（例如，见 Andreason & Canter，1974；Andreason & Powers，1975；Jamison，1993）。伟大的画家凡·高，俄国小说家陀思妥耶夫斯基，以及美国

作家海明威都有情绪障碍，严重地影响生活。最近美国喜剧演员约翰·贝鲁什及克里斯·法利对药物严重成瘾（最终致命）。基于这些观察，我们得到了什么？心理障碍导致创造力？也许，但也有可能是创造力导致了心理障碍，或者是不是也有可能双方互相影响。为了使问题更复杂，其他变量例如遗传倾向是不是同时导致了创造力和心理障碍呢？

另外一个例子，假设A与B存在相关：A导致B吗？B导致A吗？还是A与B互相引起？C引起A与B吗？还是存在这些因果关系的共同作用？然而单个因果关系不能给我们确定的答案。下面是人们经常认为是因果关系的相关变量的例子。

1. 研究发现，观看暴力电视节目与攻击行为存在一定的正相关。但是，这一相关不能证明电视暴力导致了攻击行为，也许有攻击性的人喜欢看暴力节目，也许攻击性与电视暴力互相促进，恶性循环（见双向因果关系）。或者有可能家庭冲突同时滋生了攻击行为与观看电视暴力。

2. 你知道在热带地区攻击性行为比寒带多吗？例如温暖地区的谋杀率和强奸率显著高于寒冷地区（Anderson，1987）。为什么呢？如果说温度是暴力犯罪的诱因会很荒谬。但有可能是热带地区的某些环境影响了暴力行为。然而，我们不知道其他因素例如贫困、人口密度或是政府政策如何影响谋杀和强奸犯罪。

3. 假设某个少数族裔群体青少年犯罪率、学业失败率、青少年怀孕率、吸毒率、犯罪率或精神病发病率都极高。换句话说，假设群体成员身份与问题的严重程度存在相关关系，这一趋势的原因是什么？一个最容易被忽视但至关重要的因素是社会经济状况。具体来说，贫困比种族更可能预示这类行为。如果这些群体处在社会经济阶梯的底层会发生什么？我们错误地关注肤色与种族身份，而低估了经济状况的影响（见基本归因错误）。

4. 相似地，我们看一下关于智商的种族差异的辩论（尤其是黑人与白人）。在《贝尔曲线》（1994）这本充满争议的书中，赫恩斯特恩和默里（Herrnstein & Murray）提出这种相关可以通过基因遗传加以解释（见Jensen，1973；Rushton，1994，1995）。毫无疑问，如果不考虑例如社会经济状况、受教育机会、父母的榜样角色、家庭结构、同伴影响、文化图式以及个人与社会期望这些因素的话，这一结果是不能被接受的（见自证预言）。

想一下无家可归与精神疾病，青少年怀孕与福利政策，成绩不好与违法行为，种族与酒精消费，以及性别角色与大众传媒间的相关。在这些例子中，注意不要基于单一的相关而推论出因果关系。此外，观察到相关的时候确定要检查所有导致因果关系的路径和方向。

有种错误推论被称为**因果混淆**，指由于B在A后发生，因此认为是A导致了B这一错误逻辑。这一错误也被称为**失调归因**（Sullivan，1954），可以视作一种“魔力思考”，因为，事件相近发生，就被认为是具有因果联系的。大部分迷信就是基于失调归因。如果一名足球教练在开赛前没刮胡子，他的球队还赢得了比赛，他可能认为不刮胡子多少导致了比赛胜利。于是他就形成了关于未来比赛获胜的迷信行为。

练习 3.9

探索相关和因果

这些练习将帮助你应用这些原则，试着找出下列相关关系中的因果关系、路径和解释。

例子

“夜猫子型”和乐观表现出负相关（Levy，1985）。也就是说，“夜猫子型”的人比“清晨型”的人更悲观。这是真的吗？

1. 乐观可能导致人是“清晨型”的。
2. “清晨型”可能导致乐观。
3. 乐观和“清晨型”可能相互影响。

4. 工作满意度可能同时引发乐观和“清晨型”。

练习 A

很多社会都相信控制和消除侵略行为的最有效方式是使用包括死刑在内的惩罚。然而，实验证据却一边倒地显示了谋杀率和死刑执行率的正相关，而不是威慑理论所预测的负相关关系（见 Segall et al.，1997）。如果这种正相关是真实的，你将如何解释它？

1. ______
2. ______
3. ______
4. ______

练习 B

假设你读到一篇文章报道宗教虔诚性与抑郁存在负相关关系（也就是说，越不虔诚的人越抑郁）。哪些因素可以用来解释这种关系？

1. ______
2. ______
3. ______
4. ______

正如这些例子所揭示的，尽管相关关系可以为我们提供精确的——常常也是非常有用的——信息来了解“什么样”的关系存在，但是这种关系不能回答“为什么”的问题。在某些情形下相关可能强烈地暗示因果，但它并不能证明因果关系。

矫正方法

1. 记得相关和共同出现不是因果的证据。
2. 记得相关可以帮我们根据一个变量预测另一个变量，但他们并不能解释事件为什么有关。
3. 观察到相关的时候一定要检查所有因果关系的路径和方向。假设 A 与 B 存在相关，是 A 导致 B，还是 B 导致 A？还是 A 与 B 互为因果？C 引起 A 与 B 吗？

思想是行动之母。

——拉尔夫·沃尔多·爱默生（Ralph Waldo Emerson，1803—1882），美国诗人、哲学家

思想是行动之子。

——本杰明·迪斯累里（Benjamin Disraeli，1804—1881），英国政治家、小说家

复杂问题有简单的、容易理解的错误答案。

——阿瑟·布洛克，作家

双向因果及多重因果：因果循环及复合路径

双向因果

尽管我们认为因果关系是**单向的**（A 导致 B），但其实它们经常是**双向的**（A 导致 B，B 导致 A）。也就是说，变量能够（也经常是）互相影响。这种关系也被称为因果循环，或者基于我们的主观评价，可以是“良性循环（如果我们喜欢它）”，也可以是“恶性循环（如果我们不喜欢它）”（这里也可以看出语言的评价偏差）。

为了说明这一原则，我们来看一下心理学广泛争论的问题“是思维引发了情绪，还是情绪引

发了思维呢？谁在先，谁是因谁是果？”（见 Berscheid，1982；Mandler，1975；Weiner，1980；Zajonc，1980）。然而如果看成双向因果，答案就很明显了：情绪与思维互相影响。

再想一下心理焦虑与人所处的社会环境间的双向因果。具体来说，冷漠、排斥、敌意的父母可能导致孩子的情绪和行为问题，同时不要忽视孩子的情绪行为问题导致父母冷漠、排斥、敌意的可能性（可能性相同）。

双向因果很有趣，也非常多：

- 自尊与受欢迎程度
- 动机与鼓励
- 好奇心与知识
- 尊重与责任
- 挫折与无助
- 冷漠与无能为力
- 批评与防御
- 多疑与保密
- 教育与机会
- 机会与成功
- 金钱与权力
- 贫穷与失败
- 歧视与蔑视
- 暴力与偏见

练习 3.10

确认和解开因果循环

作为一个练习，考虑失业（事件 A）和违法行为（事件 B）的双向关系。

- 首先，描述失业（A）导致违法（B）的路径。
- 接着，描述一些违法（B）导致失业（A）的路径。
- 是否有可能判断哪个事件是最初原因？如果可以，那是如何影响的？
- 在哪些情境下判断最初原因很重要？
- 在哪些情境下判断最初原因又不重要？

你可以选择另外的双向因果关系（从上面的列表中选择一个或者来源于自己的亲身经历均可）做更多的练习。

可以看到，“因”和“果”是相对的术语：原因在另外的条件下可能会变成结果。基于这种观点，回答“哪个最先出现?”这个问题尽管有趣，但是却可能是没有必要、不合时宜甚至无法回答的。因此，当我们面对着鸡生蛋蛋生鸡的问题时，请记住你的答案可能完全取决于你从哪里切入这条因果链。

多重因果

来自印度的加拿大和美国移民患冠状动脉疾病的几率比所在国其他人要高（Bahl et al.，2001），为什么呢？

事实上，这个问题的形式有一定的误导性，因为其内在含义是只有一个成因。但事实上任何效应通常都是多个原因共同作用的结果。每个单独的行为都有很多决定因素，任何单独的解释都是过度简单化。在这个案例中，我们应当考虑多种可能性（例如基因、饮食、压力、家庭形式及文化传统）。荷兰教授鲁特·维恩霍芬（Ruut Veenhoven，2008）的研究发现，幸福并不完全依赖于经济状况，例如职业或物价因素。例如英国，有关幸福的指标在 40 年内都没有变过，但经济却有起伏。英国一直被认为是世界上幸福感最高的国家之一。北欧的国家，例如冰岛、丹麦、芬兰在幸福感上的得分甚至更高。例如冰岛人据调查显示比瑞典人更幸福，但他们在社会福利上的投入只有瑞典的一半。尽管美国的经济减速，但美国人的幸福感却越来越强。研究同样发现个人主义文化中人们评价自己的幸福时主要基于自己的情感。而在集体主义文化中，人们在做判断的时候倾向于寻找社会线索或他人的反应（Suh et al.，

2008)。

另外一个例子是导致抑郁的原因。是由于童年期的创伤导致的，还是由于感觉到了失败？或者是不现实的期待，或是错误的信念系统，或习得性无助？还是由于生理结构，或者是缺乏机会？

现在请试着把所有“或者”都换成“以及”。抑郁可能是由多种因素共同造成，包括童年创伤，以及感知到失败，以及不现实的期待，以及错误的信念系统，以及习得性无助，以及生理结构，以及缺少机会。

练习 3.11

探索复合路径

应用同样的原则，请考虑恐同症（homophobia）的多重决定因素。列出你想到的所有原因，越多越好。同样，你可以考虑跨文化心理学上的其他相关话题（你可以浏览书后的索引来寻求灵感）。

总之，每当你遇到的疑问、问题和困难是以“二选一”的形式呈现时，请停下来思考。现在，请用“也/和”来替换“不是/就是”。比如这句话，“偏见不是由无知引起，就是由憎恨引起的”将会变成“偏见是由无知和憎恨共同引起的”（当然还有很多其他原因）。接着问自己：“这种新的公式有用吗?”在很多情况下，你将发现它非常有用。

矫正方法

1. 不要先入为主地认为两个变量间的因果关系是单向的。

2. 研究因果关系的方向时，要考虑变量间因果循环中的可能性，也就是双方互为因果。

3. 记得在双向因果的例子中，谁是因谁是果完全取决于你在因果循环上的切入点。

4. 在试着解释事件为什么发生时，不要把你的研究限制在单一原因上，而要研究导致效应产生的多个可能的原因。

5. 面对不是/就是的问题时，要考虑答案是不但/而且的可能性。

先验的原则完全不能成为道德法则的基础。

——伊曼努尔·康德（Immanuel Kant，1724—1804），德国哲学家

不要犯积极的错误，去假设因为一个群体正处在形成过程中，就意味着他们一定会走上正轨。

——R. D. 莱恩（R. D. Laing，1927—1989），苏格兰心理治疗师

自然主义谬误：模糊了“是”与“应当是”的界限

个人价值误导我们的思维的一种重要的形式是：当我们用我们认为“应当是”的来进行描述时，偏差就发生了。例如，当我们用可观测的事物来定义什么是好的事物的时候，这种思维错误就是**自然主义谬误**。

看一下下面的句子：“典型的就是正常的，正常的就是好的。非典型的就是不正常的，不正常的就是坏的。”可以注意到在每个例子中，对存在的描述转化成了对我们的喜好或厌恶的描述。

像苏格兰哲学家休谟（Hume）在200多年前指出的那样，价值、伦理以及道德都不是基于逻辑和理性的，而是基于特定社会的情感和公共意见。所以对人类行为的描述不管多精确，都不能判定什么是正确的行为，什么是错误的行为。我

们是研究文化习惯、宗教信念、政治信条、教育实践、创造性活动、性癖好，还是餐桌礼仪，都没有太大区别。多数人都做的事不一定是正确的，多数人都不做的事情不一定是错误的。

当然，反过来也是成立的：多数人都做的事不一定是错的，多数人都不做的事不一定是正确的。也就是说，没必要仅仅因为别人与多数人不一样就想当然，同样地，我们没必要去责备和其他人做同样事情的人。关键是，我们在任何情况下都要小心不要混淆客观描述和主观价值判断。

我们来简要说明一下自然主义谬误的四种变种。

1. 普遍的就是好的。这一错误将平均、常见或流行等同于正确，这一观点的内在假设是什么？“所有人都在做，所以一定是好的”、“多数人知道的最多”、“那么多人不可能犯错”，一个更具体的例子是“因为某国的多数人都支持体罚孩子，所以这一观点肯定是正确的”。

2. 不寻常的就是坏的。这是硬币的另一面，与常规相背离的就被认为是错误的，不论是判定异常行为、不流行的信念、不寻常的习俗或是非传统表现，这一判断是不可避免的——与众不同的就应当受到谴责。例如：“既然全世界只有少数人是同性恋，同性恋必然是不好的。”

3. 普遍的就是坏的。在这种情况中，某人因为多数人都接受某件事而拒绝它，而不考虑事物本身的优缺点。这基于什么呢？“大众总是错误的”，“如果多数人都做，那它一定是不好的”，“既然社会是由一群无意识的绵羊组成的，那他们所代表的必然是不正确的”。例如：“大家都相信婚姻，所以我肯定不会相信。”

4. 不常见的就是好的。同样的，任何背离常规的都是值得羡慕的，而不考虑其内在价值。为什么呢？“与众不同的东西比平凡的东西要好”，“不寻常的就是好的”，“任何敢于反叛传统思维的人都会做出重要贡献”。例如：“我宁可人们觉得我很奇怪，也不愿他们完全不注意我。”

以跨文化心理学的视角来看这一现象，想一下过去一直被认为是正确的事物：人祭、奴隶制、童工、公开处决、否认宗教自由、焚书、烧死持异端者和巫婆，以今天的标准看，这些行为从道德上讲显然是十分错误的。我们的后代们会怎么无视——甚至嘲笑——我们今天认为是十分正确的事物呢？

练习 3.12

探索自然主义谬误的例证

做一个练习，试图想出下表中各个类别的具体实例（友情提示，可以从下列话题中寻找：性别角色、种族隔离、不合作主义、扶持行动、计划生育、子女抚养、战争、精神病理学、艺术表达、时尚、音乐、广告、非法移民、个人卫生）。

普遍的，所以是好的：________________

不常见的，所以不好：________________

普通的，所以不好：________________

不常见的，所以是好的：________________

T. H. 赫胥黎曾经指出“宇宙的运行与道德的终结没有任何关系”（引用自 Miner & Rawson, 1994）。尽管他的观点如此，但我们对自然的看法却很容易犯自然主义谬误。尤其是当我们用什么是自然的来定义什么是正确的时候，或是我们宣称“事情就应该是它本来的样子”的时候，或是假设自然中发生的一切都是好的，因为自然本身就是好的，怎么可能不好呢？总之，想一下白雪覆盖的山脉、金色的日出、盛开的鲜花、生命的神奇、生存的本能，以及生命本身，从草药疗法到有机杀虫剂，只要是来自自然的，就一定是好的。

只有一点小问题，我们不会倾向于从自然中选择我们不太喜欢的例子，这并不奇怪。比如出生缺陷及麻风病、干旱与饥荒、地震与季风、马钱子碱与夹竹桃、这些现象难道不是自然的一部分吗？难道它们有些“不自然”？

我们实际上对自然实行双重标准：我们选择“好”的部分，无视或否认“不好”的部分，但我们不会同时拥有两者。自然就是自然，我们赋予它的价值是另外一回事。

即使社会科学家也会犯这种错误。典型的例子是进化心理学，这一领域的理论基于达尔文的物竞天择和适者生存原则，从进化论的角度解释了一系列的人类行为，包括攻击行为、智力、道德、偏见、领地、对外国人的仇视、交配、性偏好以及通奸（见 Barkow et al.，1992；Futuyma，1979；Symons，1979；Wright，1994）。

例如，根据这一理论，男人从基因的角度先天就具有寻找年轻性感的女性作为性伴侣的倾向。相比来说，女人自然地偏好与有钱及强壮的男人的一夫一妻制关系。此外，进化决定了男人与女人相比更可能因为通奸而杀死自己的配偶。

为了避免争论，我们先把对进化心理学的批评放到一边（例如，Holcomb，1996；Schlinger，1996），并假设这一理论是正确的，那它告诉了我们什么，如何应用呢？难道对性的双重标准是“自然的”，也就是可以接受的吗？它能证明乱交、通奸、欺骗以及背叛是合理的吗？贪婪、物质主义、种族隔离以及战争是被认可的？要是因为这都是“自然的”，我们真的能因为通奸而责备或批评某人吗？要是因为这都是“自然的”，我们如何才能让某人为虐待配偶、婚内强奸以及谋杀承担责任呢？

跨文化敏感性

遵循“多元文化”原则是什么意思？是说我们应当接受不论国外还是国内的其他文化的一切吗？是意味着跨文化心理学家应当摒弃自己的价值观，而去容忍很多国家都有的例如大男子主义和对女性的歧视吗？多元文化视角要求接受他国的一夫多妻制吗？而这在美国是违法的。我们是否应当停止谴责某些群体对宗教的不宽容？我们是否要——在多元文化的基础上——赞成俄罗斯把性骚扰作为“他们文化中独特的庆祝方式”？我们是否应当对非洲强迫女性施割礼这一在欧美被认为是使身体致残的行为保持沉默？总之，我们该如何判断？“他们的文化就是这么做的。”在他们看来，我们的有些做法也是不道德的。

试图通过研究降低特定的道德或文化价值，并坚持认为只要在特定的文化情境中，任何存在的价值都是好的，这一流派被称为文化相对主义。

你怎么看文化相对主义？这一观点有何局限？你认同所有一切都是相对的，没有适用于评价不同文化的普遍标准吗？有没有可能既尊重他人的想法而又不损害自己的信念呢？是不是在有些情况下容忍和接受是有害的呢？你能明确区分相对主义与多元文化吗？

很显然，就算进化论影响我们的行为，也不能证明它在道德上是正确的或是好的，正确的不一定就是对的。例如，因为侵犯行为是我们基因的内在产物而容忍暴力行为就是错误的。解释人类行为是一回事，为其找借口是另外一回事，我们的行为可能部分归因于自然选择，然而，借用电影《非洲皇后》的一句台词：“自然就是我们在地球上要征服的。”

矫正方法

1. 不要犯将统计频率与道德价值等同的错误。多数人都做的不一定是对的，多数人都不做的也不一定是错的。同样地，多数人都做的不一定是错的，多数人都不做的也不一定是对的。

2. 学着分辨客观描述与主观评价。具体而言，不要将某人“是”或“不是”的描述与“应当是”或“不应当是”的评价混淆起来。

积极就是被某人高亢的声音误导。

——安布罗斯·比尔斯（Ambrose Bierce，1842—1914），美国记者、诗人

科学最大的悲剧是用丑陋的事实屠杀美丽的假设。

——T. H. 赫胥黎（1825—1895），英国生物学家、作家

信念固着效应：“不要用事实来迷惑我！”

我们试图理解世界及生活的路径时会接受很多信念，内容从平淡（最好的洗发水、最好看的发型）到深刻（生命的意义、上帝的存在）都有。我们的信念的最重要特征是我们有多投入其中。这种依恋可能强大到我们认为这些信念是自我认同的重要和不可分割的部分。

如果我们的信念，尤其是我们喜欢的信念，或是我们认为重要的信念，或是我们认为是事实的信念受到了新事实（例如新的实验数据）的挑战，会发生什么呢？

如果我们要以理性的方式对这些挑战做出回应，我们应当将情感从争执中分离出来，尽可能以客观的和冷静的方式评价这些挑战。如果合适的话，随时修正我们的信念。换句话说，我们应当通过调整已有的图式来顺应新的信息（见同化偏差）。

但我们并不总是如此理性，事实上有些时候我们根本就不理性。具体来说，当我们的信念被挑战的时候，我们会感到自己也受到了挑战。我们的信念被批评的时候，我们感觉自己也被批评了。因此，我们的信念被攻击的时候，我们感觉自己也被攻击了。我们的第一反应通常是保护自己的信念，就是保护自己。这样，有时候甚至面对相反的证据，我们仍会坚持自己的信念。这种思维偏差被称为**信念固着效应**（见 Lord et al.，1979）。

当我们陷入这种对信念的坚持时，我们同样以无视、贬低或简单地忽略与我们信念相反的信息的方式做出反应。也就是说，我们对待潜在的挑战和争论的时候就像它们不存在一样。例如，假设你的一个朋友坚持认为“强奸是暴力行为而不是性行为”，你认为这不是一个“是或否”问题，强奸应该既是暴力行为又是性行为。你进一步解释说袭击方式将强奸与其他暴力行为区分开来。例如，如果一个人被刀指着后背，我们就不会称其为“强奸”。比较而言，强奸是一种涉及性器官的暴力行为。甚至不用考虑袭击者的性满足就可以将其视为性行为。“也就是说，”你总结道，“强奸是一种性暴力。”你朋友停顿了一下，回复道：“哦，我明白你的意思了，很有道理，但我还是认为强奸是一种暴力行为，而非性行为。”

我们的信念是如此顽固，以至于就算意识到支持他们的证据是错误的，还是坚持。这得到了一项研究的支持，这项研究要求被试接受一项人格测试，并称其为“社会敏感”的（Ross et al.，1975）。然后告知被试测验实际上是假的，结果也不准确，即使是这样，被试仍然坚持认为他们是“社会敏感”的。其他研究也证实了想要改变我们的信念需要比建立这些信念更多的证据（Ross & Lepper，1980）。

我们能在坚持信念的同时不拒绝反对信息吗？如果我们不能贬低、否认或忽视潜在的反对信息会怎样呢？有没有可能我们坚持自己珍爱的信念的同时仍然取得胜利呢？答案像你预计的一样是肯定的，就像武术大家能成功地将对手的力量转化为自己的优势一样，在逻辑争议造成的巨大扭曲中，我们发现了曲解、扭曲甚至重构信息以使其支持我们原有信念的办法。

我们现在转到关于这一主题的变式的例子上（见表3—2），注意在这个简单的任务中，参与者是如何通过使用对思维缺陷的创造性的分类来支持自己的立场的，这些缺陷包括同义反复逻辑、根据结果对用意的错误归因、混淆情感与事实，以及推论及诱导归因中的错误（这些例子都直接来自我们在许多环境中的经验，包括学校、工作坊、心理治疗、媒体宣传，以及在电影院排队）。

表3—2　信念固着的例子

老板：纽约人一直比其他人能更好地完成工作，我从小就知道这一点。
员工：但我们新来的来自洛杉矶的销售比部门里所有纽约人表现都要好。
老板：是，但如果我们把那片区域交给一个纽约人，利润会是现在的两倍。

少数族裔领袖：我非常确定政府正在密谋对付我们。
访问者：你有证据证明这个阴谋吗？
少数族裔领袖：没有，但你有证据证明没有阴谋吗？

教徒：所有无神论者内心深处都是抑郁的，因为他们不信上帝。
无神论者：我不相信上帝，我也不抑郁。
教徒：那是因为你可能没有意识到其实你相信上帝，或者你没有意识到你是抑郁的。

社会政治理论家：犹太人控制了媒体。
记者：但多数管理电视网与报纸的人都不是犹太人。
社会政治理论家：这正是我要说的，这说明他们很聪明，制造出了自己没有什么权力的假象，他们对媒体的控制是如此强大，以至于他们可以让你相信他们对媒体没有任何控制。

女性团体治疗成员：男人要的只有性。
男性团体治疗成员：我是男人，但我不只想要性。
女性团体治疗成员：不是你在对我撒谎，就是你在对自己撒谎，或者你不是真正的男人。

练习3.13

社会文化信念固着

这个练习将进一步帮助你了解信念固着的表现，请将下列场景补充完整。

甲：雅利安人是优等民族。
乙：那么，他们为什么会输掉“二战”，尤其是输给“劣等”民族？
甲：____________________

甲：恐怖主义者都是疯子。
乙：但是他们声称为自己的行为负责。
甲：____________________

甲：你是个种族主义者。
乙：不，我不是。
甲：____________________

甲：她得到那份工作的唯一原因在于她是少数族裔。
乙：____________________
甲：____________________

甲：她没有得到那份工作的唯一原因在于她是少数族裔。
乙：____________________
甲：____________________

甲：美国现在的种族歧视比50年前更严重。
乙：______
甲：______

甲：来到这个国家的移民都是来吃白饭的。
乙：______
甲：______

甲：同性恋是一种心理疾病，和其他心理疾病没两样。
乙：______
甲：______

甲：大屠杀并没有发生过。
乙：______
甲：______

甲：上帝站在我们这一边。
乙：______
甲：______

矫正方法

1. 对不同的尤其是具有挑战性的观点持开放态度。

2. 提醒自己（及他人）认真思考对证据的评估，并且密切关注下结论时出现的偏差。

3. 主动质疑你之前的信念。也就是说，问自己你的信念在哪些地方可能是错误的，一种具体的方法是反向思考。

4. 当你的信念与现实间出现差异时，要抵制认为你的信念是对的，而现实在某些地方有问题这一自然趋势。

总结："元思维还是不要元思维?"

我们来评价一下本章的主要内容：元思维本身。在某种程度上，元思维被看作一种认知图式，它们具有与其他图式过程相似的优势，当然，也有同样的缺陷（见同化偏差）。具体而言，它们具有如下优点：

- 显著地降低或消除了在进行与文化及跨文化现象有关的思考时出现的多种系统性偏差、误差及错误。
- 提高了思考的清晰性及解决方案的准确度。
- 为新的观点和替代性观点开辟了道路。
- 促进并保证了问题解决的创新取向。
- 成为鉴别其他尚未发现的认知错误以及矫正方法的基础（例如新的元思维）。

然而其具有如下不足：

- 需要更多时间和努力（尤其是一开始）来分析理论和事实。
- 牺牲简单性，变得更复杂。
- 可能导致更多的歧义。
- 有时会让你觉得受挫，感到困惑。
- 在某些情境中可能不适用。

总之，像其他所有选择一样，接受或拒绝这些观点有利有弊。一旦你开始努力研究、理解，并将这些元思维原则应用到跨文化心理学以及你的日常生活中，记得审视它们的优缺点。通过这样审视它们，当你在行为的特定阶段时，你就能获得更多信息以进行充分的选择。无论如何，决定权最终在你自己手中。

托马斯·萨茨（Thomas Szasz）曾经说过："我无法回答所有人关于生命的问题，我只能给一个人一个愚蠢的答案。”（引用自J. Miller，1983）同样地，元思维也不可能为你的所有问题提供最佳解决方案。然而，培养你在文化心理学中的批判性思考能力至少会保证你很容易并持续地鉴别出“愚蠢的答案”，而且会节省你的时间、精力以及资源去做其他更有意义的事。

* *

本章总结

● 批判性思维是学习的最基本和最有价值的成分。本章包含的思考的原则或者元思维（关于思维的思维）是一种认知工具，提供给使用者特定的问询及问题解决策略。它们可以作为通常容易是有偏差的、简单化的、固执的、懒惰的，或者只是马虎草率的思考的矫正方法。

● 在描述各种现象，尤其是社会现象时，人们使用的语言反映了自己的价值观、偏向、喜好及厌恶。他们的语言提供了与所描述的个体、群体及事件同样多的有关自己的信息。

● 二分变量是关于分类的（质量），而连续变量是关于程度的（数量），问题是人们倾向于对应当是连续变量的变量做二元划分。

● 所有现象既有相似又有不同，这取决于评估的维度和分类指标。任何现象与其他现象相比都不是完全相同或完全不同的。

● 巴纳姆式陈述是对所有人都适用的“均码”描述，但并没有提供可以区分出特定群体或个人的区别性信息。巴纳姆式陈述的问题不是因为它们是错误的，而是由于它们是如此通用和灵活，导致它们几乎没有任何价值。

● 同化偏差代表了清晰思考及有效问题解决的巨大障碍。透过图式的有色眼镜看待世界，我们事实上使所有输入的信息出现了不同程度的失真、误解和失效。

● 我们直觉地比较现象与我们的相关心理表征、原型或是图式来鉴别生活中的现象。典型性偏差可以导致错误的原型，以及错误地看待相关统计数据，或是动机性偏差。

● 我们使用可得性启发算法回答有关频率、发生率及可能性的问题，这基于例子出现在脑海中的速度。一般来说，最生动、戏剧化、最重要、与个人最相关的事件与统计数据相比更可能会对我们的判断造成不良影响。这样说来，奇闻轶事比事实数据更有说服力。

● 对因果归因来说，我们倾向于高估人的特质的影响，低估情境的影响，这种基本归因错误可能是由认知偏差和动机偏差造成的。

● 我们对他人的态度和信念可以——在我们有意或无意的情况下——产生出我们所期望的行为。类似地，我们的行为也可能被他们对我们的期望影响。总之，自证预言认为，期望本身可以生成现实。

● 相关可能为我们提供了与“什么”有关系的有用信息，但没有解释“为什么”。即使相关强烈地暗示了因果关系，也不代表它证明了因果关系。

● 与单向因果相比（A导致B），双向因果（A导致B，B导致A）形成了因果循环。这种情况下，因果路径是双向的。而且，任何事都可能是由多种原因导致的。

● 事件的频率不能决定其道德价值。常见的、典型的、正常的不一定是好的，不常见的、非典型的、不正常的不一定是坏的。同样，常见的不一定是坏的，不常见的不一定是好的。

● 有时候面对相反的证据，我们仍会坚持自己的信念。当我们的信念被挑战的时候，我们会感到自己也受到了挑战。我们被迫保卫自己的信念，就像保护自己一样。这种信念固着效应的结果之一就是想要改变我们的信念需要比建立这些信念更多的证据。

关键词

矫正方法 避免或抵消某种相反效应的方法。

同化偏差 用同化方式解决已有图式与新信息间的偏差的趋势，即使代价是歪曲信息本身。

可得性偏差 可得性启发算法导致思考或信息处理过程中的系统性错误的情况，主要是由于非常生动但极为罕见的事件导致的。

可得性启发算法　寻找记忆中最容易提取的例子的过程。这一算法帮助我们回答有关频率、发生率及可能性的问题。

巴纳姆效应　人们愿意接受过度概括和普遍的赞扬。

巴纳姆式陈述　对一个特定个体或群体的共有的“均码”描述，并且对所有人类都适用。

信念固着效应　面对相反的证据，我们仍会坚持自己的信念的趋势。

偏差　抑制、阻止正确判断的偏见性倾向。

双向因果　两个变量互为因果的相互过程。

认知偏差　归因中由于人们内在认知能力的限制而导致的系统错误。

连续变量　任何分布在某个维度、范围或系列上而不是属于某个类别的变量，在理论上有无限值并以数量、体积或度数的形式表现出来。

批判性思考　一种主动与系统性的认知策略，用来检验、评价和理解事件、解决问题，以及在合理归因和有效证据的基础上进行决策。具体而言，批判性思考包括：保持既开放又批判性的态度；认识到理论与现实的差异；追求事实的准确性及逻辑的合理性；客观地搜集、权衡和分析信息；形成合理的推论、判断和结论；发现并质疑潜在的假设和信念；发现隐藏或内在的价值；觉察现象间的异同；理解因果关系；降低逻辑缺陷和个人偏差，例如避免过度简单化和过度概括；容忍不确定性和模糊性；探索其他观点和解释；寻找创造性解决方案。

文化相对主义　试图通过研究降低特定的道德或文化价值，并坚持认为只要在特定的文化情境中，任何存在的价值都是好的，这一流派称为文化相对主义。

二分变量　有些变量可以划分为两个相互排斥的类别，这种变量称为二分变量。

基本归因错误　在尝试确定原因时倾向于高估人的特质，低估情境，也就是说倾向于重视内部决定因素而用人格解释人的行为的偏向性。

启发性算法　解决问题的心理捷径或便捷原则，可以减少信息的复杂程度和解决问题所用的时间，使判断任务更简单、快速和有效率，尤其是在不确定情境下。

元思考　对思考的思考，对思考过程的批判性分析和评估。

元思维　关于思维的思维，隐含批判性思考的原则。

动机性偏差　人们在归因时为了满足自己的需要，例如自尊需要、权力或特权需要而产生的系统性偏差。

自然主义谬误　当个体将客观描述与主观评价混淆或等同时所犯的错误，尤其是用统计上的高频或低频来定义道德上的好坏。

失调归因　一种“魔力思维”，相近发生的事件被认为是具有因果联系的。迷信就是基于这种失调归因。

因果混淆　指由于B在A后发生，因此认为是A导致了B这一错误逻辑。

典型性偏差　在思维或信息处理过程中由于使用典型性启发算法而导致系统性错误的情况。

典型性启发算法　迅速基于某一群体中成员的事例来进行可能性判断的认知策略。

图式　我们组织自己的知识、信念及过去经验的认知结构，它提供了理解未来事件和经验的框架。

自证预言　我们对他人的态度和信念可以在我们有意或无意的情况下产生出我们所期望的行为的现象。

单向因果　两变量间一个变量为因，一个变量为果的关系。

第4章

认知：感觉、知觉和意识状态

我们不是用我们的眼睛在看东西，而是通过我们的眼睛用我们的心灵在看东西。

——佚名

作为一个规律，视野外之物比亲眼所见之物对一个人的心灵影响更大。

——尤利乌斯·恺撒（Julius Caesar，公元前100—前44），罗马政治家在课程快结束的时候，阿尔伯特举手问了一个问题："跨文化心理学家承认欧裔美国人和非欧裔美国人之间的重要区别么？"他接着表明，数个世纪以来，欧裔美国人的祖先大部分时候更依重于视知觉。他说，欧裔美国人必须看见、确认、测量，然后才能合理化他们的印象。他们不能感受或者相信先验的东西，他们一定要亲眼经历一切事物。阿尔伯特说非裔美国人即他自己的祖先却与此不同，受环境的影响，他们更多依赖于听觉和触觉。他们通过自己的皮肤感受物体和振动，可以很好地通过他们的声音来表达自己，并不总是需要视觉上的确认。阿尔伯特因此得出结论，由于欧裔人和非裔人的祖先在知觉上的差别，因此欧裔美国人似乎更多在工程、科学和文学领域成功，而非裔美国人则在音乐、歌唱和其他非视觉类的艺术上表现更突出。课上的另一个同学接着问："你有任何证据证明你这个想法么？"阿尔伯特笑着答道："你看，你就需要确认，可我不用，我只要简单地感到是这样就行了。"

阿尔伯特关于美国黑人和白人的区别的大胆观点是正确的吗？不同文化下的人们在感觉上真的存在显著差异吗，抑或人们是以相同方式看到、听到和感受物理世界的？如果不是这样，视觉、嗅觉、触觉或味觉的哪些具体特性有着最强的文化根源？从更"实际"的角度讲，服装设计师应该注意到为特定的种族或国家群体所喜爱或者厌恶的某些颜色吗？所有国家的飞行员都更喜欢按从左到右的顺序扫视他们面前的控制板吗？巴西人会喜欢中国人喜欢的那些音乐吗？人们做的梦是类似的吗？在本章，我们将就这些和更多的问题进行解答。首先让我们从对人类认知过程基本原则的简要回顾入手。

感觉和知觉：基本原则

感受器细胞被刺激并传输信息到更高级的脑中枢的过程叫**感觉**。你看到傍晚天空的一颗蓝星或者感到你手臂里的一阵隐痛——所有的感觉都始自外部或者内部的环境刺激，这些刺激以能量的形式刺激神经系统。感觉把外部的能量转化为内部的神经生理过程，并"导致"一种特别的生理体验：我们看见了星星，并感觉到了疼痛。我们能感觉到所有的环境刺激吗？显然不能。因为某些刺激是根本不能被体验到的。

个体注意到刺激所需的最小物理能量叫**绝对阈限**。**差别阈限**是能感觉到刺激发生了改变所需的最低刺激水平。**感觉适应**是指感觉系统对持续未改变的刺激的反应降低的倾向。我们可以适应特定的条件，比如冷和热、空气污染的存在与否，以及辛辣的食物。西班牙度假小镇的居民可能很容易忽视他们呼吸到的空气，但来自污染严重的墨西哥城或者洛杉矶的旅客却很快能注意到那里空气的新鲜程度。

对于五感（视觉、听觉、嗅觉、触觉和味觉）中的每一感，离散的神经通路通常携带感觉信息，即信号，到特定的脑区。感觉的性质由被信号激活的脑区所决定。比如，位于枕叶的初级视觉皮层的电刺激产生视觉，位于颞叶的听觉复合体的刺激则被体验成声音。对颜色的感觉是一种基于眼视网膜的三种不同类型的锥体细胞发挥机能的过程。每种锥体细胞对不同的光有反应，在光谱的特定点上持久放电。所以短波的锥体细胞负责感觉蓝光，中波的锥体细胞产生对绿光的感觉，长波锥体细胞产生红光的感觉。将这三种主要颜色混合后，大部分人可以觉察到 1 000 种左右的颜色（Brown & Wald，1964）。当一个人觉察到一种气味时，感受器的信息直接传送到额叶的初级嗅觉复合体。味觉的感受器有两条通道。第一条通道连接到大脑上的初级味觉皮层，使人们能够觉察到味道。第二条通道连接到大脑的边缘系统，可以马上对感受到的味道产生情绪和行为反应。皮肤中的一些感受器直接供给连接着脊髓的单一感觉神经元。这样可以实现立即的反射动作，比如碰到烫的东西后的快速移动。

将各种感觉整理成有意义的模式的过程叫做**知觉**。生理学家声称知觉包括了皮层中的联合区的激活，从而整合了当前的感觉与预先的知识。三种颜色的垂直条纹——蓝、白和红——按顺序呈现在材料上，对于来自孟加拉或者北爱尔兰的男孩来说没什么意义。但是，一个法国的成年人却会由这种颜色顺序联想到法国的国旗。当我们中的一人拿起吉他开始弹奏《天堂的阶梯》这首曲目的第一段时，很多美国或者英国的学生都能听出这是齐柏林飞艇乐队创作的一首经典摇滚曲目，但是，那些成长于西方摇滚音乐传统之外的人却仅仅将它当作一些旋律而已。

100多年前，感觉和知觉是包括德国、法国、俄国、英国和美国在内的许多国家的生理实验室中首先要研究的两个基本过程。对这些实验室的数据的比较分析发现，感觉和知觉过程在不同国家的人身上的质和量存在明显相似性（Yaroshevski，1996）。但是在大多数实验中，生理学家研究感觉是用一种“标准”（对19世纪的心理学研究来说）的被试样本：研究者自身、他们的研究助理，还有他们的学生。因此这些研究中的数据基本都来自于高学历的白人被试。对感觉的跨文化调查开始于里弗斯（Rivers，1901）和他的同事，他们选择了来自欧洲和澳大利亚附近的托雷斯海峡岛的被试。里弗斯检验了一个很流行的，关于非欧洲人的超敏锐视觉的假设。结果假设被推翻，研究并没有发现托雷斯海峡岛民的视觉更加出色。

文化如何影响我们的知觉

我们对周遭环境的体验通过创造知觉预期塑造了我们的知觉。这些被称作**知觉定势**的预期，促成特定解释的形成，并提高了知觉过程的速度和效率。在特定文化的人中常见的知觉定势——与他们的经验最相关——在其他文化下的个体身上并不见得也会出现。

个人的经验影响其感觉和知觉。如果来自某一特定群体的许多个体共享这些经验，就应该会有一些与群体相关的感觉或知觉模式。例如，通常当我们肚子饿的时候我们会察觉到从饭店飘出的香味，但我们吃饱的时候却对那些香味不那么敏感了。一般来说，当我们需要什么东西时，我们便更多注意到与满足我们的需求相关的刺激。但是如果一个人被长时间剥夺了食物和水，就像现在世界上数百万人那样，情况又怎样呢？在一个研究中，研究者检验了食物和水剥夺对词语辨认的影响（Wispe & Drambarean，1953）。剥夺组的被试知觉到与需求相关的词语（表示食物和饮料的词语）的呈现时间短于未被剥夺组的被试知觉到的时间。在另一个研究中，研究者比较了贫穷和富裕家庭的孩子的知觉经验（Bruner & Goodman，1947）。他们让孩子调节光环的大小，使其与不同种类的硬币的尺寸相符，包括一分钱、五分钱、一毛钱和两块五的硬币。来自富裕家庭的孩子倾向于将硬币看得比实际要小，而来自贫困家庭的孩子则会高估硬币的尺寸。调查者认为来自贫困家庭的孩子们对于金钱的需要影响了他们对硬币的知觉。这一有趣的发现后来在中国香港复制实验得到了类似的结果（Dawson，1975）。

环境条件从许多方面上影响感觉和知觉。研究表明，比起农业社会，狩猎和采集文化的成员有着更低的色盲率。确实从进化的角度来看，色盲的猎人要是缺失区分细节、颜色和轮廓这些打猎和采集活动中至关重要的技能，会很难生存（Pollack，1963）。另一个例子是关于周围环境的噪音程度，沙漠的居民不会像城市居民那样多地受到听力损伤的困扰（Reuning & Wortley，1973）。沙漠中噪音的水平显著低于城市地区，这可以部分解释两者听力问题上的差异。

经验的缺乏可以成为影响知觉的一个显著因素。例如，研究者在完全漆黑的条件下饲养了一些小猫，每天只让它们见几个小时的光，在这段时间它们被放置在一个水平或者垂直条纹的圆柱体里（Blakemore & Cooper，1970）。这些猫不能观察到自己的身体，它们唯一能看见的东西就是条纹。实验开始后的五个月，那些在“水平”环境下成长的小猫不能知觉垂直的线条。它们的大脑缺乏对垂直线条响应的觉察器。类似地，在“垂直”环境中生长的小猫不能知觉水平线条。这些猫的大脑只发展了适应于“水平”或者“垂直”世界的特殊神经通路。类似的研究结果也出现在那些先天失明但后来通过手术获得了视力的个体身上（Gregory，1978）。这些人中的大部分可以辨别地上的图形，察觉颜色，观察到运动的物体。但是，他们中的大部分都不能再认之前通过触摸已知的物体。视觉经验的缺失在人们重获视力后还是对他们产生了影响！

总的来说，环境条件加上活动和经验，决定了感觉和知觉上与文化相关的差异性和相似性。儿童学会对某些刺激加以注意，而忽略其他的刺激，并对文化相关的图像、气味、味道和声音发展出特定的认知偏好（Shiraev & Boyd，2001）。

批判性思考　来源和感觉偏好

本章以阿尔伯特关于非裔和欧裔美国人的文化和心理差异的问题开篇。阿尔伯特的假设体现了所谓的补偿假设，即非裔美国人更容易在听觉任务上表现出色，而欧裔美国人在处理视觉刺激时的效率更高。换句话说，非裔美国人更偏好通过听觉通道来交流，而欧裔美国人更倾向于书面交流。如果非裔美国人与欧裔美国人相比，在学习数学时遇到了困难，这一点可以从他们语言学习的更高熟练程度和更好的节奏感与乐感上得到补偿（McLuhan，1971）。根据史德（Shade，1991）的说法，相对于欧裔美国人常见的视觉主导，非裔美国人知觉风格的重要特征之一是对听觉和触觉的知觉偏好。非裔美国人更关注人而不是抽象的概念和非人的物体。一个类似的主张延伸到艺术领域。听觉和触觉的感知觉被认为是非裔美国人的特点，与欧裔美国人的视觉文化十分不同。一些作家提出了神韵的存在，即非裔美国人一种心理的特殊元素。这是一种充满活力的、强烈的，能够同时调和多种不同感觉刺激，而非仅是单一事件或线性刺激的定势或偏好（Boykin，1994）。

这些假设很有意思，但是能够支持非裔美国人和欧裔美国人感觉上本质差异的假设的实证数据微乎其微。关于不同文化下视觉和听觉信息传输的生理差异的假设在实证研究中也很少得到验证。没有证据能够支持黑人学生在听觉判断上优越而白人学生在视觉判断上优越的假说。关于听觉、触觉和运动线索对黑人具有主导性的实证证据也非常有限。

人们如何知觉图片

在一张纸上画一个人。确定你画了头、身体、手和腿，不要忘了耳朵和嘴巴。不管你画得多好或是多差，这个世界上绝大部分人会认出你画的是一个人。

对于图片的知觉与一个人的教育和社会化经验的存在或缺乏有关。在一项对麦坎——埃塞俄比亚的一个缺乏正式学校教育且几乎没有图片存在的偏远部落——的研究中，科学家使用了动物的细节图画。除了个别例外，大部分被试辨认出了动物，但必须花一定的时间和明显的脑力活动（Deregowski et al.，1972）。哈得森（Hudson，1960）研究了南非人对安全海报和标志的知觉和释义，同样也显示了教育经验与知觉之间的关系。来自城市和受过较高教育的被试对于海报的不正确释义的数量远低于来自偏远乡村和受教育程度低的被试。大量的研究表明人们知觉来自其他种族群体的人脸图片要比同群体的人脸图片费劲得多（Meissner & Brigham，2001）。在一项研究中，居住在欧洲的土耳其出生的儿童和奥地利儿童两组被试被要求浏览土耳其人和德国人脸的照片，并将正面和侧面照片相匹配。土耳其儿童在匹配土耳其人脸时的速度快于奥地利儿童。但两者在知觉德国人脸时没有差异，两组的匹配速度相当。这项研究很可能表明，土耳其出生的儿童与德国人之间的接触比奥地利儿童与土耳其群体的接触更频繁（Sporer et al.，2007）。

有证据显示扫视模式可能存在文化差异。最显著的发现是关于我们看图片的方向——从左至右，从右至左，或者从上至下——与我们的阅读习惯相关（Goodnow & Levine，1973）。例如，从左至右阅读的英国、阿根廷和加拿大人可能也有着从左至右的扫视模式；而从右至左的阿拉伯和希伯来读者可能有从右至左的扫视模式；从上至下的日本读者则应该是从上至下地扫视图片。但是这一规则也有例外。例如，一项关于临摹几何图形的测验中，希伯来被试显示出从左至右的偏好。研究者怎样解释这一发现呢？希伯来和英语纸稿主要都需要从左至右地书写单个字母。与之对应的是，在阿拉伯语中，书写单个字母也需要从右至左。因此，从实际的角度讲，不仅要看一个特定文化的阅读习惯，还要看其书写习惯。这些发现可以引出关于一些不同文化背景下的职业人员（即飞行员、操作员等）如何扫视显示器和其他视觉指示器上的信号的有趣假设。

视觉扫描与书写和绘画相关。以画圆为例。文化群体间的差异可能基于人们学习书写他们母语的方法。如果书写需要更多的顺时针运动，则儿童更容易用相同的方向画圆圈。一项日本—美国比较研究对日本学生和美国学生画圆的方向进行了比较。结果表明，年级越高，美国学生越多地按逆时针方向画圆，而日本学生越多地按顺时针方向画圆（Amenomouri et al.，1997）。另一个研究发现，说希伯来语的儿童比起说法语或英语的儿童，更多按顺时针方向画圆（Zendal et al.，1987）。

研究还表明，人们，包括大城市的居民，对动物的视觉觉察明显比对非生物物体比如开动的汽车的觉察要更快更准确（New et al.，2007）。斯彭斯和他的同事（Spence et al.，2006）发现了男人和女人在区分他们视野之中出现的物体的能力上的差异。这种差异并不是压倒性的，但是，男人通常还是能够更好地记住并定位出图片中的一般地标，而女人在记忆和定位食物上表现更出色。

经典案例　图片释义与媒体接触

里德尔（Liddell，1997）报告南非的儿童在图片释义上不如欧洲儿童，这一趋势最早在20世纪60年代就被注意到了。这种不同样本之间的差异对于偏远地区的非洲儿童来说更大。对图片释义的错误包括深度知觉、脸部污点的识别和动态标记的解释。另外南非儿童比起欧洲的被试在对图片的解说——简短的描述——上存在更多困难。这些结果是不是表明图片对于南非儿童的知识组成可能相对不是那么重要，因而学校的负责人应该减少课本上图片的使用呢？

我们希望你换一种视角来看这个结果。被检验样本中的儿童尽管最近在沟通上有所进步，但比起欧洲、亚洲和北美的同龄人还是少了很多机会。对电视和电影的有限接触，无法在家使用个人电脑和对学校电脑的有限使用机会，以及家里图片材料的缺乏和其他许多由贫穷引发的问题都可能导致儿童对图片的有限使用。现在你再来决定，是应该限制南非教科书上图片材料的使用，还是相反，应该提倡儿童在课堂外更多地接触图片材料呢？

深度知觉

深度知觉指对空间三维的感觉的组织，尽管视网膜上的成像是二维的。看看右面这张著名的魔鬼的音叉图片（图4—1）。然后我们要求你凭记忆画出音叉，而不能看图片。为什么这样做很困难呢？因为这幅图是二维的，却有着几处令人迷惑的深度线索。但是，由于我们的深度线索经验，所以大脑会把这个物体看成是三维的。有意思的是，许多没有受过正式学校教育或者之前没有见过三维图片的人就没有感到这张图片令人迷惑（Deregowski，1974；Hudson，1960）。那些不熟悉如何解读深度线索的人们——通常由于环境条件所限、极度贫穷和正式学校教育缺乏——会以二维来知觉这些物体。一些非西方被试在知觉图片呈现的深度刺激时会比较困难。不过根据几项研究结果，教育和训练能够显著提高深度知觉（Leach，1975；Nicholson et al.，1977）。

图4—1　魔鬼的音叉

总之，图片知觉是认知技能的组合。一些国家的、地域的，或者文化特异性条件决定了个体的哪些技能获得提高而哪些技能仍然未被开发。

> 小心你因阴影而错失本质。
>
> ——伊索（Aesop，公元前6世纪），古希腊寓言家

人们都会同样地被视错觉误导么？

看下面的几幅著名的视错觉图片（图4—2）。在缪勒—莱耶错觉中，上边的线看上去比下边的线短。在潘佐错觉中，上面的线看上去比下面的长。在水平—垂直错觉中，垂直的线看上去比水平的线长。我们中的绝大部分都会感受到这些错觉。尽管我们知道这些线条是等长的，但它们看上去还是长短不一样。但是这种对错觉的感受不是适用于所有人的，人们的知觉视错觉也是有文化差异的。

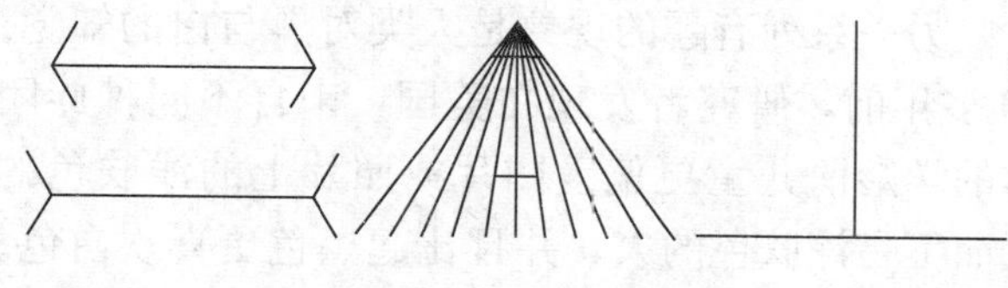

图4—2 视错觉

例如，一项关于美国和关岛被试的潘佐错觉感受性的研究中，那些非西方的和偏远地区的被试比起西方的或者城市地区的被试对错觉表现出更少的易感性（Brislin，1993）。同样地，在缪勒—莱耶错觉和水平—垂直错觉实验中，主要住在城市中的西方被试，比起非西方的样本更倾向于产生错觉。那些来自开阔地区的被试比起那些来自很少见到开阔景象的被试，更容易受到水平—垂直错觉的影响（Segall et al.，1966）。

我们如何解释这些知觉差异？就像本章之前提到的，如果某些群体在视知觉上有差异，这种差异可能就是受这些群体成员经验的影响。根据流行的“构建世界”假说（Segall et al.，1966），在木匠塑造的环境中成长的人们——我们大多数人都住在矩形的房子里，用着矩形的家具，有类似的街道布局——会倾向于把所见的非矩形的图形按脑海中矩形图形的表征来解释。人们还倾向于把水平面的线条看成是在远离观察者移动，因此好像比交叉于观察者视线的线条要短（水平—垂直错觉）。

事实上，尽管电脑屏幕上和杂志照片上的图片都是在平面上显示的，但所有受过正式学校教育的人都习惯了将二维的图片转化为三维的图形。一些知觉定势（见本章开始）使人们看见好像其实存在于“立体”中的“平面的”物体（Segall et al.，1990）。

绘画的一些文化模式

没有接受过正式学校教育的个体、年幼的儿童和数千年前的艺术家不具备将三维的知觉转化成二维的颜料画或素描的能力。在一些文化群体中，他们的绘画经常是将物体、细节和周围环境彼此独立呈现的。比如，澳大利亚的土著居民通常从俯视的角度描绘鳄鱼的身体，但头和尾巴却以侧面的视角来画（Dziurawiec & Deregowski，1992）。贝弗里奇（Beveridge，1940）和索利斯（Thouless，1932）发现已知的非洲的绘画好像比欧洲的绘画受视觉线索的影响更小。非洲绘画中透视法的缺乏，使得物体好像是按现实中的样子，而不是按它们真实呈现给观察者的样子描绘。

知觉扭曲在不同形式的绘画中都很容易找到。比如，在很多国家的艺术传统中，并没有出现线性透视。现代艺术中，以及古埃及和中世纪的西班牙艺术中，都发现了无数的知觉扭曲（Parker & Deregowski，1990）。对空间的多维度表征在很多文化中都得到了一段时间的应用。比如，在大部分古埃及和克里特绘画中，人像的头和腿是按侧面呈现的，但是眼睛和躯体则是按正面角度画的。在印度和17世纪前的早期欧洲绘画中，人像和其他垂直的形态是以似乎从地平线水平的视角来表征的，但人像和物体所处的水平面却是从好像俯视的角度来呈现的。法国著名的艺术家保罗·塞尚（1839—1906）的绘画作品按照好像从不同的方向和不同的视觉水平来表征物体。现代艺术中著名的流派之一立体派，目标是给观察者围绕静止形式移动的时间经验，以审视它们的立体和结构。在立体派的图片中，观察者被鼓励以各种可能的角度来审视被描绘物体的表面。

颜色的知觉

颜色有三种普遍的心理维度：色相、明度和饱和度。色相是人们所指的颜色，明度指颜色的强度，饱和度指颜色的纯度。如果颜色知觉存在相似的潜在心理机制，是不是意味着颜色知觉的文化差异甚少呢？文化所准许的活动会不会影响颜色知觉呢？

根据颜色知觉的语言相关理论——强调各种语言中，识别和标注颜色时语言的作用——视觉光谱上不同的单位都有与之相关联的词语（Berry et al.，1992）。发展中的儿童学会这些词语，并用它们来识别颜色。有趣的是，尽管绝大多数健康的个体都能够觉察到相同范围的颜色，但一些语言却缺乏描述某些颜色的特定词语。比如，红色总是用单独的词语表示，但绿色和蓝色在语言上有时候却没有区分。对这一发现的解释基于一个环境条件的假设，不鲜艳的颜色对于非欧裔来说更不明显，因此用不同的词语分别来识别和标注的可能性更小（Ray，1952）。

关于绿色和蓝色的知觉混淆还有其他的解释。有些研究以颜色知觉来强调种族群体的生理差异。比如，波拉克（Pollack，1963）的研究显示某些颜色知觉技能可能与一些诸如视网膜色素沉着的因素有关。他发现视网膜色素沉着更密的个体更难察觉线条并对蓝色的知觉相对困难。关于颜色偏好的研究表明不同国家的女性都偏好红色系的色调，比如粉色。另一方面，男性更偏好蓝绿色调。研究者认为颜色偏好上的差异可能与妇女的大脑中对食物，比如果实的采集的进化能力有关，而男性大脑则更适用于在绿色和青葱色环境中的狩猎（Hurlbert & Ling，2007）。但是对觉察颜色的文化差异的生理和进化的解释，并没有像强调学习经验的重要性和知觉的语言学规范的理论那样流行。

颜色的主观的社会和个人心理意义对我们了解颜色知觉可能很关键。人们对颜色的感觉有着很强的普遍趋势。在一项重要的研究中，23个国家的数据显示了稳定的跨文化相似性。“红色”的概念被知觉为很突出和活跃的。“黑色”和“灰色”被认为是不好，而“白色”、“蓝色”和“绿色”被认为是好的。“黄色”、“白色”和“灰色”则一直被视为被动的（Adams & Osgood，1973）。

人类文明的历史提供了很多关于颜色解读的其他趋势。以红色为例，在很多国家，它变成了象征暴力、革命和起义的政治符号。在中国和苏联，政府用红色旗帜作为自己国家的官方旗帜。20世纪60年代欧洲反抗运动中的学生在大规模暴力示威中挥舞红色旗帜。中、南美洲，东南亚和南非的激进游击战士也举着红旗。在20世纪70年代，意大利最臭名昭著的左翼恐怖组织之一叫作红色旅。但是在日本，红色象征慈善事业和生命，国旗上的红色圆形代表太阳。

在主要居住在黎巴嫩、叙利亚和以色列的宗教团体德鲁士文化中，颜色与宇宙的五种原则相关联。这些原则被表征成五种颜色的德鲁士星星：理智（绿色）、灵魂（红色）、言语（黄色）、先例（蓝色）和固有（白色）。在大城市，人们更多按几何术语指路（比如，“往下走三个街区，然后拐上第七街，再过两个红绿灯”）。在小的社群，人们则倾向于用地标，并更适应用此方法指路（Roland，2006）。

另一系列有趣的现象是人类对黑与白的知觉。20多年前，研究者发现在美国，来自不同种族团体的学龄前儿童更偏爱图片或照片上的浅肤色的人而不是深肤色的人，并且比起黑色更喜欢白色。欧洲的儿童也表现出了比起深肤色人物，对浅肤色人物给予更多正性评价的倾向（Best et al.，1975）。此外，跨文化研究还得出结论，比起黑色，人们更多将白色与正性情感相联系，并且这种偏见在学龄前阶段就出现了。后续的研究表明非洲的土著儿童也有这种颜色偏见（Williams & Best，1990）。这种“白色”与“好的”、“纯洁的”以及“熟悉的”事物之间的联系，及黑色主要与“负性的”、“不清楚的”和“未知的”之间的联系普遍存在于很多文化中。研究人员推测这种泛文化的对浅色相比于深色的偏向反映了对一天之中的光明和黑暗的泛化。光明一般和确定性及安全相联系，而黑暗则更可能代表危险和不确定性。自然赋予人类一种对黑暗的厌恶倾向，就像它同时赋予了我们对蛇和蜘蛛的恐惧的易感性。海盗在他们的船上升起黑色的旗帜作为威胁的象征。在基督教里，天使是白色的而恶魔是黑色的。在伊斯兰教中，白色是纯洁的象征，代表了一切大众。与世界的很多其他地方一样，一个典型的保加利亚新娘会在婚礼上穿着白色。但是新娘的花束中永远不会包含白色的玫瑰，因为根据保加利亚的民间信仰，白色玫瑰意味着死亡。此外，来自不同宗教背景的人都会在哀悼期间穿着黑色的衣服。在英语中，“黑色”这个词的定义包括“一点都不高尚或者美好”、“邪恶”、“缺德”、“意味着耻辱”以及“罪恶的”。“白色”的定义包括

"道德纯洁"、"无暇"、"天真"和"远离邪恶意图的"。1993年的经济萧条时期，当一家报纸询问俄罗斯人什么颜色能让他们联想到自己的生活时，42%的人回答灰色，21%的人回答黑色。他们中的大部分人在事情变得极度困难的时候感觉到他们陷入"黑暗"（Kelley，1994）。

对成长在巨大的文化差异环境下的幼儿的研究发现，尽管所处的视觉环境、语言和教育上存在差异，但孩子们倾向于表现出类似的颜色术语获得模式。值得注意的是来自偏远地区的几乎与世隔绝的孩子和来自现代化大城市中心与市郊的孩子在学习对颜色的命名上都很缓慢，并且有着很大的个体差异（Robertson et al.，2004）。

总之，似乎不同文化在颜色术语的使用方法上存在着巨大程度的相似性。言词标签，如果在一种语言的词典里没有，也可以很容易学到。系统的正式学校教育和各种信息资源（如书籍、电视和电脑）的可获得性在这样的学习中扮演着重要的角色。

经典案例　不同语言中一些与颜色相关的习语

在英语和西伯利亚语中，人们可能会说他们"感到很蓝色"，这代表了忧伤。在葡萄牙语中，"一切都是蓝色"表示"一切都很好"。但是如果一个德国人是"蓝色"的，则表示他中毒了。在阿拉伯语中，过个"蓝色的一天"表示一天过得很糟。在俄语中，如果你说一个男人"蓝色"，则你在暗指他是同性恋。不过"蓝色"在俄语中也可以表示珍贵的美梦。在德语中，"看见红色"与在英语中的意思一样。"白色谎言"在阿拉伯语和英语中的意思一样。在德语中，遥远的不确定的将来是"灰色"的。"玫瑰色的玻璃"在俄语、德语和英语中的意思一样。"粉色大象"和"黄色媒体"对于纽约、伦敦和贝尔格莱德的人来说意思一样。在很多语言中人们可以变成"绿色"，都意味着"极度生气"。类似的，"蓝血"在很多语言中都表示贵族。"黄色眼睛"在阿拉伯语中表示嫉妒，而"黄色微笑"在巴西代表尴尬。在俄国"棕色"可能代表法西斯信仰，而"灰色"则表示无聊。

其他感觉

在本章中，到目前为止，我们的注意力一直集中在视觉这一被跨文化心理学进行了最系统化的研究的感觉通道上。有关其他种类的感觉和知觉的跨文化加工的信息则明显少得多。让我们看看有关的数据。

听觉

心理学课本强调了人类声音感觉和知觉过程的普遍性。大部分听觉的差异都是基于个体的心理差异的，和年龄、教育、职业训练、环境条件以及一般经验有关。其中最重要的差异与不同文化下特定声音所赋予的意义有关。在孩提时代以及接下来的社会化时期，个体习惯了特定的人声、声音甚至噪音，并因此根据他们文化中的常模来理解它们。更多关于言语知觉的信息参见第10章。

味觉

世界各地的人都有基本的四种味觉：甜、酸、苦和咸。来自不同文化的个体在觉察这四种主要味道的能力上只有很不显著的差异。但是，不出所料的是对于味觉的偏爱和基本味道的观念存在着极大的跨文化差异（Laing et al.，1993）。例如，来自接近赤道地区的人们，与那些来自遥远北方和南方的人们相比，一般更偏好辛辣食物。因此，印度人很可能会觉得北欧菜很无味，而丹麦或瑞典的很多人会认为意大利菜很辣。全球各地的人们都知道避免吃腐烂和变质的食物。这种食品的味道一般都被描述为十分令人讨厌的。但是由于一些特定饮食风俗代代相传，来自世界不同地区的人们食用并享受着很多种类的变质和发酵食物（Rozin & Fallon，1987）。对于那些不熟悉这些食品的人来说，它们闻起来和吃起来都非常不令人愉悦。但由于适应过程，对那些从小就吃这些食物的人来说，这些食物闻起来吃起来都变成享受。比如，奶酪在世界很多地方都受欢迎。但是主要食用牛奶奶酪的人们很可能觉得羊奶奶酪难以接受。作为发酵奶制品的酸奶在世界一些地方被广泛食用。但是不要让那些没见过酸奶的人去尝试它们：几乎没人敢试。中国很多人喜欢吃臭鸡蛋。如果你不来自中国你会试么？你能想到别的例子么？等我们在第7章分析饥饿的时候还会再回到味知觉的话题上。

嗅觉

尽管当今的学者明白嗅觉的生理过程，但我们关于嗅觉如何影响行为的知识还是很有限的。有数据表明某些物质（腋下分泌）可能会影响女性的生理周期（Cutler et al.，1986）。在另外的研究中，研究者检查了车中愉悦气味对安全驾驶的正性影响（Baron & Kalsher，1996）。但是，嗅知觉的跨文化差异的数据大部分还是观察性的，并主要集中在气味偏好和流行气味的跨文化差异上。

触觉

触觉是有至少三种性质构成的：压力、温度和疼痛。最后一种在跨文化心理学中得到了最多的关注。很多个体和情境特征（比如皮肤质地、年龄、社会地位、他人在场与否以及个体的动机水平）都能决定痛知觉。被动体验的焦虑可以增加疼痛感。恐惧、愤怒或者应激可以抑制疼痛。爱和骄傲可以使一些人隐藏甚至是最折磨人的疼痛。

一些特定的文化常模和期望影响了人们对疼痛的经验（Morse & Park，1988）。例如，对分娩疼痛的主观报告在一些不认为生孩子是污秽的事，和那些给予孕妇较少帮助或安慰的社会中被评定较低。对疼痛的忍耐力的差异是痛知觉所发生的环境的函数。在严峻的生存和工作条件下成长的人，比起在舒适的生活和工作条件中的人来说，对疼痛表现得更坚韧和不敏感（Clark & Clark，1980）。没有足够医疗保健条件的人，比起有着医疗保障的人，对无法忍受的疼痛有着更高的阈限（Halonen & Santrock，1995）。

不同文化下，人们都表现出对喜爱的人以前穿过的衣服的高度评价。触摸（或穿着）一个喜爱的人的衣服一般都伴随着积极的情绪体验。但是大部分情况下人们都倾向于不去碰触陌生人穿过的衣服，尤其当这些衣服上有毛发或者汗等身体残留物时（Rozin & Fallon，1987）。本体感觉帮助人们调节身体的位置和行动。觉察并协调身体位置的能力的个体差异可以很显著。关于文化差异性和相似性的证据大部分都是传闻轶事。比如一些众所周知的事实，有些罗马尼亚人擅长体操，有些俄罗斯人芭蕾很出色，有些东亚人武术很厉害，但这并不能使任何人得出有根据的概括。

跨文化敏感性

你也许知道警察（为了制服最暴力的嫌疑犯）有时会使用辣椒喷雾。它能引起眼睛和皮肤的过敏，并被认为对阻止暴力很有效。现在来看看刻板印象可以如何影响职业判断。一名马萨诸塞州的受训警官在当地一家报纸《剑桥纪事报》的采访中表示，一些习惯吃辛辣食物的种族群体成员不太受辣椒喷雾的影响。这位警官解释，那些从小就常吃红指天椒的种族群体成员，可能对喷雾有更大的抵抗力。这些“对辣椒喷雾具高抵抗力”的群体包括墨西哥裔美国人、巴基斯坦人和路易斯安那州的法国人后裔。幸运的是，剑桥警局警监后来纠正了他这个下属的说法，并表示没有任何科学证据支持这种某些种族群体对辣椒喷雾的易感性的说法（《警察就辣椒评论道歉》，路透社，1999年8月16日）。医学研究表明，任何人单次暴露于辣椒喷雾下会都导致眼部机理性和化学性敏感度的立即变化，并维持一周左右（Vesaluoma et al.，2000）。

除了时间没有任何东西属于我们，而人就算有了时间也一无所有。

——巴尔塔沙·葛拉西安（Baltasar Gracian，1601—1658），西班牙作家、耶稣会神父

时间知觉

问问那些出国旅游或在国外居住过的人们。他们可以告诉你不同文化下的人们知觉和对待时间的原则。我们的一个来自加勒比的同事最近说他们那里的岛民比起美国人，一般都不太着急。确实，通常认为西方人倾向于用精确的时间测量来定义准时性：一分钟、一刻钟、一小时等等。在其他国家时间会被很不同地对待。霍尔（Hall，1959）指出，在信息革命之前，地中海的阿拉伯文化只有三种标准时间设定：完全没有时间、现在（包括不同的持续时间）和永远（非常长）。

在长期以来发表的其他研究中（Abou-Hatab，1997；Meleis，1982），研究者对阿拉伯文化中这一有趣的现象给予了关注：比起西方文化下的大多数个体，他们所发展出的时间定向更缺少结构性。例如，传统框架下的阿拉伯血统个体可能表现出一种对目前或者现在发生的时间或者情况更多的兴趣和强调，且更少关注对预期的或者计划在将来某个时间发生的事情。有些专家表示这种时间知觉的倾向可能影响了阿拉伯病人或患者如何知觉他们在治疗中的任务。他们中的一些人可能需要治疗师的额外努力才能接受特定的行为或者认知改变的时间表（Erickson & Al-Timimi，2001）。另外很重要的是，要谨慎并且不要过度概括化：作为一个阿拉伯裔美国人并不意味着他有某种既定的时间知觉。

有很多种不同的方法用明确的顺序排列时间，即日历。世界上大多数人使用格利高里日历，这种日历有宗教起源，从 16 世纪开始采用，从耶稣诞生的那一年开始计算。其他主要的宗教都有他们自己的日历。例如伊斯兰日历的第一年是穆罕默德从麦加迁到麦地那的年份。在今天的朝鲜，官方纪年是以已故的共产主义领袖金日成出生的 1912 年为元年的。

阿克巴（Akbar，1991）比较了欧裔美国人和非裔美国人的时间知觉，也承认西方人更强调时间测量的精确性。他表示欧洲和北美文化中的时间被当作商品或者产品对待，可以像其他任何消费物品一样买卖。但在非洲文化中，时间不被视为商品。

非洲的时间概念非常有弹性，包括已经发生的事情，正在发生的事情，甚至将要发生的事情。时间可以通过一个人的个人生活和每个个体属于的部落生活来体验（Nobles，1991）。在斯瓦希里语（一种在东非和中非广泛使用的语言）中，有两个词表示时间，sasa 和 zamani。第一个代表目前，有一种即刻感。第二种代表过去，但不仅仅是时间的“仓库”，它也是个体灵魂的连接者。大部分非洲人都把人类历史知觉为从 sasa 移向 zamani 的自然节奏。生命周期是不断更新的。在身体死亡之后，只要那个人还被他的亲属和朋友所记得，他就可以在 sasa 维度中继续存在。当最后一个记着他的人也去世后，才意味着那个个体的结束。

哈默麦什（Hamermesh，2003）做了一个美国、德国、澳大利亚、加拿大和韩国的富人的跨文化分析。哈默麦什发现不同文化下，人们都对收入增加带来的时间不足的体验表示不满。当人们的财富增加时，对于他们来说可用的机会数量也增加了。当这种需求增加时，时间的“供给”并没有增长。因此，时间变得更加珍贵，人们缺少时间时也变得更加沮丧。

你知道至少对于工业社会的人来说，年龄和衰老可能和个体对时间的知觉有关吗？这种变化的时间知觉反过来可能影响到很多其他的个人态度（Cutler，1975）。可能对于大多数人来说，在幼儿时代，主要的知觉是时间是无限的。成年早期则发现时间是稀有资源。中年和晚年则知觉到时间极其有限。就像葛根和布莱克（Gergen & Black，1965）指出的那样，国际政治问题解决的定位很大程度上和一个人对个人未来时间的心理知觉有关：年长的政治家可能较“急于”解决冲突。任森（Renshon，1989）也认为在艺术家中，晚年的创造力和冒险现象较多发生。莎士比亚、伦勃朗、威尔第、贝多芬、托尔斯泰和毕加索的晚期作品都表明，生命的最后时期往往带来对常规旧俗的打破，并使艺术家获得自由，最有创造力地表现出他们想象力的巅峰。

不同的作家都报告出一种似乎是跨文化的倾向：人们注意到随年龄明显加速的自我反映式的时间流逝体验。在日记、自我观察、个人回忆和其他资源中，很多年长者都注意到时间比他们年轻时要过得更快。当然这些观察都是主观的，并未在实验中得到证实。测量年龄对时间间隔知觉的影响的实验室研究数量极少，并且结果互不一致（Wearden et al.，1997）。

文化启发了对美的感知。

——拉尔夫·沃尔多·爱默生，美国诗人、哲学家

美就是幸福的保证。

——司汤达（Stendahl，1783—1842），法国小说家

美的知觉

不管是披头士演唱的歌《随它去》还是墨西哥民歌，一件范思哲设计的裙子或一件秘鲁独特的雨披，一条波斯地毯或一件尼日利亚象牙小雕像，泰姬陵或一个中国瓷瓶，这些作品可以被全世界任何一个人欣赏。**审美体验**这个词，或者美的知觉，是用来识别因知觉到美好、吸引人或者有益的刺激所诱发的愉悦感觉。研究者认为审美反应随大脑的刺激产生的皮层唤醒的数目而增强（Berlyne，1960，1974）。人们寻求某些特定的刺激是因为处理它们的活动是令人愉悦的。另有人认为审美是出于好奇和刺激寻求的活动（见第7章的内部动机）。伯莱因（Berlyne，1971）发现一般会引起好奇、快乐和审美的刺激特点包括新颖、模糊、不调和和复杂。

批判性思考　花多少钱就有多美

美的东西可以卖钱。全世界的艺术收藏家和艺术商都知道。当今很多经典的绘画作品都不是以数千而是以数百万美元的价格被转手。但是标在一幅画或一件雕塑上的那个价钱就真能决定这件作品有多美吗？为什么塞尚的那些最小的画或者达·芬奇的铅笔手稿几乎无价，但在罗马从街头艺人手里花20美元就可以买到一张美丽多彩的风景原作？你同不同意有时候人们是先将价钱赋予某些艺术作品，然后才开始以审美知觉的角度评价这些作品？如果我们社会的大多数成员认为一件雕塑是“著名的”或一首歌是“流行的”，那我们是不是很容易就认为这个雕塑是“美丽的”，这首歌是“好听的”？你有没有觉得我们对一首歌、一幅画、一种时尚或者舞蹈的评价是因其广告和推广做得好坏而变化的？

某些共同的知觉机制促成审美的跨文化相似性。例如，在有些实证研究中，不同文化下的被试对不同的艺术作品，主要是绘画的评价，表现出相似性（Child，1969）。尽管存在着社会经济上的差异，但不同文化群体中都发现了很多对美的知觉和鉴赏的相似性（Berlyne，1974；Ross，1977）。比如，在纳萨尔（Nasar，1984）进行的一项调查中，来自日本和美国的被试都被要求分别对两个国家的城市街道景象的录像和幻灯片进行评价。对偏好得分的检验发现，日本和美国被试都更偏好另一个国家而非本国的街道景象。两个组中，干净整齐、车辆较少的街道景象都得到更多偏好。

不过要小心，人们如何看待和解释美的和丑的作品存在着巨大的不一致性。比如，在西方绘画的历史上，印象派作为一个新的艺术流派曾被公开奚落和排斥。很多年后，它却变成国际认可的潮流，很多收藏家开始花巨资购买印象派绘画。当埃菲尔铁塔最初在巴黎竖立的时候，大多数人都声讨这个庞大的地标。但今天，谁能想象出一个没有埃菲尔铁塔的巴黎？

什么被认为是高雅和美丽的并不局限于某个地域或特定的种族群体内。很多国家的模式变得国际化，抓住了数百万人的心并影响了他们的行

为。比如想想 kawaii（日语中的可爱），一种日本艺术设计风格。这种根植于对年轻和可爱的赞美，通过巧妙的故事和明快颜色的有趣设计表达出来的可爱，已经在日本以外流行起来，甚至可以看到其对欧洲、美国和其他很多国家的街头流行的影响。另一种日本的叫做 ikebana 的插花流派也得到了广泛的国际认可且在全世界有很多粉丝（Faiola，2003）。

文化的审美尺度可以被大量地广泛地定义；它们也可以局限于外表并狭窄地定义。例如，在一些政府或者意识形态机构控制了媒体，并因此限制了信息自由流通的国家，美和丑的标准都被精确地定义。由于信息获得的匮乏，产品的稀缺和意识形态的压力使人们的选择很有限，某些东西——比如衣服、音乐甚至发型——很快成为主导（Sears et al.，2003；Shiraev & Bastrykin，1988）。

音乐的知觉

不同文化下的传统音乐可能在观念及和声上存在差异。比如传统的西方和声与日本或印度的风格很不同（Sadie，1980）。在很多非西方传统中，将音符视为稳定的、持续的音高的想法是陌生的。一些印度和日本的音乐节奏（或只在频率比上有些微不同的二重奏）在西方被视作不和谐的而常被作曲家和音乐家避免。但这些节奏在这两个国家被视为动听的并在传统音乐中被自由采用（Maher，1976）。

现代的西方音乐乐谱反映了西方文化下发展的对美的普遍知觉。这会引起在瑞典、意大利或者乌克兰成长的西方听众的不愉悦的知觉问题，可能是因为在西方和非西方采用的不同的音阶、音程和节奏模式所致。在非西方文化中（比如中东伊斯兰国家），很多地方的古典音乐没有像欧美国家那样提前写出来。虽然书面的乐谱在世界上很多文化中都有，但在很多非西方国家，古典音乐一般都是在一个类似框架的模式下临时发挥的。事实上在这些社会中，很多种类的音乐大多存在于表演中。但是我们不能夸大音乐知觉的文化差异。现代大众传媒、全球贸易以及人际互动都为很多人提供了独特的机会去学习、了解和鉴赏不同的音乐类型。

让我们做出一些初步结论。如同我们已经了解到的，大多数心理学家都持有这样的当代信念，即文化间的感觉差异并不显著，它们对人类行为的影响也很小。一般来讲，人类感觉器官在解剖学和生理学上相似，而且感觉印象，以及它们通过知觉系统的传输基本上是跨文化一致的。但是尽管有相似性，人们看待美和丑的事物还是会不同，而且文化因素在我们的审美知觉中占有相当大的比重。

大多数时间，健康的成年人能察觉到他们的感觉和知觉。一个西班牙的街头小贩或者一名巴基斯坦的教师都可以描述他们的所听所见，并且可以分离“客观的”现实和关于它的主观想法。不管我们做什么，仔细关注某些事情还是对另一些事情做**白日梦**，我们都能察觉到我们的主观体验。

> 可知觉的生活的最大礼物是环绕着它的那种神秘感。
>
> ——刘易斯·芒福德（Lewis Mumford），20世纪美国历史学家和批评家
>
> 承受痛苦是意识的唯一来源。
>
> ——费奥多尔·陀思妥耶夫斯基，俄国小说家

意识和文化

文化是人类**意识**——一个人对自己的感觉、知觉和其他心理事件的主观觉知——中不可分割的一个属性。它是有着数个阶段或状态的一个过程。一个“正常的”意识流可能包括完全集中注意力的时期或者与外界事物相对脱离的时期。清醒期和睡眠期互相交替。在不同的情况下，正常的意识流可以被冥想、精神活性物质、出神或者催眠暗示所改变。但是，意识的定义是难懂的，这就使跨文化检验变得异常困难。

从科学地探索精神生活的黎明时期开始，古代的思想家就察觉到了意识。关于人类意识的主

要思想在基督教、伊斯兰教、犹太教、印度教、佛教和其他神学思想中都有所发展（Smith，1991）。他们发展了关于灵魂是不死的、神圣的并与躯体相分离的基本思想。随着哲学和科学的进一步发展，两种关于意识的基本观点得以形成。一种观点为一元论者所持有，认为身体和灵魂是不可分离的。第二种观点被二元论者持有，认为身体和灵魂是分别独立存在的。两种哲学平台至今仍影响了很多人对于意识的观点。

20 世纪数位心理学家发展出个体意识依赖于社会化体验和其他文化因素的观点（Piaget，1963；Vygotsky，1932；Wundt，1913）。心理人类学家赫洛威尔（Hallowell，1955）指出，人们生活在**行为环境**中，即对时间、空间和人际世界的心理表征。特定的文化信仰和实践形成了个体的行为环境。例如，赫洛威尔研究在奥吉布瓦的印第安人，他们的行为环境包括自我、他人、他们的神、健在的亲属和逝去的祖先。因此，当以道德结果考虑一个行动时，奥吉布瓦人会考虑到该行动对神灵和亲属的影响。

意识通过适应于特定的物理和社会环境的方式来指导人类行为。人们倾向于聚焦于那些对生存或者完成一个目标来说重要的事情上。一个纽约的司机肯定会注意汽车广播中的交通路况报告，但他来自南非的客人可能完全不注意它们。意识将更多的认知资源投入到那些对个体适应格外有意义的信息上。例如，太平洋的密克罗尼西亚小岛群岛上的艾法鲁克人的意识内容反映了他们的文化建构现实的方式：任何时候人们都察觉到他们所在的方位，因为他们的生存取决于对周围海域的成功导航（Lutz，1982）。

一个流行的观念认为西方人的意识的主要特点是线性的、实际的和理性的（Jackson，1991）。如果是这样的话，那么这些意识的元素应该被大量表现于不同形式的西方艺术作品中。如果意识是理性的，那它就应该在艺术表达里被“理性地”反映。但是，西方艺术（例如文学和绘画）的历史却展现了大量的非线性、神秘的、多维度的和非理性的观点被作家的钢笔或画家的画笔所反映出来的例子。文学中的存在主义和象征主义、绘画中的立体主义和原始主义、音乐中的现代主义，都是这种西方艺术家对现实非理性和非线性知觉和反映的例证。也许对生活的非线性知觉的最佳体现之一就是 20 世纪最杰出作家之一加西亚·马尔克斯（Gabriel García Marquez）的文学世界。作为一个哥伦比亚人，他一生大部分时间作为记者和作家在墨西哥和欧洲度过。例如，他最著名的小说《百年孤独》，书中的主角们生活在几个不同的时间维度。看起来他们似乎完全不关心时间。偶尔过去会消失为一个独立的时刻，未来会变成现在，并以一种神秘的方式扭曲。逝者回到家中，生者却在天空中消失得了无踪影。意识变成循环的，带回了记忆并将个体在时空中转移。分析马尔克斯的作品，我们可以看到天主教教义的元素、西班牙文化传统以及美洲印第安人的信仰。也许这种不同影响的混合反映了作者的思想，并在他的作品中揭示了人类意识许多令人着迷的方面。请阅读马尔克斯的《百年孤独》。你会不会发现人类意识很难被局限于贴着西方或非西方标签的单纯界限中？

> 睡眠绝非小可：为了这目标必须整天保持清醒。
>
> ——弗里德里希·尼采，德国哲学家
>
> 魆黑的睡眠的洞穴里，梦鸟筑了个巢，收集喧嚣的白日那遗留的破碎的话语。
>
> ——泰戈尔（Rabindranath Tagore，1861—1941），印度诗人、小说家

睡眠和梦的文化显著性

在此时此刻，世界上大概有三分之一的人在睡觉。**睡眠**是意识的一个非清醒阶段，通常具有对周遭环境毫无反应和身体无法动弹的特点。

在睡眠期间，对外界尤其是视觉的刺激反应性被最小化，但并不是完全没有（Antrobus，1991）。我们睡觉时候有多“清醒”存在着极大的个体差异。另外，文化习俗、睡眠安排和一般的

环境条件都能影响人们在睡眠中对外界刺激的反应。睡眠的持续时间也存在着显著的个体差异。在世界上的每个国家中，都有一些个体每天只睡五六个小时，而其他一些人却需要睡九到十个小时。睡眠的持续时间可能随着文化的不同而不同。比如，在一个对墨西哥人的睡眠—清醒周期的研究中，陶博（Taub，1971）发现墨西哥被试的平均睡眠持续时间要长于其他西方国家。

从人类存在的最早期开始，人们就对**梦**的性质和意义好奇，即睡眠中产生的类似故事的一系列画面。麦克马纳斯和合作者们（McManus，1993）对两种文化对梦的解释作了区分。单相的文化注重平常清醒阶段的认知体验，不将梦纳入社会知觉和认知的过程中。梦被看作做梦人关注、恐惧和期望的间接暗示（Bourguignon，1954）。多相的文化重视梦并将它们视作部分的现实。第一种类型的文化一般都和心理体验的唯物主义世界观相联系。第二种类型的文化一般和灵性的或传统的观点相联系。

很多年来，人们都将梦视为做梦者游移的灵魂的体验的累积或者从灵性世界传递给做梦个体的启示。这种对于梦的多相的观点可以在当代文化团体中看到。摩丝（Moss，1996）描述了一个美洲印第安人部落易洛魁族人传统的梦的习俗中的几个核心元素。梦被视为灵魂的飞行，即灵魂离开身体在时空中穿梭。因此，梦是真实的事件，应该按表面意义理解。梦需要行动因为它们暗示着一个人清醒时没有成功完成的某些事。对于易洛魁族人来说，梦产生了有关未来事件的信息。类似的，智利的阿劳干人相信梦可以帮助他们与他人沟通，并与未来事件有关（Krippner，1996）。澳大利亚的很多土著人都相信一个人可以在他或她的梦里按特定的目标旅行。在一些非洲的部落，他们对健在的和逝去的亲属都可以与做梦者沟通深信不疑。梦可以从一个人传递到另一个人，一些人可能恶意利用这点。一些赞比亚的萨满暗示他们可以通过一个人梦里所含的信息来诊断他们的病情（Bynum，1993）。

关于梦的解释的传统心理学理论（包括精神分析）大多将注意集中在梦的潜在的、隐藏的内容上。通常治疗师会试图解释梦的意义，即一些对于那些实际在接受心理咨询的人来说并不明显的东西。大多数西方治疗师很少把注意力放在梦的表面内容上，即讲述梦的人报告的一系列事件上。在多相的文化中，人们通常将梦视作个体指引的来源；梦很容易与他人分享，这些梦的意义也会被探讨（Murray，1999）。传统社会中关于梦的解释的研究表明，梦的实际内容（人所讲的故事）经常被个体按表面意义解释，并作为启动适应行为的重要过程（Pratt，2000）。

当代科学发展了关于人类的梦的多种观点。比如一些生理学家认为梦是纯生物现象，没有任何心理意义（Crick & Mitchison，1983）。另一些理论认为（Hobson，2002），在这个意识状态改变过程中，脑干被其自身内部激活。这种激活不包含任何想法、情绪、愿望或者恐惧。前脑从脑干发来的“噪音”信号中产生梦的图像。当这一激活被通过丘脑传输给视觉及相关的脑皮层区域时，个体试图尝试对其赋予意义。因为最初的信号本质上具有随机的性质，所以皮层产生的解释很少完全符合逻辑意义。但是与个体最相关的问题按照输入信号与做梦人已有的知识和态度进行比较的方式进入梦中（Cartwright，1992；Foulkes，1985）。换一种说法就是，经验应该能够影响我们的梦（Kern & Roll，2001）。

对南非的祖鲁人样本（年龄从 25 岁到 92 岁）的一项研究显示了城市和农村被试的显著区别。该国家接受教育较少和较贫穷的个体倾向于向释梦人咨询，并且比起城市被试，对梦作出更多的回应行动。另外，接受教育较少的被试也更可能报告梦给他们生活带来的特别影响。比起较年轻的被试，更多的年长者将梦体验成与祖先的沟通，且比起其他人更可能用祈祷和仪式来回应梦（Thwala et al.，2000）。

除了梦明显的内容上的显著差异（即回忆起的梦的实际内容），梦的潜在内容（梦的意义）也被认为是跨文化可比较的。一项日—美研究呈现了人们描述他们梦的内容时方式上的相似性（Griffith et al.，1958）。两个组的学生都报告做了关于坠落、吃、游泳、死亡、蛇、找到钱、考试、不能移动和各种性经验的梦。

梦的情节是个人的，但是是在做梦者的社会文化现实所设置的舞台之上扮演的（Roll et al.，1976）。一个例子是一项对 200 多名芬兰和巴勒斯坦儿童的梦进行比较的研究。有一半的被试从芬兰郊区的工薪阶级和中产阶级中选出，另一半来自中东的两个地区。其中一个代表加沙地带，一个战火不断的地区。另一个地区则不存在暴力冲突。两个组的儿童都被要求在七天时间里每天报告他们的梦。研究者对记录下来的梦进行了内容分析。结果发现比起文化和其他个人因素，暴力环境下的生活在更大程度上和梦的内容相联系。在暴力社会环境下居住的巴勒斯坦儿童，比起研究中的其他儿童，更多地报告出结合了攻击和迫害为主题的，激烈的、生动的梦。另外还发现阿拉伯儿童的梦里主要是焦虑的外部情境，一般都包含恐惧。在芬兰的儿童中，梦中包含的焦虑情境大多都与内疚和羞耻有关。作者用被研究样本的社会和文化情况来解释结果。芬兰社会被视为比起巴勒斯坦社会更加个人主义化，因此更多的体验是直接指向个体本身的。芬兰儿童比起阿拉伯儿童来，较少互相依赖。另外，根据已有的文化传统，芬兰人对梦的理解主要是基于弗洛伊德的影响，强调个体心理现实的重要性。但根据阿拉伯传统，梦主要被理解为来自引导做梦者的力量的外部信息。

记住这两个文化的一个重要区别。芬兰是一个拥有全球最高人均收入之一的、经济发达、民主的欧洲国家。而多年来巴勒斯坦人民经历了贫穷、不公平，并忍受着各种政治团体为了影响力和权力而进行的持续争夺。似乎可以推论，每天的压力体验可能会影响到梦的内容。

在另一些对梦的跨文化研究中发现了相当大的性别差异，根据这些差异，女人一般更容易经历梦中的角色被虐待和攻击的梦（Cartwright，1992）。门罗（Munroe & Munroe，1972）报告的一个发现中，东非的男女被试在他们报告的梦中表达了差不多同等数量的侵略性。接下来的分析显示女人梦中的攻击性很大比例是与女人作为攻击和虐待的受害者的情景相联系的，这反映了对现实的一种担忧。

土耳其民俗专家发现男人报告的梦的一个典型主题是：在生理上和精神上对世界上最美丽最漂亮的女人的寻求。根据其中的一个解释（Walker，1993），这种反复出现的情况可能和包办婚姻的传统有关。根据这一传统，大部分土耳其男人在婚礼之日前都不能见他们的新娘。这种情感剥夺产生了一种对未来妻子秘密爱慕和幻想的状态。但是另一种解释也能说得通。因为许多土耳其婚姻通常都是新娘和新郎的家人、亲戚来包办的，所以大多数男人与女人的关系中缺乏浪漫和冒险这样的重要元素。结果男人只好在他们的梦里“补偿”这种缺失的浪漫活动和体验。

泰德洛克（Tedlock，1987）认为人们对他们的梦的报告中包含了除了梦的报告本身外更多的东西。她指出一个人在讲梦的时候是依据一种特定的对梦的文化概念，以及被其文化所认同的分享梦内容的方式。使用特定的沟通法则，我们可能报告我们梦中的一些元素而略去另一些。简而言之，我们的文化可能改变我们对梦的体验，因此我们的梦承载着的文化元素不仅包括梦的内容本身，也包括梦被传达的方式（Ullman & Zimmerman，1979）。

想象一下来自另一个国家的人如何与你分享一个最近的梦。你能解释它的内容么？有些人声称他们能解释任何刚听到的梦。对这一主张我们深表怀疑。除了隐藏的心理因素外，还存在着巨大的语境影响，这不仅可以影响梦本身，也可以影响它被回忆、分享和解释的方式。当你倾听一个人的梦时可能有一些问题需要问。是什么激发了一个人回忆并讲出一个梦？（是老师布置的作业、你的要求，还是自发的对话？）在什么情况下这个梦被回忆起来？在梦的回忆过程中谁在场？讲述梦的人和聆听者之间是什么关系？在讲述梦的人的文化下，梦会怎样被理解？在聆听者的文化下，梦会怎样被理解？某些梦的符号在所研究的文化中代表了什么意思？

不管心理学家如何解释梦，研究者都可以提供关于文化与梦的心理体验之间交互作用的大量有趣事实（Roll，1987）。梦不仅反映了我们内心世界的希望、恐惧和担忧，也映射了人们生活的那个外界环境。

> 超自然是未被了解到的自然。
>
> ——阿尔伯特·哈伯德（Elbert Hubbard，1856—1915），美国作家

批判性思考　梦可以预测事件吗？

有些家喻户晓的故事讲的是睡梦中产生的著名发现。著名的苯环和化学元素周期系统据称都是它们的创造者在睡眠中“发现”的。在很多著名的神话故事、文学作品和电影中，男女英雄们在他们的梦里解读重要的人生预兆。我们都知道在所有国家，都有人相信梦可以预见未来，或可以被视为某些将要发生的事情的预兆。土耳其的信仰认为如果一个人在收到好处前透露了关于接受好处的梦，那么梦中预测的事情就会以灾难结尾（Walker & Uysal，1990）。俄罗斯一份 2009 年的梦的年历预言，一个人如果在梦中失去了一颗牙，那意味着此人将来会遭遇不幸。全世界都有撰写出来的书和出版了的手册，来解释每个特定的梦。为什么有这么多人对梦抱着这样的态度？我们需要考虑到，人们的迷信作为一种行为控制力有多强大。我们通常都在没有进行批判性思考的意识的情况下遵循它们。同时，一些梦可能被合理化。想象一下一个人做了关于车祸的梦。如果第二天没有发生与梦的内容一致的真实车祸，梦的内容就很容易被遗忘。如果车祸真的发生了，他或她就很可能会提到那个梦：“我就知道这会发生。”类似地，如果梦的内容与意识中的某个态度一致，我们就试图认为梦可能具有动机力量。通常，对于梦的知识和批判性思考的能力，能减少个体对梦作为未来预兆的依赖。

超越意识状态改变

意识状态改变（ASC）是对不同于正常清醒意识的现象的总称，包括神秘的直觉和感觉体验，比如冥想、催眠、出神和附身（Ward，1994）。就像著名童话故事里的灰姑娘——一个被她继母家庭忽略的弃儿——ASC 在西方学术界心理学家中并未受到高度关注。以欧洲科学的实用主义和实证主义，以及受到启蒙时代鼓舞的怀疑主义相结合为基础的实证研究的迅速发展，造成了对 ASC 学术性关注的缺乏。在新教传统的影响下，在西欧，ASC 通常被视为反常现象。类似地，很多心理障碍都普遍被解释为超自然发展（Warner，1994）。

与此同时，ASC 是被全球广泛报道的现象。不同形式的 ASC 在大多数社会中被识别，并被视为人类体验的一种特殊形式（Laughlin et al.，1992；Ward，1994）。下面我们来看几种 ASC。

出神是一种类似睡眠的状态，具有对刺激的敏感度减少，知识和自主运动活动丢失或改变的特性。出神一般都由外源引起，比如音乐、歌声和来自另一个人的直接暗示。出神可能产生保护、智慧和伟大的感觉。对于一个团体，它可能产生团结和联合的感觉。大规模的宗教仪式、集体祷告、摇滚音乐会、政治集会和其他集体活动都能引起参与者的出神。视觉出神——一个人体验到幻觉，和附身出神——一个人报告他的身体被一个或几个幽灵侵袭或俘获之间是有区别的。由于其创伤意义，附身的体验通常但并不总是伴随着恐惧和忧郁而被回忆。类似出神的和附身的体验，在很多文化中多作为宗教习俗的一部分被描述（Bourguignon，1976；Rosen，1968）。根据一项调查，视觉或附身的出神状态在一个大的世界性样本的 90%的国家中都有所报告（Bourguignon，1994）。

有些宗教团体认为出神是他们日常宗教体验的一部分（Taves，1999）。比起女人来说，视觉出神的发生率在男人中更常见，并在狩猎—采集的文化中更常见。附身出神则在女人和非狩猎—采集的文化中更典型（Bourguignon，1976；Gussler，1973）。一些心理学家发展了这样的观念，认为萨满黄教的实践所包含的仪式性的出神影响了大脑的复合胺和阿片样肽神经递质系统——从而影响个体的情绪状态、行为反应，甚至是信仰系统（Winkelman，2000）。与百忧解或赞安诺（阿普唑仑）对情绪和焦虑现象的改变方式类似，很多萨满黄教的习俗影响了他人的体验。但是他们中的很多人并没有意识到这一作用，并继续相信萨满黄教可以带来超自然现象或者神奇的治愈。很多文化团体在今天仍在继续实行自我诱导的出神，作为对邪恶的“净化”和情绪治愈的一种形式。例如，有些中东的犹太群体实行 Stambali——一种作为危机干预的形式，并用于提升个人幸福感的诱导出神的仪式（Somer & Saadon，2000）。

一直以来都存在诱发出神状态的企图和在实验室环境中类似的体验。对这一话题最著名的研究之一由神经生理学家迈克尔·普瑞辛格（Michael Persinger）完成。当这一研究中的被试脑中的颞叶被一个很弱的磁场人工刺激时，他们报告了出神的体验。尤其是他们报告出了一种伟大的和“永恒”的存在，万能、平静和智慧的感觉。根据一个理论，出神与身体中鸦片的释放有关，它诱导出一种得意、欢欣和兴奋的状态（Persinger，2003）。这样的体验以从“神圣的”到“怪异的”许多不同的方式被解释。这些解释都是依赖于出神发生的情境，以及那些体验到出神的人的文化背景：信教的被试会谈到灵魂上的体验，但怀疑论者只会提到感觉上的扰动。

附身通过同时从观察者的立场、受害人的观点和宏观的社会角度来评价，能得以最好地解释（Lee&Ackerman，1980）。在这一情境中，有几种与前面的例子和其他“恶魔附身”的类似情节有关的科学解释。一种解释归咎于受害者因工作不满意、工作冲突和经济困难所积累的压力。声称附身的个体通过他们文化能接受的出路来释放这些之前被抑制的挫折（Halperin，1996）。

关于附身的信仰也在斯拉夫、德国和北欧民间传说中有记录。像许多其他伊斯兰教国家一样，在摩洛哥，关于附身的民间信仰包括恶魔或者神灵的概念。这些恶魔喜欢潮湿，愿意住在水边、老树下、洗手间里、古老废墟中以及墓地和垃圾堆中。如果被打扰，这些生灵会被激怒，附到一个人的身上，并对这个人的心智进行报复。很多体验过附身症状的个体都说他们可以识别附身发生的时间和地点。有些人声称曾经在晚上走在花园里的时候踩到了恶魔。还有人相信他们打扰了住在洗手间管道里或者附近灌木丛中的恶魔。

关于恶魔附身是某种特别的心理障碍造成的之类的观点在许多文化和宗教团体的人中都有。威廉·彼得·布莱提（William Peter Blatty）的畅销小说（通过好莱坞的电影版本《驱魔人》而被大多数人所知）是关于美国一个富有的母亲，无法找到有效的医学方式治疗她那饱受包括附身出神在内的心理症状严重困扰的孩子，从而求助宗教治病术士的文学案例。

2005年罗马尼亚的一个僧人和其他四个人因一个23岁的修女显然是在驱魔的过程中死亡而被指控。据称那个修女三天没有进食，最后由于脱水、疲劳过度和缺氧而死亡。据报道，属于东正教分支教堂的那名僧人解释说，他的行为是企图驱赶修女体内的魔鬼。

经典案例　意识状态改变之群体歇斯底里和附身

利和阿克曼（Lee&Ackerman，1980）记录并分析了一个发生在西马来西亚的很小的大学中群体附身的有趣案例。这个事件包括了几个学生（大多是女性），他们表现出几种不同的身体症状和奇怪行为，比如呼吸困难、肌肉痉挛性收缩和尖叫。受害者忘却了他们的周遭环境，开始狂暴地舞蹈，他们报告被恶魔附身，并抱怨看到了奇怪的生物。被附身的人声称他们变成了其他生命，因为有灵魂占据了他们的身体。Bomoh，即传统马来治病术士，被叫去救助。他们用辣椒粉和圣水为被附身的个体治疗，通过牺牲小动物来试图安抚受扰的灵魂。值得注意的是，当术士们确认了受害者身体中灵魂的存在后，引起了更多的附身事件。另外，当地大多数人相信这种意识状态改变的症状是具有传染性的。

没有比一个人的灵魂更安静和不可触及的地方了。

——马可·奥勒留，古罗马皇帝、斯多葛派哲学家

冥想是一种安静和放松的，使人达到思想、知觉和态度的整合的宁静平和状态。通常，这种状态通过特定的法则或者信仰的协调达到。冥想的人一般描述他们的体验带来了自我的释放或者意识觉知的扩充。比如佛教认为冥想可以导致对现实更深远和清晰的理解（Ornstein，1977）。在冥想过程中，可以达到一种意识的特殊状态，使私有欲望的妨碍完全被消灭。

冥想可以非常有治疗性，因为它能减少压力(Collings，1989)。与需要对个体行动的后果进行控制的精神疗法这一当代科学原则相反，很多种冥想原则都重视与他人的分离。一个冥想中的人对令人愉悦或觉得困难的事物的感觉消退。如果达到了完全的超然状态，那个体就能够感到宁静、平和和爱。那些受过超然训练的人，比起那些没有冥想过的人，受制于生活中应激和紧张的情况要少得多。

当代的心理学证据认为感觉、知觉和包括正常意识流及其改变状态在内的意识主要状态的大多数基本机制具有跨文化普遍性。总之，最重要的区别主要是这些体验的特定内容和人们依据所在国家和社会公开的法则和隐蔽的习俗来加工信息的方式。随着科技和人际互动的发展，不同的人类体验很快通过电视、电影、艺术、互联网、人际接触和其他很多交流形式被各种文化群体了解到。人们通过揭示他们的梦和宗教体验，以及通过对不同心理现实的理解，对彼此更加了解。但是我们对这个变化多样的认知世界和潜在于其中的文化背景仍然知之甚少。

练习 4.1

关于梦境的跨文化心理分析解释

克拉丽莎（Clarissa P. Estes，2003）指出，有许多梦反映了做梦者在现实生活中无法宣泄的大量丰富的情感。简单地说，梦释放了我们所压抑的情绪。请阅读作者对几个常见的梦的解释；作者认为这些梦在所有文化和社会背景的女性中都具有代表性。

一个女人梦见自己帮助一个老人过马路。突然，老人露出阴毒的笑容，然后“熔化”在她的手臂上，使她受到严重的灼伤（或者以其他方式使她受伤）。这个梦发出了一个信号，表明恶意事件被伪装成善行。这个女人试图避免危险的事情，但这个梦对她提出了一个警告：远离某人并且在当前的关系中保持谨慎。

一个女人梦见一个阴郁可怕的闯入者出现在她的居所。她能感觉到他的存在、他的呼吸。她感到害怕和无助。她不能大声呼救也不能拨打紧急电话。这个阴郁的男人可能会以盗贼、纳粹党、强奸犯、恐怖分子等形式出现。这个梦的含义是这个女人应该清醒了，并对自己的生活重新进行思考：某种可怕的事情已经在她身上发生了。她开始失去活力了，失去了创造能力，难以对自我进行拯救。

一个女人在梦中看见一只受伤的动物。这个梦可能表明这个女人的自由或者其他基本权利受到了严重的侵害。她无法理解自己权利受到侵害的原因，囿于文化的约束，她接受这样一种安全的方式，象征性地表达出她的苦闷。在那些女性被剥夺权利、受到虐待和歧视的文化中，这样的梦尤其普遍。

如果在梦中听到怪异的声音（不属于特定的人或动物），这可能意味着这个女人的生活正在走向某种极端。也许是她有太多的正性刺激，或是太多的责任，等等。她要么是被给予了太多的关爱，要么是缺乏关爱，要么是过于劳累，要么是无所事事。总之，她必须重新评估自己当前的生活了。

作业：

写出你对以上每一个解释的评述。你同意这些解释吗？哪些解释你不同意？阐明原因。

练习 4.2

观看经典电影《驱魔人》，回答下面的问题。

从电影的主要角色中我们能够辨别出意识的哪一种改变状态，视觉出神还是恶魔附身？

在世界各地的许多部落，例如加利福尼亚的教团印第安人（Mission Indians），都有一种习俗：

巫医肩负着与灵魂世界交流的特殊职责（Caprio，1943）。在电影中，谁负责与恶魔交涉并最终将其从女孩身上驱逐呢？

请总结和概述不同的医生对女孩的诊断。电影中提到了其他哪些文化？为什么在受教育的人群中附身问题至今仍然很流行？试对此谈谈你的看法。

* *

本章总结

● 我们对周遭环境的体验通过创造知觉预期塑造了我们的知觉。这些被称作知觉定势的预期，促成特定解释的形成。它们使人们期望能遇到什么，并因此提高了知觉加工的速度和效率。

● 有一些因素造成了人们感觉和知觉的差异。包括物理和环境条件、遗传因素、社会化常模，以及文化适应习俗。

● 简单图案的知觉的跨文化差异研究仅显示出很小的变异。描画视觉图案上的跨文化相似性指出了知觉加工上共同机制的存在。知觉的形状恒常性显著受到学习经验的影响。文化特异性条件决定了在特定文化中的个体身上哪些技能会进步，哪些技能仍未被开发。

● 心理学家给出了几种假设来解释错觉易感性的文化差异。构建世界假说假定，在木匠塑造的环境下成长的人们有一种把所见的非矩形的图形按脑海中矩形图形的表征来解释的习得倾向。

● 不同文化在颜色术语使用方法上存在着很大的相似性。此外，言词标签，如果在一种语言的词典里没有，也可以很容易学到。教育、旅行、人际接触和媒体在颜色识别和标注中扮演着重要的角色。

● 可能有些共同的知觉机制促成审美的跨文化相似性。尽管存在着社会经济上的差异，但不同文化群体中都发现了很多对美的知觉和鉴赏的相似性。因为不同文化中的传统音乐在观念与和声上不同，所以对音乐和声的知觉也存在文化差异。

● 人类感觉器官和神经系统的解剖学和生理学上的普遍相似性，似乎使感觉印象，以及它们通过知觉系统的传输具有跨文化可比性。

● 意识是有着数个阶段或状态的一个过程。一个“正常的”意识流可能包括完全集中注意力的时期或者与外界事物的相对脱离的时期。清醒期和睡眠期相互交替。在不同的情况下，冥想、精神活性物质、出神或者催眠暗示可以改变意识。对意识的理解是建立在心理生活以及身体和灵魂之间关系的一般文化观点的基础之上的。

● 从文化角度看，正常的意识流通过适应于特定的物理和社会环境的方式来指导人类行为。个体意识依赖于社会化经验，后者反过来建立在文化因素、存在的集体形式或共享的集体经验的基础上。人类意识随物理和社会环境的发展而发展。与此同时对世界的认识的增进拓宽了意识。

● 睡眠的持续时间和模式在个体间及文化间都存在差异。尽管梦的表面内容存在显著差异，但梦的潜在内容却被认为在不同文化下的人中通常具有相似性。梦不仅反映了我们的私人世界，也映射了我们生活的那个外界环境。做梦的个体的大脑用“文化归因”的方式组织并提取各种图像。

● 诸如冥想、出神、催眠和昏迷状态下的濒死体验这样的现象几乎在所有文化中都很常见。专家在分析它们的时候应该考虑到被研究个体的个性特征、他们的教育水平，以及他们的社会地位。专家还应该注意到可能影响个体经验的某些生活环境。另一组条件是媒体、人们的日常交谈，或者公共观点中对意识状态改变的主流文化态度（如果有可用数据的话）。

关键词

绝对阈限 个体注意到刺激所需的最小物理能量。

审美体验 用来识别因知觉到美好、吸引人或者有益的刺激所诱发的愉悦感觉的术语。该术语还可以指因知觉到丑陋、不吸引人及无益的刺激所诱发的不愉悦感。

意识状态改变（ASC） 对不同于正常清醒意识的现象的总称，包括神秘的直觉和感觉体验，比如冥想、催眠、出神和附身。

行为环境 一种使人们确定诸如时间、空间和人际世界的维度的心理表征。

意识 一个人对自己的感觉、知觉和其他心理事件的主观觉知中不可分割的一个属性。

白日梦 将注意力从外部刺激移向内部思想和想象情节上。

深度知觉 对空间三维的感觉的组织，尽管视网膜上的成像是二维的。

梦 睡眠中产生的具有故事性质的一系列画面。

差别阈限 能感觉到刺激发生了变化所需的最低刺激水平。

冥想 一种安静和放松的，使人达到思想、知觉和态度的整合的宁静平和状态。

知觉 将各种感觉整理成有意义的模式的过程。

知觉定势 基于经验的知觉预期。

感觉 感受器细胞被刺激并将信息传输到更高级的脑中枢的过程。

感觉适应 感觉系统对持续未改变的刺激的反应减少的倾向。

睡眠 意识的一个非清醒阶段，通常具有对周遭环境毫无反应和身体无法动弹的特点。

出神 一种类似睡眠的状态，具有对刺激的敏感度减少，知识的丢失或改变，有兴高采烈的体验，以及对自主自愿运动活动的取代的特性。

第5章
智　力

我们生存的手段远远领先于我们生存的目标。我们的科学力量大大超过我们的精神力量。我们成功制导了导弹，却误导了人民。

——马丁·路德·金（Martin Luther King，1929—1968），
美国民权运动领袖

时间能够说明——最顽强的是最智慧的。

——叶甫根尼·叶夫图申科（Yevgeny Yevtushenko，1933—　），
俄罗斯当代诗人、作家

我们的朋友查尔斯·威利（Charles Wiley）——一个已经游历了全世界几乎每个国家的记者——给我们看了一张他在中国照的相片。我们在查尔斯的家里，他的客人们轮流盯着照片看。照片上是广州的暨南大学的校门。入口处的大标语写着（查尔斯给我们翻译的）："报效祖国，忠于朋友，坚持使命，尊敬师长。""你看，"其中一个客人说，"这就是为什么中国的考试分数这么厉害。他们从儿童时期就开始学习纪律和努力奋斗。看他们的智商分数。怪不得他们比其他人都优秀。我真希望我能把我的两个十几岁的孩子送到中国去。也许他们能学点儿有用的东西。"大家都笑了，随后话题很快转到了美式橄榄球上。两个月后，我们中的一个——有那张照片拷贝的一个人——把照片拿给一个在北京出生的同事看。"你知道，"他回答说，"你问我忠诚和尊敬是不是中国教育和文化的主要价值。我不想让你失望。字面上看上去不错，但实际却是另一回事。你觉得中国的所有人都是做任何政府告诉他们的事的木偶吗？你认为那里所有的人都对他们的朋友忠诚吗？""没有。但我们在讨论自觉自律和考试高分之间大体的关系。""呃，自律……那是家庭压力，"那位朋友带着神秘的微笑回答，"你必须了解中国的家庭。智力是家庭影响的结果。"

智力的定义

首先，什么是**智力**？问问你的大学或学院里的心理学教授们。如果你问了十个，你会得到九种不同的定义。只有九种？那第十个老师呢？（如果你现在问这个问题，你已经表现出好奇心，这是你的智力中一个很重要的特质。）第十个教授会简单地让你去查阅现在正使用的心理学导论教材。

通过对几本2000年后出版的心理学导论教材的大致浏览，能发现类似的多样化情形：智力被按各种各样的方式所定义。例如，智力可能被描述成一系列心理能力；获得和使用知识的能力；问题解决的技能和对世界的知识；能在不同任务中表现优异的能力；或者使我们能够理解、适应、学习、推理和克服障碍的技能。我们应该选哪个观点呢？首先，大部分定义包括了"知识"这个词。智力是知道和了解现实。其次，大部分定义强调了问题解决，这可以引出智力是一系列能帮助个体达到目标的心理技能的假设。智力也是运用知识和技能来克服障碍的一种能力。最后，智力帮助我们适应变化的环境。

这样对智力的包涵一切的理解在跨文化心理学中就很有用，因为可以在讨论智力时结合文化因素。的确，人们在不同的环境下居住，获得的知识和技能是追求目标和适应不同文化情境所必需的。

智力还与**认知**密不可分，后者即个体获得和使用知识的各种过程。它通常包括比如再认、分类、思考和记忆的过程。

研究智力的科学方法有好几种。让我们利用前面提到的短文故事作为讨论的起始点，来简单地考虑一下它们。

有些学者，尤其是在20世纪初智力测验的早期，提出一个一般因素——或者中央认知功能——的存在决定了各种认知任务表现的特定水平（Spearman，1927）。这种中央认知功能的存在通过一系列词汇、空间、数字和其他评估问题表现上的正相关得到了证明。学术排名高的人在比如一般知识、算术能力和词汇的测量上往往也会得到好成绩。相反地，在词汇任务中分数低的人很可能在其他任务中分数也很低。

数年来，"单因素"决定着智力功能的想法经常在改变。其中一个批评家，瑟斯顿（Thurstone，1938）提出了不是只有一个，而是有三种智力技能：词汇、数学和空间。

斯腾伯格（Sternberg，1985，1997）也支持关于智力的多维结构假设，并提出智力的三个基本方面的存在，分别是分析性的、创造性的和实践性的智力。根据他的论点，大部分智力测验只测量了分析技能。测验中的分析性问题通常都明确定义，只有唯一正确答案，并提供解决问题所需的所有信息。相反地，实践问题通常不能清楚定义。一个人需要寻找额外的信息并提供多种"正确的"对所思考问题的解决答案。为了成功解决这类问题，一个人可能需要积累日常的经验并有足够的动机去寻找解决答案。

通过对人类行为和成就的多样性的研究，加德纳（Gardner，2007）认为伴随着心理测量所测的逻辑的、语言的或空间的智力，还有其他特殊类型的音乐、身体运动觉和个人智力（一个人对他或她自己或其他人的了解能力）。但是，正如你可能看到的，计划、评估一个特定的情境，以及做出关于该情境有用的决定的能力是一个人生存和幸福的关键。而诸如音乐和身体运动觉——在大多数情况下——对人类的耐力和适应力并非是必要而关键的。

从对智力的实证研究的开始，文化就被称为一个对其重要的"贡献因素"。例如，皮亚杰（1972）认为智力有着相似的跨文化发展机制。一方面，所有国家的儿童都把新的信息同化入已有认知结构中。另一方面，这些认知结构自身顺应于变化的环境。俄国心理学家维果斯基（1978）相信不考虑一个人居住的文化环境就无法理解智力。

心理学的大部分注意力都放在所谓的**智力的心理测量方法**上。这种观点是建立在我们的智力可以"被赋予"一个数字价值的假设基础上的（Wechsler，1958）。由于关于这些价值在赋值和解释上能有多精确一直争论不休，所以这种方法可能也是最具争议性的一个。

从一堂心理学导论课中你可能记得通常大部分智力测验都包含了一系列任务。每个测验包括几个分测验来测量不同的认知技能。当你进行测验时，你被要求解决词汇和非词汇的问题，进行知觉判断，解决谜题，找到词的关联，用自己的话解释图片，记忆词或数字的顺序等等。当你的答案被判分后，你的分数会被转换为一个特定的分数。然后你的分数会和你同伴的平均分数进行比较——假设在大多数情况下，这包括了与你国籍相同和同年龄组的那些人。事实上，这一比较会产生你的实际智力商数，或者简称智商（IQ）。大概95%的人口的IQ分数在两个15分的标准差以内。这就意味着大多数人——100个人中的95个人的IQ会在70～130之间。

关于智力测验分数的测量和解释的效度一直存在着强烈的争议，在对智力测验的争论中有至少两个主要的观点：

1. 智力测验实际上回答了什么？

2. 怎么才能证明测验分数没有被比如受测者的态度、动机或者情绪状态等因素所影响？

对于那些试图解释智力分数的文化差异的人来说极其重要的是：(1) 认知潜能的区分，(2) 认知技能通过与文化环境的互动而发展，以及 (3) 特定测验的分数。问题在于标准测验可能不提供由特定文化环境塑造的认知技能的直接评估。除非智力测验采用人们日常生活中的活动，否则在一种文化下创造的测验可能会对其他文化群体产生不利的偏差。这就意味着测验表现可能不能代表个体的认知潜能（Vernon，1969）。此外，例如语言、测验内容以及所报告的动机这些因素都对个体的测验表现有影响（Sternberg，2007）。例如，有很多人类智力的方面，比如智慧和创造力，是很多测验无法简单设计去测量的。

> 性相近也，习相远也。
>
> ——孔子，中国哲学家

智力不能在其文化情境之外被有意义地理解。例如，数十年来进行的跨文化研究都表明智力在不同的文化下的理解存在差异。研究还表明儿童有着先进的实践技能，而这在学术测验中无法识别。另外，儿童的身体健康也可能影响其在智力测验上的表现（Sternberg，2004）。

另一个大多数人讨论的主要观点是如何解释智力的数字评估。如果一个城市北部的12岁男孩和女孩在测验上分数为90，而城市南部的男孩和女孩在相同测验上得分为105，这意味着什么？最激烈的争论发生在智力评估被用在不同的种族和国家群体上。显然的，一些身高、体型和肤色的显著差异不会引起这么充满仇恨的讨论，结果，我们误解而不是详述了对智力分数的群体差异的解释。

在继续我们的分析之前，让我们关注一点。如我们之前指出的，在心理学中可能很少有问题像智力的概念这样变得如此分裂。全世界关于智力的辩论经常被不同的政治、意识形态和群体兴趣所驱动（Helms，2006）。在一些情况下，一个特定的政治议题先存在，然后心理学作为数据的提供者为其服务。科学辩论经常被情绪上的花言巧语所遮蔽。我们当然接受想要促进特定观点发展的人们为了这样的目标而使用跨文化心理学。因此，如果这些观点不是被彻底拒绝而是被批判性地分析，跨文化心理学的目标可能会被更好地实现。

IQ分数的种族差异

大多数跨文化心理学试图说明的问题关注不同文化、种族和国家群体中的一系列测量的相似性和差异性。种族群体的智力能力有特定的模式特征吗？例如，可以证明意大利人通常比德国人更有创造力，但德国人的思考模式比巴西人的模式更“精确”吗？一些文化群体的记忆力比另一些“更好”吗？贫穷和破坏性的社会问题影响智力吗？系统的正式学校教育是人类智力等同性的关键吗？这样的等同性在原则上是可以实现的吗？

在美国，对IQ的测量的早期尝试是针对军队和进入国家的新移民的。例如，1921年国家科学院出版了第一批对智力的大规模全国性研究中的一项结果。该结果可以让此研究的组织者根据IQ分数对新进移民进行排名。以下就是这一移民“智力”排序：英格兰、荷兰、丹麦、苏格兰、德国、加拿大、比利时、挪威、奥地利、爱尔兰、土耳其、希腊、俄罗斯、意大利和波兰。此外，该数据还第一次显示了黑人在测验中普遍比白人得分低的证据。另外还报道了在这项研究中，波兰人的分数并不显著地比黑人高（Kamin，1976）。

今天各种测验显示了大的文化群体中的智力分数差异。例如，在美国，（东亚的）亚裔美国人得分最高，其次是欧裔美国人、拉丁裔，最后是美国黑人。而且，平均来看，黑人学龄儿童在标准化智力测验上的得分比白人学龄儿童低10%～15%。类似的结果也在成人中发现（Rushton & Jensen，2005；Suzuki & Valencia，1997）。为了更好地理解不同群体之间的差异，想象一下居于平均水平的白人的测验分数比80%的黑人人口要高，居于平均水平的黑人的测验分数比20%的白人人口要高。根据研究，一些种族群体间的IQ差异在儿童早期就出现了。例如，在6岁的能力差异层级中，平均来看，东亚儿童的IQ是107，与之相应的是白人儿童的103和黑人儿童的89（Lynn，1996）。平均的黑人—白人的差异大小在从3岁一直到以后的发展阶段中并没有有显著变化。

拉丁裔群体的平均智力测验分数通常在黑人和白人之间。如果我们把美国公民按他们的宗教信仰区分，我们会发现犹太人，尤其是欧裔的犹太人，比其他美国的宗教群体的测验分数都高。对美国白人家庭领养的韩国和越南儿童的研究表明，比起领养他们的国家常模，他们倾向于有高于10分或者更高的IQ分数（Rushton & Jensen，2005）。尽管似乎日、中、韩裔的美国人分数比美国白人高已成定局，但研究结果上并没有一致性。确实存在的分数差异通常都在最后一位数字上。黑人和白人之间的IQ分数平均差异在社会经济阶梯的每一个层面上都被确定。换句话说，上层阶级黑人的测验分数低于上层阶级白人，底层阶级白人的测验分数高于底层阶级黑人。认知表现的文化不等同性在全球都有发现。在印度，高世袭阶级的成员比起低世袭阶级成员的平均分数更高。在马来西亚，华人和东印度人等少数族裔团体的成员比占人口主要部分的马来人的平均得分更高。在南非，白人、东印度人和有色人种群体的成员比本地黑人主体成员平均分数更高（Lynn & Vanhanen，2002）。

一些群体被发现在某些测量中得分更高，而在另一些测量中得分较低。例如，北美印第安人的词汇智力分数比其他种族群体的低。但是，有些研究显示了北美印第安人具有更高的视觉—空间技能（McShane & Berry，1988）。东亚人在非词汇智力上比白人高一点，在词汇智力上与后者相当或稍低一点。另外，研究还表明东亚人的视觉和空间能力优于他们的词汇能力，尽管东亚国家间政治和社会经济差异巨大（Herrnstein & Murray，1994）。

> 光有好头脑还不够，最主要的是要好好用它。
>
> ——勒内·笛卡尔（René Descartes，1596—1650），法国哲学家、数学家

测验分数群体差异的解释：智力和智力行为

在试图解释智力测验分数的群体差异的一项尝试中，斯腾伯格（1997）表示要区分智力和智力行为。智力，以他的观点看，是一个心理过程，可能带来也可能不带来特定的行为反应。这些行为随文化的不同而不同。一些被一个文化的成员认为是智力的东西在其他文化中不一定被同样对待。如果华盛顿州的人知道如何与汽车商就一个三年租约讨价还价，那么这一技能可能不会——而且是非常可能不会——在一个伊斯坦布尔或者赫尔辛基的农产品市场上有用武之地。在对不同的文化情境的应对中，人们发展出了不同的认知技能，获得了相异的思维和学习方式，从而对他们特定的文化环境有益。拿人们使用分类的方法来描述他们经验的方式举例。传统上，在东南亚的航海家中，“南”这个词一般用来指“朝海的”，即可以是地平线的任何一边（Frake，1980）。这一沿用了几个世纪的对方向的理解，对来访的外国人来说确实不适宜并容易混淆。

但是，人们可能对智力是什么有些共同的大致理解，因为智力潜在的心理机制被认为在所有个体中都是十分相似的。这些过程包括对问题的理解、识别其类型、准备一个解决答案、找到资源来解决问题、管理解决的过程，以及最终的，评价行为结果。但是——这是理解智力行为的关键因素——此类行为在不同阶段的特定内容是由个体所居住的特定环境决定的（Farhi，2007）。一个印度的国际象棋大师用这些策略在棋盘上走出特定的棋步，而一个波斯尼亚的农民使用相同的心理机制确保能买到一辆物美价廉的新拖拉机。

具有因果性、科学性并基于实证事实的推理并不一直都适用于所有文化（Shea，1985）。一名巴西部落族人的仪式性舞蹈在伦敦或东京的许多人眼里可能被认为是“非智力的”行为。“瞧他，他想通过跳舞来停止下雨。”有些人会嘲讽说。而这些嘲讽别人的个体，可能每周去他们自己的寺庙或者教堂，做类似的仪式活动。道德呢？人们发展认知技能是为了最好地适应他们生活方式的需要（Dasen et al.，1979）。

跨文化敏感性

由于刻板印象（见第10章社会认知）的存在，很多人相信一个群体的所有成员——或至少他们中的大部分——IQ分数不是很高就是很低。但是，有关整个种族或者国家的差异对特定群体的差异性说明甚少。提起刻板印象很重要，因为它可能对学校表现或者其他活动有间接的影响。怎么影响？比如，想象一下一个老师知道班里有五个拉丁裔和三个黑人儿童。由于有着刻板印象的判断，这个老师会设想这些儿童的智力测验分数应该更低，并因此比起班上其他儿童学习能力更低。这一刻板印象可能带来一种预期和态度，导致老师——本着只是善意的目的——给这些儿童“更容易的”作业，并更少挑战他们的学习努力程度。

生物因素对智力有作用吗

根据**先天主义观**，大部分认知现象都是与生俱来的。他们像一个生物“编程”的结果自发表达，环境知觉几乎不需要有机体的积极建构。打个比方，根据这一观点，一个尼泊尔的男孩或一名委内瑞拉的女孩都应该在大约七岁的时候发展出一些概念思维的要素。没人可以让这些儿童在四岁的时候发展出概念性的思维。这一观点认为遗传因素决定了我们智力技能的深度和广度。

这并不仅是少数研究者的空谈。在20世纪80年代，两个科学家问了1 000多位学者他们对IQ的看法，尤其是不同种族群体间的IQ分数差异。尽管只有1%的人认为差异总是由遗传因素引起的，但几乎有45%的学者报告认为差异是由遗传和环境变异共同造成的（很多人不能或不愿意给出一个明确的答案）。值得注意的是，在所有受访者里，七个人中只有一个表示差异完全是由环境因素引起的（Snyderman & Rothman，1988）。法国神经科学家斯坦尼斯拉斯·德阿纳（Stanislas Dehaene，2002）主张人类的数学能力可能根植于大脑，并通常独立于记忆和推理。另外，一个个体的学习经验、学校课程，甚至所说的语言（例如法语）都可能抑制某些天生的数学技能。德阿纳还认为一些语言，比如中文，可能对一个人基本的自然数学能力的发展有益。

更多支持关于一个人在认知测验上成功的能力可能是生物“编程”的，并较少依赖于这个人的学习努力的假设的证据来自德瑞克·布里格斯（Derek Briggs，2001）控制的一个研究。他发现那些参加了大学入学考试（如美国的SAT）准备课程的年轻人的分数只有一点点的提高。换种说法，不管人们为了这门考试学不学这些课程，他们的考试结果可能差不多。尽管有批评人士推论这一研究的结论仅指出了这些准备课程的收效甚微，另一些人则认为某些认知技能不可能通过短时间得到提高，表明这些技能的“更深层”根源的存在。

有证据表明遗传在人类智力中扮演了重要的角色。例如，一起抚养或者分开抚养的同卵双生子的智力分数相关几乎达到＋0.90（Bouchard et al.，1990）。一项在日本的对543对同卵双生子和134对异卵双生子的研究报告了0.58的IQ遗传度（Lynn & Hattori，1990）。大概有20多项研究利用核磁共振（MRI）来测量人类的脑容量，发现其与IQ大体相关（Vernon et al.，2000）。25%的精神发育迟滞例子是由于已知的生物缺陷造成的（Grossman，1983）。此外，领养儿童的智力分数与他们的亲生父母分数高度相关，而养父母和领养子女之间的分数只有很弱的相关（Munsinger，1978）。两个血缘上没有关系但被一起养大的个体之间的IQ分数相关性也相对很低：＋0.20（Bouchard & McGue，1981）。另外已知词汇量或者一个人能记住并在他或她的交流中使用的词汇数，可能也取决于遗传素质。不过，尽管各种数据都表明了父母和子女以及兄弟姐妹之间的智力技能的高相关，但这些数据很少能说明如果一个人住在不同于自己生长环境的社会环境下的话其IQ分数会怎样。另外，个体差异性和相似性的遗传关联不能表示群体差异——比如在国家水平上——也是基于遗传因素的（Sternberg，2004）。IQ的遗传度高的事实并不意味着智力功能的个体差异是永久性的。它表明在当前的环境中和特定的文化情境下，有些个体可能因遗传素质变得比别人更容易被教导、被训练，并更有能力学习技能（Lynn & Hattori，1990）。

除了遗传因素外，跨文化心理学家还探讨了特定的环境条件如何影响人类的生理，以及这样的生物改变是否影响到认知技能。结果发现，比如，在某个地域某种化学元素的存在或者缺乏可能会影响住在该地区人口的总体认知表现。举个例子，在印度尼西亚和西班牙都发现了一些碘缺乏地区。临床医生报告说人体大量缺碘会导致严重的心理和神经异常（Bleichrodt，1980）。与预期相符，对居住在西班牙和印度尼西亚的碘缺乏地区的儿童进行的认知测验分数，比住在水中碘含量充足的邻近区域儿童的分数要低很多。

现在我们来讨论最近关于认知过程的研究，以展现它们是如何及多大程度上被文化和社会因素塑造的。

测验的不可比性：文化偏差

我们的朋友罗伯特（Roberto），一位来自迈阿密的心理学家，设计了一个测量小型企业经理的决策技能的测验。他可以在哥伦比亚、乍得，或其他任何国家使用这个测验吗？是的，他可以试试。但是在这些国家他对决策的评估会准确吗？在第2章我们学了等价这一在任何比较研究中都很重要的要求。如果一个测验是为一个特定的种族群体设计的，测验题目或任务可能在其他文化群体中并没有相似的意义。很多专家（Berry，1988；Mishra，1988；Poortinga & Van der Flier，1988）强调了如“文化公平性”和“测验转换”这类问题的重要性。

理论上，认知过程被相信在不同群体中的所有个体身上实质上都具有相似性。但是，这些过程被应用于各种不同的、特定的环境、社会、心理和文化情况（Cole et al.，1971）。人们发展出各异的认知技能，因为他们被不同的环境所塑造。一个在巴黎上私立学校、与她 45 岁的单身妈妈一起住、有她自己的卧室和个人电脑的女孩和一个与他的两个兄弟姐妹共用一个房间、上公立学校、没有个人电脑、年轻父母在鞋厂工作的朝鲜男孩的居住环境很不同。一个测验可能可以充分地测量两个儿童的一些基本认知技能，但同时可能对其他文化特定的认知技能的测量收效甚微。

测验的词汇——测验题目使用的词语和条目——使得大多数智力测验对特定的种族群体有利。例如，测验可能因为使用了只有某些群体熟悉的词而存在偏差。结果这些群体的成员比不属于这些群体的人得分要高。比如，试着解决下面的问题。

找出不属于该组的词：

玫瑰　郁金香　勿忘我　罗勒草

正确答案应该是“罗勒草”，因为其他的词都代表花，而罗勒草不是花。关于这类问题的批评指出，除非被试知道不同的花和植物，否则让他们找出正确答案会变得很难。我们中能够接触到花的人在这种情况下会受益。此外，一个人可能假设更多的女孩比男孩熟悉花的名字。因此，女孩比起男孩可能会给出更多正确的答案。

文化经历会影响测验分数，一些测验的设计说明了这个问题。比如，一项研究发现，英国儿童解决测验问题比来自中国香港地区、印度尼西亚和马来西亚的亚洲儿童更具有创造性。关于这一结果的一项解释是被试被要求给出大量的词汇来回答这些测验条目，这对亚洲文化来说并不是典型的问题解决任务（Wright et al.，1978）。另一个例子表明了测验如何可以对特定的群体有利。用一个针对美国黑人团体的、具有文化指向的词汇测验来测不同种族群体的儿童，结果黑人儿童在满分 100 分中平均得分 87 分，但是白人儿童的得分只有 51 分（Williams & Mitchell，1991）。总体上，当分类（词语）与美国黑人的日常经验相关时，黑人儿童比白人儿童在自由词语回忆上表现更好（Hayles，1991）。

对黑人—白人智力分数总体差异的评价上，一些批评指出在智力测验中很多词语和表达是黑人儿童不明白或者可能误解的。例如，一个在黑人街区长大的，被剥夺了很多信息来源的儿童怎么能去理解诸如“作曲家”、“交响乐”或“赛舟会”这样的词？

> 不知道一件事的人可能知道另一件事。
>
> ——肯尼亚谚语

关于“文化教养”

大部分智力测验包括一般知识的部分。显然，我们获得“一般知识”是基于在特定文化环境下发生的事情。大多数美国幼儿具有关于乔治·华盛顿（George Washington）的知识。晚些时候会知道本杰明·富兰克林（Benjamin Franklin）、经济大萧条、“泰坦尼克”号、《飘》、独立钟、水门事件、菲德尔·卡斯特罗（Fidel Castro）、迈克尔·乔丹（Michael Jordan）、纳尔逊·曼德拉（Nelson Mandela）、嘻哈音乐和亚历克斯·罗德里格斯（Alex Rodrigues）。对一个意大利年轻人来说，这些词可能听上去并不熟悉。他的文化知识基于其他一些与个体在美国的经历不同的事实、事件和发展。比如，诸如墨索里尼（Mussolini）、安德莱奥蒂（Andreotti）、菲亚特（Fiat）、“红色旅”、尤文图斯和阿德里亚诺·塞兰塔诺（Adriano Celentano）这些词语和名字在意大利会毫无困难地被识别。你能识别所有这些名字么？答案是“不能”，除非你住在意大利或者对意大利的历史、政治、足球和音乐非常了解。

我们的教养是基于文化的。在所有国家，2+2=4 都没有问题。不管是什么文化传统或国籍，几乎所有识字群体中“死”的反义词都是“生”。但是，在这些普遍的分类之外——至少这些分类对我们大多数人来说听上去是普遍的——还有文化特定的知识。你自己能给出美国或任何其他国家的文化特定的例子吗？

那些不同意偏差存在的人认为 IQ 分数可以或多或少地预测将来学校里的成功——考试高分与智力测验的高分数正相关。相信 IQ 测验很少有偏差的专家表示，这些测验在任何种族群体中都预测了的学业表现，与其预测白人儿童和成人的表现一样的方式：高 IQ 预测了学业成功，低 IQ 预测了低的学校成绩（Pennock-Roman，1992）。这意味着任何种族群体中的任何 IQ 测验高分学生都可能在大学中有好成绩。

环境与智力

比较一下你自己和班上的任何人。你可能会发现和你年龄、身高、体重、国籍、收入甚至生活方式相同的人。但是，我们并不生活在完全相同的环境中。我们的多样性是由自然因素，比如个人、职业、教育、社会和文化环境所决定的。这是一个心理学中很流行的观点——被跨文化心理学家所接受——人类智力技能可以被外界环境因素所影响（Carroll，1983；Sternberg，1985）。一般来讲，这些因素包括对资源的总体可获得性和使用权、不同的知觉体验、家庭气氛的主导类型、教育机会、获得书籍和旅行的机会、文化迷信的存在和缺失、普遍态度和文化习俗。这些和其他情况都被发现可以影响智力测验的表现（Vernon，1969）。一些诸如教育激励、教学质量和师生交流的背景可能也影响测验分数（Irvine，1983；Mackie，1983）。特殊训练项目（Keats，1985）和额外的指导努力（Mishra，1997）也可以决定一个人的智力测验成绩好坏。例如，奥格布（Ogbu，1994）提出通常关于测验的负性态度、不抱希望的感觉和暴露于刻板印象下都可能降低美国黑人和其他种族群体的智力分数。研究数据表明，至少有一些黑人学生的认知测验表现不好是因为他们存在被依照“你不聪明”的刻板印象评价的顾虑，以及表现不好会不经意证实这种刻板印象的担心所阻碍而造成的（Steele，1999）。

有力的证据表明训练可以提高 IQ 测验的分数（Skuy et al.，2002）。瑞文（Raven，2000）指出，那些被鼓励进行复杂认知任务的学生在自我导向、理解和胜任能力上有很大提高。

研究表明，很多心理功能的获得依赖于与环境的交互作用（Macdonald & Rogan，1990）。举例来说，西非的贸易商人将他们成人生涯的大部分时间花在旅行和讨价还价上。一项著名的研究发现，西非商人在认知任务上——包括问题解决——比西非裁缝表现更好，后者生活中的大部分时间都在一个地方度过，并且没有商人那么多样的接触机会（Petitto & Ginsburg，1982）。在另一个例子中，巴西和哥伦比亚的靠在街上卖水果和蔬菜挣钱的街头儿童——一般都在 10 到 11 岁——可以在他们的“头脑”中进行金融运算而不出差错。类似的数学操作，如果按研究者的要求用纸笔进行，则没有那么成功。这些孩子没有接受过正式的学校教育，所以他们没有学过书面的加减运算法则（Aptekar，1989）。在另一项研究中，在看了一系列图片后，欧洲儿童倾向于把图片描述成顺序发生的事件——好像它们是儿童杂志中的漫画专栏。没有看过漫画的非洲儿童则倾向于把图片报告成一个个单独的时间事件，而非顺序发生事件（Deregowski & Munro，1974）。

澳大利亚土著儿童在词汇分数上比城市儿童得分低，其中一个原因可能就是互动的缺乏。如果土著儿童有机会与白人儿童肩并肩地生活在一起，他们的词汇分类测验分数会相对接近（Lacey，1971）。一般来讲，对刺激的严重剥夺可能带来许多认知过程的紊乱（Sinha & Shukla，1974）。

某些类型的环境影响决定了个体对这些影响的体验。但是，人们的体验决定了他们的适应反应。因此，在个体生存中扮演关键角色的认知技能可能比其他技能发展得更早（Ferguson，1956）。例如，狩猎和采集社会中的儿童的空间推理技能的发展早于他们在农业社会中的同伴。但是农业文化中的儿童对一些概念的理解比如质量、重量和体积的守恒——农业活动必需的知识——的获得要比游牧（流动）群体的儿童快得多（Dasen，1975）。

环境因素可能影响更高级的心理操作，比如规划的能力。其中一个这样的因素就是环境稳定性。在一个稳定的环境下大部分改变都是可预测的。人们确知他们的生活，并感到他们能控制自己的未来。如果环境变得不可预测，人们就会缺乏规划策略，因为会有不管如何规划都无法控制结果的假设。总而言之，在稳定的社会和团体中的人们，比起在不稳定环境中的人，可能有更大的机会发展他们的规划技能（Strohschneider & Guss，1998）。

缺乏系统的学校教育还可能带来规划策略的

较慢发展。当然，每天生活的复杂性可以提供发展规划技能的条件，即便一个人没有受过什么正式的教育。但是，如果缺乏教育，而且如果环境条件只需要简单的回应，那么个体就倾向于无法发展出复杂的规划策略。

社会经济因素

通常智力分数与个体的社会经济地位正相关（Neiser et al.，1996）。社会经济条件和测验表现之间的关联在很早的年龄就可能出现。一个儿童的IQ被发现与其父母的社会经济地位有正相关。一个儿童的IQ越高，其父母的社会经济阶级越高，反之亦然（White，1982）。在特权阶级环境中长大的儿童比起在被剥削阶级环境中的同龄人有更高的分数（Masters，1997）。比如，出身于上层阶级、有教养家庭的约鲁巴儿童，比起文盲家庭的约鲁巴儿童，表现出更高的心理年龄分数（Lloyd & Easton，1977）。类似的趋势也在新西兰的毛利人和白种非土著的四岁儿童中被发现（Brooks，1976）。而且，没有发现澳洲土著和欧洲后裔的贫穷儿童之间的认知能力有较大差异（Taylor & deLacey，1974）。

根据美国人口普查局（2000）的统计，20%的美国儿童生活在官方贫困线以下的家庭中。贫穷会导致这些儿童在智力测验中的低分数，以及在学校成就中的低水平（McLoyd，1998）。过去的研究表明了母乳哺养、营养和儿童的认知表现之间的关联。母乳哺养减少了婴儿暴露于金属污染的几率，为婴儿提供了大脑发展必需的蛋白质长链。低社会经济群体的母亲一般不用母乳哺养她们的婴儿。例如，在过去美国的黑人母亲中只有三分之一的人像白人母亲一样用母乳哺养她们的婴儿（Jensen，1998）。一项40年的研究显示，一年挣37 000美元或以下的低收入家庭的学生更少可能像高收入家庭的学生那样精通数学和阅读（Strauss，2008）。个体的社会经济地位可能直接或间接地影响测验表现。例如，资源有限的社会环境可能只刺激对那些环境有用的认知特质的发展。如果我们比较国家间大组群——比如西方发达社会和传统社会——我们会发现西方国家的人在智力测验上的得分一般超过传统社会的人（包括那些不包含文化特定任务、题目和问题的测验）。

比起工业化国家，在发展中国家中，社会经济因素在智力测验分数上有着更大的显著效果。这种现象的一个解释是发达国家里富人和穷人的差距没有发展中国家那么大。美国官方贫困水平，大概是每年每人9 800美元多一点，超过了其他大多数国家的平均年收入。

一些学者认为高IQ分数可以预测一个人的高社会地位和收入（Herrnstein & Murray，1994）。中产阶级的人一般比低层阶级的人IQ分数要高。这意味着个体只有有较高智力技能才可能获得社会经济成功吗？并不一定是这样。是的，较高的IQ分数能决定个体的成功，尤其是其社会地位和收入。但资源的可获得性和可使用性——或者缺乏——也会影响一个人的智力潜能，导致更高或更低的IQ分数。一个人不应该忘记个体的社会地位决定其在社会中的位置和对资源和权力的使用机会。中产阶级和富裕阶层的父母与来自同样社会阶层的人们建立和发展了私人和职业上的关系，从而为他们自己的子女在社会阶梯上达到更高的水平铺平了道路。换句话说，心理测量的智力本身并不能决定社会成果；这个方程中还有很多其他变量。例如，有着同样IQ分数的个体在他们的收入和社会、职业地位上可能有很大的差异。

那些相信社会经济因素在我们的智力功能中扮演关键角色的人，把它们视作导致美国黑人和白人之间智力测验分数差异的最显著因素。一般来讲，黑人比起其他少数族裔群体，收入更低，职位更缺乏声望，保障更不充足。贫穷还与能够并确实影响了认知功能的不一致的父母教养方式和在压力下的持续暴露有关联。

家庭因素

富裕和有教养的家庭比起贫困家庭可能能够为孩子提供更好的物质环境，并有更多的资源发展儿童的智力潜能。中产阶级的父母一般都有足够的资源来刺激孩子在家时的学习体验（Gottrfried，1984）。这样的父母可能受过教育并因此对教育的重要性有着大致了解。他们会购买有助于发展的玩具，包括电子游戏和电脑软件。他们中的大多数人都能毫无困难地与孩子谈论各种话题，让他们接触有趣的事件，并刺激他们的想象力。相反地，贫困家庭很少有资源和机会来刺激儿童的智力发展（Shiraev，1988）。如果父母的主要活动是保证家庭成员的食物和安全，那么集体生存——而非儿童的智力发展——就是父母活动的主要目的了。

例如，在2003年，住在英格兰和苏格兰的印度裔父母的子女，比学校里其他所有学生都出色。类似的数据也在华裔和混血背景的学生中找到。研究者提出的一个因素就是，在大多数情况下，移民父母从低薪工作起家，所以知道子女的教育是他们的儿子和女儿人生成功的关键。因此这些父母特别注意他们子女的学校表现（Sonwalkar，2004）。类似的结论也在一项包括了6 000名美国中学生的研究中得到。在不同的种族群体中，那些有着关心子女学业表现并能够推进子女学习渴望的父母的儿童，比起其他学生有更高的学业成绩（Hong & Ho，2005）。

在一些研究中发现，智力分数随着出生顺序降低。根据一种理论，这一趋势与生物因素没有什么关系（Munroe & Munroe，1983）。每个家庭的未成熟成员都发展出与家庭年长成员智力水平相关联的智力。家庭的头一胎拥有只包括他自己和有着一套特定认知技能的成年父母的直接环境这样一种初始优势。当第二个孩子出生时，他所进入的环境包括他自己、父母和一个有着不成熟智力水平的个体，即哥哥或姐姐。因此，一般来说第一胎所遇到的智力环境要“优于”第二胎及以后的环境。

这些数据尽管很有争议性，却在其他一些研究中得到支持。例如，美国黑人人口IQ分数的持续增长与20世纪70年代以来美国黑人小型家庭数目的增加相关。来自小型家庭的儿童比起他们来自大家庭的同龄人，倾向于达到更高的IQ测验分数。首先，这里的关系可能是反向的：较高的IQ测验分数代表较高的认知能力，即反过来影响一个人对怀孕和无保护性行为的态度。另一个关于IQ分数变化的解释是，20世纪八九十年代黑人家庭中父母受教育程度更显著地提高了。

父母的影响可以成为导致作为中产阶级代表的白人和其他一些种族群体——主要是少数族裔——之间的IQ分数差异的因素之一。少数族裔父母——尤其是那些20世纪60年代之前来到美国的——比起白人可能受到的教育更少。就像之前提到的，父母的认知技能对子女认知技能的发展有所贡献。此外，一些少数族裔父母比起白人家庭可能更少关注他们子女的教育机会。总体的悲观以及机会和成功的缺乏可能导致这样的态度。相反地，华裔和日裔美国人倾向于强调对他们子女教育的重要性，并将此视为他们未来发达的唯一机会。部分由于家庭价值观，部分由于他们的学业成就，亚裔美国人比起任何其他种族群体更大程度地倾向于在专业的、管理的或技术类职位上寻求和得到机会（Flynn，1991）。

“自然选择”与智力分数

根据钟形曲线原则，任何已知总体的IQ分数的正态分布大致都可以分成三个大组，即低、中、高。同样的原则也适用于人类身高的分布。但是，尽管IQ分数的钟形曲线和人的身高的钟形曲线可能描述了类似的画面，但人们赋予这些画面的意思却相当不同。例如，我们能在各种社会圈子、各种职业和各种智力水平上发现所有不同身高的人。一个人在身高钟形曲线上的位置紧挨着他可能每天生活完全接触不到的各式各样的人。

而IQ分数的钟形曲线却完全是另一回事。比如在美国，高IQ分数的人很不均衡地代表了医生、科学家、律师和企业管理层。低智力分数的个体很不均衡地代表了接受社会福利的人、监狱犯人、单身母亲、瘾君子和高中辍学生（参见Rushton & Jensen，2005）。

可能这并不奇怪，比起其他职业和兴趣不同的人，人们倾向于与兴趣和职业相似的人有显著更多的彼此交流。例如，高IQ分数通常表明你可能（1）上过大学，（2）得到了一个更有助于与有类似教育程度乃至智力水平的人认识和结交的职位，（3）与教育背景与自己类似的人结婚。同样的，低智力分数的人很可能在相同认知程度的人中间寻找爱情和友谊。因此，根据亨斯顿和默里（Herrnstein & Murray，1994）的观点，数年来两头的人被“建构”：一种是智力分数相对高的，另一种是智力分数相对低的。前者在一个有利的社会生态位置，拥有高声望的工作、较好的收入和舒适的生活环境。后者则在不利的社会阶层，工作收入较低、社会环境不稳定且生存环境质量低。

不幸的是，由于各种原因，很多少数族裔的代表在那个不利的群体里。如前面提到的，低IQ分数预测了较低的学业成绩和更少的个体得到高薪工作的机会。资源的缺乏更多导致这些个体徘徊在低收入社区中。低薪和低资产使其纳税显著低于富裕社区。因此，当地的学校——它们中的大多数都依赖于本地财产税收——就无法提供与富裕社区教育质量相当的高质量教育。较差的教育环境、合格教师的短缺和现代化教育设施的缺乏影响了儿童认知技能的发展。此外，如我们之前看到的，贫穷也造成对儿童和成人智力发展的各种间接影响。

知人者智，自知者明。

——老子（公元前604—前531），中国哲学家

认知的文化价值

让我们回过头来看本章前面提到的罗伯特的测验（记住，他设计了一个关于问题解决的问卷）。根据这个测验，什么样的问题解决类型可能被视为是对一个商人最有效的？应该有几种，其中一些是独立判断力、创造力和决策速度。这些品质在所有国家所有商业环境中都是同等有价值的吗？

以种族中心主义的观点判断，一个人可能认为任何问题解决过程的最“有价值的”特质是分析、推理技能和快速推理。但是，这样的观点——尽管在很多当代社会占主流——并不是在所有文化中普遍适用的。有些社会可能有一套与西方社会非常重视的价值不一样的认知价值（Berry，1988）。在一些社会，整体性——强调一个整体的重要性——而不是分析性决策被重视（Dasen，1984；Serpell，1993）。在这样的情况下，谨慎的反省而非思维敏捷被视为最得体的做法。在那些主要的农业社会里，集体讨论而非个人思考通常是更受欢迎的认知风格。因此在这样的文化中，接受西方心理量表——比如罗伯特的测验——测验的个体，根据只测量独立性和决策速度的标准，可能会显示出低水平的认知发展。

尼斯贝特（Nisbett，2003）提出了西方和东亚学生认知风格有差异的观点。利用实验数据，他指出来自中国、韩国和日本的学生比起西方后裔的学生，在他们的知觉中更倾向于整体性。换一种说法就是，东亚学生倾向于相互联系地看待并记忆物体，而西方学生更注意细节和明显突出的事物。例如，研究表明，西方婴儿学习名词比动词快，而东亚婴儿往往学习动词（指明了物体间的联系）更快。在比较研究中得到了华裔和美国白人之间推理风格的差异，结果显示中国学生，不管是双语的还是不说英语的，比起美国白人，对图片中物体的组织更多采用一种相联系的方式而更少用分类的方式（Ji et al.，2004）。

欲速则不达。

——孔子，中国哲学家

根据另一种解释一般智力测验分数的方法，问题出在不同文化中的人们评价和分析智力的方式上。例如，像之前提到的，把智力概念化为快速和分析性的方式并不是在所有文化中普及。如果一个群体的智力概念包括了回答的细节化和精确化，而其他群体没有提到这些特质（及提出将即兴发挥作为智力的一个元素），那精确性就不能作为两个群体比较所依据的一个标准（Berry，1969）。

在美国，不同的种族群体对智力使用不同的参照框架（Heath，1983；Okagaki & Sternberg，1993）。例如，在很多情况下，美国白人强调诸如记忆、分类和问题解决这样的认知技能的重要性，而其他群体倾向于强调诸如动机、社会和实践技

能的特质。考虑到这些，斯腾伯格发现，对形式心理能力的强调对于那些具有高创造力和实践心理能力的个体来说并不公平。例如，在对创造力、灵活性和原创性的测量上，黑人儿童和其他少数族裔儿童和白人儿童做得一样好，或者经常更好(Hayles，1991)。

我们现在明白智力技能是根据一个群体的标准来判断的。例如，如果一种文化强调狩猎，一个人的好视力和快速作出视觉判断的能力就被视为极有适应性。在其他文化中，一个人反应的迅速程度不如对手头任务或者问题的批判性评估那样重要。如果我们争论这些，那么就不可避免地转到文化相对主义的领域（见第1章）。为什么？因为我们会挑战到人类心理活动的普遍标准的存在。但是，文化相对主义也可以被挑战。例如，你认同在这样一个经济全球化和信息革命的时代，人们能够、可以并且可能应该发展出，在全球经济都统一起来的国际社会中被视为有适应性和有价值的特定心理能力的类似观点吗？

批判性思考　中国式的思维：苏格拉底与孔子的比较

你相信存在一种特别的、独特的中国式的思维和信息加工方式吗？你认为存在一种特定的欧洲风格吗？根据一种观点，应该有一种特别的“文化”方式根植于习俗以及早期欧洲和中国的哲学系统中。这种论断的支持者用中国和希腊的两位最卓越的哲学家——孔子和苏格拉底的教学和他们对根植于中国和西方（欧洲）文化的普遍学习原则的影响为例。作为西方学术思想的主要贡献者，苏格拉底鼓励对常识的质疑，被认为注重批判性思维和怀疑主义。他教他的学生，以及后代数以万计的追随者，去做一个独立的思考者，产生他们自己的想法。相反地，孔子被视为注重在敬重教育者和坚持对用以遵循的有益行为模式的探求的基础上，努力地、恭敬地和务实地获得本质知识（Tweed & Lehman，2002；Yang & Sternberg，1997)。孔子鼓励他的追随者敬重师长，而苏格拉底鼓励他的追随者挑战他们。

如果你接受这一论断，你或许同意关于学习和思考的文化模式的观点。因此，苏格拉底影响了主要作为一个批判性思考者的“典型”欧洲学生的文化特征，而孔子影响了作为一个高效的追随者和问题解决者的“典型”中国学生的特征。

如果你不同意，你或许会指出对权威的敬重、对老师的接受和对实用性知识应用的寻求，事实上是任何教育系统的普遍特征，不管是在希腊、中国还是在墨西哥。因此把它们归结于一个特定的文化或者任何其他哲学完全是不正确的（Li，2003)。

你觉得你更容易去支持这场争论的哪一方？为什么？

有很多研究者尝试对西方和非洲文化在健康的认知功能和智力的价值和看法上的差异进行解释。例如博伊金（Boykin，1994）指出，黑人不能接受唯物主义信仰，他们比起其他群体在更大程度上接受非物质力量的影响。他们敬仰强大的刺激和能量，强调情绪和表达的重要性。此外，美国黑人文化根植于精神性和谐和情感，以及交流的言语元素。这些特征就不适用于包括被纳入IQ测验的理性、运算、纪律、个人主义和成就的西方价值。作者还指出整个智力评估的观念对于非洲黑人的精神思想都是陌生的。

鲍德温（Baldwin）和他的同事（1991）指出，大多数关于行为的非黑人的理论强调满足欲望的关键作用。黑人心理学强调人类行为的重要目的是生存。此外，非洲神学假设对自我最直接的体验就是通过情感。所以根据鲍德温的观点，IQ测量不能测量在非洲或美国黑人文化下长大的个体的心理。从非洲心理学的角度看，智力是一个集体的道德责任。

史德（Shade，1992）认为美国黑人注重一种独特的**认知风格**——个体组织和理解世界的方法。在一项对178名九年级学生的研究中，被取样的美国黑人倾向于表现得自发、灵活、思想开放，而且在对人、事、物的知觉上更加非结构化。样本中的美国白人显得比较自律、具判断性，且比起他们的同龄人思想较不开放。在另一项研究中，美国黑人儿童通常用一种以强调情绪、和谐、整体视角、创造力表达和非词汇交流为特征的方式来学习（Wills，1992）。有些人提出测验强调了欧洲人注重的抽象、分析性思维——这些特质黑人不太重视，这可以解释为什么美国黑人儿童在标准测验的成绩上低于平均分（Whethrick & Deregwski，1982）。

这还意味着非欧裔的学生也使用不同的认知风格进行信息加工：他们比起班上的欧洲同学更具场依存性（Kush，1996）。例如，**场依存风格**的学生更加注意外界参照、情境和他们学习任务中的指示语。**场独立风格**的学生更倾向于在学习、问题解决和决策中自立。有发现表明，在美国的学术体制下，场独立风格学生比起场依存风格学生更加成功。尽管个体的认知风格是由很多因素决定的，但研究还是表明在个人主义占主导的文化中的人们，比如德国人和美国人，比起在集体主义文化中的人们，比如俄罗斯和马来西亚的人要更具场独立性，正如跨文化研究显示的那样（Kuhnen et al.，2001）。

某些意识形态环境可能影响一些国家的人最注重的认知技能。试想一下这个例子，如果权威，不管他们是谁——中央政府或地方领导——为你的人生做了大多数决定，那显然留给你自己去做选择的数目就非常有限了。在选择有限的情况下，你可用的活动数目也会受限，这很可能影响你的创造力和问题解决能力。例如，创造性思维和自我表达在西方民主社会很受重视。矛盾的是，创造性思维在极权社会中不是必需的资本。为什么呢？因为这类思维可能使个体“鹤立鸡群”，这是权威们所无法欣赏和忍受的。类似的逻辑也可以用于这些社会对教条思想的发扬和对持自由交换思想的个体的惩罚（Shiraev & Sobel，2006）。

练习 5.1

请分析下列二分变量和连续变量的理论差异。杰克逊（Jackson，1991）引入了下列关于非裔美国人认知技能的假设：

- 美国黑人倾向于将事物感知为整体视觉图像，而白人则将现实感知为分解的部分。
- 非裔美国人倾向于基于内容和人际因素的推理，而欧裔美国人更倾向于归纳和演绎推理。
- 非裔美国人喜欢近似的空间、数字和时间，而欧裔美国人则更喜欢基于单维度的时间和个体间“客观”空间的精确性。
- 非裔美国人倾向于关注人和他们的活动，而欧裔美国人则恰恰相反，他们表现出对基于以欧洲为中心的取向和规范的偏爱。
- 非裔美国人倾向于合作、稳定的生活、结盟和集体责任，而欧裔美国人则倾向于竞争、冲突和控制的生活、所有权和个体的权力。
- 非裔美国人更为他人着想且关心“另一个人”，而欧裔美国人则更看重个体主义和独立。
- 非裔美国人相较于欧裔美国人倾向于更大程度的创新性、自由和个体差异。

一般认知：智力之下是什么？

大量的关于文化多样性的事实以及关于认知普遍原则的实证经验（参见本章开头认知的定义）都为很多探索文化与智力之间联系的理论基础做出了贡献。有几种认知过程——再认、分类、思维和记忆，关于它们的分析可能会显示出不同种族群体之间智力功能上的差异性和相似性。

分类

人们对他们的环境进行分类的方式有什么差异吗？人类总是倾向于用非常相似的模式看待事

物。其中一个最普遍的分类就是关于植物和动物间的认知区分（Berlin，1992）。那些对个体生存很关键的植物和动物被最谨慎地区分和命名。一般来讲，物体和动物的重要性以及人们对它们的熟悉程度是影响分类的最显著因素。彼此距离较远的群体在分类上应该有差别（Schwanenflugel & Rey，1986）。这可能成为认知技能测验偏差的潜在来源。

归类

如果你让一个任何国籍的七岁儿童把一百张色彩卡片进行色彩归类，儿童按预期应该能毫无困难地完成这一操作。现在让一个欧洲小镇的老年居民根据其代表的音乐类型——摇滚、古典和嘻哈——将一百张CD进行分类，这个人很可能觉得非常困难（除非他熟悉音乐类型）。

即使没有任何指示告诉我们如何去做，我们也可以把各种物体归类。通常，我们会选择一个分类的维度，即一个概念或者特征。语言学家认为归类中使用的很多范畴是普遍通用的。我们使用的有：同义词，比如“迅速的”和“快速的”；反义词，比如“干净”对“肮脏”；子范畴，比如“臭鼬”和“动物”；部分及整体，比如“心脏”和“身体”（Raybeck & Herrmann，1990）。

研究表明文化群体倾向于用他们与某些物体相关的独特文化体验来对其归类（Okonji，1971；Wassmann，1993；Wassmann & Dasen，1994）。换一种说法，根据经验人们知道这些物体是干什么用的，根据这个指示再对他们进行归类（Mishra，1997）。还有研究显示对环境的熟悉程度影响分类行为。例如，根据一项著名的研究，利比里亚的乡下人，比起新墨西哥的学生，在卡片分类任务中表现水平较低。但是，利比里亚人在对各种大米进行归类上表现优异（Irwin et al.，1974）。在几项研究中，美国的中东移民在实验室实验中的物体归类任务上，比执行相似任务的其他移民，表现出更好的整合思维。这些差异可能反映了国家教育系统的差异（Zebian & Denny，2001）。还有发现表明很多美国黑人在人物归类上具有出众的技巧，对物体则不然（Shade，1992）。

记忆

很多关于记忆的比较研究都包括要求被试记住故事性的信息并回忆它们的任务。记忆有文化差异吗？曼德勒（Mandler）和同事（1980）在美国和利比里亚儿童及成人对故事的回忆上发现的差异相对很少。类似地，对信息的立即回忆的共同模式在很多相差较大的文化群体，比如英国、波兰和津巴布韦的修纳人中都有发现（Whethrick & Deregowski，1982）。

人们回忆故事的共同模式并不意味着人们回忆的内容以及他们加工这些信息的速度有共同模式。文化、社会和教育经验影响了我们会记住什么。两组学生，澳大利亚人和亚洲人（包括中国人、日本人和韩国人），被要求提供所谓的“自我定义记忆”的信息。这些记忆应该是他们相信塑造了他们个体的事件的自传体回忆。澳大利亚人提供了更多详细的强调自我的记忆，亚洲人更多的详细记忆包含了他人和关系（Jobson & O'Kearney，2008）。高社会经济地位的儿童在各种记忆测验中比其他学生得分更高（Ciborski & Choi，1974）。史蒂芬森和考克（Steffensen & Calker，1982）测试了美国妇女和澳大利亚土著妇女，让她们回忆两个关于儿童生病的故事。在一个故事中，儿童用西药治疗（美国妇女熟悉的情况），另一个故事中用土办法治疗（土著妇女熟悉的情况）。当故事符合被试的知识时回忆效果更好。类似的结果也被其他研究不同文化人群的心理学家报告过（Harris et al.，1992）。戴瑞格维斯基的研究（Deregowski，1974）表明赞比亚的城市儿童能比农村儿童回忆出更多的测验内容。也许城市孩子更好的教育机会和学校活动对记忆的强调影响了儿童的测验表现。

形式和数学推理

形式推理是基于对已知前提的抽象分析并从中导出结果的一个基本认知操作。其对系统的学校教育格外敏感（Scribner & Cole，1981）。形式推理与**经验推理**不同，后者来自日常经验。一个人可能擅长经验推理但是在测量形式推理技能的测验中表现不佳。俄罗斯心理学家鲁利亚（Luria，1976）的一项研究显示，苏联当时的一个共和国乌兹别克斯坦的文盲农民，可以理解经验推理——当推理所含物体可以看见时——却不能理解需要假设和想象的抽象的形式推理。

很多跨文化研究都特别集中在数学问题上。这种情况不光是因为这些研究能很好地测验推理能力，而且也是因为数学符号具有文化中性。一个重要的发现就是东方文化——比如中国和日本——经常被认为其成员的数学能力发展很好。确实，中国被试在很多数学测验中显著地比美国学生表现更好（Geary et al.，1992；Stevenson et al.，1990）。戴维斯和金斯伯格（Davis & Ginsburg，1993）比较了贝宁（非洲）、北美和韩国儿童，发现在非形式的、与生活相关的数学问题上他们的表现差异很小。为什么会有这种趋势？最常见的解释是基于东亚社会有一套特定的社会常模的假设。特别是，这些父母和家长比起海外其他同龄人，通常花更多的时间和精力在发展儿童的形式数学技能上。教育常模和态度上的差异最可能造成北美和东亚儿童测验表现上的差异（van de Vijver & Willemsen，1993）。有研究表明美国白人和美国亚裔学生作为两个群体，在解决推理问题时往往存在使用语言的差异。如同研究者表示的，比起对亚裔，说话显然对白人帮助更大，比起美国白人，亚裔倾向于更少地使用内部语言（Kim，2002）。

创造力

如果你要用“forever”和“together”（“永远”和“在一起”的英文单词，其音节尾发音相同）押韵写英文诗的话，这不能称作有创意的诗。为什么呢？因为**创造力**一般意味着原创性或者用新颖的方式产生有价值成果的能力。“forever-together”这一韵律已经在数百首诗词和歌曲中被使用过了。

创造力一般被定义为形成既新颖又有用处的东西的过程。特别的，创造性认知方法识别了创造性思维中所暗含的两种认知过程——产生过程和探索过程。首先，人们要主动地提取或寻找具有创造性潜力的相关信息。其次，他们检验这些想法来决定哪一个需要进一步的加工，比如修正、细化和转化（Leung et al.，2008）。在跨文化心理学里，检验文化在创造力中的角色的研究主要都聚焦在社会因素和社会化实践上（Harrington，1990；Stein，1991）。例如，持续的父母支持和正性刺激成为创造力的良好预测因素（Simonton，1987）。在一个美国墨西哥裔的比较研究中，来自经济有利家庭的儿童比经济不利家庭的儿童表现出更高的创造力得分。还有研究发现阿拉伯被试在词汇创造力上比空间创造力上得分更高，这可能与伊斯兰文化强调达到词汇的精通，以及对图片反映现实的宗教限制有关（Abou-Hatab，1997；Mari & Karayanni，1982）。该研究还表明阿拉伯文化中的男性比女性在创造力测验中得分高。但是那些在电视、西方教育和旅行经验上程度等同的被试在他们的创造力分数上存在性别差异的证据微乎其微。

经典案例

多重文化体验可以鼓励想法的创造性扩张。你怎么看旅居国外的艺术家和作家离开自己的家乡到另一个国家定居后，涌现出来的卓越的洞察力？去查询一下有些作家、作曲家和艺术家的传记。他们是何时创作出他们主要的杰作的？加西亚·马尔克斯（Gabriel Garcia Marquez，生于哥伦比亚）、弗拉基米尔·纳博科夫（Vladimir Nabokov）和谢尔盖·瓦西里耶维奇·拉赫玛尼诺夫（Sergei Rachmaninoff）（生于俄国）、保罗·高更（Paul Gauguin，生于法国）、纳兹姆·希克梅特（Nâzim Hikmet，生于土耳其）、泰戈尔（Rabindranath Tagore，生于印度）。你能给出其他在海外创作出主要杰作的人名吗？这是否意味着不同的文化激发了想象或刺激了创造性作品？但是我们应该明白，还有很多艺术家和作家没有怎么旅行过，却也没有人质疑他们的创造力和天赋。例如，尼扎米（Nezami），伟大的波斯诗人，他的一生都待在一个地方。

文化体验既可以促生也可以阻碍创造力。我们学到的常规经常可以帮助我们协调自己的社会行为（Chiu & Hong，2006）。另一方面，当一个人沉浸和暴露于一种文化下时，学到的常规和文化的习俗知识可能会限制他或她的创造性反应和成长。研究表明多重文化体验与从不熟悉文化中抽取想法的偏好有正性相关。但是，国外生活，而不是短期的国外旅行，会影响创造性思维。当在国外居住时，我们会遇到很多认知和行为的适应及改变的机会。此外，多重文化体验不能提高一个人在创造力任务中的表现，除非这个人事先就有对体验开放的倾向（Leung et al.，2008）。

在教育和雇佣就业的世界里，决策者在作出能影响很多个体一生机会的高风险决定时，变得过度依赖认知能力、知识或技能的测验（Helms，2007）。

认知技能、学校成绩和教育系统

大量研究表明IQ分数与学校成绩相关。换一种说法，如果阿里比约翰的IQ高，那人们就可以期望阿里在数学、科学、文学和社会研究中的成绩都比约翰好。那一个人能做出智力分数高决定学校成绩好的联想吗？是的，这样的假设是正确的，但是它包含了一个逻辑上的错误。为什么呢？因为一个人在学校所取得的好成绩还可能与一个人的努力、动机、学习兴趣和个人纪律有关。这些特征，反过来很大程度受到一个人的家庭影响。再加上同伴影响、教师的努力和承诺、学校和家里教育资源的可获得性——所有这些都可能决定一个特定个体的成绩和测验分数。

我们不能忘了在全世界，国家学校体系的组织不同。在美国，公共教育主要依照地区社团所决定的方针来定，联邦政府不能强制要求州或郡的学生在幼儿园、初中或者高中学什么。但是在很多其他国家，学校用标准的课程表，全国的学生在所有科目上用类似的课本。举例说，日本的儿童一般比他们的美国同龄人数学更优秀。这不是因为IQ的差异——平均分数是相似的——而是因为日本学校课程给予数学极大的重视。

研究还表明教育年数和IQ分数之间的高相关。简单来说，IQ高的人更可能进入大学继续学业；拥有大学学位的人，比起只有高中文凭的人，更可能有高IQ（Neiser et al.，1996）。高IQ可能可以预测好成绩；而后者也能增强一个人留在学校的动机。

批判性思考

美国儿童在数学和其他学术科目上落后于世界其他地方吗？教育界“我们输了”的观点是大众传媒中的一个新现象。《生活》杂志1957年三月期的封面故事是：“教育危机”。文章指出在共产主义苏联，那些勤奋努力和守纪律的学生在教育成就上正在超越没精打采和无忧无虑的美国人。在20世纪80年代，大量关于日本学生与他们的美国同龄人相比所取得的成就的报告，暗示着一场不可避免的和快速的经济消退，以及与之相对的以受过良好教育的日本员工为基础的日本经济的增长力量。

今天，比较世界上大多数工业化国家的学生，美国学生在所有学科上和其他学生水平相当。此外，美国人在一些学科上的表现优于其他人，比如公民学（关于公共事务及公民的权利和义务的学科）。当然，与其他人在相同水平不意味着美国的教育系统在任何方面都是好的。美国的教育挑战与制度和文化因素有关。首先，除了少数例外，美国公立学校都是本地资助，并不像世界大多数国家比如俄罗斯、中国和印度那样由联邦政府掌管。其次，大学教育普及到大多数美国学生（通过包括州立大学和两年制学院的巨大网络），不要求高中生成绩优异得分最高。最后，美国的教育系统有这样的历史传统，即格外强调个人发展、选择自由、创造力和非传统的问题解决方式，这样的强调点导致了准备测验考试的注意力被分散（Fahri，2007）。

> 智力的第一个记号肯定不是开始一件事，智力的第二个记号却是把你已经开始的事情坚持到底。
>
> ——《五卷书》，佚名的梵语动物寓言集

文化、测验和动机

IQ测验分数可能不仅由一个人的智力技能决定，也由此人的动机、焦虑水平和对测验的态度决定。例如，为什么美国白人和黑人及墨西哥裔之间在智力测验分数上有差距，但这样的差距在其他移民群体，比如阿拉伯裔、华裔或者伊朗裔中则不存在？为解释差异，学者有时会提到所谓的**低努力症候群**（Ogbu，1991）。低努力症候群是应对策略的一个例子：“不管我多努力，我还是会停止不前。”

这个症候群为什么会存在？在美国，或许在其他一些国家也是，至少有两种类型的少数族裔。第一种是移民的少数族裔，他们中的大多数都是为寻找更好的条件和机会而自愿来美国。这些少数族裔利用高学术成就作为成功的一个条件。相反地，世袭少数族裔，通过奴隶制度或者强制殖民被带到美国。基于因为社会不想让他们在教育上进步，所以学术成功不能带来提升的假设，他们发展了一种不同的态度。

确实，很难不去赞同人们应该从自己的努力工作中寻求成功结果的想法。否则，悲观主义就会阻碍我们中的许多人去学习、研究，以及为了更好的将来而奋斗（Raspberry，2000）。那些认为一些少数族裔在智力测验上表现出更少的动机的人一般指出，这些个体不努力在这些测验上表现优秀是因为他们相信他们反正进不了大学，测验有偏差对他们不利，测验结果并不重要。有些个体把自己视为少数族裔群体，并意识到权力和资源不属于他们，相信没有理由让他们去尝试获得成功，因为成功是不可及的，因为他们的少数族裔身份，所以他们的努力不会被社会所回报。此外，测验还可能被一些人视为政府试图扩大对少数族裔歧视的另一种工具（Williams & Mitchell，1991）。

这样的负性态度可能传给年轻一代，并成为价值体系中的一部分，促使人们去寻找教育之外的其他方法来生存。另外，一些黑人刻板地将学术成就定义为“白人的”行为，这对非白人的个体，尤其是美国黑人来说很不恰当（Ogbu，1986）。

有些学者争论黑人和白人的动机水平——那些做了智力测验的——没有很大的差异（Herrnstein & Murray，1994）。这些作者给出了一个例子，“数字广度测验”。在这个测验中，被试被要求用读给他们的顺序重复一系列的数字，比如：11，17，20，16，9，49。在一定数目的正向顺序或者一定数目的错误后，测验者要被试用倒序重复一系列数字。测验的这两个部分是立即进行的，一个紧接着另一个，并且内容相同：被试要重复呈现给他们的同样一些数字。

这项测验中的黑人—白人差异在反向数字上比正向数字上几乎大了一倍。作者认为这不可能是黑人被试的动机缺乏造成的差异：怎么会“正向”顺序上的差异甚小而“反向”顺序的差异很大呢？

但是，如果你批判性地思考一下，你会发现测验的这两半对被试的意味并不相同。测验的前一半只需要相对简单记忆和重复的操作。测验的第二半——当被试被要求倒序地重复数字——要求大量的心理努力。这会激起被试的心理抗拒，他们认为这么困难的任务是无法完成的，因此不值得持续努力。

> 夫仁者，己欲立而立人，己欲达而达人。
>
> ——孔子，中国哲学家
>
> 公平就像一辆列车，几乎总是晚点。
>
> ——叶甫根尼·叶夫图申科，俄罗斯当代诗人、作家

智商、文化和社会公平

少数人的权力是建立在他们的智力技能之上的吗？尽管有例外，但在大多数现代社会，人们接受教育的多少一般来讲可以预测他们的社会地位。确实，你的受教育程度越高，你能申请并最终得到的职位越有声望、薪水越高。另外，像之前指出的，拥有更高教育程度的个体最终应该比那些完成教育年数较少的个体挣得更多。例如，

在大多数社会，诸如医生、律师、牙医、大学教授和其他一些职业需要 20 年正式学校教育。换一种说法，高 IQ 分数表明更好的学校成绩并最终带来更高的社会地位——用产生的收入和职业声望衡量的价值。

现在用你的批判性思维想想。你能假设有一个社会中的特定声望的职业不要求人们通过一系列测验或者有很高的学术程度吗？在这种情形下，智商和挣钱潜力之间的关系不会很明显，因此，IQ 可能会失去其影响人们生活的辨识力量。这是否意味着，在当今社会，人们被依据他们的测验分数分成了“上层”和“下层”的社会类别？

有些人很轻易地认为当代民主社会中的人们生来平等，并且法律保护他们的平等权利。因此，继续把人依据他们的测验分数进行社会区分是根本不对的。当代体系对特定群体还存在歧视，那么为什么它还会被认为是公平的？例如，一些少数族裔，如黑人、拉丁裔和印第安人，比起那些 IQ 测验分数更高的人，进入大学的机会更少，获得更好的工作的机会也更少。用稍微不一样的视角看待这一情况，一个人应该问：“如果我们只有一个体系，把成功与测验分数相关联，并指出人们应该追求什么工作和最终他们能挣多少钱，那我们怎么能管这个叫民主社会？”

其他人可能回答：“那问题出在哪儿？我们都不一样。有些人身高高些，有些人矮些。我们有不同的技能。我们想要达到不同的目标。我们没有被赋予以相同的方式表现。我们需要接受多样性。多样性意味着多少有些不平等。”就像之前提到的，智力测验分数预测了一个个体可能从事的职业。在美国和许多其他国家，某些职业需要申请人拥有特定的大学学位并通过特殊的资格考试。毫无疑问地，这些职业需要个体应用他们的智力技能。例如，想象你自己是一个内科医师。你每天需要做什么？很有可能，你要检查有各种症状和问题的不同的病人；你要发展你的研究技能和观察的熟练程度以作出正确的诊断；你要与保险公司和你的领导沟通；你要知道怎么写药方；你要知道怎么和病人及他们的家属谈话；你必须阅读科学的和其他的专业期刊。我们还需要继续么？这项工作要求高学术学位。低学位或者没有受过正式学校教育的人会被期望从事较不复杂的活动。

也许有些类型的人会彼此竞争和歧视。可能没有办法达到平等的表现，并因此没有平等的学校测验分数。但是，不管可能与否，在民主社会中的人可以减少歧视的影响，不管歧视是有意还是无意的。为了说明此论断，假使两个都出生在 2005 年的儿童，我们应该期望他们都被赋予权利拥有平等的机会去追求更好的未来而竞争吗？或许会。但是，现实中，在他们人生的最初阶段，他们就以不同的“速度”加入追求幸福的赛跑。其中一个儿童拥有更好的智力成长条件，而另一个不会生活在这样有利的环境中。

我们中很少有人要求人们做到完全平等，即不管他们的努力、技能和道德行为如何而接受同样的好处。但是，我们相信一个富裕的民主社会有能力通过帮助不利的人群去竞争和追逐幸福，为它的公民创造更好的条件。但这一争论带来了不只是心理学的，也是很多道德的和政治的问题，所以超出了本分析的讨论范围。

然而，IQ 测验和分数的情况也许在变。弗林（Flynn，1987，2007）呈现了全球性的智力测验表现上的持续和稳定增长的有趣趋势。主要在发达国家发现的这一结果表明每 10 年 IQ 分数增长 3 分。从更大的视角看，一个人可以提出每一代人都被期望比他们的父母和父辈其他人取得更高的分数，而且差异从 6 分到 9 分不等。这样的差异可能是由人群中科技进步的增长引起。例如，在 20 世纪 80 年代，大部分电子游戏都很简单，都是一维的，只有一两个移动很慢的物体。今天的电子游戏——大多是三维的和彩色的——在一个人能成功玩任何一个游戏之前要求相当大的准备和训练。对电视和互联网使用的增加也增长了周遭世界的复杂性，并可能刺激了个体心理技能的发展。科技和其他资源改变了人们的生活。例如，近些年美国农村和城市人口的 IQ 分数差距显著降低（Neiser et al.，1996），这可由环境的改变解释。在农村地区，比起 20 年或 40 年前的情况，儿童有更多机会接近各种信息资源，比如电视和互联网。

高测验分数和总体的学术成功包括了知识和技能的获得，以及学习的动机。正如许多专家所暗示的，尽管理论学习是教育的主要目标，但关于如何最好达到这一目标的想法应该被扩展到包括儿童对学习的参与性、他们作为学生的自信程度，以及他们与其他儿童和成人一起高效工作的能力（Bemak et al.，2005）。

诚实的心灵首先受到祝福，聪颖的心灵居次位。

——托马斯·杰斐逊（Thomas Jefferson，1743—1826），美国第3任总统

最后，道德价值

总而言之，得到许多心理学家支持的当代观点认为，大多数智力的重要元素即所谓的更高水平能力，也就是推理、问题解决和决策。智力不仅是对环境条件变化的反应，它也是一个人学习这一环境的总体能力。比起低智力水平的人，拥有高智力的人——在不同的情况和活动形式下——更有能力注意、理解和解释周围的现象。一种信念是高智商的人有更大的机会改变我们的环境（Sternberg，2004）。

但是，一个有高IQ分数和更大潜力改变环境的人可能只有一点或完全没有任何道德价值，并缺乏怜悯、同情心或善意。

在20世纪70年代，人类发展方面最有声望的专家之一乔姆斯基（Chomsky，1976）批判了针对智力的一个非常流行的方法。这个方法是基于个体的成功是以其所挣的钱的多少为基础的假设。事实上，收入和声望不是也不应该是对社会成功的唯一衡量。在许多国家，社会成就很大程度上不一定由一个人在IQ测验上取得高分的能力决定，而最重要的是由其生存技巧决定。这可能包括（1）在食物和资源有限时坚持下去，（2）适应环境，以及（3）在巨大的无法律、暴力、污染和疾病的压力下对环境做出改变的能力。另外，很多人不把他们的个人幸福、工作目的和成功仅仅建立在外部的奖励和物质因素上。还存在可能与IQ测验分数无关的道德上的满意、爱、友谊和人类经验的其他元素。

练习 5.2

记忆和经验

我们对某一话题和主题的熟悉程度会影响我们记忆和提取信息的精确性。因此，不同的文化经验可以影响在特定情境中的记忆质量。试想一下下面这个句子：四分卫出现了传球失误，而这个失误迫使球队在最后两分钟警告前踢了悬空球。选择五个对橄榄球熟悉的人和五个对它了解很少甚至完全不知道的人。给他们念这个句子，然后要求他们写下他们记得什么。你期望得到什么样的结果呢？确实，尽管将这个句子全部回忆起来是很难的事情，但第一组的被试（对橄榄球了解的）可以准确地回忆大部分单词。相反，那些对橄榄球不太熟悉的人，也许会在传达句子意义上出现一些错误。你能够检验这个假设吗？

经典案例　理性计算和道德价值

下面这种情况你会怎么做？想象一下你是拥有10个成员的，在遥远行星登陆进行科学研究的宇宙飞船的船长。你了解到由于一些灾难性的问题，飞船不能载着全部成员从那个行星起飞。现在比载重超了170磅，氧气罐快要用光了。你会怎么做？在著名的经典剧集《星际迷航》中，史派克先生——一个智慧超群的角色，远远超过了其他成员——提供了一个非常“有逻辑性的”解决办法：留下最没有价值的成员在行星上（那个人会死，并因为牺牲自己拯救了其他成员的性命）。显然，“没那么智慧的”角色们会反对这一无情的推理，并想出其他解决办法。道德价值在这个情况下超越了逻辑计算。

练习 5.3

寻找纸笔测验的可能的偏见

根据一个联邦写作测验的结果，四分之三（60 000名，来自四年级、八年级和十二年级）的本土学生无法完成一篇结构良好、流畅的文章。大部分学生在被要求完成短篇文章时都能够完成。但是，他们的写作并没有国家教育者、州官员以及商业领袖期待的那样成熟和熟练（Cooper，1999）。不同宗教和种族组之间的表现还是存在差异。白人和亚裔相较于非裔美国人、拉丁裔和土著美国人写得更好。在军事基地的学校中，这些差距有所减小，军校中的学生在得分上比其他地方的学生高。也许少数学生从国防部平均分配的资源及军校中的态度、教育和财务保障中获益。

尽管如此，有人检验过这个测试有文化偏见的可能性吗？显然是没有。下面是一些国家评估管理委员会用于测试不同年级学生写作技巧的问题。你能够检验这些问题，并就这些作业是否抵制了现有的种族偏向性提出你的建议吗？解释你的论点，同时试着在你的分析中做到成熟和熟练。

四年级：我们都有那些我们关心并且不愿放弃的喜爱的东西。试想一个对你重要且有价值的东西，感谢你最喜欢的东西。确保你描述了这个东西，同时也解释了为什么这个东西对你重要且有价值。

八年级：试想这样一个情景！某天晚上被外面的噪音吵醒，你望着窗外，看到了一个飞船。飞船的门是开着的。从里面走出来一个太空生物。这个生物长得什么样？他都做了些什么？你做了什么？续写一个接下来将要发生的故事。

十二年级：你的学校赞助了一个18岁高中生投票登记活动，你和你的其他三个朋友在讨论这个活动，下面是你的朋友说的话。

朋友一：“我正在致力于年轻人投票登记。你来登记投票吗？你们都已经18岁了，所以你们可以这样做了。我们试图帮助提高年轻人投票比例，这个不应太难——最近几年，18岁到20岁的人的投票比例有所增加，我们希望这个比例持续增长。”

朋友二：“我会去的。人们一满18岁就应该去投票。这是活在当今时代的责任之一。”

朋友三：“我不认为人们应该很麻烦地去登记。选举中的一票不会改变任何东西。”

你同意朋友二还是朋友三？写下对你朋友的回复，你是否会去登记投票，并解释为什么。同时用你读到的例子或者经验支持你的论点。试着说服和你持相反观点的朋友。

* *

本章总结

● 大多数智力的定义包括诸如对我们周围现实的认识和理解这样的词语。智力被定义成一系列能帮助个体达到目标的心理技能。智力也被视为使用知识的能力和克服障碍的技能。总之，智力被定义为帮助一个人适应变化的环境的东西。

● 智力还与认知不可分，后者即个体获得和使用知识的各种过程。它通常包括比如再认、分类、思考和记忆的过程。总之，认知发展既不完全是文化相对的，又不是完全各处相同的。

● 心理学的大部分注意力都放在所谓的智力的心理测量方法上。这种观点是建立在我们的智力可以“被赋予”一个数字价值的假设基础上的。

● 今天各种测验显示了大的文化群体中的智力分数差异。例如，在美国，（东亚的）亚裔美国人得分最高，其次是欧裔美国人、拉丁裔，最后是美国黑人。而且，平均来看，黑人学龄儿童在标准化智力测验上的得分比白人学龄儿童低10%～15%。

● 在试图解释智力测验分数的群体差异的一

项尝试中，斯腾伯格（1997）表示要区分智力和智力行为。以他的观点看，智力是一个心理过程，可能带来也可能不带来特定的行为反应。这些行为随文化的不同而不同。一些在一个文化的成员中被认为是智力的东西在其他文化中不一定被同样对待。

● 根据先天主义观，大部分认知现象都是与生俱来的。它们像一个生物“编程”的结果自发表达，环境知觉几乎不需要有机体的积极建构。有证据表明遗传在人类智力中扮演了重要的角色。但是，个体差异性和相似性的遗传关联不能表明群体差异——比如在国家水平上——也是基于遗传因素的。

● 有些专家表示出于测验的词汇——测验题目使用的词语和条目——的原因，大多数智力测验对特定的种族群体有利。测验可能因为使用了只有某些群体熟悉的词而存在偏差。结果这些群体的成员比不属于这些群体的人得分要高。

● 很多环境条件都被发现对智力测验的表现有影响。其中包括对资源的总体可获得性和使用权、不同的知觉体验、家庭气氛的主导类型、教育机会、获得书籍和旅行的机会、文化迷信的存在和缺失、普遍态度和文化习俗。

● 通常智力分数与个体的社会经济地位正相关，并且社会经济条件和测验表现之间的关联在很早的年龄就可能出现。一个儿童的IQ被发现与其父母的社会经济地位正相关。富裕和有教养的家庭可能为子女提供更好的物质环境，且比起穷困家庭有更多的资源来发展子女的智力潜能。贫穷导致对儿童和成年智力发展的种种间接影响。

● 在美国，高IQ分数的人很不均衡地代表了医生、科学家、律师和企业管理层。低智力分数的个体很不均衡地代表了接受社会福利的人、监狱犯人、单身母亲、瘾君子和高中辍学生。

● 不同文化中的人们评价和分析智力的方式存在差异。例如，不是所有的文化都把快速和分析性作为智力的概念。如果一个群体的智力概念包括了回答的细节化和精确化，而其他群体没有提到这些特质（及提出将即兴发挥作为智力的一个元素），那精确性就不能作为两个群体比较所依据的一个标准。

● 根据一个理论，西方和东亚学生认知风格存在差异：来自中国、韩国和日本的学生比起西方裔的学生，知觉更倾向于整体性。

● 认知过程有跨文化相似性，并可能根据特定的文化常模和社会要求按不同的方式发展。人们发展出能最好适应他们生活方式所需要的认知特性。跨文化研究发现表明分类、记忆、标注、创造力和形式推理的差异可能根植于文化因素。不同的文化群体对刺激物的分类按照他们与这些物体有关的特定的文化体验有所差别。很多认知过程根据特定的文化常模和社会要求，既可以按相似的方式发展又可以按不同的方式发展。

● 一般来说，比起他们的海外同龄人，美国儿童被赋予更多自由来选择学校活动。通常个人发展、令人愉快的活动，以及对儿童个性注重的活动被强调。相反地，在亚洲国家，对儿童数学发展的积极提倡是关键。儿童一开始就要学习纪律规则、坚定不移的品质，以及为了教育目标的牺牲。

● 一些少数族裔可能表现出所谓的低努力症候群，或对智力测验的低水平动机。这通常表明，这些个体不努力在这些测验上表现优秀，是因为他们相信他们反正进不了大学，测验有偏差对他们不利，测验结果不重要。

● 总体上讲，在西方发达社会，高IQ分数与社会成功相关。但是这一关于IQ测验和分数的情形可能在改变。出现了全球性的智力测验表现上的持续和稳定增长的有趣趋势。主要在发达国家发现的这一结果表明，IQ分数每十年增长3分，这归功于教育上的成就和科技发展。

关键词

认知 代表个体获得和使用知识的一系列过程的一般术语。

认知风格 个体组织和理解世界的个人方法。

创造力 原创性或者用新颖的方式产生有价值成果的能力。

经验推理 取自日常活动的经验和认知操作。

场依存风格 个体更多依赖于外部视觉线索，并主要为社会指向的一般认知能力。

场独立风格 个体主要依赖于自身内部的身体线索，并更少指向与他人的社会投入的一般认知能力。

形式推理 基于对已知前提的抽象分析并从中导出结果的一个基本认知操作。

智力 理性地思考、有目的性地行动、克服障碍和适应变化环境的全面能力。

低努力症候群 基于测验有偏差对他们不利，测验结果对人生成功不重要的信念而对智力测验的低水平动机。

先天主义观点 所有认知现象都是与生俱来的，它们像一个生物“编程”的结果自发表达，环境知觉几乎不需要有机体的积极建构。

智力的心理测量方法 建立在我们的智力可以“被赋予”一个数字价值的假设基础上的一种观点。

第6章

情　绪

一个人的快乐是另一个人的噩梦。今天是这样，永远都是这样。

——贝托尔特·布莱希特，
德国剧作家

通常人们悲伤时，什么也不做。他们只对自己的情况痛哭流涕。但当他们生气时，他们会带来改变。

——马尔科姆·艾克斯（Malcolm X，1925—1965），
美国民权活动家

你知道在公共场合亲吻在日本是不能接受的吗？这个国家并没有哪个法规禁止亲吻。这只不过是一条古老和不成文的对行为的规定。当然，如果你去过日本，你可能会回忆起一两对年轻情侣在火车站或机场吻别的情形。不过，主要规矩的例外毕竟是罕见的：感情和甜蜜不应该在公共场合显示出来。爱抚、亲吻、拥抱和噘嘴在日本街道上是极其罕见的。不要把这个国家对公开显示感情的禁止与对性的禁止联系起来。后者非常活跃并显著地出现在日本媒体上。只要看看日本的电视，尤其是晚间节目就知道了。或者买一本情色杂志——通常都包在塑料纸中——在商店的最顶层货架上。那么在公共场合亲吻为什么不能被接受？问问任何在日本长大的人，他会告诉你在这个国家的人，从他们人生的最初开始，就学习如何在公共场合下抑制自己的情绪。如果一个人不能控制焦虑、恐惧、喜悦或忧伤——任何形式的感情——并让其他人看见，就会被认为是软弱的。如果感觉的表达被规定控制得如此严格，这是否意味着在日本情绪被压制到了他们无法再感觉到的程度呢？

就在此刻，在蒙特利尔正有人因为获得工作晋升而高兴得跳起来。在地球的另一端，在耶路撒冷，一个女孩正焦虑地期待着她的第一个犹太成人仪式。在堵塞的交通中，一个生气的莫斯科出租车司机正把他的沮丧发泄在其他司机身上。在韩国，一个被征入伍的士兵正焦虑地准备第一次跳伞。情绪，或感情，是一种通常包括生理唤醒、主观体验（积极、消极，或矛盾的），还有行为表达的某些混合的可评估的反应。喜悦和失望，悲伤和惊奇，嫉妒和自豪，还有其他几十种情绪伴随着我们的日常生活，不管我们住在哪里或说哪种语言。我们从出生那天起就表现出情绪。我们从周围的人、我们读的书和我们看的电影里学习它们。大师们对词语、图像和声音的描述表明，人类情绪一直引起艺术家和诗人的极大兴趣。数个世纪来他们表现、反映、涂画和描绘爱情、悲伤、内疚和人类存在的兴奋。

对学术书籍的概览显示，人类情绪总是哲学思考的重要对象。对情绪的复杂精密的和令人着迷的观察可以在中国教育家和哲学家孔子（公元前6世纪到公元前5世纪）、希腊的伊壁鸠鲁学派和诡辩家（公元前5世纪到公元前3世纪）、阿拉伯的医师和思想家阿维森纳（公元11世纪）、欧洲的笛卡尔和斯宾诺莎（公元17世纪）及其他很多人的著作里找到。但是，对情绪的科学研究只在最近才开始——刚好一个世纪之前。

这个领域的先锋之一，威廉·詹姆斯（William James，1884）提出了情绪是嵌入躯体体验之中的理论。生理上的体验导致一个人感到唤醒，唤醒刺激了对焦虑、喜悦等的主观体验。根据詹姆斯的理论，人们不是因为他们高兴而跳跃或鼓掌；而是他们跳跃和鼓掌使他们变得快乐。詹姆斯甚至给出了如何去感受一种特定情绪的建议："通向快活的主动通道，如果自发的快活被丢失，就快活地端坐，并好像快活已经在那里了一样地去表现和说话。要感觉勇敢，表现得好似我们已经勇敢，用我们全部的意志集中于此，勇气就非常可能替代恐惧。"（见 Wallis，1965，p. 156）当詹姆斯在美国推广自己的想法的同时，一个丹麦心理学家，卡尔·兰格（Carl Lange，1885），提出了关于情绪的类似观点。这一观点现在被称为詹姆斯—兰格理论。

40年后，坎农（Cannon）和巴德（Bard）发表了另一种看法，称为情绪的坎农—巴德理论。根据这一方法，各种生活情形——比如一个毛茸茸的蜘蛛在你的肩上爬——可以同时引出情绪体验，比如厌恶或恐惧，以及身体反应，比如血压上升或手掌心出汗（Cannon，1927）。在20世纪60年代，另一个关于情绪的理论在心理家中受到欢迎。根据这一理论的作者（Schachter & Singer，1962），情绪体验有两个关键元素：生理唤醒和对这一唤醒的认知解释。在每种情绪中我们首先体验到一种心理唤醒的状态。然后我们试图向自己解释这种唤醒的意思。如果情形表明我们应该体验到愉快，我们就叫它喜悦。如果有人威胁我们，我们就叫那种体验为恐惧。

这些理论在西方心理学界根深蒂固。但是，它们解释了文化与情绪体验之间的关联了吗？这些理论所做的是提供给跨文化至少两个基本的选择。根据其中一个选择，所有人类的情绪都是普遍的。他们有类似的潜在的心理机制，独特的文化环境只对人类感情"化了一下妆"。例如，在美国，一群快乐的朋友在他们最爱的球队进了一球后会彼此“击掌庆祝”，而欧洲朋友在类似的情形下更可能握手。但是，两个朋友群体所感受到的喜悦是相同的，不管表达上有什么差异。简而言之，悲伤是悲伤，高兴是高兴，不管你住在哪里，是墨西哥、波斯尼亚、尼日利亚，还是越南。

另一种选择强调情绪的文化起源和文化特异性。根据这一观点，所有的人类情绪都在特殊的文化条件下发展，因此只在特定的文化情境下才能被最好地理解。例如，一个观察者可能识别出一个波兰工人脸上讥讽的笑容，如果他对讥讽的性质——一种意思被间接传达的表达形式——以及出现讥讽反应的周围环境两者都能明白的话。

这些观点哪一个得到更强的实证支持？考虑一下争论双方的证据。

我们笑了就高兴：情绪体验的相似性

人们能够辨别他人的情绪。甚至当我们不会讲某人的语言时，我们一般也可以解理这个人是高兴还是悲伤。如果你通过判断别人的情绪表达理解他们是如何感受的，而他们也可以正确判断你的情绪，那就意味着人类情感是具有普遍性的。这正是达尔文（1872）在他的著作《人类与动物的表情》中所指出的。他收集了来自全世界的采访，并得出结论认为基本的人类情绪表达是相似的，因为它们要为适应性目的服务。动物和人都通过手势、姿态和面部表情来对他们给予帮助、打斗或逃跑的准备和意愿给出信号。例如想象一下，你看见你的朋友眼睛睁得很大，你听见他尖叫，而且你观察到他正在扔一杯汽水。这些反应的结合可能警告你，很可能你的朋友害怕或是厌恶他在杯中发现的东西这一事实。几乎是马上，你会检查是不是也有什么东西——一个虫子？——在你自己的杯子中。情绪规范了社会行为并可能保护人们远离危险。例如，恐惧和愤怒会比喜悦让人产生更大的心跳加速。如果从进化角度考虑这很有意义。愤怒和恐惧与“战或逃”反应有关，需要心脏泵出更多的血液给肌肉：总之，你面对一个威胁时不是保卫自己就是逃跑。所有文化中的人，在危险情况下其恐惧都造成特定的防卫反应。同样地，厌恶防止我们去尝试潜在的有毒物质，比如腐坏的食物或变质的水（Izard，1977）。

批判性思考

有关情绪表达的调查研究至少存在一种严重的方法问题。这样的表达应该在问卷问题中解释并由被试描述。这个表达存在问题，是因为很多人不能准确记住他们如何表达情绪，也不能用其他人表现出的精确独特的反应来描述。其次，人们有给出社会赞许性答案的倾向，假定情绪表达不一定是“好的”或“道德的”（比如大声笑或者公开表达悲伤）。因此，许多人可能不是按他们如何反应，而是按他们应该如何反应来回答（Oishi et al.，2004；Wang et al.，2006）。

实证研究证明了人们表现情感的方式上的很多相似性。一个对从西方工业化国家到非西方环境下的人的情绪面部表情的比较研究发现了双方显著的类同（Ekman，1980）。研究者发现了人情绪的声音表达的普遍性模式（Van Bezooijen et al.，1983）和对复杂情绪比如嫉妒与羡慕的行为表达的跨文化一致性（Hupka et al.，1985）。

2004年一项涉及37个国家的比较研究揭示，西方和非西方国家的人都显示出相同的属于情绪表达的一般模式。男性比起女性，倾向于表达更多的愤怒，而女性与男性相比，倾向于表达更多的悲伤和恐惧（Fischer et al.，2004）。记住，这些数据只反映了将男性和女性以大群体描述的总体倾向。

另一个关于人类情绪相似性的有趣争论起源于对一种情绪表达的识别、描述和解释，简称为**情绪认知**（Ekman，1980；Izard，1971）的大量研究。举例说，在一项这样的研究中，向来自五个国家——美国、巴西、智利、阿根廷和日本——的被试呈现了一些人的图片，每个人都显示了以下六种表情中的一种：高兴、悲伤、生气、害怕、惊奇或厌恶。大多数被试能正确地识别这些表情（Ekman & Friesen，1969）。人们对眉毛位置和微笑的解释表现出非凡的准确性（Keating et al.，1981）。例如，微笑被普遍理解为快乐的标志，皱眉被理解为生气或支配的标志。在另一项包括了来自爱沙尼亚、德国、希腊、中国香港、意大利、日本、苏格兰、苏门答腊岛、土耳其和美国的被试的研究中，埃克曼（Ekman）和同事（1987）证明了混合的情绪表达，比如羞耻和挫败，也被所有国家的被试轻松识别。

跨文化的关于声音中的情绪语调识别的研究也产生了类似的结果：人们在说话者用一门外语说话，并且声音被录在磁带上的情况下，通常也能识别说话者的情绪（Albas et al.，1976；Van Bezooijen et al.，1983）。在一项研究中，来自西方和非西方国家的被试被要求做一个面部表情来表示他们很高兴见到某人、对某人生气、对坏消息感到悲伤等。这些面部表情被录下进行事后分析。结果指出两组被试存在相同的面部肌肉模式（Ekman & Friesen，1978）。换一种说法，不同文化下的人不仅能轻松识别基本的情绪，而且他们也使用同样的肌肉群来表达情感。世界上大多数人能从声音线索中推断情绪。在9个欧洲、美国和亚洲国家进行了一项关于对德国职业演员表现出来的生气、悲伤、害怕、高兴和中性声音的声音情绪描绘研究。数据表明所有情绪在国家中有超过60%的总体准确性（Scherer et al.，2001）。

不同文化和语言下人们命名情绪的方式有着惊人的相似性（Russell，1991）。在其他语言中，有与英语中每个情绪词语事实上相当的词语（Scherer & Wallbott，1994；Scherer et al.，1988）。所有的语言都对积极和消极情绪进行了区分，这种区分被解释给儿童，他们很小就开始使用诸如“和蔼”、“刻薄”、“好”、“坏”、“我喜欢”和“我不喜欢”等词和短语了。不同的语言定义所谓的基本情绪的方式也有相似性。尽管理论家可能生成一份略有不同的列表，但大多数分类包括五到九种情绪。生气、害怕、高兴、悲伤和厌恶在几乎所有的国家分类中都出现了。惊奇、轻蔑、感兴趣、羞耻、喜悦、信任、期待和内疚在其他分类中出现（Lynch，1990；Russell，1991；Vekker，1978）。

总而言之，人类情绪的普遍性这一想法的支持者指出，所有文化中存在相似的情绪。我们以相同的对愉悦或不愉悦的面部表情、生理改变和主观体验对外界事件和身体信号作出反应。跨文化来看，个体对失去亲友、子女出生、喜爱球队的胜利、他人的批评都具有情绪敏感性。不同文化下，悲伤都可以导致哭泣，愤怒都可以激起攻击，喜悦通常帮助人作出原谅。

跨文化敏感性

一个在32个国家（包括印度、中国、土耳其、以色列、俄罗斯、津巴布韦、美国、德国和墨西哥）取样的研究显示，个人主义与情绪的更大表现力正相关，尤其是高兴和惊奇。个人主义与悲伤的表达负相关。这些发现说明文化中的个人主义，一般来讲，与积极情绪的认可有关（Matsumoto et al.，2008）。轻蔑、厌恶和害怕在所有样本中是最不被认可的情绪。很有可能的是，消极情绪，尤其是轻蔑和厌恶，被视为对社会关系具分裂性，这一倾向在集体主义文化中更强。悲伤可以标志着不幸（Izard，2004），也可以被解释为一个人软弱的标志。但是，这些发现不意味着来自主要是集体主义文化的个体总是在他们的情绪表达中有所保留，而来自主要是个人主义文化的人就不是这样。当判断其他人的情绪表达时，想想这些人独特的人格特质、当时具体的情况，以及你在这一情形下的角色。不要犯自证预言的错误（见第3章）。

如果你没受过伤就无法解释疼痛：情绪体验的差异

尽管情绪体验有跨文化相似性，但并不存在对基本情绪的唯一普遍性描述。在佛教传统中（以汉语中所接受的为例），基本的 7 种情绪被描述为：喜、怒、哀、乐、爱、恨、欲。这里并没有厌恶。还有，罗素和易（Russell & Yik，1996）回顾了反映包括儒家、道家和佛家的主要哲学的中国古代文献研究，发现被记录的各种成套情绪数目为 5～7 个。他们翻译了所有的情绪标识，发现一共有 12 个命名，不包括厌恶。最近关于情绪认知的研究表明，中国被试比起其他群体，对图片中人脸的厌恶表情识别起来更困难。但另外一些涉及生理测量的研究指出，中国被试倾向于用与其他国家的人相同的方法去识别六种基本情绪（Wang et al.，2006）。情绪体验的表达、表示情绪的语言多样性、截然不同的社会化实践的差异都表明人类情绪的文化特异性起源。根据这一观点，人们的情绪不同，是因为其基于与他们起源的文化有关的不同体验。

不同文化在常见情绪反应的频率和显著性上可能存在分歧（Matsumoto et al.，1988）。例如，有些研究指出文化差异使一些群体在不同程度上体验到积极情绪，比如喜悦（Markus & Kitayama，1994b），以及消极情绪，比如愤怒（Solomon，1978）。押井镇广（Shigehiro Oishi），一个日裔美国心理学家，和他的一些同事，对超过 350 名日本、韩国和美国的大学生做了问卷调查。他们发现平均来看，美国白人报告比美国亚裔、韩国人或日本人都更快乐。但是，美国白人对消极事件（拿到停车罚单或得到不好的成绩）会更加感到情绪上的烦乱。研究者发现美国白人需要几乎两个积极事件才能使他们回到正常的快乐水平上（例如，接到一个鼓励电话或者成绩拿到 A）。韩国人、日本人和亚裔美国人，平均只需要一个积极事件就能在情绪上得到恢复（Oishi et al.，2004）。文化在情绪的语言描述上也不同。比如塔希提语有 46 个不同的词汇表示愤怒，但是没有一个词表示悲伤。在一些非洲语言中，一个词可以同时代表悲伤和生气。在一些俄罗斯当地方言中，短语“我同情你”既可以代表“我爱你”也可以表示一个人的慰问。

尽管面部情绪识别存在明显的相似性，但来自不同文化的被试在一致的程度上也不同。例如，在一项研究中，68%的非洲被试能正确识别快乐，而欧洲被试达到 97%（Izard，1969）。在另一项研究中，美国和欧洲的被试组正确识别出 75%到 83%的面部情绪图片，而日本被试组为 65%，非洲被试组只正确识别了 50%。在被试之前没有与其他文化接触过的情况下，图片中的面部表情识别率会更低（Izard，1971）。斯奇麦克（Schimmack，1996）在进行了一项对已有情绪研究的元分析后，发现白人被试比起非白人被试在识别快乐、害怕、生气和厌恶时表现更好，但是在惊奇和悲伤上则不是。最近的研究证明了判断其他人情绪所需的准确性和速度上的文化差异（Elfenbein & Ambady，2003）。

厌恶，作为一种情绪，与拒绝某些食物或避免与吃相关的特定情况的文化要求有关。一旦接受，这些要求就被强烈的情绪所支持，并因此变得更不会屈从于诱惑和更改。关于厌恶的经典跨文化研究强调，人们发展出关于孩子应该对特定食物和食物消化如何反应的期望（Rozin & Fallon，1987）。例如，我们中的大多数不会持续担忧我们日常咀嚼的食物；但是，我们大多数人都会厌恶并拒绝吃几秒前刚刚吐出的食物。我们中的大多数人不介意吮吸自己割破的手指上的血，但是绝大多数人会拒绝把盛在勺子里的自己的血喝下的想法。在大多数国家，对于吃与人类生理相似或者与人类有密切互动关系的动物，比如包括猫和狗等在内的宠物，存在全世界范围的厌恶。这样的惯例我们在生命早期就学会了。我们倾向于回避引起厌恶的情形。这经常出现在没有显著意识努力的情况下，几乎自动发生。

厌恶与对食物污染的知觉有关。比如，如果一个人相信那杯果汁被污染了，他就不太可能去喝那杯果汁，除非有些东西“清洁”了被污染的果汁。人们对哪些食物或饮料被污染了的知觉不尽相同，也存在一些文化差异。一项对 4 到 8 岁的 125 名印度儿童和 106 名美国儿童的研究显示，最多被拒绝的食物是沾过蟑螂、人的头发的，或者被陌生人尝过而污染的果汁。但是，印度儿童比起美国儿童对污染更敏感。印度儿童对陌生人或蟑螂污染的反应强很多，并且不接受“净化过的”（比如煮开或母亲的接触）。专家认为比起在大多数西方文化中的情形，人际的厌恶和传染在印度文化中是更加重要的一方面。任何与嘴接触的东西，无论是直接的（通过咬或者吸），还是间接的（通过手或唾液），都使食物变得无法接受。特别的是，在这项研究中，没有任何除去陌生人污染的净化方法被印度儿童所接受；而煮果汁对大多数美国儿童来说都有效（Hejmadi et al.，2004）。

还有几项研究发现日本被试比起印度和北美被试组，相对更少用诸如“害怕”之类的描述，而更多用“惊奇”。美国人比起其他组，相对更多认可“害怕”的表达，而“惊奇”或“厌恶”则更少（Elfenbein et al.，2002）。

两种文化代表间存在情绪识别差异，可能是因为一些情绪表达是在社会化过程中从儿童开始培养的，而另一些则不是。例如，在日本，就像之前提到的，公开表达情绪通常不被鼓励，因为其被视为具有破坏性。这可能影响日本人对来自其他文化下的、会毫不犹豫地表达他们情绪的人的知觉。例如，日本观察者可能将这样的个体视为夸张和破坏性的。情绪知觉的差异在很多其他国家也有发现。当希腊和英国个体观察到其他人处于尴尬中时，希腊人通常会高估观察到的尴尬情绪的强度，而英国观察者通常低估这种强度（Edelman et al.，1989）。这样的差异可能是由于希腊比起英国具有一个更强的集体主义常模。因此，希腊人更感到相互联系和群体取向，而这使他们的尴尬比英国人更强烈。

有几项研究发现男性和女性都对愤怒表情的识别最快。但是他们也发现比起女性，男性脸上的愤怒表情会更快被识别（Williams et al.，2007）。对此最可能的原因是能很快认出愤怒个体从进化学角度看有一种生存优势，并且因为比起女性，男性的愤怒更可能变成致命的暴力，快速识别愤怒男性的能力就变得很有价值。

经典案例　　联合国晚餐会

想象一下你被邀请去参加联合国纽约总部的新年招待会。在那儿你要尝试大使们的厨师所准备的许多种类的各国菜肴。在展示的食物中你发现了蒸牛舌、煮狗肉、烤羊脑、发酵的马奶。你必须所有都尝！你会因这些外国食物感到厌恶吗？也许会，如果你的口味适应了麦当劳和必胜客的食物。但是，是不是可以公平地指出，你这样的情绪上的厌恶，只能被你体验，而不是那些烹饪的人？答案当然是：其他人也能体验厌恶，但是在不同的情形下感受到的。这是否意味着我们都有类似的情绪在我们“体内”，但是他们会在特定的情形下被“激活”？这是否意味着我们关于人类情绪的知识是相对于情绪所发生的情形的？

现在我们已经学了两种不同的方法来理解文化与情绪之间的关系，我们怎么知道哪种正确呢？第一种方法提倡跨文化普遍性，而第二种指出人类情绪的文化起源和独特性（Ekman，1994；Mead，1975；Russell，1994）。在我们给出一个答案之前，考虑一下下面的情况。

情绪：差异性还是普遍性？

让我们深入思考一下。绊倒以后的剧烈疼痛可能会导致任何两个个体的消极情绪吗？也许是。如果其中一个在波多黎各出生长大，另一个来自伊朗呢？这没有区别：绊倒引起了身体的疼痛，疼痛引起消极情绪。与你爱的人分离应该让你悲伤么？不一定。我们如何感受和我们如何表达我们的情感是基于我们的人格、经验、当时的情况、旁人的存在或缺席和许多其他因素。例如，你可以在一次公共场合笨拙的摔倒后隐藏自己的挫败感，但是如果这样的摔跤发生在家里，没人会看见你，你可能会尖叫并咒骂。情绪可以被视为相似的或不同的，因为我们通常用不同的观点对他们知觉、分析和思考。

情绪中的文化差异倾向在描述水平变得更具体时变大。这里有一个例子。我们通常将嫉妒视为悲伤。或者，使用“放大镜”来进行更详细的分析时，嫉妒可以被解释为生气、害怕、悲伤和挫败的混合体。高水平的抽象导致我们看待来自不同文化或社会群体的人的情绪相似。这里我们可以回忆公众对芬兰人和日本人的“毫无情绪”，意大利人和巴西人的“激愤暴躁”，以及阿拉伯人和法国人的“感性的”的刻板印象。

为了有一个更全面的情绪的跨文化分析，我们应该看情绪的“内部”。首先，再看一遍定义，我们应该试图将情绪理解为多元的过程（Frijda，1986；Scherer，1984）。首先，一种情绪被激发，该情绪存在一个潜在的生理过程，情绪被体验，然后被显示或继续隐藏，它某种程度上影响了我们的决定，情绪可能导致其他的情绪，并最终消退。有没有一些跨文化研究表明了在这些阶段中文化可能扮演了什么角色？在本章的开始我们指出情绪包括了生理唤醒。让我们更具体地来描述它。

生理唤醒

情绪潜在的生理机制上存在着显著的跨文化相似性。普遍地，我们从周遭环境和我们的身体察觉到刺激。信号随后进入大脑。杏仁核是大脑的“情绪计算机”：它评估刺激的情感显著性。因此，无关刺激可能不会引起情绪。然后下丘脑，作为边缘系统的一部分，激活与情绪相关的交感神经和内分泌反应。大脑皮层也对情绪，尤其是对刺激的评价发挥了一些作用。此外，右半球被认为掌管情绪的面部显示（Borod，1992）。目前的研究也指出愉悦的情绪与左额叶皮层的激活有关，而不愉悦的情绪大多数与右额叶皮层的激活有关（Davidson，1992）。

尴尬有共同的跨文化的生理反应，其中一个就是体温上升（Edelman et al.，1989）。在一项经典的研究中，研究者给被试按生气、悲伤、快乐、惊奇或厌恶的特征以特定方法收缩他们面部肌肉的独特指示（Ekman et al.，1983）。被试保持这些表情10秒钟，在这期间特定的生理反应被测量。研究者发现了简单地变化面部表情行为与生理反应模式之间的关联。不同的情绪产生变量上的差异，比如心跳加速、手指温度，以及掌心出汗，这与焦虑的唤醒有关，也叫作皮肤电反应。

来自南欧和北欧的被试所报告的生理变化之间的比较也得出了有趣的结果。“激愤暴躁的”南方人在体验喜悦、悲伤和愤怒时报告了显著更多的血压变化，而“冷淡的”北方人对喜悦和恐惧报告了更多的腹部感觉，对愤怒报告了更多的肌肉症状（Rime & Giovannini，1986）。

但是什么导致了这些多样化的生理反应呢？为什么有些刺激无论怎样都不引起任何情绪呢？

> 没有因，就没了果；眼不见，心不烦。
>
> ——塞万提斯（Miguel De Cervantes，1547—1616），西班牙小说家、诗人

前导事件的意义

总会有些事情导致或引起一种情绪。你身体里的一种疼痛、一场输掉的足球赛、与你喜爱的人的一次会面、一个刮风下雨天或者邻居窗户飘出的一曲扰人的音乐——我们日常生活中的许多**前导事件**都具有特定的情绪显著性。但是，不同文化中的人同意某些情形应该引起类似的情绪吗？所有人都承认失去一个朋友是悲伤的事件，一个孩子的出生是快乐的吗？有远多于充足的数据可以证明确实是这样：基本情绪通常都被跨文化地标识给相似类型的事件。让我们用几项跨文化研究来展示这一陈述。

来自美国、韩国和萨摩亚群岛的被试被要求就引起六种情绪中的一种的事件写一个故事：生气、厌恶、害怕、快乐、悲伤或惊奇（Brandt & Boucher，1985）。然后这些故事被呈现给其他被试以作评价。在与检验文化间以及文化内的故事有关的情绪作业中发现了巨大的相似性。从27个国家收集的数据表明，尽管样本间存在一些差异，但这些差异比起国家内的差异要低很多。前导事件的相似性的证据也出现在舍雷尔（Scherer）和他的同事（1988）所进行的一项研究中，被试被要求描述造成他们感到高兴、悲伤、生气或害怕

的一种情形。任务完成后，这些情形被分组成几类。在所有的文化中，最重要的事件分类是出生和死亡、好的和坏的消息、关系中的接受或决绝、与朋友会面、约会、暂时和永久的分离、听音乐、性体验、与陌生人打交道、成功或失败。在另一项研究中，美国和马来西亚的被试在96种不同类型事件造成的情绪识别上同样准确（Boucher & Brandt，1981）。松本（Matsumoto）和同事（1988）发现，日本人和美国人在如何评价引起特定情绪的情形上具有很大程度的文化一致。跨文化相似性在引起人们体验嫉妒和羡慕的事件知觉上也存在（Hupka et al.，1985）。

批判性思考

事例1

如果我们把对人类情绪的分析只局限于情绪是否被期望发生这一问题，我们会发现很多人类情感的跨文化相似性。确实，按理来说任何饥饿的人看到一块面包时都会高兴。但是，如果我们聚焦在人类活动中情绪是如何被体验和表达的，我们更可能看到文化差异。想想日本相扑摔跤手的例子。如果你有机会观看相扑锦标赛（它们经常在美国电视里播出）的话，你会发现那些摔跤手从来不表现出他们的情绪。即使一个摔跤手体验到了很艰苦的失败、很精彩的胜利、折磨人的疼痛或观众的大声欢呼喝彩，他还是保持毫无情绪。他脸上没有一块肌肉动。看了这些画面后，一个人可能得出相扑摔跤手体验不到情绪的结论。但是，更可能的是假设摔跤手确实体验到了情绪，但是它们未被显示出来。成为职业相扑摔跤手需要很多年的练习和教育。在这期间，候选人耐心地学习如何在比赛中隐藏他们的喜悦、挫败感和其他情感。与相扑摔跤手的训练相反，南美和欧洲的足球运动员没有训练过在场上隐藏他们的情绪。相反地，他们会发现在与对手碰撞后夸大他们痛苦的表情是有利的，因为裁判——观察到球员痛苦的表情——可能觉得有责任惩罚对方球队。

其他事例

我们需要额外注意描述情绪的特定的抽象水平。比如，完全相同的喜悦情绪，可能文化相似或者跨文化不同，这取决于描述所用的概括水平。可能许多情绪中的相似性是在它们被高水平地概括或抽象地描述中出现的。强调对一个人特定情绪特征进行观察可能突出了文化差异性。例如，很多作家写了关于曾经存在、现在仍然存在的在极权主义政治文化中人们的“特定”恐惧：这些个体害怕站出来说话会受到政治迫害（Gozman & Edkind，1992；Smith，1976）。但是，一个更抽象的分析可能产生一种不同的解释：这些个体体验到的一种恐惧是基于对一个威胁的绝对足够的评价。政治迫害的威胁一消除，这种恐惧也会随之消失（Shiraev & Bastrykin，1988）。同样地，数百万的没有身份的外国人可能体验到被美国驱逐出境的恐惧。如果我们把其视为恐惧的特殊类型，那么这种恐惧对美国公民是陌生的。以更概括的方式描述，这个情绪失去了它的独特性，对驱逐出境的恐惧变成了仅仅是对不愉悦事件的不情愿期待。

无所赖以生存的时候悲痛就会消失。

——普布利琉斯·塞勒斯（Publilius Syrus，公元1世纪），古罗马作家

不过，同样的情形也可以在不同文化下被不同地解释，并因此带来不同的情绪。对引起情绪的事件的文化差异也有科学的和观察性的证据。例如，巴西—美国比较研究结果表明，不寻常的性和食物习惯的故事很可能引来巴西人和教育程度较低的样本，而不是美国人和教育程度较高的被试的厌恶反应，后者倾向于不表达这一情绪（Haidt et al.，1993）。再例如，大多数欧洲人以及北美和南美人，认为数字13是不吉利的，一些人甚至害怕住在门牌号为13的公寓或者13层楼。相反地，其他

很多民族的人对这一数字并不在意。前导事件的文化差异也与不同的迷信有关。比如，在俄国人们不敢在花瓶里放偶数数目的花朵：偶数的花朵一般会带来葬礼（参见第9章的跨文化敏感性）。但是，一个加拿大学生也许不知道这样的外国迷信，会因为收到未婚夫的6朵花而很兴奋。

与其他研究一致，中国学生与德国学生相比被发现在数学中体验到更高水平的焦虑。他们也被发现比起德国学生体验到更多的享受、自豪和羞耻，以及更少的愤怒（Frenzel et al.，2007）。林（Liem，1997）分析了第一代和第二代美国亚裔和美国白人的羞耻和内疚的体验。被试被要求描述一个他们感到内疚或者尴尬的情形。在第一代移民之间发现了一些差异。根据这一研究，白人体验内疚为一种预期的道德违反：内疚意味着一个人打破了伦理行为的内部标准，即使这样的违反没有引起公众注意。在第一代美国亚裔报告的故事中，典型的内疚相关情形是基于职责的失败或未履行职责的感觉。对美国白人来说，羞耻以他人的在场为中心：别人发现你的不恰当行为是羞耻的。对第一代美国亚裔来说，羞耻也包括外人的在场。但是，另一个在美国白人的羞耻画面中不典型的元素也存在。这就是此人所属的群体，通常是他或她的家庭。因此，让一些重要的人失望也会让他们感到羞耻。有趣的是第二代美国日裔和美国白人对羞耻和内疚的体验的文化差异不显著。

> 孤独是撒旦的游乐场。
>
> ——弗拉基米尔·纳博科夫，俄裔美籍作家

正如你所见的，大量的前导事件可以在大多数人中产生相似的情绪反应，不管他们的文化起源或当前身份如何。这些研究指出人类对特定生活事件或情况的情绪敏感性具有高度相似性。还有证据表明特定的情绪可以被文化特异性事件引起。对不同文化规范和传统不熟悉的人可能不会识别这样的情绪，并在沟通交流中犯错。什么样的错误呢？想象一下，比如一个宴会上，主人向一个印度客人提供牛肉三明治。

作为评价的情绪

我们通常都会察觉我们的情绪，我们在不同的时候感到好或坏、害怕、惊奇、挫败或轻松。除了巨大的个人差异，还有些文化规范和法则来规定我们的**情绪评价**。有证据表明人们就哪种情绪对哪种社会角色或社会场合来说最出格或最适当有着文化信仰（Ellsworth 1994；Markus & Kitayama，1994a；White，1994）。例如，一些情绪可能被视为不恰当的并因此被抑制，比如对你的兄弟姐妹的成功的嫉妒感觉。其他情绪可能是绝对合理甚至令人渴望的，比如疾病康复后的喜悦感觉。这些评价依附在某个情绪反应被期待的情形上。例如，注意一下人们对所谓的“种族笑话”如何反应。如果讲笑话的人就是笑话中所提的种族群体的代表，他们可能对一个嘲笑某个种族群体成员的笑话大笑。如果讲笑话的人和笑话之间没有种族“匹配”，或者讲笑话的人不是你的好朋友，你可能会感到失望或生气。

不同文化下的人用相似的方法来评价意味着特定情绪的词语（Frijda et al.，1995；Roseman，1991）。比如，代表生气的词语在日本、印度尼西亚和荷兰被试中被相似地评价为意味着不愉快的事情，阻止某人达到其目标，或代表不公平的事情和对有些事有责任。

斯蒂佩克（Stipek，1998）在一项涉及200名来自中国浙江和美国加州洛杉矶的学生的中美比较研究中检验了人们如何评价一些假定的情形。研究向被试呈现了6个书面的故事。一半的情形包括了被试自己：作为一个作弊被抓的人、一个期待被名校录取的人、一个参加体育比赛的人。另一半情形包括了被试的重要他人。研究表明，一般来讲，美国学生倾向于把自豪归因为个人成就的情形。相反地，中国被试更可能对利于其他人的结果体验到自豪。此外，与美国人相比，中国回答者对他人成就报告了更强的积极情绪反应。例如，中国被试声称如果他们的孩子被名校录取，他们会比自己被同样大学录取感到更多的自豪。美国被试称他们在两种情形下会感到同等自豪。

这一研究的作者相信这些差异可能最好被解

释为中国的情绪体验中对集体主义文化的强调。中国的社会取向是建立在个人应该主要考虑他们在人际关系网中的位置的儒家思想之上。这不是一个新的假设。正如许多学者指出的，中国人倾向于在重要他人的情境中看待自我（Triandis，1990）。像作者提到的，这项之前被检验了的研究的结果与中华人民共和国共产主义意识形态的主旋律要求一致。这一意识形态——像其他所有类型的共产主义意识形态一样——要求集体居于首要地位，高于个人利益。

换一个角度，这一研究的结果可以被部分批判性地评价。中国的高等教育系统与美国系统非常不同，因为其大学录取是基于竞争激烈的笔头和口头考试（其他一些国家也有同样的高校录取考试系统）。每年都有一批数目的学生没有被录取，许多人要等到第二年再重试。在美国，一个被一所学校拒绝的人可以申请其他接受稍低 SAT 分数和加权平均分 GPA 的学校。因此，可以预期中国被试比起美国被试会认为“高校录取”这一情形更具压力。对于体育事件，情绪体验的差异也可以追溯到公众对体育的整体态度。因为政府资助体育活动，所以失败或胜利变成公众事件。如果你赢了，你就对自己的集体、学校、省或整个国家做了贡献。

批判性思考 独处

你有没有过周围无一人自己独处的一段时间？你感觉怎么样？你享受独处的时间吗，还是你渴望有人能出现打破周围的沉寂？人们也许会对这些问题给出不同的答案。“一个人独处的感觉如何取决于当时的环境。”我们中大多数人会说。研究者给出了更具体的答案。例如，在西方文化中，独处很可能被视为一个能带来满足或快乐感觉的私密机会（Mesquita et al.，1997，p. 271）。相反地，在一些爱斯基摩群体，独处的状态被认为会引起悲伤。塔希提人认为寂寞带来奇怪的感觉和害怕。一些澳大利亚土著“独自一人坐”的话会妨碍他们体验快乐（见 Briggs，1970；Levy，1973；Myers，1979）。你认为西方和非西方就独处的体验之间这种区别过分单纯化了吗？你认为所有的人类都会将长期的隔绝视为一件不愉快的事吗？确实，有研究显示，跨文化地看，孤独被视为一件令人烦扰的情绪事件（Bowbly，1982）。尝试找一些可以证明或反驳关于独处情况引起的情绪的跨文化相似性假设的事实。最重要的是，试着区分例如临时“独处一会儿”这种情况和“孤独”这样的一个人的永久生活状态。

我们被期望以一种特定的方式去感受

情绪体验肯定能被社会规范或主流期望所影响。**情感规则**指关于如何在特定情形下去感受的特定文化规则。我们经常会想我们笑出声（快乐的一种表达）或摇头（失望的一种表达）是否会诱发其他人的积极或消极的反应。与一些基本社会规范所抵触的情绪体验和那些符合已有习俗的情绪会有很大不同。而且，考虑了其表达或被观察的情境的话，对一种情绪的感受就会很不同。一个中国父亲可能因为他的儿子离家去上大学的事而感到伤心。但是，父亲的情绪可能也因他不愿意在其他家庭成员面前表现出自己的脆弱而被抑制了。当与某些东西或者某些重要的人的失去相伴出现时，喜悦可能被以一种完全不同的方式体验。

有证据显示当关于如何解释或如何回应事件有着清楚的规范时，个体对这些事件的意义更确定，并给出更确定的情绪回应（Frijda & Mesquita，1994；Mesquita & Frijda，1992）。比如，文化与宗教信仰及和个体的性习俗有关的焦虑之间存在关联（Paige，1973）。

但是，有时候我们对人们应该感受到什么或不该感受到什么的期望会导致错误。在一项研究中，蔡和列文森（Tsai & Levenson，1997）比较了 22 对美国华裔和 20 对美国白人情侣，他们都是大学阶段的年龄。被试被问及当他们试图解决人际冲突时他们所体验的情绪。该研究还包括了对被试的生理测量。一个常见的预期是美国华裔被试比起美国白人会更强调情绪调节（见第1章）。但是，研究结果描绘了一幅不同的图画。既没有情感上的不同，也没有在结果所发现的生理反应上的差异。也许大学校园环境创造了一种特殊的规范，加强了两个种族群体之间某些类型情感的相似性。

人们如何评定情绪体验

当人们试图评估他们的情绪体验时，他们不仅对情绪的体验在愉快或不愉快的维度上做出评定，而且还在其他几个维度上评定。例如，人们试图并清楚他们的情绪是否（1）由被熟悉或不熟悉的事件所导致，（2）提出一个障碍的存在，（3）造成了一种掌控之中或失去控制的感觉，（4）提高或降低自尊，以及（5）引起其所在集体的称赞、责备或嘲笑（Ellsworth，1994；Frijda，1986；Matsumoto et al.，1988；Wallbott & Scherer，1986）。与预期一致，这些维度中的哪个会被用于情绪评定，其频率是有变化的。比如，那些可能对个体的家庭或社会群体有影响的事件在集体主义文化中可能比在个人主义文化中有更大的重要性。相反地，可以影响一个人的自尊、物质成功和职业成就的事件成为个人主义文化中大多数人的主要情绪考量（Markus & Kitayama，1994b）。研究还指出我们的一些情绪被文化信仰所诱发（Abu-Lughod，1986；Rosaldo，1980）。比如，一个简单的短语“一个独立的巴勒斯坦国”可能对美国密歇根州的一个电焊工人没有什么显著意义。但是同样的短语，对数百万住在中东的人来说却承载着情绪意义。对一些人它会意味着自豪和荣誉，对另一些人则可能引起挫败感。

对情绪的评价可能与更复杂的心理评价，比如猜测一个人的文化身份有关联。例如，一个个体微笑的面部显然包含了一些可以帮助其他个体对这个人的种族群体或国籍作出判断的信息。对日本被试和美国日裔的照片的比较，以及澳大利亚人面孔和美国人面孔图片的比较发现，人们倾向于从表现了情绪的照片而不是中性面部表情的照片来猜测国籍。换一种说法，如果一个人微笑了，人们就有更大的机会猜出他或她的国籍（Williams et al.，2002）。马卡姆和王（Markham & Wang，1996）比较了中国北京儿童和澳大利亚悉尼儿童的样本，对儿童评价面孔——中国人的和白人的——的能力，以及表达他们对所判断到的情绪的能力进行了比较。最初的假设是，澳大利亚儿童可获得广泛的资源以及儿童在当今澳大利亚社会所有的多样化的社会体验——包括电视和互联网——可以提高他们评价情绪表达的能力。但是，作者们没有发现两个组回答中的任何巨大差异。此外，一些中国儿童比起他们的澳大利亚同龄人所得分数更高。为什么会发现这种差异？作者们通过提到两种社会中的家庭规范来解释这一现象。通常地，中国父母比起澳大利亚父母会对孩子提出更高程度的纪律要求。与澳大利亚相比，更加一致的中国社会化可能减少了评价在情绪解释中所应用的范围。作者还指出，来自小型家庭的儿童在识别情绪上更出众。正如你所知，中国官方的人口政策是“一个家庭，一个孩子”，这一事实说明大多数中国被试来自小型家庭。

另一个研究产生了可比较的结果。乔利（Jolley）和同事（1998）研究了中国和英国的儿童如何描述一些图片角色的心情。研究显示中国儿童比起英国儿童能在更早的年龄解释图片中的情绪。作者将这样的差异解释为两国有不同教育传统的结果。依照中国小学——由中央政府规范——的美术课程，儿童需要学习绘画技术，老师应该重点教他们如何解释图画角色所传达的准确信息。在英国，如同大多数西方国家，美术教育课程因学校不同而不同。

> 担心令小事变成一个大阴影。
>
> ——瑞典谚语
>
> 困境更能解决烦恼。
>
> ——犹太谚语

当情绪发出挑战的信号：应激和焦虑的跨文化研究

对一个人适应内部和外部要求的能力的挑战的意识叫**应激（压力）**。这一定义指出了应激的两个重要方面：(1) 应激是一个心理过程，(2) 应激在人和他们的环境间完成交互（Lazarus，1993）。如果挑战没有减少，机体维持持续唤醒，躯体继续转移资源去回应要求（Cannon，1932）。任何个体都会体验的压力最大的事件之一就是一个家庭成员或亲密好友的逝世。每天的烦恼——从食物紧缺到没有自己的时间——也能成为应激的来源。天灾和人祸，比如地震、洪水、暴力或其他创伤性事件影响了全世界数百万的人。在各种文化中，很多这种创伤性事件中的幸存者此后还会做噩梦并出现关系问题，并有焦虑和抑郁的倾向（Allodi，1991；Herman，1992；Koopman，1997；Nadler & Ben-Shushan，1989）。

应激和焦虑的实际数量程度很难被测量，因为人们有不同的应对策略，所以对应激的评定也标准各异。人们评定应激的方式和他们视为压力大的情形，是被文化决定的，但是它们可能也取决于个人特质（Lin & Peterson，1990）。穷困的生活状态、政治不稳定、暴力和其他许多因素也会对人们的评定有影响。甚至教育系统也可能对学生如何体验应激有影响。比如，考试焦虑在美国的表现始终低于其他国家，例如巴西、南非和埃及（El Zahhar & Hocevar，1991；Guida & Ludlow，1989）。

对美国黑人应激的研究中，詹金斯（Jenkins，1995）指出黑人可能发展出一种特殊的行为反应的情绪风格，反映了个体管理应激生活事件能力的文化价值。在作者看来，美国黑人文化强调的是对困难情形的主动管理，而不是表现得神经紧张。因此，美国白人和黑人对现实的情绪评价可能会有差异。美国黑人比起白人更多表现出情绪性。这种美国黑人情绪反应的类型可能作为文化规范被代代相传。

一个人对自己人生的自我批判的、悲观的评价可能在其他种族群体中被视为文化规范。比如，高水平——与其他群体比较——的消极情绪，包括焦虑和悲伤，在住在美国的年长俄罗斯移民中被测量到（Consedine & Magai，2002）。尽管大多数移民群体体验到新文化适应困难过程导致的应激和各种消极情绪，但俄罗斯移民作为一个群体通常报告出更多的焦虑和悲观。这种差异可能被各种原因解释，包括大多数俄罗斯移民受教育程度高，并且他们中的大多数不得不降低他们的期待和希望以达到快速和不费力的在美国的成功（Kliger，2002）。

研究者还发现亚洲人一贯地在包括消极评价的焦虑、悲伤和恐惧的情绪压力测量上比美国白人得分高。这种差异也可以用文化规范来解释。从西方人的角度看，在大多数社会情境中焦虑的缺失是一种被渴望的，与积极心理健康和健康人际功能有关的特性。但是，从亚洲人的角度讲，对社会情境的特定水平的焦虑可能是规范化的，甚至是被渴望的（Okazaki et al.，2002）。顺着这一社会规范，许多个体发展出对他们自己行为和他人消极评价的特殊敏感性。

练习 6.1

想象你开展了一项波兰—美国的比较研究，并发现美国和波兰的被试对“内疚”有不同的理解。这种差异表明两国人之间存在着心理上的差异，还是表明在英语“guilt”和波兰语“vina”之间存在着词意上的差异？

一个人应该小心他如何笑，那会暴露他的所有缺点。

——拉尔夫·沃尔多·爱默生，美国诗人、哲学家

情绪的表达

8岁的汤姆正目不转睛地盯着一个车祸现场。他没有隐藏他的恐惧。任何人都能从汤姆的脸上看出来。汤姆来自中国台湾的父母没有教他怎么通过噘嘴来表达害怕。他的美国学校老师没有训练他在受到威胁的情况下皱眉。他表达他恐惧的方式，与世界上数十亿人可能通过他们的面部表情、姿态和手势所显示的方式一样。

情绪表达的规则——称作**表现规则**——主要在社会化过程中获得（Birdwhistell，1970）。每个文化都有独特的认可来支持表现规则或在该文化中被视为恰当的情绪表达模式（Ekman & Friesen，1975；Ekman et al.，1983）。在人类文明的历史过程中，管理情绪的一种方法是学习如何控制它的表现。有趣的是，这样的表现规则主要和对情绪表达的抑制有关（Ekman，1982）。大概从中国思想家孔子（公元前6世纪到公元前5世纪）和希腊哲学家柏拉图（公元前4世纪）开始，情绪被视为人类事务的破坏性力量。柏拉图声称理智必须抑制激情，否则就会歪曲理性思维。亚里士多德和德谟克利特（公元前4世纪）有类似的观点，认为情绪位于灵魂的“较低层”、更原始的水平上，而思维位于“较高层”、更高级的水平上。斯多葛学派，一个古希腊和罗马的哲学派别，认为人类应该从激情的力量中解脱，才能得以接受生活中的幸运与不幸。世界上大多数宗教，例如伊斯兰教、犹太教、佛教和基督教，都引入了使人类可以变得外在于诸如羡慕、自豪、虚荣和嫉妒的“破坏性的”情绪力量的规则（Smith，1991）。

情绪表达的评价标准至少有两种：频率和强度。比如，在美国，很多父母经常对他们的子女说“我爱你”，反之亦然。相反地，在乌克兰、俄罗斯或白俄罗斯，这样的对感情的口头表达被视为太“强烈”和过火了，只在少数关键的人生情形下才被表达。

如果情绪是文化和社会的产物，那么文化规范和环境因素应该规范人们表达他们情绪的方式（Kitayama & Markus，1995）。那样的话调查也许会显示，在正在经历经济和社会危机的国家，个人表达的幸福感水平非常低，个体总体满意度也更低。例如，在所有被研究的欧洲国家之中，俄罗斯和乌克兰在对幸福的个体表达上得分最低（Glad & Shiraev，1999）。同样地，正在进行的社会冲突可能会引起和加强特定的情绪回应。举例来说，在几种实验情形下，以色列被试比起美国被试的反应更具有攻击性（Margalit & Mauger，1985）。当社会情形要求个体变得“强硬”时，个体对愤怒的表达会变成对种族冲突的压力情形的适应性反应。

对悲伤的表达有一些文化变异。塔希提人报告对失去感到厌倦（Levy，1973）。哭泣在埃及沙漠的贝多因人中被视为软弱的标志，而在其他伊斯兰文化群体，比如土耳其人中，它被视为对特定情况的可接受的社会反应。表现规则不仅在文化上不同，在性别上也不同。有些证据表明女性可能比男性更强烈和公开地表达情绪。这在很多情绪上都对，除了愤怒。女性一般对诸如爱、快乐、羞耻、内疚和同情等促进了联系和关照的情绪表现更自如。但是男性会避免这些在他们看来显示了男性弱点的“温柔”情绪（Brody & Hall，1993）。对传统文化下长大的男性，荣誉这种复杂情绪包括对他们家庭的掌控和胜过其他男人或让他们刮目相看。在这些文化中女性的荣誉在于服从谦逊和忠诚的规矩。同样地，羞耻的事件在男性和女性中被报告引起不同的反应：男性试图通过炫耀攻击性或报复来恢复他们的荣誉；女性则通过顺从的行为和回避来对羞耻性事件作出反应（Abu-Lughod，1986；Blok，1981）。在预期社会化（见第8章）过程中，男孩和女孩接受到关于各种情绪的表现规则的不同指导。确实，3岁的儿童就认可女性更容易表现害怕、悲伤和快乐，而男性更可能表示愤怒（Birnbaum，1983）。

他人的在场或不在场也可能对情绪表达有各种影响。埃克曼和弗里森（Ekman & Friesen，1975）让日本和美国学生单独地以及在有一个实验者在场的情况下观看有压力的电影。在被试未察觉的情况下，他们面部的情绪表情在两种条件下都被录了下来。两种样本中，当被试独自看同样的电影情节时，相似的表情被发现。但是，实验者在场的情况下，日本被试表现出的消极表情远少于美国被试。这个实验能不能部分地解释为什么日本人更容易被别人视为无情绪的？

在另一项研究中，研究者让住在美国的美国和日本学生报告他们在日常生活中体验到某些情绪的频率（Markus & Kitayama，1994b）。美国被试报告体验到积极的自我相关情感比起消极的自我相关情感有着压倒性的更高频率，而日本被试身上则不存在这样的效应。我们可以指出这样的差异可能是日本被试不愿向陌生人揭露他们的情绪所导致。比如，也有数据指出，在日本，最快乐的人是那些主要体验到互赖性的“社会参与情绪”（比如一种友好的情感）的人。相反地，在美国，最快乐的人是通常是那些体验到独立性的“脱离”社会情绪的人，比如自豪（Matsumoto，1994）。

但是，这些表达行为的趋势在另一个研究中没有得到证实。来自两个国家的被试被要求对他们独立性和互赖性情绪表达的预期自如程度进行打分（Stephan et al.，1998）。结果没有显示出样本间的巨大差异。在另一项研究中，奥尼（Aune & Aune，1994）研究了美国日裔、美国菲律宾裔和美国白人三组被试；每组完成自我报告问卷来评价在恋爱关系中体验和表达的积极和消极情绪。学生被试被要求去想他们和伴侣之间的关系，以及他们感觉到和表达的情绪。被试还被要求对他们的情绪用特定量表评定等级。研究者没有发现在恋爱关系中消极情绪如何体验和表达上的显著文化差异。美国被试中发现了愤怒表达的低分数，这也许是由于在日常情境下对消极情绪表达的抑制的巨大的社会压力。

我们如何解释这些研究的结果？我们能说集体主义和个人主义对人们如何感受和交流他们的情绪没有什么影响吗？我们不应该如此急于作出这种绝对的判断。不要忘了这些研究中的被试具有“混合的”文化背景：他们出生在菲律宾和日本，但在美国学习。也许当今世界人们从其他文化中学习并开始理解很多在卫星电视和互联网新时代之前从来无法接触到的问题和行为。日本和美国社会在今天比70年前有了更多的交流互动。例如，如果给一个来自传统家庭的日本女人看一张天体海滩的照片，这可能会引起她极其羞耻的反应。但是，这个女人可能出国旅行过，比如到过欧洲或巴西，对其他文化和他们关于裸体的习俗了解较多。她的经验可能不会改变她对公开裸体的消极看法，但是她的情绪反应也许会改变。

练习 6.2

尴尬被认为是社会焦虑的一种形式，当个体认识到自己的不当行为时引起的一种不愉快情绪。一项关于五种欧洲文化（希腊、英国、意大利、西班牙和德国）的研究表明，脸红和体温升高以及微笑和露齿笑具有跨文化的一致性（Edelman et al.，1989）。还有其他一些对尴尬的观察，例如印度奥里萨邦的人们会伸舌头（Menon & Shweder，1994）。至少询问10个人，最好是来自不同文化背景的人。想象当遭遇一个非常尴尬的情境时，他们在面部表情和身体语言上会如何反应。让他们扮演尴尬者的角色，立即记录下你所观察到的。他们是否触摸脸部？是否挠头？是否伸舌头？是否微笑着转身走开？带着你的观察结果到班上，看看人们在描述他们的尴尬时是否存在某些一致性。

对愤怒最好的回答是沉默。

——德国谚语

当情绪受伤：跨文化的愤怒研究

跨文化来讲，**愤怒**——是一个人因被干扰或威胁和/或明显的或隐蔽的攻击或冒犯行为所引起的一种情绪——被视为一种人际情绪，因为对它的体验通常包括一些他人造成的违反规范。有一些事件会普遍引起愤怒。其包括关系、不公平、与陌生人打交道、不方便、成就、坏消息、死亡和一些与分离有关的问题（Averill，

1982；Mauro et al.，1992；Wallbott & Scherer，1986）。

但是，当一个人用外语说“我生气了”，我们应该小心，不要急于判断，因为大多数人类语言对愤怒有几种不同标识（Klineberg，1938；Tanaka-Matsumi，1995）。例如，比较英语中的“anger”和依法鲁克（太平洋地区）语中的“song”。两者都指包括了对他人带来伤害的评价性的情绪。但是，它们可以在其带来的行为类型上有所不同。“Anger”一般都引起向另一人的伤害报复的倾向。但是“song”产生一种去改变冒犯的那个人的行为的行动。当然，这样的行动可能包括攻击性行为，但是它也可能包括回避性行为反应，比如绝食和试图自杀（Lutz，1988）。

人们会生气并根据他们居住地文化的规范来解释这一情绪。比如，日本文化传统强烈抑制私人情绪的公开表达，尤其是消极情绪。该文化强调同质性和一致性是维持社会互相依赖网络的必需条件（Johnson，1993）。在集体主义文化中，愤怒被视为对社会的脱离的一种情绪，是对社会完整性的一个威胁（Markus & Kitayama，1994b），并因此通常是不被鼓励的。在个人主义社会，比如美国，愤怒的表达可被不同地判断，因为人们一般认可他人独立和自我表达的权利。

就像勇气会危害生活，恐惧也会保护它。

——达·芬奇（1452—1519），意大利艺术家、思想家

情绪和行动倾向

在不同文化中，**情绪**的影响都可以使我们回避和拒绝一些人，帮助和接受另一些，对一些人主导或顺从，尊重或轻视另一些人（Frijda，1986；Frijda et al.，1995）。

一些跨文化研究显示了有关某些情绪诱发行动准备性的相似性。在一个之前引用过的大范围的跨国研究中（Scherer & Wallbott，1994），被试被问及他们的情绪体验是否引导他们接近、离开或反对情绪的对象。显著的跨文化相似性被发现。喜悦导致更多的接近行为，愤怒引起更多的攻击性行为，退缩是对悲伤、厌恶、羞耻和内疚的最常见反应。

在情绪如何影响行为准备性上有一些文化差异。在一个对日本、荷兰和印度尼西亚被试的比较研究中，一种对敌意行为的冲动，作为对愤怒的反应，在荷兰组更常见。一种更加“内部的”冲动在印度尼西亚组和日本组中更常见。日本组更多报告了无助的感觉和保护他们自己的强烈欲望。他们还表达了比起荷兰和印度尼西亚被试，更高水平的依赖于其他人的愿望和一种漠视的感觉（Frijda et al.，1995）。这些结果部分地支持了其他研究中得到的发现，表明个人对亲密他人的依赖，以及被他人接受，是日本的情绪体验中的显著成分（Lebra，1983；Markus & Kitayama，1994b）。

一种对人所处环境的掌握的强调在科技高度发达的社会更加典型。其他文化则强调和谐和自然秩序。因此，主动的应对风格在一些文化中更可取，但在另一些文化中则不是（Kluckhohn & Strodtbeck，1961）。我们能学到的一课是，应对压力是与其文化情境相对的。更重要的是，一些在一种文化中被证明有成效的压力应对治疗策略，可能在其他文化中并没有效果。

智者的舌头藏在他的心后。

——阿里·本·艾布·塔里布（Ali Ibn-Abi-Talib，600—661），第四任伊斯兰教哈里发

情绪和判断

著名的经典美国电视剧《星际迷航》中的一个主角，史派克先生，是半人类半外星人，天生没有任何情绪。他的行为由纯逻辑指导。当然，他是一个科幻角色，一个通常与实际生活体验毫无关系的创造力想象的结果。在现实中，情绪和

想法是密切关联的。情绪可以影响人们做出判断和预测的方式（Mayer et al.，1992）。反之亦然，人们的想法和信念影响他们的情绪。有充足的证据显示情绪状态可能以不同的方式塑造认知加工。比如，抑郁的人倾向于低估他们自己成功的可能性，并高估未来不好的事情发生的概率（Beck，1991）。体验积极情感的人和那些体验消极情感的人不一样。前者有更好的记忆力，并用不同的策略进行问题解决和分类（Clore et al.，1994）。愤怒被发现会引起更多的个人指责，而悲伤会引起一种把消极情况理解为更多是由于命运、机遇或者不幸的倾向（Keltner et al.，1993）。

情绪带来信念改变：某些情绪评价可以导致知觉泛化和刻板印象。例如，一个个体对某个特定种族群体的一个代表的消极体验和情绪感觉，可以导致对该群体所有成员的偏见。在日本和美国被试对愤怒的归因上发现了显著的差异。显然，日本被试比起美国被试，更不会将愤怒看成是他人导致的（Matsumoto et al.，1988；Scherer et al.，1988）。日本是集体主义文化的社会，可能社会互赖性是一个将愤怒包含在认知归因里的因素，这可能成为潜在的破坏性力量和困难。身体上的暴力能被解释为与个人信仰一致。研究者发现有着特别强烈政治或宗教信仰的被囚禁的激进分子，比起那些没有这样信仰的人，对折磨表现出更大的情绪抗逆力（Basoglu et al.，1994）。

练习 6.3

泰特鲍恩和格塞曼（Tietelbaum&Geiselman，1997）考察了四个种族（白人、黑人、拉丁裔和亚裔）的被试对白人面孔和黑人面孔的认知。他们发现同种族识别往往比跨种族识别更准确。换言之，来自相同种族的人对图画上的表情和心情的评估比来自其他社会群体的人更准确。准确性的差异（10%～15%）具有统计学意义。研究还发现愉快的心情状态可以增加同种族面部识别的准确性。另一项发现是拉丁裔和亚裔识别白人面孔比识别黑人面孔更容易。

问题：作者认为这些结果对于日常生活情境具有意义，特别是在警方根据个人证词实施逮捕时。你认为其具有怎样的意义？

* *

本章总结

● 情绪的经典理论为情绪体验的文化影响提供的实证证据很少。跨文化心理学家为了弄清文化因素对人类情绪的影响，研究发展了至少两种理论模型。根据其中一种模型，人类情绪具有普遍性，文化对其影响有限。另一个观点代表了关于情绪的文化起源和文化独特性的一种假设。人类情绪普遍性的支持者指出，相似的情绪存在于所有文化中，并且所有情绪都有相似的生理机制。

● 关于人类情绪相似性的强烈争论来自大量关于情绪认知，以及不同文化和语言下人们命名情绪的方式的跨文化相似性。情绪的文化独特性的支持者表示具体的情绪现实随文化不同而差异显著。情绪行为的表达上的差异、情绪标识的语言多样性和不同的社会化实践上的差异都是人类情绪文化独特性起源的证据。根据这一观点，人们学习如何感受和解释其他人的感情。这种情绪体验的学习与其起源的文化有关。

● 情绪被视为相似的或不同的是因为我们用不同的观点知觉、分析和思考它们。我们将我们对人类情绪的分析局限于一种情绪是否被期望发生的问题上，我们就会发现人类情感间的很多跨文化相似性。我们需要对描述情绪的特定抽象程度格外注意。此外，任何情绪都可能存在文化相似性或跨文化差异性，这取决于描述所选择的概括性水平。

- 也许情绪的很多相似性都可能在它们被高度概括或抽象的时候体现。强调一个人对特定情绪特征的观察可能凸显文化差异性。

- 将情绪视为多成分过程很有益。它通常包括以下几个成分：前导事件、生理反应、评估、表达性行为和认知功能的一些元素的变化。跨文化地说，特定类型的刺激物标记了基本情绪。尽管存在巨大的个体差异，但还是有一些文化常模和情况来规范情绪体验。在某些情绪反应的容忍或评价的不同程度上还能找到一些文化差异。人类情绪表达一般通过社会化过程获得。文化差异可能导致与情绪相关的认知过程的差异。一种特定情绪或某种情绪体验方式的普及流行可以影响人们的特定态度、信仰，甚至人生观。例如，厌恶或者回避咀嚼某些食物与和吃有关的特定情形的文化要求有关联。一旦被接受，这些要求就被强大的情绪所支持，并因此变得较难受到诱惑或者改变。

- 人类有体验一些基本情绪的潜力。但是，文化差异和随后的社会化实践鼓励我们体验特定的情绪，而压抑另一些情绪，并情绪化地投入一些其他人可能保持冷漠态度的特定事件中。因此，心理学家应该获得关于文化常模、表现规则和各种情绪的特定的及普遍的前提的知识，并在独特的文化情境下检验它们。

关键词

愤怒 一个人由于被干扰或威胁和/或明显的或隐蔽的攻击或冒犯行为所引起的一种情绪。

表现规则 被视为在一个特定的文化、年龄或社会群体中适宜的情绪表达模式。

情绪 一种通常包括生理唤醒、主观体验，还有行为或情绪表达的可评估的反应（一种积极或消极的情感）。

情绪认知 对一种情绪表达的识别、描述和解释的过程。

情绪评价 个体根据某些规范和法则对情绪的评估。

情感规则 关于如何在特定情形下去感受的特定文化规则。

前导事件 对特定情绪经验有强烈影响的环境氛围和个人反应。

应激（压力） 对一个人适应内部和外部要求的能力的持续挑战的知觉。

第7章 动机和行为

远离动机，你也就远离了罪恶。

——塞万提斯，西班牙小说家、诗人

见小利，则大事不成。

——孔子，中国哲学家

丹尼尔·克罗克（Daniel Crocker），38岁的普通职员，与妻子和两个孩子在弗吉尼亚郊外过着平静的生活。有一天，克罗克突然辞去工作飞往堪萨斯，并在政府部门和家人的协同下，自动交代了19年前在那里杀死一名妇女的骇人罪行。

克利门蒂亚·葛瑞西（Clementia Geraci），在怀孕三个月时被告知其乳腺癌已扩散。这时葛瑞西本可以选择堕胎，以便采用侵入式的化疗与癌症抗衡，但她最终决定服用危害性较小的抗癌药物，冒着生命危险生下了儿子迪伦。在儿子出生四个月后，葛瑞西死了。

纳尔逊·罗利赫拉赫拉·曼德拉（Nelson Rolihlahla Mandela），长达27年的监禁生涯使他饱受持续的骚扰、虐待和凌辱，但这些都不足以击垮他。多年以来，曼德拉的信仰愈加坚定，他的动机和信念逐渐成为南非黑人反抗种族主义一个非凡的标志。最终，曼德拉成为南非首任黑人总统。

苏联领导者约瑟夫·斯大林（Joseph Stalin），他的儿子是一名苏联红军，在一场战斗中不幸被捕。敌方企图用他的儿子交换早先被苏联军队俘获的一名德军高级将领，被斯大林断然拒绝。斯大林声称他绝不会用一名将军交换一个士兵，他的儿子随即被纳粹处死。

报上的文章总在披露人们的各种行为，但他们很少提及是什么动机促使人们采用如此非常的手段。究竟是什么导致了他们有如此的决心、毅力和意志呢？人们追求目标的源泉在哪里？宗教，本能，还是理性的计算？个体的欲望，还是集体的目标？我们知道，为了生存我们需要呼吸、进食以及避免不必要的疼痛和不适，但其他的需要又来自哪里？我们是否学会了贪婪、侵略和成功？文化是否对我们的需要也有所影响呢？

动机是一种由内而发的状态，能够激活和维持个体有意图的行为。研究者们一直在讨论有关人类动机的性质，他们希望能用一个普遍的理论很好地解释它。生物社会学家们认为生物因素能最好地解释社会行为。而一些社会学理论又表明人类动机的性质是社会的或者经济的。传统的心理学家强调将人的基本需要作为人类主要的心理机制，这也为动机理论提供了依据。跨文化心理学家也从对上述方法的批判性检验中获取有益思路，用于分析人们特殊的动机。

从进化的视角看

从进化的视角看，人的动机源于生物学因素。达尔文在19世纪首次提出的自然选择法则，成为解开人类行为之谜的一把钥匙。由于基因具有变异性，所以一些生物体会比其他生物体更适于生存，得以存活下来的生物体将“优质”基因传递到下一代。经多次代际更替后，易于生存的基因模式逐渐占据统治地位。比如，狩猎者开始成为成功的捕猎者和动物捕杀者，采集者开始成为优质的浆果、根类和果实的发现者。不同的人种开始为了求得生存去争夺稀缺资源。那些技术纯熟适于争斗的竞争者将取得胜利得以存活，而那些缺乏竞争意识或不适应竞争的人则将遭到惨烈淘汰。生活是不公平的，但谁说它应该是呢？（Summer，1970）生存需要可能是个体的，也可能是集体的。鲍德温（Baldwin，1991）提出的集体存活法则是非洲人心理特点的一个重要部分。族群的存续不仅与个体的生存紧密相连，还与集体的职责和相互依赖息息相关。这个法则或许不仅仅适用于解释非洲文化，也适用于绝大多数曾被压迫或者至今仍处在被压迫之中的社会和族群。

从进化的角度理解人的动机往往不能解释人的需要的多样性，同时也忽略了社会、文化和宗教因素的影响。例如，通常人均收入高、出生率低的国家，财富和出生率是呈负相关的。根据进化论的观点，人们经济上面临的威胁越大，他们将会趋向于要更多的小孩，希望其中有一些能够存活下来。而相反，当经济安全有保障时，孩子容易得以存活，也就没有动机要更多的孩子了（Schubert，1991b）。这在很多国家都得到证实。然而，在那些持续保持高出生率的波斯湾沿岸富有的阿拉伯国家，这种“财富—出生率”的关联并没能得到证明。

与进化论相比，社会学方法更强调社会因素在决定个体动机时扮演的关键角色。下面我们将用两个理论来对社会学方法加以说明。

社会科学：首先看社会

正如我们在本书的前面部分所提到的，首先

让我们回顾马克斯·韦伯（Max Weber，1922）提出的这样一个观点，他将社会划分为前工业化（传统的）和工业化（非传统的）两种社会类型。按照韦伯的观点，处于前工业化社会的人们是与传统和习俗密不可分的。在这样的社会里，衡量人们的欲望和行为是否恰当的标准都与传统有关。当出现传统未能涵盖的内容时，他们会以现有的习俗和规范作为判断的标准。比如在传统社会已婚夫妇不能要求离婚。因为这会破坏传统家庭，所以是不恰当的行为。而在资本社会则恰好相反，对合理性的支持是人们动机的一个有力支撑。人们经过深思熟虑以后会估计出完成某个特定目标最有效的方法。如果夫妻双方认定他们不可能再在一起生活，他们就可以结束婚姻关系。为什么在这个社会就可以呢？因为这个行为能给他们带来最大利益。在这样的案例当中，理智克服了情感，计算替代了直觉，科学分析消除了迷信。在现代社会，人们会由于时间的稀少和珍贵而引发动机，但在传统文化当中时间并不被看作一种商品（见第 10 章）。

而另一位著名的社会学家、经济学家卡尔·马克思（Karl Marx）则指出，经济状况的不平等能激发人的需要（Marx & Engels，1848）。按照马克思的观点，每个社会大致上都可以划分成两个大的对抗性的社会阶层。处于同一社会阶层但属于不同种族的人们，要比那些属于同一个种族或国家但处于对抗性的社会阶层的人们有更多的共同点。被压迫者想要获得他们应得份额的资源，而压迫者想要维持现状。然而，马克思主义并不能很好地解释人的动机的许多其他非经济方面。正如我们轻而易举就能看到的一个不幸事实，社会的平等并没能阻止侵略和暴力。同样地，经济上的不平等也并不一定必然导致人们之间的敌意。

我们下面将要学习的是关于动机的一些基本的心理学理论：驱力和唤醒理论、心理动力学、人本主义以及学习理论。

驱力和唤醒：两个普遍的动机机制

我们把引导生物体满足某些生理需要的内部唤醒状态称为**驱力**。动机理论的一个核心概念是需要，即由生理或心理剥夺（比如缺少食物或者水）造成的一个有动机的状态。根据驱力理论，不同国家的人们都会将他们所缺乏的东西看作是有价值的。正如那些处于饥饿之中的人们会特别将食物看作是有价值的，不同文化下的人们都会觉得某些被剥夺的特定需要远比其他大多数事物来得更有价值（Peng et al.，1997）。行为的目标是获得一种个体内在的稳定或者平衡的状态。刺激，比如饥饿和疼痛，都有可能强化和促成我们的行为。在传统的意义上，需要被划分为两类：生理的和社会的。生理需要是普遍存在的，它直接导致人们的自我保护行为。事实的确如此，我们每个人都必须进食才能维持生命。而社会需要则引导人们建立和维护关系。一个生物体由需要而产生动机我们称为处于驱力状态。处于这种驱力状态之下的人们会表现出目标导向的行为（Murray，1938）。环境可能会迫使一个人去与敌人战斗、祈祷，甚至发展出某种特定的技能。贫穷的压力可能会引起对经济安全的需要，而使得一个人努力工作并接受教育（Van de Vliert，2007）。同样地，由于受到不同环境的影响，另一个体也可能选择以暴力的方式面对社会。在这个人所持的观点里，社会是导致他或者她贫穷的原因。

动机的**唤醒理论**认为，人们总是会通过积极地不断改变他们暴露在唤醒刺激下的程度，来试图维持一个最佳的唤醒水平（Yerkes，1911）。不同于饥饿和干渴，知觉或其他经验的缺失并不会导致一种心理上的失衡状态。人和动物总是在不断寻求知觉刺激。一个乌克兰人也许会坐在公园的长椅上下棋，一个乌兹别克人也许会在路过茶馆时停下来闲谈，而一个波士顿学生也许会付 40 美元去看红袜队的比赛。每一种文化都会提供一些人们热衷的活动，使得处于不同文化下的人们分别去寻找与之相对应的维持动机的最佳唤醒水平。

以往的研究部分地支持了唤醒理论。研究是由六个国家（西班牙、秘鲁、委内瑞拉、英国、澳大利亚和美国）的一千多名男女被试完成关于拖延的问卷。研究结果没有发现显著的性别差异和国籍差异。就总体而言，大约有 30%的被试报告了他们的拖延倾向。其中一半被试认为他们拖延的原因与唤醒有关。他们认为，当工作处于压力状态下的时候，他们会表现得更好。另一半被试认为，他们避免拖延的原因是当处于最后期限的压力之下时，他们无法表现良好。这些研究结果表明拖延是一种普遍的心理机制（Ferrari et al.，2007）。

驱力和唤醒理论的一个主要缺陷在于，其将人们对文化的应对方式看作一个相对独立于人们的行为的“外部因素”。这个理论忽略了这样一个事实：人们不仅会对身体和大脑做出反应，同时也是他们自身文化的“建设者和设计师”。

无意识的力量：精神分析

西格蒙德·弗洛伊德（1938）最早提出的精神分析的核心概念就是无意识。无意识是一种包括想法、感觉和记忆在内的，能对我们产生影响而又没有意识参与且不能被我们意识到的知觉水平。每个人一出生就拥有两种基本驱力：生的本能和死的愿望。所有集中反映在生活物质上的努力倾向比如爱、喜欢、助人、关心、建立和创造，它们都是由生的本能所驱动的。而死的愿望代表的是所有关于攻击和死亡的倾向。为了生存，个体倾向于消灭那些与已相异的人和事物。

一个人的人格主要由三个部分组成。人格最原始的部分是本我，这部分人格包含先天的驱力（死的愿望和生的本能），根据快乐原则寻求冲动的及时满足。一个新生儿的行为正是由这项原则来引导的，所有文化下的婴儿都对社会规则没有意识。成长中的儿童会逐渐面对越来越多的、对他们行为进行调整的规范，这些约束的形式往往以系统的方式呈现。尤其在儿童性兴趣和攻击冲动的发展上，通常会运用特别严厉的规范。这表明超我这一人格水平开始发展，它以限制原始冲动作为道德指南。超我代表一个社会的价值和文化标准，往往通过父母和其他成人传递给儿童。而被本我和超我重重包围的自我，则是为适应外部现实而在本我、超我和环境之间做出妥协的人格水平。弗洛伊德率先对人类文化心理的根源和文化对心理学产生的影响进行了详尽描述。心理学家们对在文化和跨文化研究中应用他的理论做了很多的尝试，包括对非洲巫术的精神分析、对澳大利亚原始居民社会风俗的研究、非裔美国人对白人社会产生的影响，还有在缅甸、柬埔寨、老挝和泰国等佛教文化中自我约束的力量（Tori & Bilmes，2002）。但精神分析最主要的发展仍然是在西方本土文化环境中孕育出来的个人主义、理性思维和自由选择。一般来说，在非西方文化下，精神分析的发展都是不同的。早在1929年，印度精神分析学会的创始人吉瑞德萨克哈·鲍斯（Girindrasekhar Bose）就给弗洛伊德写信提出，印度人和欧洲人在性别的身份认同上存在一些差异。他认为在印度文化当中，一个人身上的女性特征和男性特征一般并不是趋于完全分离的（Kakar，1989）。另外，精神分析不能解释传统文化中的高权力距离，也不能很好地解释穆斯林文化中的家庭结构和性别关系（Roland，2006）。

人本主义理论

人本主义的理论主要强调人的尊严、个人选择和自我价值。人本主义心理学家亚伯拉罕·马斯洛（Abraham Maslow，1970）提出人们具有一定数量的内在需要，这些需要是按不同的层级进行排列的（表7—1）。马斯洛将这些需要整合为五个层级水平：生理、安全、归属和爱、尊重和自我实现。个体一旦满足了一个层级的需要，就能进入到下一个等级的需要水平。因此，人们只有在他们满足了对食物、水和遮蔽物的需要以后才会进一步寻求接纳和尊重。

马斯洛发现，一个人越是寻求高层级的需要，他就越少地类似于动物而变得更加地人性化。如果一个人已经能够充分地满足前四个需要，那么他便可以去满足最高的需要，即实现他自身独特的潜能。根据马斯洛的理论，人一旦踏入了**自我实现**的领地，他便与那些仍试图满足更基本需要的人们有了本质的区别。自我实现的个体，他的生命注定是为了寻求譬如真理、善良、美丽、完整、正义和意义这样的“存在价值”（B—values）。

与以前的许多人格理论家不同，马斯洛是通过研究健康和成功的人群而不是精神病理学上的临床案例创建了他的理论。他研究自我实现者的兴趣开始于对他十分崇拜的两位大师——完形心理学的创建者之一威特海默（Wertheimer）以及著名的文化人类学家露丝·本尼迪克特（Ruth Benedict）的研究。在发现这两个人有许多共同特征以后，马斯洛开始致力于寻找其他拥有相同品质的个体。他最终分离出来进行更加详尽研究的人群中包括亚伯拉罕·林肯（Abraham Lincoln）、托马斯·杰斐逊（Thomas Jefferson）、阿尔伯特·爱因斯坦、埃莉诺·罗斯福（Eleanor Roosevelt）、阿尔伯特·史怀哲（Albert Schweitzer）、贝内迪特·斯宾诺莎（Benedict Spinoza）、阿德莱·斯蒂文森（Adlai Stevenson）以及马丁·布伯（Martin Buber），他们都是欧洲人或欧裔美国人。

表7—1 亚伯拉罕·马斯洛的需要层次

第五层：	自我实现需要
第四层：	尊重需要
第三层：	归属和爱的需要
第二层：	安全需要
第一层：	生理需要

资料来源：A. Maslow，*Motivation and Personality*，1970。

马斯洛在他非正式的研究基础之上，提炼出了一个全能、成熟、健康和让人印象深刻的个人形象的集合体。马斯洛总结了自我实现的人表现出的一定数量的相似特征，它们包括：（1）对现实的准确感知；（2）对欣赏的持续新鲜感和经验开放性；（3）自发性和简单直率；（4）强烈的道德意识；（5）富有哲思（而不是敌意）的幽默感；（6）隐私的需要；（7）神秘的周期性“高峰”体验；（8）民主领导特质（见第11章）；（9）深层次的人际关系；（10）自主性和独立性；（11）创造性；（12）问题中心（而不是自我中心）导向；（13）对某种文化适应性的抵抗；（14）接纳自我、他人和环境。

您是否认为马斯洛的理论是对一个全能的人的有效描述呢，还是相反您认为它只是马斯洛自己主观价值系统的一种反映？马斯洛是否将伦理和道德上的考虑与他的逻辑混为一谈？试想，他对自我实现者的描述是开放的、现实的、自发的、拥有民主领导特征的、对抗某种文化适应性的、接纳自我、他人和环境的个体。这是对个体实现的客观描述吗？还是被马斯洛自己的主观理想描绘所蒙蔽的结果？正如史密斯（M. B. Smith，1978）所说，马斯洛或许只是简单地将他个人崇拜的英雄形象赋予到他所谓的自我实现者身上了。

尽管马斯洛提出的需要层次可能适合于所有文化下的个体，但需要所具有的相对强度仍是具有文化特异性的。把自我放在首当其冲的位置可以被看作西方文化的一个特色，但它在其他一些文化中并不占统治地位。比如中国的价值层次里就包括相互关系的促进，这与马斯洛对自我发展的强调形成鲜明的对比。在一项研究中，尼维斯（Nevis，1983）修正了马斯洛的需要层次，提出在社会主义下的中国更为基本的需要是归属需要，而不是生理需要。而且，自我实现表现为对社会的无私奉献。如果一个个体的自我实现是通过为集体做出贡献来达成的，那么该个体实现的是一种集体主义的自我实现价值。

批判性思考 同一种需要——不同的行为？

您是否同意社会需要是可以转换的呢？您是否认为当你在某个特殊领域不能满足需要时，这可能会促使你在其他领域寻求某种方式去满足那些需要？比如说并不是所有的政治家被卷入公众事件都是由于他们需要参与政治。不同的文化下的政治职业可能有着不同的起源。但是一般来说，政治职业可以使得领导者的个人需要得到满足，同时也能为他们富于创造性的技能或遭遇的失意提供进一步的表达机会。正如贝蒂·格莱德（Betty Glad）所写的那样，吉米·卡特（Jimmy Carter）之所以成为美国总统是由他在“某些领域”被认可的欲望所驱使的，而并不是由于对政治职业的强烈的、压倒性的兴趣所致（Glad，1980）。美国总统理查德·尼克松（Richard Nixon）在职业生涯初期没能得到纽约某主要律师事务所的一份工作。波兰的列赫·瓦文萨（Lech Walesa）曾经是一个落魄的电工。20世纪最臭名远扬的独裁者阿道夫·希特勒最初想成为一个艺术家。捷克第一位总统瓦茨拉夫·哈韦尔（Václav Havel）在过去很长时间里是一名持不同政见的作家。纳尔逊·曼德拉（Nelson Mandela）最初的职业是律师。你还能再举出其他的例子吗？现在你是否认为人的需要基本上是具有普遍性的，而差异仅仅是因为人们所处的环境不同呢？换句话说，不同生活事件会促使我们追求不同的目标，这正是由于我们遇到不同的环境状况所造成的。你是否同意这种说法呢？

马斯洛（Maslow，1970）承认，他的自我实现理论和研究缺乏严密的实证科学的推理。但他坚信，"研究健康的、强壮的大多数群体同研究带有防御机制的精神残疾一样"，对于完善心理学领域的进程是十分必要的（p. 33）。而且，马斯洛坚持认为，自科学的方法和步骤被用于实现人类目的开始，科学就被误以为是价值中立的。

苏联心理学家亚瑟·彼得罗夫斯基（Arthur Petrovsky，1978）提出并验证了一个在不同文化环境当中均适用的类似动机理论。他提出，大多数苏联人都存在集体主义取向。当个体接受并内化社会的目标和价值时，他就能实现个体的最大潜能。比如在中国和苏联，环境的要求、社会主义的思想体系和传统（如中国孔子崇尚的道德规范、苏联的共产主义道德行为准则）宣扬的都是和谐与合作而不是个人主义取向的决定，而在西方个人主义恰恰是被鼓励的。

学习和动机

学习理论认为，人们能够意识到他们的思维模式并能够控制他们的动机和行为。人们学习他们想要什么和如何去获得奖励、掌控和关系。动机可以分为内部动机和外部动机两类。**内在动机**使人们参加各种活动是由于活动本身所带来的乐趣和满足感，而不是由于其他任何明显的奖励。德西（Deci，1972）认为人们参加这样的活动主要有两个原因：获得认知刺激和成就感、能力以及对环境的掌控。相反，**外在动机**来自外部环境。外在奖励包括对特殊行为所给予的称赞、高分或者报酬。这些奖励能强化他们的现有行为，提供对他们表现的反馈信息并增强他们对自我价值的感受。

认知理论强调学习和理性选择的重要性，可用于跨文化研究。现在我们将考察几种具体的人的动机类型。我们首先要分析的是饥饿，接着是成就动机。最后，我们将会考察性和攻击动机。

饥汉无耳。

——拉·封丹（La Fontaine，1621—1695），法国寓言家

饥不纳言。

——西班牙谚语

胡萝卜和牛舌肉：饥饿和食物偏好

很显然，为了生存，我们必须进食。饥饿是一种生理需要，这在哪种文化中都没有例外。身体将食物转换成能量，使得发育和机能得到进一步完善。我们对于进食的渴望使我们产生一种生理状态（如身体的化学反应、大脑中的下丘脑活动）以及学会应对外在刺激的反应。饥饿的生物本质能够解释食物偏好上很多跨文化

的相似性。所有文化中的人们都学会分泌过量唾液来预期诱人的食物。我们对于甜和咸的口味偏好是遗传和具有普遍性的。对于大多数儿童来说，糖果无疑是最美味的食物。但个人经验也会创造出独特的口味偏好。例如，当人们连续食用高盐度食物以后也会渐渐发展出对过量盐分的喜爱（Beauchamp，1987）。所以在新奥尔良或叙利亚长大的人们可能认为北欧的许多食物都食之无味。

具有代表性的文化规范和传统调节着我们的饮食习惯。它决定了我们认为什么是美味的，什么是无味的，同时也让我们建立起对一些特殊食物和产品的社会禁忌。阿拉伯的流浪汉可能会吃骆驼的眼睛，而绝大多数欧洲人却会觉得很恶心。在一些欧亚国家，牛舌肉是熟食店常见的食品，而多数北美人是不能接受的。同样地，多数北美人拒绝吃狗肉，而此种食物在越南是可以接受的。穆斯林吃牛肉，但印度教徒绝对不敢去碰。穆斯林和许多犹太人一样从不吃猪肉，而其他种族和宗教团体的人们却能毫不犹豫地吃猪肉。一般来说，人们尝试新奇的肉制品和肉类食物时是十分谨慎的（Pliner & Pelchat，1991）。然而，由于反复尝试某种新食品，我们对于其的喜爱程度也会迅速增长。另外，一种新奇食品的出现也增加了我们自愿尝试别的食品的意愿（Pliner，1982；Pliner et al.，1993）。

当饥饿引发不幸：进食障碍

在西方国家进食障碍者是不是要比在非西方国家更加常见呢？我们的答案是肯定的。工业社会（如加拿大、美国、欧洲国家、日本和澳大利亚）中的年轻女性比在其他国家的年轻女性更容易有进食障碍（Castillo，1997）。进食障碍的两种类型，神经性厌食症与神经性贪食症，都是危害生命的疾病。受进食障碍危害的人中90%以上都是女性。她们对体重过分关注，通常会通过节食和快速持续的食物清除（如呕吐、惩罚训练）来保持满意的体重。

文化规范对于个体是否对理想的苗条身材过分关注和对增重产生强烈恐惧有重大的影响（DSM-IV，1994）。在大多数文化当中，对女性某些方面的剖析已经成为评价女性或性感女人应是怎样的信号（Habermas，1991）。如今，在西方文化中，苗条能增加对女性特质的感知，成为吸引力定义的一个最主要方面。与某些心理因素一样，社会因素如美的文化模式、时尚潮流和同伴压力都可能造成个体形成肥胖和无吸引力的自我形象，进而使得个体发展为进食障碍（Thompson，2003）。在许多非传统的文化设定下，有吸引力总是与小巧的、苗条的体形联系在一起的。而一个庞大的、发胖的形象总是同“妻子和母亲”的刻板印象联系在一起，这是许多年轻女性极力设法避免的（参见第10章）。

厌食症并不是一种“新”的失调，它不仅仅发生在西方国家。这个概念直到1874年才被引入，但据有关医疗机构透露，厌食症的症状早在18世纪甚至更早以前就已经出现。贝尔（Bell，1985）根据历史文献描述了一种所谓的神圣的食物缺乏。人们拒绝进食是与其信仰相伴随的，他们认为对食物的节欲能使其得到神的力量。当研究者发现在20世纪神经性厌食症与神经性贪食症开始变得越来越普遍的同时，厌食症的症状也被证实出现在每一个非西方的地域里。除了日本和伊朗以外，非西方国家对贪食症流行的估计都在西方国家报告的范围以内，这些国家试图寻找贪食症出现更早历史时期的证据，但没有发现理想的结果（Keel & Klump，2003）。

成功与和谐：成就动机

人们总在为取得成就，追求优秀而努力。让我们看看人们创造的奇迹——埃及的金字塔和巴黎的埃菲尔铁塔吧！让我们将电视转到体育频道，看看不同国家、宗教和种族的运动员们如何为了获得优秀相互竞争吧！让我们去读读波斯人伟大的儿子内扎米的诗，还有哥伦比亚的天才文学家加布里尔·加西亚·马尔克斯写的所有小说吧！人们设法去实现他人所不能实现的。**成就动机**是一种社会需要，它使得人们总是为获得优秀、成功、影响和成就而努力。活动不被赋予目标便没有动机，行为没有目标就没有承诺保证。

我们生来就具有这些成就动机吗？早期成就动机的研究者大卫·麦克利兰（McClelland，

1958）对这个问题作了绝对“没有”的回答。他指出，成就动机是我们在童年时期习得的。它往往是从父母那里获得的。父母强调优秀，对儿童的高水平成就表示喜爱并给予情感上的奖励。在个体生活中，各种各样的社会和心理因素都能进一步影响成就动机。如果儿童没有经历这样的示范情境，他也就不会发展出对成就的需要。

特殊的社会规范可能与这种动机相关。例如，捷克斯洛伐克（当其为统一的共产主义国家时）的产业经理的成就动机就显著地低于美国相应的个体（Krus & Rysberg，1976）。研究发现，11～12岁的美国儿童比处于同一年龄的中国儿童表现出更强的竞争性和个人主义动机。而另一项研究发现，美国母亲比墨西哥母亲反复给他们的孩子选择更为困难的成就目标（Madsen & Kagan，1973）。在一项关于动机的经典研究中，麦克利兰（1987）分析了22种文化下的儿童故事中所包含的成就动机主题水平，并考察了动机水平与这些被考察国家的经济发展之间的关系。成就动机的得分与儿童所处国家的经济增长水平呈高相关。换句话说，在不同国家里讲给儿童听的故事中成就被强调得越多，随着儿童的成长，那些国家的经济发展也越迅速。

在很久以前，一个涉及9个地域（孟加拉国、澳洲、日本、马来西亚、巴布亚新几内亚、印度、中国台湾、新西兰和中国香港）的跨文化调查发现，某些文化症候群包括信仰、实践都与它们的经济发展相关（Ng et al.，1982）。弗恩海姆（Furnham，1994）和他的同事在一个超过12 000名被试的跨国研究项目中发现，个体的成就动机和经济增长之间存在高相关。特别是经济增长与竞争性的态度相关。这种态度越强，成就动机越高。成就动机越高，经济增长率越大。如果相关是存在的，那么是什么直接导致了这种相关呢？不少科学家相信是经济发展改变了文化症候群。例如，有的国家随着其发展和经济的增长增加了对个人主义的支持，并减少了对权力距离和独裁主义的认可（Hofstede，1980）。其他强调文化症候群促进经济发展的观点认为，正如在更早的研究中所预言的那样，努力工作和渐进式储蓄的价值观应当能促进经济发展（McClelland，1961；Weber，1905）。然而，最近的大多数研究表明，这种相关可能是双向的，经济发展和文化变动可能朝向一致性模式的改变（Allen et al.，2007）。例如，日本和中国香港作为两个经济上非常成功的地区，是将所谓的**儒家的进取**作为最强大的长期靠山的，这种文化症候群通过强调羞耻感来达到经济目标和维持社会稳定，鼓励谨慎和储蓄，并促进忠诚和信任（Hofstede & Bond，1988）。大约在20年前，中国强制执行的也是类似的价值体系。从另一方面看，强有力的实验数据表明，成长于经济繁荣时期的个体更多地表现出对诸如平等主义、和谐性和自主权等价值的认可（Allen et al.，2007）。经济上的不安全感引导人们寻找更强的领导、绝对规则和社会秩序，而有经济安全感时人们往往有更多的自我表现和个体满足感（Inglehart，1997）。

高成就动机的一大特征是企业家精神，这是一种引发新想法和主动性的特质。而惩罚通常不能促进新想法的产生（D. Miller，1983）。另外，在独裁型父母的家庭中，儿童会发展出相对较低的成就动机（Segall et al.，1990）。正如在一个涉及9个国家的研究中发现的那样，企业家精神通常同高权力距离或对工作环境中相对不平等的容忍度以及高个人主义、低不确定性规避和高男性化相关（McGrath et al.，1992）。从美国得到的数据样本（Zheng & Stimpson，1990）证实了企业家与非企业家在企业家精神的四个心理特征上的差异，这种差异表现在创新、成就取向、自尊和个人控制等方面。

野心的终结，是幸福的开始。

——匈牙利谚语

枪打出头鸟。

——中国谚语

我们不难想象任意两个个体都可能发展出两种不同类型的成就动机：低的成就动机和高的成就动机。一种是力争优秀和成功，另一种是愉快地去做需要做的，不需要得到他人的认可。什么才是真正迷人的，这是由动机的文化差异来决定的。那么前人的研究结果是否可以得出不同国家和文化会有高或低的成就取向呢？

关于成就或者成功的答案我们可从以下几个方面进行诠释。所谓**个人主义成就动机**，它影响个体的态度和行为，直接作用于个体目标的达成，会在大多数研究中被加以测量。相反地，**集体主义成就动机**将个体与他人联系起来，个体的贡献通常被认为是使一个特殊群体或社会的成员获益（Parsons & Goff，1978）。

批判性思考 成就动机与健康

让我们再仔细考虑一下这个结论：成就动机越高，国家的经济发展越快（Steers & Sanchez-Runde，2002；Inkeles & Smith，1974；McClelland，1961）。我们都知道在解释任何相关数据时都必须十分小心，这里的相关并不一定就证明了高的成就动机会导致经济增长，也有可能是由于这个国家的经济繁荣刺激了许多追求成功的公民成就动机的发展。为什么这么说呢？我们可以如此解释："如果我知道我的努力将得到奖励，那么我会力争取得成就和表现优秀。但如果我知道由于经济的贫乏和政府的介入，我个人的努力不会得到奖励，这就很难使我去渴望获得成就。"不过仍然有些心理学家认为，研究成就动机能给我们提供一个视角来考察某些国家在特定历史时期经济突飞猛进的原因（Allen et al.，2007）。那么你认为动机和财富是如何联系起来的呢？

每个社会都会设定优秀的标准，并决定个体期望获得的成就目标类型是个体的还是集体的。个人主义类型在诸如美国、法国和德国等西方文化中颇为盛行。而集体主义类型在诸如印度、韩国和日本等东方文化中更为普遍（Maehr & Nicholls，1983）。例如在日本，争取成功的动机更多关注的是他人的反应而不是个人对满足感的追求（Gallimore，1974）。在中国文化中，集体成就取向被认为是最有价值的（Yang，1986）。在韩国、泰国和中国有一个特定的工作守则，即未来导向以及和谐人际关系网络对于事业成功十分重要（Cho & Kim，1993）。我们同样还发现澳大利亚土著学生比非土著学生更强调集体主义目标（Fogarty & White，1994）。

在许多跨文化研究中我们都可以找到关于集体主义成就动机和个人主义成就动机的讨论，比如说谈到教育问题的时候。任务取向是成就动机的一种形式，包括为发展个体能力去学习和成长的目标，而自我取向显示的是个体相对于他人的优越感（Nicholls，1989）。对中国和美国的小学学生做的一个比较研究发现，成就取向的这两种类型同等地存在于所有被研究的样本中，这个结果让研究者十分意外。中国早先一直被认为是一个典型的非常强调人际和谐、谦虚和合作的国家，因此预期被抽样的中国学生比美国学生有更低的自我取向。对该结果的一种可能解释是中国的教育体系与美国的教育体系截然不同，它具有高度的选择性和竞争性。要想成功，你就必须比其他人做得好，特别是在分数上。因此，与其他学生竞争以取得更好的成绩可能是中国学生动机的首要来源（Xiang et al.，1997）。

在一项关于华裔和欧裔新西兰人的二元文化研究中发现了十分有趣的结果。研究者发现与欧裔被试相比，华裔学生有着更强的学术和职业动机，同时也表现出更多的需要满足父母期望的责任感，以及更多的对失败后父母反应的恐惧。在华裔的文化规范里，父母要求和期望子女在学校取得高的成就。学生有义务满足父母的期望，并要感激父母为他们所做的牺牲（Sue & Okazaki，1990）。这或许可以解释在20世纪90年代末以前，新西兰的华裔移民在教育和事业领域取得巨大成就，他们得到较高职位的比例比包括欧裔在内的任何其他种族都多这个事实（Chung et al.，1997；Liu et al.，2005）。

当人们具有刻板印象的时候，他们往往不能意识到自己对于信息的曲解程度。在几年前，英国的菲利浦王子（Prince Phillip）在访问苏格兰爱丁堡附近一家高科技企业的时候，因为恰好见着一个线路很不好的保险丝盒而对该公司经理做了如下评论："这就好像是由印第安人安装的一样。"虽然皇家发言人已为该评论发言致歉，但你仍然可以想象，这对于那些勤勉的、追求高成就的印第安人以及他们分散在世界各地的后裔来说是多么地无礼。

在2005年的时候，前墨西哥总统维森特·福克斯（Vicente Fox）曾对那些从墨西哥移民去美国的人们找工作的情形有这样的评论："那些甚至是黑人也不想做的。"墨西哥总统办公室随即发表声明说总统讲话中有一个用词错误，人们不能用一种错误方式去理解他的发言。当然了，总统并没有想要冒犯黑人，他应当更加小心地选择他的用词。

这里有更多的证据表明，成就动机具有与文化相关的复杂性。一个访谈对澳大利亚和斯里兰卡两个群体超过500名的成员分别做了采访，对其成就动机进行了比较。在澳大利亚，人们比在斯里兰卡更普遍地具有个人主义倾向，而在斯里兰卡家族和群体倾向占据统治地位（Niles，1998）。然而，这两个小组关于他们成就目标的偏好方式是相似的，他们都十分认可个体责任感和工作道德规范，结果并没有显示出一个群体比另一个群体有更强的动机。最重要的是，研究指出人们产生动机，既可以通过不同的手段实现不同的成就目标，也可以通过相同的手段实现不同的成就目标。同时，研究也说明成就在不同的文化背景下具有不同的含义。简而言之，成就导向的行为并不一定必然是个人主义的。

所有的残酷生自软弱。

——塞内加（Seneca，公元前55—公元39），古罗马修辞学家

攻击动机与暴力

"每场比赛以后我们都恨不得把什么人痛打一顿。当然最好是有谁（某个人）向我们发起挑战。倘若没有人敢这样，无论如何我们也会找出这么一个人来当靶子的。"这番话是一个叫做M. M. 的英国人对我们说的。他自称曾是个"足球小流氓"，现住在伦敦某郊区，是一个有两个孩子的30岁的父亲。

我们把想要伤害或者危害他人的欲望称为**攻击动机**。无论我们生活在哪里，人身诬蔑、口头攻击、愤怒报复、公开敌对以及许多其他形式的攻击行为，这些都是我们的日常生活的一部分。攻击动机有多重来源和起因，不可能用某一种理论解释，无论它看起来是多么有说服力。跨文化心理学家试图比较并结合现有数据形成一个全面的观点，同时考虑心理的、政治的、生理的、社会经济的和文化的因素，将它们与攻击动机和行为联系起来。

批判性思考 集体主义与个人主义

20世纪90年代末期，日本及东南亚其他工业化国家经历了一个痛苦的经济萧条时期。美国一些流行的论调反复强调亚洲市场出现的经济危机是由文化因素造成的，而且特别是由于集体主义的经济管理方式所造成。信奉集体主义原则的亚洲国家政府非常强调保护他们国家的经济，却小视了自由经济

的重要原则，即经济和财政上的成功只能是自由竞争的结果。然而从另一个角度上看，个人主义的成就动机对速度的追求也可能带来消极的社会及心理后果。例如，在拉丁美洲发生的在遵循传统意义上社会主义平等原则之上为建立“资本主义”社会所进行的改革，并不能保证经济增长的同时人民也具有很高的满意度。

问题：你是否认为资本主义社会需要接受个人主义价值观？或者你认为在资本主义社会也可能会有集体主义价值观的空间？你是否会持这样一种观点，认为有些国家和文化在适应自由竞争的个人主义原则上有困难？

例如，生物学家发现，当大脑缺少一种特殊的化学物质——含氮氧化物的时候，普通的老鼠也能转变成具有暴力倾向和性侵略性的恶徒。同样的机制也可能在人类身上找到（Brown，1995）。尽管在心理上被预先设定为有暴力反应，但大多数个体仍然能够运用社会规范和文化要求去调适它。在那些暴力产物很少的文化下，人们会对任何形式的暴力和攻击非常敏感并且抵制它。而相反的是，在一个通常采用暴力作为解决问题途径的社区，比如一个地区有种族冲突，人们就可能习得这种特殊的行为模式，将暴力行为作为一个准则（Buckley，2000）。一些跨文化研究为关于暴力来源的争论提供了佐证，这些来源可能存在于社会之中（Frey & Hoppe-Graff，1994）。

当攻击行为具有有利价值，且暴力表现得到支持时，攻击会得到一定正性的增强。在这样的情况下，个体能从中获得力量和控制感、得到物质资源或者能够对抗挑衅（Rohier，1975）。研究发现，来自同一个国家的儿童暴露于不同的社会情境之中时，可能会表现出不同的侵略行为模式。在关于两个墨西哥地区儿童的一项研究发现，在暴力水平高的小镇上生活的儿童比在另一个暴力水平低的小镇上生活的儿童表现出两倍以上的暴力行为（Fry，1988）。根据报告，生活在暴力水平高的地域的父母倾向于鼓励他们的孩子具有侵略性，并对暴力行为采取报复行动进行回应。而且在那些遭到父母忽略、拒绝、缺少情感、对于儿童的攻击行为漠不关心以及虐待儿童的家庭中，攻击行为的水平更高。这项研究提供了一个互为因果的范例。一方面，危险的社会环境导致父母鼓励“自我保护”的暴力行为。而另一方面，对于攻击行为的鼓励又创造了一种特殊的允许新的攻击行为的社会风气。然而，这项研究几乎没有提到为什么仍有一些儿童和成人并没有用新的攻击去对抗攻击，而是采用非暴力行为维持他们的生活。

斯托布（Staub，1996）考察了各种文化群体下侵略行为的多种因素，具体包括历史性的歧视、暴露于暴力情境、对权威的态度、基本需要的满足、教育的缺乏、苛刻的对待、家庭虐待以及失业。暴力增长主要发生在黑人和白人相邻的贫困人口地区。为什么呢？这是否意味着贫穷的人就比其他社会群体更具有攻击性？作者认为，在一个致力于发展其成员唯物主义价值观的社会，个人的成功主要取决于个人能挣多少钱，以及个人是否能够获得权力和资源。当一切经济和社会成功的可能性都摆在眼前，但却没有能力去利用它们时，人们可能会体验到一种无力感。在这样的心理背景之下，无力感进而就可能导致挫折和攻击。另外，如果个体接受男权主义的价值体系（见第1章），他的挫折能很容易地通过各种各样的攻击行为得以排适。未能满足的需要可能使得个体接近某个群体，比如某个帮派，这可以促使他获得积极的认同、被承认的权力以及与同伴的关联。作者在分析美国城市里有许多西班牙帮派的原因时指出，这是由于人们在生命的青少年时期处于一种快速的社会变革之中，家庭里传统的归属关系遭到迅速破坏。这使得很多青年人开始在别处寻找关联和归属，他们中的一些最终成为了帮派的成员。

当前有一种观点认为攻击行为是受到挫折—攻击假说的影响的（Berkowitz，1962；Dollard et al.，1939）。这个理论将攻击描述为对挫折的主要反应。许多社会学家试图运用该假设来解释在广泛的挫折环境诸如贫穷、破碎的家庭、迁移、城市化、失业和歧视状况下攻击行为发生的根源。有关在不良环境下的攻击和在良好环境下攻击消失等的研究已有不少（Bernard，1990）。研究发现，在印度和美国，父母积极的情感与儿童的攻击行为呈负相关（Pinto et al.，1991）。父母对儿童攻击行为的反应是控制或促进攻击的一个重要因素。研究表明，处罚并不是控制攻击的有效手段（Weiss，1992）。而且，高水平的限制（低水平的容许度）可能导致身体攻击（Schlegel & Barry，1991）。

在与攻击相关的众多心理因素当中，专家经常会提到自尊。一些研究者提出设想，低水平的自尊与高频率的违法行为相关（Crain & Weissman，1972；Jenkins，1995）。然而，跨文化的比较并不总是被证明是正确的。例如，我们考察了三个族群来确定个体自尊是否与违法行为相关。结果发现假设仅对欧裔美国人有效，对黑人和拉丁裔被试不起作用（Leung & Drasgow，1986）。攻击性也可能与社会能力较之同伴低下有关。儿童没有这些能力就不知道如何去解决谈判中的冲突，也不知道怎样应对困难的社会情境和控制自己的情感，对其他类型的情感也无法解释（Asher et al.，1982）。

有相当一部分实证研究证实，攻击并不总是由潜在的挫折造成（Kadiangandu et al.，2001）。阿尔伯特·博罗维茨（Albert Borowitz，2005）描述了一种由渴望出名或自命不凡造成的特殊攻击。博罗维茨将其命名为“希罗斯特拉妥斯综合征”（Herostratos syndrome），它是指一个人坚信生活欺骗了他，而对这种不公平感的唯一补偿方式是让他人痛苦（其得名于公元前 356 年那个想让自己的名字永垂青史而去毁坏阿尔忒弥斯神庙的人）。暴力冲动作为一种习得的反应模式是可以发展的。经常性的攻击行为可以通过观察他人的攻击行动习得（Bandura，1969）。

攻击能在儿童早期生活中的各种行为包括游戏中明显地表现出来。在对美国、瑞典、德国和印度尼西亚的 120 个儿童进行的研究中，四岁的孩子被要求分别用带有攻击性和不带攻击性的两个玩具讲两个故事。美国儿童讲述的故事比其他研究组叙述的故事包含了更多的攻击观念、用于攻击的词和带有敌意的字眼（Farver et al.，1997）。这或许是由于早期的家庭经历或是暴露于电视上的攻击行为影响了儿童的反应。

这是不是说某些特定的国家或文化比其他国家或文化更具有攻击性呢？要回答这个问题我们就应该去了解那些充满暴力的社会。在美国、以色列、印度、瑞典、亚美尼亚和智利，总统和总理被刺杀。在俄国、阿根廷、埃及、秘鲁、坦桑尼亚和西班牙，恐怖分子袭击无辜的受害者。在伦敦、东京和莫斯科，暴力行为在地铁上发生。当一些国家的犯罪率下降时，另一些国家的犯罪率正在上升；一些地区发生暴力行为的频率很低，而另一些地区发生暴力行为的频率很高。而这种频率在不同的族群中也有很大差异。在美国，男孩被拘捕的可能性是女孩的四倍。处于较低的社会经济地位的青少年被拘捕的可能性几乎是处于中产阶级地位的青少年的两倍。非裔和拉丁裔青少年被拘捕的可能性大约是白人青少年的两倍。而欧裔美国人被拘捕的可能性大约是亚裔美国人的两倍。他杀是非裔美国年轻人主要的死因，而车祸是导致年轻白人夭折的罪魁祸首。在 20 世纪 90 年代，一个 10 岁的黑人男孩在成年以前被谋杀的几率是 1/21（D'Souza，1995）。然而，纽约大学的著名黑人心理学家阿德尔伯特·詹金斯（Adelbert Jenkins，1995）认为，要回答一个族群是否比其他族群更具有攻击性的问题，我们不能不回过头去看历史的因素。他指出，比如在说到非裔美国人时就要考虑到历史因素，欧裔白种人对黑人几百年来直接和间接的歧视和攻击事实必须首先得到承认。

不同社会对各种暴力行为和攻击行为的容忍阈限不同。在许多非工业化社会，杀死婴儿并不被认为是犯罪就是一个很好的例证（Minturin & Shashak，1982）。而在另外一些族群，如果是以上帝或是复仇的名义，杀人也可能是适当的甚至是被赞颂的。因所谓名节处死妇女在许多传统文化包括巴基斯坦、沙特阿拉伯、土耳其和埃及这些国家是很普遍的。许多类似的案件从未受到审判有很多原因。许多受害者，特别是那些没受过教育的妇女被他们的夫家胁迫不敢提出指控。警察很容易接受夫家的贿赂或被他们说服驳回申诉，这已然不是秘密。另外，根据伊斯兰教称为实施惩罚（Qisas）和支付补偿金（Diyat）的法律观点，受害人的直系亲属可以通过正式的形式原谅罪行以换取报酬（Constable，2000）。在大多数工业化国家，战争中的杀人行为被认为是合法的，因为那些被杀害的对象属于“法律规定以外”的群体。此外，在这些社会，死刑被接受也许不仅是由于罪犯犯下了什么罪行，或是因为正义是由权威当局来执行的，而且也是因为罪犯将他们自己推到了法律范围之外的社会对立面。

经典案例

监禁率

一项国际性研究显示，每10万人口中监禁率最高的地方分别是美国（701人）、俄国（606人）、白俄罗斯（554人）、乌克兰（415人）和南非（402人）。而在标尺另一端，监禁率最低的国家分别是尼泊尔（29人）、印度（29人）和印度尼西亚（29人）。然而，对于低的监禁率我们应该小心地解释。比如说在日本，这可能反映了低水平的犯罪率，或者也可能是由于警务工作或法制体系的不完善使许多罪犯逃之夭夭。高的监禁率可能反映了一个压抑的极权国家变态的法制体系。高的犯罪率，意味着相对更长时间的监禁或强制性判决的使用。比如在美国，高的监禁率就明显地受到大量囚犯因与药物有关的罪行而被判刑的影响（Walmsley，2006）。

大量的跨文化研究都报告，男性比女性具有更强的攻击性（Segall et al.，1997）。事实上，在所有的文化中，绝大多数男性和女性的社会化是不同的：男性是作为战斗者和解决问题的人，而女性是作为调和者和维持和平的人。我们通常假定，男性会受到更多的有关攻击的教导和鼓励。然而实证研究并不能提供确凿的证据证实，鼓励是激起攻击性的唯一因素。一些心理学家指出，男性比女性攻击性更强是由于男性具有更高的睾丸激素水平。然而，贫穷、虐待、暴力、缺乏男性角色的榜样、对战争和违法行为的推崇以及药物滥用这些因素全都可能在一定程度上促进男性的异常破坏性，使他们比女性做出更多具有攻击性的行为（Eagly，1995）。对美国历史上由南、北方人们相互敌视引发的攻击行为进行比较，研究者发现，南方人比他们的对手北方人更可能误解和过高估计对手的攻击意图。在一定程度上，南方人比实际情况更倾向于相信他们的对手奉行暴力原则（Vandello et al.，2008）。

一般来说，当攻击更多地来自团体内的权威而不是更低级别的团体成员或团体之外时，集体主义文化下的成员更能够容忍这些攻击。有实验分别对来自中国香港和美国的两个样本进行比较。中国人对具有比较高地位的攻击者的攻击行为的指责要少于对团体内的其他攻击者。而美国人对攻击者的地位或团体成员身份职能没有一致性的区别。我们相信中国人的集体主义和权力距离程度都很高，而美国人的集体主义和权力距离程度都相对较低（参见第1章）。换句话说，不管攻击者是谁，美国人都倾向于做出回应并进行还击（Bond，1985）。

批判性思考 **攻击性与睾丸激素**

研究发现，睾丸激素水平属于前10%的人更可能处于较低的社会经济阶层（Dabbis & Morris，1990）。这是不是意味着睾丸激素水平较高的人更可能变得潦倒或长期处于贫困之中？这是非常有可能的。为什么这么说呢？因为如果个体具有攻击性和暴力倾向，他就不可能在这个需要合作并且需要服从其成员的社会里获得成功。然而，另一种解释也是很有说服力的。我们可以看到，在恶劣的社会状况下，虐待和歧视对一个人的打击也许会造成持续的挫折和压力，这对于大量过剩睾丸激素的释放也负有一定的责任。

经典案例 **性嫉妒和攻击**

男性和女性由于性嫉妒导致的攻击是否不同？事实上，丈夫殴打妻子事件的发生率远高于相反的情况（Daly & Wilson，1988）。有证据表明，男性可能更多地侵犯女性并不意味他一定具有更强的性嫉妒心理。反之亦然。也许女性的嫉妒体验与男性一样强，同样有很强的动机去惩罚她的伴侣，她们只是缺乏力气或专业知识去这么做。一般来说，男性都比女性强壮，他们往往有更多攻击行为的经验。

尽管现在基于嫉妒的暴力事件发生频率很高，但正如一些研究者预测的那样，性嫉妒和随之而来的攻击在今后可能会开始下降。为什么呢？正如阿切尔（Archer，1996）所指出的那样，作为女性，嫉妒可能主要源于相对于男性潜在的资源损失，即需要抚养子女。在这样的情形下，一个不忠实的伴侣可能威胁会离开，并带走他所给予的资源。因此，女性对于男性的背叛反应十分强烈。而对男性来说，他们的性嫉妒可能首要关注的是其他不同的方面。如果他们的伴侣与其他男性发生性关系，丈夫可以不去抚养其他男性的子女。然而，人们对于这样一种嫉妒的社会生物学本质观点是持批判态度的。在当今的西方社会，女性已经变得比30年或者70年以前更加独立于男性。许多女性在获得资源、权力和有效的避孕等生活方面都有了很大不同。因此，嫉妒的生物和经济因素已经大大减少。那么我们的结论是什么呢？也就是说，如今男性和女性表达的嫉妒及它的后果——攻击行为几乎处于同等水平。

性爱是大众的抒情诗。

——夏尔・波德莱尔（Charles Baudelaire，1821—1867），法国诗人

文化与性

我们体内的激素和其他化学物质能够决定不断变化的性唤醒和与之有关的心理体验（Byrne，1982）。因此，**性动机**，或者说动机导致的性行为，无疑至少一部分是由人的生理所控制的。然而，基因、荷尔蒙和其他生物因素只是改变某种性行为发生的概率。事实上，只有包含法律、习俗和规范在内的社会因素才决定了哪种类型的性行为在什么情况，以及以怎样的频率进行是可以被接受的。每种文化都对于性和性的表达有其独特的需求、信仰、象征和规范的设定。这一系列的特点就被称为**性文化**。世界各地的性文化差异很大，主要受到当前社会的宗教、意识形态、政治和道德价值观念的影响。

我们认为，性是由生物的、心理的和文化的因素结合起来决定的。进化心理学家强调，适应人的性角色十分重要。比如有跨文化的调查结果表明，男性一般总是喜欢与年轻的、具有身体吸引力的、生育潜力大的女性结婚。从另一角度来说，女性也总是喜欢与年长的、富有的、能比他人更好地提供物质资源和社会地位的男性组建家庭。其他一些性行为的普遍特点也能够得到相应的解释。比如说各地婚姻的稳定性与生育的关系。两个人有越多的孩子，离婚的概率就越小。另外，几乎在每一种文化中离婚都意味着不孕或不忠，两者都可能阻碍个体的身心健康（Lucas et al.，2008）。许多文化都认为性快感是正常的、可取的和自然的，而在另一些文化中他们会认为这是原始的、罪恶的甚至不正常的。比如在很多文化中，人们普遍认为手淫是一种罪过，可能会导致发育迟缓和其他严重的心理问题（Kon，2001）。

对于性的文化观念可能会影响关于性的跨文化研究的质量。比如说所谓的拒绝率（不想作为被试参加研究的人的比例）就可能影响性行为调查的效度。为什么这么说呢？某个国家的人可以公开地谈论性是因为它现有的文化规范容许，所以他们才同意接受访谈，并回答调查问题。而有的人是在一个对于性限制比较强的环境里长大的，他们往往是比较勉强地给出有关性的信息的。由于上述提到的这些原因，我们很难去对文化标准

进行比较，比如婚前和少女性行为、婚外性行为、性行为的频率和次数以及性虐待。正如我们前面所提到的，许多女性没有报告她们受到性虐待，因为她们甚至只要提到虐待就会被认为是不光彩的。这些例子中对于自我表露产生的羞耻感占压倒性地位（Shiraev & Sobel，2006）。

不同文化下的性价值观，也就是对性动机的规范也可能完全不同。例如，贞节（无性交经验）在一些国家如瑞典、丹麦、德国或荷兰并不被视为一个特别重要的价值。相反，在另一些国家如中国、伊朗、印度以及许多其他国家，贞节对于女性的社会地位是十分重要的（Halonen & Santrock，1995）。分娩速度上的明显差异暗示了在分娩和生育时个体处于急剧变化的心理环境之中。更快、更简单的分娩似乎与对新生的接纳度有关，它将被作为一个正常的现象而不令人觉得羞耻（Newton，1970）。

传统的性文化认可那些对其成员间性行为表达的限制性规则。这些文化往往也倾向于压制性行为的表达。比如在非洲一些地区以及中东地区，许多人都保持对女性施割礼的做法。他们相信这有助于保持女孩的纯洁和干净，并从“罪孽深重”的性欲中解脱出来。在有些文化中，这一仪式甚至被视为宗教性的。20 世纪以前的美国也是这样，女性要实行割礼，但这只是小部分人的作为。

相比之下，非传统的性文化通常会宽容不同形式的性行为。在荷兰、瑞典、俄罗斯、澳大利亚、丹麦和其他一些国家里（这些国家代表了所谓的非传统的性文化），性并不像在传统文化中大多数人认为的那样神秘、令人羞愧和充满冲突（见表 7—2）。即便是服装的样式都能代表某一特定的性文化。在传统的伊斯兰社会中，妇女的外衣通常是从头包到脚的；而当代欧洲和美国的流行趋势是女性被允许暴露她们身体的绝大部分。那些到欧洲国家旅游过的人们都知道，在大多数公共海滩上许多女性都是袒胸露乳的。

表 7—2　性文化的类型和一般的性态度

文化类型/问题	传统的性文化	非传统的性文化
表达性行为	严格管制	有所节制
婚前性行为	禁止和反对	一定的容忍
婚外性行为	禁止和反对	一定的容忍
同性恋	禁止和反对	一定的容忍
贞节	高价值	低价值

> 如果你不是贞洁的，那就要当心。
>
> ——西班牙谚语

可是所谓的“传统主义”和“非传统主义”标签有可能会对人产生误导。许多生活在传统的性文化下的人比生活在非传统的性文化下的人能够更普遍地表达态度和行为，反之亦然。家庭的社会化、态度、成人经历以及许多其他环境因素都会影响一个人的性行为，包括他或她对性的看法、性行为的频率和性活动的类型。尽管有这样的预期，但几乎有 70%的中国被试（处于传统的性文化下）并不会去谴责外遇。这比在美国发现的支持率还高。在中国，45 岁以及 45 岁以上的被试中约有 25%的男性和 10%的女性报告他们有婚前性行为，绝大多数是与他们后来的伴侣。在较为年轻的伴侣之间，1995 年前后有这种行为的年龄已经降到 20 岁。女性通常是与她们未来的丈夫发生性行为，而年轻男性报告还会与其他女朋友或暂时性的伴侣发生性行为（Braverman，2002）。除此以外，中国社会科学院的研究员指出，从 1989 年到 2008 年，中国人的婚前性行为比例已经从 15%上升到 60%～70%（AP，2008）。而在“非传统的性文化”下的美国，许多知名人士包括政治家、电影明星和舆论领袖都在呼吁支持包括贞洁和禁欲在内的传统价值观（Edsall，1998）。

不同文化可能促进特定的态度，进而导致特定类型的性生活方式。几乎在所有的文化下，同性恋者们都在试着适应传统的规范和期望。李银河的研究指出，在中国，大多数男同性恋者最终还是会选择娶一个女人。他们在中国巨大的社会压力之下结婚并组建家庭，这使得他们通常会隐藏他们的性取向以“适应”传统的文化规范（AP，2008）。这些规范并不只是抽象的原则。比如说一个传统的中国式婚姻要求男性承担养家糊口的责任，包括要生个男孩传宗接代，儿媳妇应该赡养丈夫的父母，生的儿子要承担经营家庭幸福的大业。传统的中国式婚姻其实也相当于是两个家庭的结合（Lucas et al.，2008）。

> 一个纯粹的人是他自身两性的结合。
>
> ——拉尔夫·沃尔多·爱默生，美国诗人、哲学家

对于同性恋的成因有两个基本的观点。从遗传论角度看，个人表现出同性恋行为是由基因驱动的；文化只对同性恋有部分影响。从环境角度看，同性恋更多地是由于社会和文化因素而不是其他因素导致的。比如，有学者认为，古希腊同性恋现象的发生与某些特定的政治和社会经济条件相关，如强势的社会阶层、庞大的贫困阶级、地方分权的政治体制及正规教育的贫乏（Dickerman，1993）。

一项20世纪70年代前工业化文化下全面的人类学研究证实，同性恋可能与一些社会和心理状况有关（Barber，1998）。尽管我们有这些预期，但同性恋并不是在对婚前性行为采取镇压态度的文化中，比例更高，而在实行一夫多妻制的社会（一个丈夫有多个妻子）中比例更低。此外，同性恋的比例在以狩猎和采集为主要活动的社会中非常低，而在农业社会和复杂程度日益增长的现代文化中其比例增加。同性恋也与高密度的人口有关。

同性恋关系中男女的性别角色会受到特定社会一般文化期望的影响。以墨西哥为例，由于那里对性别角色有严格的区分，所以同性恋者会更加严格地区分男性或女性角色。而在美国和加拿大，性别角色更为灵活，许多男同性恋者经常会转变角色（Carrier，1980）。在那些高度重视女性贞操和男女有别的国家，男性成为同性恋是很普遍的现象（Davenport，1976）。有研究者指出，一般公众对同性恋的态度是有社会和文化根源的。这些国家希望扩大全国人民对同性恋容忍的比例（Ember & Ember，1990）。举例来说，在20世纪30年代，同性恋在纳粹德国是一项严重的罪行。在1990年以前的苏联，同性恋也是一种犯罪。事实上，在这两个国家促进人口增长都被作为重要的意识形态和政治目标。同性恋者在这些国家里被视为罪犯和精神病患者并被予以严惩。多年以来，即使是在美国同性恋也被认为是一种心理障碍。直到近些年来，20世纪70年代初期美国主要的心理健康学家们才基于前人观点将男性和女性同性恋从精神病诊断手册中删去（DSM-IV，1994）。在美国，拥有学士或硕士教育水平、持有自由主义意识形态倾向以及那些趋于投票给民主党的个体倾向于对同性恋表示宽容。而与此相反的是，那些没有学士学位、思想保守以及共和党的支持者们往往更少能对同性恋表示容忍。当然，这些倾向也可能不正确，我们还要考虑到态度的个体差异。女性可能比男性对同性恋表现出更多的宽容，但这种观点上的差异并不是很明显。略多于50%的女性能够接受同性恋，而男性的比例是略超过40%（Shiraev & Sobel，2006）。

性和性行为：跨文化的相似性

心理学家指出，男性和女性都可能由轻度的疼痛引起性欲。贝齐格（Betzig，1989）发现，文化差异、通奸、不孕（无法怀上孩子）是最为常见的离婚原因。一些男女吸引力的人际方面也具有跨文化的一致性。比如说善良、善解人意、智慧、健康、情绪稳定、可靠和能愉快相处等特点对女性具有吸引力，这被认为是具有跨文化性的。当伴侣对他人产生性幻想时，男性的反应比女性更为消极；而当伴侣亲吻他人时，女性比男性更痛心。这种现象在各种文化下都很相似（Rathus et al.，1993）。许多非语言交际的方面似乎也是具有普遍性的。比如说求爱和调情的模式在很多

文化中都是类似的，都表现出配偶选择和繁殖的特定目的（Aune & Anue，1994）。

然而，也存在许多不在一般规则中的例外。比如说接吻是一种跨文化现象，但在非洲和南美洲的一些文化中是不知道接吻的。在地中海国家肢体接触可能被认为是两个陌生人沟通中的一个平常举动，但在美国这可能是完全不恰当的。婚姻忠诚实际上也被认为是一个具有跨文化性的要求。但北极地区的一些人们认为将主人的妻子献给客人是很普通而且是表示热情好客的行为。世界各国的男性都喜欢比自己年轻的女性。现有一项在33个国家进行的研究表明，这些国家的男性和女性在对于配偶特征的偏好上表现出相似性。“善良和善解人意”被排在首位，“智慧”是第二位，“人格魅力”是第三位，“健康”是第四位，最后是“宗教”。尽管从总体上来看性别之间是具有跨文化相似性的，但仍然存在一些不同的偏好。据调查，男性普遍偏好“漂亮”的女性，而女性普遍倾向于将“良好的赚钱能力”作为选择异性伴侣最重要的特征（Buss，1994）。

与年龄为14～21岁的拉丁裔和白人年轻男性相比，黑人青年的性行为更为活跃。超过35%的黑人报告他们的生活中有过6个或者6个以上的性伴侣。而拉丁裔和白人青年的相应数据比其低了12个百分点。年轻的非裔美国女性开始性生活早于白人女性。但如果考虑社会阶层的差异，会发现两组被试之间没有任何差异。两组被试同样受到性虐待的影响（Watt，1990）。

在非洲、亚洲、南美洲和欧洲的许多国家收集的数据表明（Neto et al.，2000），绝大多数人的浪漫关系都经历了相似的阶段。根据全球研究报告的有关性的态度和行为，世界各国的男性和女性在与年龄有关的性问题上的经历具有相似性。这项研究基于对30个国家的27 500名男性和女性进行的个别访谈及电话采访发现，在男性中最常见的问题是随着年龄的增长产生的性功能障碍，而在女性中最常见的问题是缺乏性兴趣和无法体验高潮（Laumann，2002）。

练习7.1

幽默往往有助于我们更好地了解自己。下面是一个可以说明性行为是一种文化现象的任务。我们看待自己和他人的方式往往是以我们自己的判断为出发点的。

蒂克今年18岁。蒂尔也是。两个人都是本科三年级的交换留学生，他们将在纽约市立大学继续他们的学业。学费已经付过，书本也已经买了，现在宿舍的钥匙也已经装在这两个青年人的口袋里。新生活已然开始。

蒂克在大西洋上的一个小岛上长大。这个岛上的人对于接吻一无所知。裸体是被严厉禁止的。人们也有DVD，但带“R”标记的电影在这个岛屿上是找不到的。婚前性行为是会受到惩罚的。这里的男人和女人都认为性经历会减少他们的气力，而且对他们的健康很不好。人们甚至不谈论性。一对夫妇结婚以后，丈夫和妻子每周只允许有一次性行为，只能在晚上，并且要尽可能快地结束。夫妻双方都应该穿睡衣，不能对对方有所期待。女性的性高潮罕见而且被认为是异常的。性教育被法律所禁止。

蒂尔在太平洋上的一个小岛上长大。在这个小岛上的儿童，无论男孩还是女孩，早在7岁就已经开始接受性教育。在这个岛屿上裸体是完全可以接受的。男孩在13岁时会举行一个特别的仪式，意味着他们正式进入成人的性生活。女孩在15岁时会有同样的仪式。每个处于这个年龄的年轻男性和女性都有一个异性成年人作为性伴侣来教他们如何进行性行为。经过为期一年的培训后，学生可以在没有监督的情况下发生性行为。成年人通常每天都有性行为，而且经常是在公共场所。

在美国度过了一个月后，蒂克和蒂尔决定写信给一些在他们自己国家的亲密朋友，谈谈他们在美国经历的性文化。请写出两个简单的词分别代表这两个年轻的男性。比较这两个“词”。我们如何帮助这些年轻人更好地适应美国的文化呢？请提供一些具体的建议，并在课堂上讨论。

* *

本章总结

● 动机一般是在内部发生的任何可以启动、激活或保持个体目标导向行为的条件。著名的社会学家们在他们的经典著作中提到很多关于人的动机本质的有趣并有价值的想法。社会生物学的理论宣称，一般的生物演化规律完全适合作为人类动机的一个根本解释。社会本能理论强调，基本的本能在动机行为中扮演着重要而普遍的角色，这在人和动物身上是类似的。社会学方法强调社会因素的重要作用，比如价值观念和经济上的不平等决定了个体的行为。

● 关于动机的心理学理论有以下几个。驱力理论强调需要，认为动机状态的产生是由生理或心理上的剥夺造成。动机的唤醒理论认为，人们设法通过积极转变对唤醒刺激的暴露程度来保持最佳的唤醒水平。精神分析理论强调的是无意识过程的重要性。人本主义理论侧重于关注人的尊严、个人选择和自我价值。认知心理学家认为，我们已经意识到我们的思维模式因而可以控制我们的动机和公开行为。

● 总体而言，大部分理论强调人的动机的普遍性受各种环境因素影响。而这些因素反过来，又是历史、宗教、政治、文化和社会经济发展的产物。

● 一般来说，文化规范和传统会指定有关饥饿的规则。文化建立起与文化相联系的饮食习惯，规定哪些是美味哪些不是，并规定某些特殊食品和食物产品的社会禁忌。工业化社会的年轻白人女性与那些非西方国家的同龄人相比更经常地出现进食障碍。

● 成就动机是通过个体和影响他或她的文化获得的。在国家水平上，个人的成就动机和经济增长有很强的关系。但是也有“个体”导向和“社会”导向的成就动机。前者在西方文化中很常见。而后者在西南亚国家、韩国、日本或其他集体主义文化中更常见。

● 不存在没有任何攻击行为的国家或者文化。攻击动机有很多潜在的因素，如化学、生理、社会经济、心理和政治的因素。不同文化对各种暴力和攻击行为有不同的容忍阈限。贫困、缺少机会、社会化经验、历史上的暴力行为以及其他因素促成了暴力行为。

● 性动机至少部分是有规律可循的，但文化决定了各种形式的经验和行为表现。性文化存在传统和非传统之分，分别对性行为有限制或容许的规定。性取向，比如同性恋与各种形式的性障碍一样都与特定的社会习俗和价值观有关。

关键词

攻击动机　损害或伤害他人的愿望。

唤醒理论　基于人们设法通过积极改变对唤醒刺激的暴露程度维持最佳水平的觉醒这个假设的动机理论。

集体主义成就动机　指引一个人与他人相联结；将个人的贡献看作有利于某一特定群体或社会各成员的一种成就动机。

儒家的进取　表现为持续实现经济目标、社会稳定、鼓励谨慎和储蓄、促进忠诚和信任，并强调耻辱的一种文化症候群。

驱力　一种引导机体满足某些生理需要的内在唤醒状态。

外在动机　使得人们为获得某种特殊奖励而从事各种活动的一种动机类型。

个人主义成就动机　影响到个体的态度和行为，并且针对个人目标实现的一种成就动机类型。

内在动机　使得即使人们从事的各种活动没有任何明显的回报，也仍对活动本身感到高兴和满意的一种动机类型。

动机　唤醒、指引并保持行为的心理过程。

需要　生理剥夺（如缺乏食物或水）所造成的动机状态。

成就动机　一种社会需要，引导人们努力不断追求卓越和成功。

自我实现　个体努力实现自己独特的潜力以达到所有的自我实现的最后一个心理发展阶段。

性文化　有关性行为和表达的一套要求、信念、符号和规范。

性动机　促使个人进行性活动的一种动机类型。

第8章 人类的发展和社会化

人生来就是野蛮的，文化只是使其在自身的兽性之上得以提升。

——巴尔塔沙·葛拉西安，西班牙作家、耶稣会神父

多建一所学校，少建一所监狱。

——维克多·雨果（Victor Hugo，1802—1885），法国诗人、小说家

琳恩带着儿子去逛街，她已经知道她4岁的儿子现在心情不好。这一整天，他尽了一切可能去给她捣乱。首先，他选择不吃早餐，然后他将苹果汁洒得地毯上到处都是。他断然拒绝了穿他那件红色的外套，并不断试图解开他的汽车安全带。从他们到达购物中心开始，他就一直牢骚不断地持续了20分钟，并要求马上去玩具店。当他跑开，并且开始从喷泉里拾硬币时，母亲的耐心终于被耗尽了。她把儿子从喷泉里拎出来，朝他的屁股上打了三四下。儿子的反应首先是经过了一个尴尬的短暂沉默，然后在购物中心高声尖叫。儿子脸颊上流下了两行眼泪。“这太可怕了！你不能这样对待你的孩子。”一个路过的妇女冲着琳恩大声说。“你不应该这样做，太太，”另一个女人说，“至少不应该在公共场所。”琳恩没法理解这些陌生人为什么会有这样的反应。作为柬埔寨难民，她在这里已经生活了两年，迄今为止对她来说没有什么是十分严重的。她究竟做了什么得罪了这些人呢？在柬埔寨的育儿习俗里是允许打孩子屁股的。除此以外，在她的家乡，这一类型的体罚是孩子学习过程一个重要的组成部分。父母的权威在家庭中是绝对的，绝不可能受到质疑。大多数家长的行为是受到大家族、当地社区以及佛教支持的。没错，打孩子屁股在世界各地都是常见的。然而，如果父母从小生长在不同的文化中，那么他或她在指责打屁股这种行为的时候应遵守什么规则，是自己种族的传统还是现代美国社会的规则呢？要是家长选择的是打屁股呢？如果我们告诉父母怎么做，这是不是又触犯了父母选择的自由？我们知道，打屁股作为一种习俗是可以改变的。也许教育将刺激这种转变：在世界各地，中产阶级的父母被认为比工薪阶层的父母更少地采用体罚。我们希望可以形成开放的、有竞争性的想法，认为打屁股是最没有效果的养育方式。然而，这仅仅是一个希望而已。其他竞争想法还在继续。所以，继续打孩子的屁股吧。

发展和社会化

心理学家将人类发展和社会化区分开来。**人类发展**被认为是个人经历的从受孕到死亡的整个生命过程中生理的、心理的、社会行为的变化。**社会化**是指个体开始成为某个特定文化的成员并接受其价值观和行为的过程。无论是人类发展还是社会化都不会在18岁甚至是25岁停止。这是伴随着加速和延迟、方向改变、突然转型，以及长期转变的一个终身的过程。人的发展不仅仅是指成长，也包括退化和转化。在中国的一个小村庄或是在南美的一个大城市，人们都可能改变他们的态度，并获得新的信仰。他们可能会丧失一个领域的技能，但与此同时他们也可能发展出其他领域的专业知识。一个作家或者演员能够成为总统。而总统也能够成为作家。人们通过或积极或消极的迁徙或者停留在某地来适应生活境遇的变换。不管你是谁，当你在20岁、40岁或60岁的时候都有可能改变你的职业和生活方式。

我们首先概述了文化对发展和社会化的影响，然后在描述具体的生命阶段之前转而关注几个具体的发展心理学理论。

生活质量和儿童发展

总体的生活质量，包括食品和其他产品的获得、生活条件的类型、教育和医疗的质量、儿童的生活中存在或者不存在暴力，还有其他一些因素都会对儿童的发展有显著影响。在不同国家中，总体的人口密度和直系亲属成员的数量各不相同。在西方社会，如加拿大、瑞典或美国，两个成年人与自己的孩子组成一个家庭的生活是很常见的。而在非西方国家，如巴基斯坦、卢旺达或印度尼西亚，父母、子女、祖父母、表兄弟甚至更远的亲戚生活在一个大家庭里是很常见的。科技进步和社会经济水平的提高可能会对家庭的构造产生影响（Berry，1997）。

在希腊、塞浦路斯、荷兰、英国和德国以799名学生为对象进行了一个关于家庭结构中家庭纽带关系的研究，但结果并没有发现抽样国家家庭中存在情感亲密性、亲属地理上的接近性和电话联系的频率有显著差异（Georgas et al.，1997）。然而，当对扩展的大家庭进行分析发现，通常比较富裕的个人主义国家（荷兰、英国和德国）与集体主义国家（希腊和塞浦路斯）的样本表现出了差异。在这种扩展的大家庭里，集体主义国家样本中的家庭比其他个人主义国家样本的家庭相互之间在情感和地理上更为接近。

不仅仅是家庭规模，还有家庭关系的各个具体方面都与工业和金融的发展相关。例如，第二代与第三代墨西哥裔美国儿童与经济水平较差的第一代墨西哥裔美国人相比，利他行为的频率下降（Knight & Kagan，1977）。

获得资源和教育机会可以给正在发展的儿童提供一个有利的环境。维果斯基（1932）提出，与一个知识更渊博的同伴进行引导性的互动能提高儿童智力的发展。社会阶层较低的家庭通常比中产阶级家庭接受教育的程度更低，而处于中产阶级的家长回答孩子的问题会比那些处于较低社会阶层的父母进行更加细致的解释（见第 5 章）。一项研究的结果表明：在墨西哥，那些处于较低社会经济地位的母亲——与其他的家庭相反——与她们的孩子更多地采取的是接触式的互动，如更经常地抚摩和拍打，而较少与她们的孩子使用口头方式互动（Zepeda，1985）。在美国的许多工薪阶级的社区和在非洲和太平洋的前工业化社区一样，父母很少有意愿去指导自己的孩子，他们往往倾向于假定孩子可以自己学会很多事情（Rogoff，1990）。

贫困可能直接影响家庭内部的关系。在前工业化和经济欠发达的社会，部分由于获得资源的机会有限，所以家庭内部紧密的联合成为一个经济上的必要条件（见第 1 章）。

规范、习俗和照顾儿童

儿童的发展和社会化取决于那些与儿童进行互动的人、他们花时间与儿童一起待过的地方，还有他们让儿童在游戏中扮演的角色（Whiting & Whiting，1975）。成人会让儿童去扮演某些角色和禁止扮演另外一些角色。例如，男孩和女孩在行为上的跨文化差异部分可以归因于成年人分配给他们不同的角色。相比于男孩，女孩往往更多地留在家里，并更多地参与孩子的抚养（Whiting & Edwards，1988）。追逐打闹的游戏是常见的一种跨文化儿童活动。然而，在传统的伊斯兰教国家，父母很少会鼓励女孩参与这种游戏（Ahmed，2002）。

从子女、配偶、亲戚和朋友那里获得的社会支持模式有相似之处。然而，比较研究发现，大量国家和文化都存在差异。例如，南非的白人母亲将儿童摇晃或吸吮拇指视为错误的行为，而非洲当地的母亲认为这种行为是完全正常的。当婴儿拿身体的某部分进行玩耍时，美国的母亲更偏好于对自己孩子的要求作出反应。而当儿童这样玩耍时，日本母亲的反应更大。不像美国的父母，日本的父母很少将孩子交给保姆而自己离开。这些孩子会学习如何与其他成人互动，这也许可以解释为什么当父母不在的时候，日本的男孩和女孩比美国的孩子表现出更高水平的焦虑（Bornstein & Tamis-LeMonda，1989）。关于亲子沟通的研究表明，法国和意大利的父母比德国的父母和子女之间有更多的互动（Best，1994）。在阿拉伯文化中，一个人夸张地表达感激之情被认为是正常的，甚至是可以预期的（Triandis，1994）。美国的男孩和女孩通常会向参加她生日聚会的来宾发送表示“感谢”的信件。但乌克兰、亚美尼亚和其他许多国家则完全没有这样的传统。

集体主义的文化传统是与专制型的父母教养方式呈正相关的，它们建立在严格的要求、行为控制和制裁的基础之上（Rudy & Grusec，2001）。换言之，在集体主义占主导地位的文化下的父母比在个人主义文化下的父母更多地采取专制的方法。当然，我们应当知道，除了集体主义，还有许多社会因素可能导致专制方法的采用，包括政治专制、缺乏教育、社会不稳定以及教育的传统。例如，俄罗斯的青少年比美国的学生感到更多的来自家长和老师的控制（Chirkov & Ryan，2001）。据观察者发现，俄罗斯的小学、中学教育和教养方式比美国实行更多的专制。

关于白人、墨西哥裔美国人和墨西哥人的父母的比较研究调查结果发现，白人父母报告的专制型教养方式比墨西哥裔美国人报告的少。但是，白人和墨西哥人的父母的专制型教养方式没有差异（Varela et al.，2004）。具有不同种族背景的收养儿童的父母也可能会使用相似的收养策略，会考虑所有的因素是否说明收养会造成儿童的心理创伤，以及这种收养是否是在适当的时间和有利的情况下进行的（Alexander et al.，2004）。

一种规范一旦建立，它就可能代代相传。在大多数非洲的传统文化中，服从是一种被期望很高的儿童行为模式，这种模式对于儿童在恶劣的生活环境中生存十分重要（Klingelhofer，1971）。大多数西方国家的育儿观念对服从持批判态度，并谴责大多数形式的成人对儿童的胁迫。

> 父母之年，不可不知也。一则以喜，一则以惧。
>
> ——孔子，中国哲学家

在一个多元文化的课堂上，假定有什么言语是老师不应该使用的呢？当然，有关亵渎的话是不能说的。那么其他的言语呢？下面，我们讨论这样一个故事，它说明良好的意愿并不总是有恰当的知识来支持。

例如，如果你是纽约一所公立学校的老师，现在你班级里的学生是黑人或拉丁裔，你会选择多元文化的书籍给他们读吗？露丝·舍曼是一名27岁的教师，她在她的班级里读了关于布伦达，一个来自海地的黑人女孩的故事。学生们非常喜欢这个故事，也非常喜欢老师滑稽的声音和出色的表演。他们是如此喜欢，以至于有些学生向舍曼女士要这个故事的副本使得他们在家里也能够阅读它。这时争论就开始了。不，这与版权法无关。故事引起了某些家长的关注，并引发了他们愤怒的反应（Clementson，1998）。问题出在这个故事的标题上：《杂乱的（nappy）头发》。“杂乱”这个词在非洲口语里是卷曲头发的意思。问题在哪里呢？不幸的是，这个词有时被用来表达蔑视或者不尊重。因此，一些家长认为这一名称不应当在课堂上使用，因为它是在嘲笑具有某种类型头发的人。其他的人并不认为有这样的问题。可是问题在于老师，因为她是白人，她并没有对黑人儿童使用这种言语的权利。

当我们问我们的同事对这个故事的评价时，其中有些人——他们都是具有不同背景的大学教授和研究人员——强调说，当有人提到任何与你的种族或出身有关的，如你的身高、你的眼睛形状、你的鼻子大小、皮肤颜色和质地还有你的头发等时，它总会创造一种不愉快的感觉。如前所述，他们是敏感的，人们应该发展出一种共情，一种能够理解和欣赏其他人感受的能力。老师在这个故事里并没有任何违法的地方。但是，作为一个教师，她触及了一个非常敏感的字眼，它与人们的身份和情感相关联。

父母的价值观和期望

父母通常都有他们自己的发展时间表：他们希望他们的孩子在一定的年龄能够获得一些特定的能力（比如走路、言谈或推理）。研究表明，尽管具有较大的个体差异，但这样的期望也具有一定的文化模式（Super & Harkness，1997）。例如，在一项研究中，具有欧洲背景的以色列母亲比那些没有欧洲背景的母亲期望他们的孩子更早地发展某些认知技能（Ninio，1979）。美国的母亲比日本的母亲期望他们的孩子更早地发展出自信，日本的母亲期望自己的孩子更早地发展出控制自己情绪和表示礼貌的能力。根据利维（Levy，1996）的研究，在那些小的、平等的和几乎没有专业化职业的社会里，儿童将被预期学习他们“自己”，而在工业化的民主社会里，对于儿童应当学什么、与谁一起学、什么时候学和如何学有明确的期望。

当家长的某些特殊信念转化为行为时，行为反过来也会影响其他信念。一般认为，日本的母亲把儿童的自主性视为他与其他儿童进行互动的能力。而对很多以色列的母亲来说，孩子的独立性就是表现出有能力执行特定的工具性任务，比如接听电话和摆放桌子（Osterweil & Nagano，1991）。

来自不同文化团体的父母可能会对儿童的正规教育和其在教养过程中所起的作用持不同意见。曹（Chao，1996）的研究用 48 个华裔移民（中国台湾地区）和 50 个欧裔美国学龄前儿童的母亲作为样本发现，她们对于教养作用的观点能预测他们的孩子在学校的成就。华裔母亲在教育方面表现出更大的兴趣，与她们处于同样位置的美国母亲相比，她们表现出愿意为孩子牺牲的程度更大。与此相反，欧裔的母亲强调的是孩子自尊心建立的重要性，并表示没有太大的动机关心她们子女的教育。为什么会出现这些差异呢？绝大多数移民到美国来的中国台湾人都是来自中产阶级阶层，其中多数从中国台湾移民都是出于经济原因。这可能暗示了这一群体高水平的成就动机。

> 那些不敢将脚放下来的父母，子女通常都会踩在他们的脚趾上。
>
> ——中国谚语

在 2001 年的一项研究中，对 30 个日本母亲和 30 个美国母亲两个样本的教养观念中可取和不可取的行为进行了比较。这些女性被要求描述她们发现的最可取的和最不可取的儿童行为特征，并选择其中她们认为最积极还有最消极的一个特点分别列出来。在描述理想的特征时，两种不同文化下的母亲倾向于强调社会合作和人际敏感性。而比较消极的行为则显示出了文化的反差。美国的母亲比日本的母亲更有可能指出侵略性和消极的破坏性行为，而日本的母亲往往会强调社会敏感性和不合作的方面（Olson et al.，2001）。

现在考虑另一个例证。这个研究要求来自印度、日本和英国的 175 个母亲，通过期望她们的孩子在某个年龄参加 45 项包括教育、服从、与其他儿童的互动、情绪控制和提高环境意识等不同的活动来使他们获得自信（Joshi & MacLean，1997）。结果发现，在日本对能力的预期年龄比在英国更早。印度的母亲对能力的预期比英国和日本的母亲整整推后一个阶段。然而，印度母亲的期望与其他两组的期望相比，在所有的条目上都有相当大的区别，只除了有关环境的能力。对于此能力他们的期望年龄比日本的母亲要“后”，但比英国的母亲要“早”。为什么会出现这种差异呢？来自日本和英国的被试是从城市地区选取的。生活在这些地区的儿童主要是在一个小家庭里长大，母亲很可能有工作，预期她们会鼓励孩子在比较早的年龄就实现独立。而相比之下，印度的母亲可能无法在这样的压力下鼓励她们的孩子更早地独立。该样本中的印度儿童主要生活在比较大的家庭当中，和许多亲戚甚至是两到三代都生活在一个家庭中。尽管人们可能预期，日本和印度有着相似的社会文化特点，比如集体主义和家族利益的优先权，但这些相似可能掩盖了一些特别的社会经济因素，比如生活的质量、多样化信息的获得，还有计算机和先进技术的可获得性。

批判性思考 评判样本

这个涉及三个国家的研究的作者提出，上面样本中的差异不能归因于社会经济因素，因为所有的样本都是来自郊区，她们的收入大致相当，购买能力也大致相同。但是，这样直接的比较可能会引起误解。即使一个在 A 国的家庭和一个在 B 国的家庭可以购买同样数量的粮食，但购买食品的质量可能有很大差异。两个家庭在两个国家可能都能够获得医疗，但 B 国的医疗质量可能会大大高于 A 国的医疗质量。在该研究当中印度人面临问题的范围和深度——印度面临的人口过剩、传染性疾病、腐败、环境问题等等——与美国和日本公民的日常问题几乎完全不相似。

埃里克森的社会心理发展阶段

美国心理学家埃里克·埃里克森（Erik Erikson，1950）的理论认为，所有的人从出生到死亡会经历一系列的八个发展阶段。每个阶段的特点是解决发展中的冲突、问题或危机。如果危机得到积极的解决，那么该个体的自我就会获得一种品质从而增强，并使得个体具有更强的适应性和更健康的人格。但是如果危机得到的是消极的解决，个体也就失去了自我的力量，也会抑制个体的适应性和发展出不健康的个性。例如，如果一个女孩能积极解决渴望到街上去玩（一个独立的决定，主动的）和害怕父母的惩罚（罪恶感）两者之间的冲突，她就学会了动脑筋；而消极的结果会导致一种无价值感（见表8—1）。

埃里克森因此确立了从每一个发展阶段通过积极的解决而发展出的八种品质（即希望、意志、目的、竞争、忠诚、爱、关怀和智慧）作为健康或成熟的人格。埃里克森认为，每一个危机解决的结果都是可逆的。因此，在他的心理治疗方法中，治疗目标是鼓励个体去发展他失去的某种品质，以获得幸福（Erikson，1968）。

表8—1　埃里克森的发展阶段

阶段	自我危机	年龄	正性结果
1	基本的信任—不信任	0～1岁	希望
2	自主性—羞愧和怀疑	2～3岁	意志
3	主动性—罪恶感	3～5岁	目的
4	勤奋—自卑	5～12岁	竞争
5	自我认同—角色混淆	青少年	忠诚
6	亲密—分离	青年	爱
7	生长—停滞	成年	关怀
8	自我完善—绝望	成熟	智慧

资料来源：Erikson（1950）。

据综合分析，这一理论可适用于各种文化背景（Gardiner et al.，1998）。然而，与马斯洛的理论（见第7章）一样，埃里克森的理论一直被心理学家批评为将客观描述与主观认定混杂在一起。具体来说，很显然，他用来定义健康个体的特征是与西方犹太教和基督教伦理、价值观和社会制度的规范一致的。换言之，和许多社会理论家一样，埃里克森可能描述的是他认为应该是什么样子，而不是实际上是什么样子。我们想要强调的是，质疑埃里克森的理论里的价值判断并不是我们的本意。事实上，我们发现自己与他的许多信念是紧密相连的。然而，价值观和真实并不能等同。此外，我们必须记住我们对外在世界的知觉不可避免地受到我们自身信念的影响，事实上，描述和规定的区别常常被混为一谈。

埃里克森的理论中的阶段是一个非常宽泛的顺序，在其他的国家并不总是完全适用。对于处在经济发达社会里的大多数成年人来说，健康和退休后经济独立是他们最为关注的领域。在美国、德国、日本和其他国家，金融储蓄和投资成为数以万计的人们兴奋或者沮丧的一个来源。与此同时，数以亿计的人们是绝对没有钱存在银行的。饥饿、内战和种族战争、当局所强加的暴力和压迫、慢性生态问题，以及其他的灾难是这些人日常生活里长久不变的焦点。许多不可预测的干扰性因素产生了一大堆不可预测的问题，这些问题不是像埃里克森分类法中那样以线性的方式出现的。因此，在很多案例中，主导人们生活的也许更多的是当下的生存策略。关于美国移民的研究表明，在成年期，对于身份的关注可以长久地占据人们的脑海，远长于埃里克森在他的阶段里区分的时期（Birman & Trickett，2001）。

在富裕的工业化民主国家里，人们能够行使相对自由的选择权。他们已经能够去选择为他们所提供的不同食物、生活场所、就读学校、就业机会、意识形态、生活方式甚至宗教。然而，这里仍然存在矛盾。在许多国家，个人面临着广泛的多样化的选择，个人的发展过程也可能会充满压力。相反地，在许多其他文化下，许多人的身份和生活方式从一出生就注定了。他们接受特定的宗教、政治思想、职业和居住的地方。人们拥有的选择较少，因此，他们从一个阶段过渡到另一个阶段可能比那些在西方文化下拥有更多选择的人更为“顺畅”。换言之，埃里克森的理论更适用于所谓的社会化广泛、强调独立和自由的自我表达的社会，而不太适用于社会化狭隘和严格规定了正确和错误行为的国家。

在一些文化当中，有十分重要的一点需要我们注意的是，社会的成熟并不伴随着独立性的增加。正如埃里克森所认为的那样，它们更多地伴随相互依存关系的增加。在某些情况下，比如说佛教，隔离可能是受到鼓励的，而且并不一定需要避免。在某些族群里，亲密关系可能会发生在更早的生命阶段。另外，角色混淆对于那些在传统文化下生活的人们来说可能没有什么典型意义，但对这些国家的移民来说却有重大的意义。

一般来说，当我们将埃里克森的理论应用在具体的文化条件下时，要分析每种文化对生命中的每一个危机持有什么样的看法。当然，我们可以假设当这一危机发生时，人们对个体的表现普遍有怎样的预期，是相信还是拒绝去解决这些危机。

皮亚杰的认知发展阶段

瑞士心理学家让·皮亚杰（Jean Piaget，1963）主要关注的是儿童在发展过程当中是如何思考他们自己和周围世界的。根据皮亚杰的观点，儿童的认知发展是一个分阶段的过程，它包括四个阶段。在第一阶段，我们称之为感觉运动阶段，婴儿学习与他们当前的环境进行互动。在第二阶段，我们称之为前运算阶段，儿童发展语言获得的基础能力。这个阶段儿童不能理解其他人看到的事物可能会是不同的（自我中心）。在第三阶段，我们称之为具体运算阶段，儿童学习逻辑，并开始认识到尽管物体的物理外形改变了，但体积、数量和重量仍然可以保持不变（这一过程被称为守恒）。在最后一个阶段，我们称之为形式运算阶段，是青少年发展抽象思维能力的时期。

是不是所有来自世界各地的儿童都经历了这些阶段呢？达森（Dasen，1994）对一部分研究结果进行总结后提出，认知阶段按序列从前运算到具体运算再到抽象思维显示出了跨文化的普遍性。正如皮亚杰所预测的那样，儿童从一个阶段向另一个阶段发展。然而，其他心理学家在跨文化的测量中对皮亚杰的发现持比较谨慎的态度（Gardiner et al.，1998）。大多数批评的意见都与皮亚杰和他的同事们所使用的方法和程序有关。例如，研究者指出，在早期使用皮亚杰的理论进行语言发展的跨文化研究当中，对语言学习的认识是十分有限的。也许正是因为如此，研究者经常使用的是标准化测试，这种测试不要求儿童具有语言能力。此外，许多儿童的出生日期没有被准确记录的现象很普遍，以至于被研究儿童的实际年龄并不总是很清楚。

皮亚杰的理论很好地解释了儿童是如何处理体积、重量和数量的守恒的。但是，这个理论不能解释我们在纷繁的日常环境中通过日常思维和能力所做出的实际决定（Goodnow，1990）。对于该理论的批评还指出，皮亚杰试图宣扬一种观念，它诱使人们相信一些发展阶段要比其他的发展阶段更“有价值”。这反过来又导致进一步的类别化。在现实当中，社会成功、满意度或者适应性策略和某些活动和职业一样，并不需要个人发挥形式运算水平的能力。而且，是否在所有的社会之中所有青少年都经过了形式运算阶段也是值得怀疑的。在西方和非西方的环境背景中，都有很多健康、快乐、成功的个体基本上没有完成过形式运算的任务（Byrnes，1988）。

> 大德不逾闲，小德出入可也。
>
> ——孔子，中国哲学家

柯尔伯格的道德发展阶段

美国心理学家劳伦斯·柯尔伯格（Lawrence Kohlberg，1981）描绘了道德发展的六个阶段，儿童和成年人能够进行多种类型的道德判断。简言之，人们从推理的较低阶段，即偏好于逃避犯错后的惩罚，向更高的阶段发展，即选择社会契约和普遍原则来指导他们的道德行为（见表8—2）。

塞纳瑞（Snarey，1985）考察了在27个国家进行的45个道德判断发展的实证研究发现，前四个阶段在所有研究文化下的被试中都表现出了普遍性。然而，有一些批评者对这一理论跨文化的效度表示怀疑。为什么呢？

在道德发展的跨文化研究中使用的方法是基于假设的关于道德选择的故事，只与美国被试关系密切（Shweder et al.，1990）。例如，故事是这样的：一个女人得了重病。她得知有一种非常昂贵的药物可以挽救她的生命，然而，药剂师会对药方索取高价。这个女人的丈夫没有那么多钱。这一情景的道德困境是，丈夫去盗取药物是否是道德的。

这看起来好像是一个有意义的故事，而它所描述的情况并非是很不寻常的。但在许多国家，药品是由政府控制的，药剂师并不能按照市场价格向病人收取费用。有些药物的供应短缺，在这些案例中贿赂是很常见的获得处方的方式。另外，在一些国家，医生本人而不是药剂师就能获得药品分发给他的病人。

关于发展阶段的另外一些批评认为，道德选择与西方以自由主义和个人主义为基础的价值观念密切相关。然而，自由的个人主义并不能始终代表道德原则适用于所有文化和民族。在许多文化当中，道德判断主要依据的是现有的传统，并不必然是自由的意志和选择。对于某些宗教团体来说，某些类型的道德行为是在《圣经》、律法或其他宗教经文中有严格规定的。其他的研究也指出，个人的道德判断是由环境所造成的，并不必然依赖于个体的道德发展到某个特定的水平（Matsumoto，1994；Vassiliou & Vassiliou，1973）。

表8—2 柯尔伯格的道德发展阶段

第一阶段	前习俗水平：基于恐惧惩罚判断什么是正确的，什么是错的。
第二阶段	前习俗水平：道德行为产生快乐，而不道德行为造成不必要的后果。
第三阶段	习俗水平：任何被证明对他人有意义的行为都是好的。
第四阶段	习俗水平：现有法律决定了什么是道德和不道德。
第五阶段	后习俗水平：道德行为基于个人的权利和潜在的社会环境。
第六阶段	后习俗水平：道德行为受可能高于政府和法律的普遍道德原则调节。

马和陈（Ma & Cheung，1996）根据柯尔伯格的理论做了一个十分有意思的跨文化研究，他们将1 000多名来自中国香港、英国和美国的大学和高中学生所做的道德判断进行了比较。该测试由四个故事组成，每个故事描绘了一个道德困境。被试被要求对可能的解决问题的办法做出判断。结果发现，中国被试倾向于强调第三阶段判断的重要性，并认为第四阶段的判断和第五、第六阶段的判断具有更多的相似性。而英国和美国的被试倾向于认为第四阶段的判断更接近于第二或第三阶段的判断。

作者认为，中国人的道德判断受到传统规范和符合大多数群体利益规则的强化。中国人看问题的时候总是从集体主义的观点出发，比如关注社会秩序、协商一致、遵守法律等。他们表现出利他行为的一个强烈倾向是为了寻求与亲属和朋友的亲密关系，这是中国文化中的重要部分。根据作者的观点，中国人也受到儒家观念中五个基本关系的影响，它强调的是的主从之间的和谐关系，包括父亲和儿子、丈夫和妻子、兄弟之间以及朋友之间的关系。社会秩序、协商一致和守法行为都是中国集体意识形态的体现。与此相反，西方人主要关注的是个人的权利和受到法律保护的个人利益。在西方，人们很容易起诉对方，因为法律的作用就是调解人际关系。而在中国，解决冲突的往往不是法律机构。他们更愿意通过人际沟通来解决冲突。然而，这种做法也可以成为一把双刃剑。一方面，它可能意味着人际取向比以法律为基础的体系更为人性化和有吸引力（的确，它似乎是比寻求法律援助更健康的解决冲突的方式）。另一方面，强调人际体系的沟通可能会刺激裙带关系和腐败两个严重问题，香港的政府官员承认他们对此有非常清楚的认识。

发展阶段

人们普遍认识到，人的发展需要经历不同的阶段。通常来说，出生和物理死亡——作为肉体存在的起点和终点——将这两者之间的现在进行发展阶段的划分。相信轮回和永生促使人们将寿命作为一个周期来理解。关于孩子的生命开始的观念（比如，从什么时候开始，是受孕还是在某一个稍后的阶段?）具有跨文化差异，它们基于人们的教育背景、宗教和其他理念价值。

生日、成人仪式、婚礼、毕业典礼、工作晋升、子女和孙辈的出生、退休以及其他重要的生活事件标志着人的重大转折点。一些生物的、行为的和生理上的变化也可以作为让人辨识出生命的特殊阶段的指标，其具有跨文化的一致性。这些自然事件包括换牙、说第一句话、第一次来月经和女性的更年期，还有年轻男性脸上的胡须开始密集生长。尽管头发的色素沉淀具有极大的个体差异，但灰色头发通常会被认为是成熟的标志。当然也还有对年龄的划分是基于非科学的信念或特定的发展以及生活事件的。此类事件可能象征性地决定了某一生命阶段的开头或者终止。一个人的第一次性交可以被看作对个体的“男子汉气概”或“女人味”的承认。例如，可以饮酒的年龄在美国为 21 岁，在乌克兰为 18 岁，这也可以被解释为一种法律上成熟的标志。

关于人类发展的著作将人的生命历程划分为几个常见的阶段：胎儿期、婴儿期、儿童期（分为儿童早期和儿童中期）、青春期和成年期，成年期还可以再分为三个阶段：成年早期、成年中期、老年期（见表 8—3）。

表 8—3 人类的发展阶段

胎儿期	婴儿期	儿童期	青春期	成年期
从受孕到出生：对于任意一个民族、种族或社会群体，这个过程大约都需 266 天。	从出生到 2 岁：孩子需要发展初始的运动、认知和社会技能。	从 2 岁到 11、12 岁：孩子需要发展语言和学习大多数重要的社会技能。	从 11、12 岁到 19、20 岁：儿童要完成性成熟，但还没有权利和责任承担成人角色。	从 20 岁到以后：个体完成由特定社会的规则和法律规定的成人角色。

然而，对于生命历程的划分仍然存在细微的差别。例如，根据印度教的传统，婴儿期、儿童早期和儿童中期并没有被划分为不同的阶段（Valsiner & Lawrence，1997）。此外，施莱格尔和巴里（Schlegel & Barry，1991）的研究发现，超过一半以上的社会都没有对青春期做特别的划分。

出生以前的生命：胎儿期

在伦敦和北京，和在地球上的任何其他地方一样，**胎儿期**——通常认为是从受孕到出生——一般是 38 周。在母亲的子宫内胚胎的发育从一开始就可能接触到任何有利或者不利的条件。举例来说，母亲周边的自然环境可能是稳定或者不稳定的，可能是安全或者危险的。纵观世界，环境问题和危险的条件比如饥饿、暴力、过度辐射、接触化学品、空气和水污染等，仅举几例就能引起妊娠的各种并发症和婴儿严重的生理缺陷。能否提供专业的产前护理也是一个非常重要的因素，会影响到胎儿的发展。关于怀孕，我们现在已有很多普遍的认知和行为趋势。例如，研究表明，在大多数国家里，当一个家庭打算要一个孩子时，通常更希望是男孩而不是女孩（Hortacsu et al.，2001）。在不同的国家里，少女怀孕的现象都是在农村地区比城市里更为普遍（Barber，2001）。

胎儿的生命可以因为母亲终止怀孕的决定而夭折。全世界每年有近50万例堕胎事件发生。其中近60%是发生在发展中国家，在那里每年都有超过2 000万例，其中将近90%的堕胎都是非法和不安全的。尽管在许多发展中国家人工流产是受到法律限制和宗教谴责的，但很多时候这样的情况仍然是一个不争的事实。死亡的风险来自不安全的或非法的人工流产，这种风险在发展中国家是在发达国家的15倍以上。每年有70 000妇女死于这个过程中（WHO发布，1999年5月17日）。对于不同的国家而言，堕胎的频率也不同。例如，20世纪90年代，在俄罗斯每100名婴儿出生就有206例合法堕胎；与之对应，在瑞典这样的比例为每100名婴儿出生有30例合法堕胎，在奥地利为17例，而在荷兰为10例。

各国对于怀孕的态度也各不相同。在传统的集体主义国家，比如马来西亚、新加坡、印度尼西亚、菲律宾和泰国，怀孕更多的是以家庭为中心积极参与的和受到家庭引导的（Gardiner et al.，1998）。而在个人主义社会，分娩往往是一个相对私人化的事情。然而，我们应该持谨慎的态度，努力不做出带有刻板印象的判断。比如说，许多外国留学生向我们提到许多美国人对怀孕的态度都是如何地开放：他们发表正式的声明，通知亲属和朋友，并在各种聚会上公布他们自身的情况（在20世纪90年代，一个名为《插曲》的相当受欢迎的电视连续剧就是以表现此类生活事件为主要特色的）。然而，在俄罗斯这样的集体主义社会里，妊娠通常是秘而不宣的，直到妇女的身体变化已很明显。不仅妻子分娩时丈夫不得在场，而且丈夫还被禁止陪同他们的妻子去妇产诊所。如果他们斗胆进去，是会被警察赶出来的。传统和法律往往是并肩作战的（见表8—4）。

表8—4　人类的发展阶段

世界区域	来自该地区的移民遵守的习俗
俄罗斯	新生儿至少一个月不能被陌生人看见，以便他或她受到保护避开“邪眼”。
越南	一个新妈妈不应该暴露在寒冷之中，因为那会破坏平衡，这对身体健康至关重要。
伊斯兰教国家	检查或分娩必须由女性健康工作者担任。
一些非洲国家	传统是将胎盘带回家并且埋葬。
拉丁美洲国家	妇女在分娩后的头几天不能给孩子哺乳。

资料来源：Aizenman（2002）.

> 孩子从来不顺从别人，相反人人都要顺着他。
>
> ——拉尔夫·沃尔多·爱默生，美国诗人、哲学家

第一阶段：婴儿期

婴儿期是从婴儿出生到2岁的阶段。在这一时期，新生儿会获得最初的运动、认知和社会技能。新生的婴儿是完全需要被照顾的。很显然，一个新生命开始时所处的环境和社会条件对其生命、健康，或许还有他或她的人格特质都有至关重要的影响。例如，每个国家婴儿的死亡率都不相同，它取决于每一个国家特殊的社会、经济和政治条件。例如，在阿富汗，每1 000个婴儿诞生会有155个死亡，这是2008年全世界最高的婴儿死亡率。在尼日尔，婴儿的死亡率是175‰，在乍得婴儿的死亡率是100‰，在土耳其，死亡率为37‰，在墨西哥死亡率为19‰，在中国，死亡率为21‰，在印度，死亡率为32‰。经济发达国家的婴儿死亡率是最低的。例如，在科威特死亡率为9‰，在美国死亡率为6.3‰，而在加拿大死亡率为5.1‰。最低的是在日本，死亡率为2.8‰，在瑞典死亡率为2.75‰（*The World Factbook*，2000）。

儿童的**气质**，或人格特质在婴儿期就有所表现，我们假定这是有遗传基础的（Buss & Plomin，1985）。气质也可能受到环境因素的影响。

当孩子哭泣时，家长的反应也有所不同。当他们哭的时候，有的成人很容易就忽略掉了，而有的成人会立即做出反应。在婴儿期，立即或延迟回应孩子的哭泣可以刺激或抑制某些情绪和行为的反应。这些反应也具有个体差异和文化差异。例如，一个比较亲子沟通异同的跨文化研究项目将来自肯尼亚的农村和波士顿中产阶级的母亲进行了比较。这两个研究样本间有许多相似之处。当儿童哭泣的时候，来自这两个地方的母亲都会去抚摸他们，把他们举起来或者和他们说话。而美国的母亲则是更多用言语交流，身体接触比肯尼亚的母亲更少（Berger，1995）。

如果你问一个健康婴儿的母亲，她可能会告诉你，她的儿子或女儿很早就能够识别人的面孔。事实上，大多数婴儿都会在看到熟悉的面孔时感到平静，而当他们看到一个陌生的面孔在他们的身边时，他们就会表现出担心的迹象。一项研究显示，在一些国家里，大多数婴幼儿会在他们出生的头 7 个月里发展出自己的依恋模式（Kagan et al.，1978）。这种依恋模式在陌生情境下也是具有普遍性的，我们可以将其分为三类：

1. 焦虑回避型（儿童没有表现出对父母的关注）；

2. 焦虑抵抗型（儿童倾向于留在离父母非常近的地方，并时刻关注他们的下落）；

3. 安全依恋型（当父母在场的时候，一个陌生人对儿童并不会构成威胁）。

一些研究者发现，在西欧国家，焦虑回避型出现的比例普遍相对较高，而焦虑抵抗型比较普遍地出现在非西方国家，比如以色列和日本（Van Ijzendoorn & Kroonenberg，1988）。与依恋理论的观点一致的是，美日比较研究的结果非常清晰地显示，这两个国家的大多数母亲都把儿童的安全感视为可取的特点而把没有安全感视为不可取的特点（Rothbaum et al.，2007）。

研究显示，右利手似乎是在所有文化中都普遍存在的，这种功能很可能是遗传的（Coren，1992）。但是，我们发现不同的文化习俗和信仰影响着世界各地数以百万计的儿童的行为。例如，在许多国家，左撇子是被抵制的，老师和家长都试图改变这种他们称之为“不正常”的习惯，使得孩子们没有去学习他们需要使用左手的技能。环境因素也会影响儿童发展自己运动行为的方式。正如这样一个例子，非洲婴儿运动技能的发展要比白人儿童运动技能的发展早上好几个月。这是因为他们的父母在教自己孩子走路时使用的是不同的训练策略（Gardiner et al.，1998）。

经典案例 父母行为的习惯

新生的婴儿在生命的头一个月里不能让任何近亲以外的人看见，这是在 21 世纪的东欧仍然保持很好的习俗。原因何在呢？这种隔离的状态被认为类似俄罗斯人对“邪眼”的必要防范。换句话说，就是孩子在他出生的头 30 天里，要保持与他人及新的体验相对隔离的状态。

问题：你是否认为按这种做法，实际上可能有数以百万计的家长使得他们的孩子在生命的头 30 天处于相对隔离的状态？这是否可能会以某种方式影响儿童的心理发展？

社会变革会塑造父母的行为模式。例如，母乳喂养率和一个国家工业发展的水平是呈负相关的。换句话说，母乳喂养率下降越快，国家的工业化水平越高，进而导致更多的社会变革。婴儿奶粉和其他食品的可获得性、妇女的职业和社会地位的改变、公众态度的普遍变化及其他因素都会促进妇女决定是否采取母乳喂养的自由选择。

批判性思考 对于标识的依赖

这是人们经常强调的，在日本，人们要比西方社会中的人更加相互依赖，更看重相互间的感情。

对于这一假设我们有多种解释。一部分人认为这是早期社会化经验的结果。有一种观点认为，日本人发展出一种称为“amae”的模式使人们相互依存（Doi，1989）。“Amae”被描述为自我同与自我有关的他人融合的倾向。在日本，这种趋势成为日常生活的一部分，尤其是在母子关系的早期发展中得到激发（Yamaguchi，2004）。在美国，安全最重要的是自主、自尊和自我表达。在波多黎各，安全最重要的是尊重、服从和冷静。最后，前人还有一些关于依恋的不同观点认为，白人母亲更多地强调对自主性的培养，波多黎各的母亲更多地强调对行为的控制（Carlson & Harwood，2003）。日本的“amae”与西方心理学界所说的依赖概念有什么不同呢？（依赖是一种对舒适、认可或关注的需要，它在行为水平上可能被描述为一个孩子哭泣后母亲的拥抱，以及其他鼓励其对孩子的关注、照顾的行为）为了比较这两个概念的意义，沃瑞杰肯（Vereijken）和他的同事（1997）对日本专家所说的“amae”和西方专家所说的依赖给予了评估说明。专家们采用了Q分类法的评价方法。首先，给出90张卡片，每张卡片上附有某一母子关系行为特点的书面描述。然后，专家们被要求将卡片以某种方式排序，使得卡片的选择呈现出典型的“amae”（日本专家）和典型的依赖（西方专家）最突出的行为。研究人员发现，虽然有种种预期，但由日本专家所提供的对于“amae”的行为定义和在美国由专家所提供的对于依赖的行为定义有惊人的相似之处（$r=0.77$）。这极有可能是在不同的文化下，某种普遍的行为模式被标上了不同的标记。而在现实中，不同的标签描述的也可能会是类似的行为。

婴幼儿经常被代表某个特定语言的复杂的声音系统所包围。儿童在非常早的年龄里就对声音作了重要区分，这或许可以解释人们在学习一门外语时所体验到的一些语言差别。例如，和我们一起共事的日本同事说英语在发L的音时有困难（同样地，许多典型的美国人不能很好发音的有德语中的R、希伯来语中的KH、乌克兰语中的GH）。日本婴儿通常不会发现L和R之间的区别，因为日语中没有L的发音，他们的父母也不会在交谈中发出这个音。说英语的婴儿能够探测到这种差异，即使他们还不能发这个音。也许我们发音困难的根源正在于我们的婴儿时期，从我们开始辨认和记忆声音时开始。例如，很多俄罗斯人不能分辨出i（在bit中）和ee（在beat中）。在俄语中这两个音是没有区别的。一些语言学家认为，丹麦的语言特别难讲，就是因为它含有很多我们不熟悉的音，这些音是除丹麦人以外的人们无法在婴儿期能接触到的。

生命的希望到来时，总乔装做小孩子。

——泰戈尔，印度诗人、小说家

发现世界：童年

中国古代哲学家孟子有言：“大人者，不失其赤子之心者也。”孩子的美好正是因为他们是真诚的、有感情的。**儿童期**是一个持续的成长、学习和发展的时期。在儿童期，孩子的思维是美好和充满想象的。年幼的孩子往往不能明确现实和幻想之间的差异，经常将它们混在一起。他们总是不断地面对现实与自己的思想相悖的情形，但仍旧相信他们的想法有神奇的力量。在儿童中期，大约是6～12岁，儿童会继续发展他们的思维和社会技能。抽象思维开始在他们的日常生活中发挥更大的作用。然而，儿童的思维仍主要是基于观察和直接经验的。如果某样东西是有形的或可观察到，它就是容易理解和解释的。例如，一些研究报告表明，英国、日本和挪威的儿童先发展出的是详细的关于战争的观念而不是和平的观念。战争的观念主要的侧重点在诸如杀人、战斗、使用武器等方面。冲突是普遍而具体的，是可以被观察到的。而和平是一个比较抽象的和不那么明显的现象，它可能不像暴力和侵略那样在早期生活的人际经验中有明显的显现（Rosenau，1975）。

看看孩子笔下的图画。有的复杂有的多彩，

有的抽象有的简单，它们反映出孩子看到的和他们所希望的。例如，我们对 160 个来自中国和美国的小学生讲述的 700 个故事进行了分析。中国孩子讲述的故事表现出他们更多关注的是权威和道德品性，而更少表现出对于人身攻击的关注，而且更多地凸显了自然的力量和机遇的作用，这是在美国样本中所没有的（Domino & Hannah，1987）。如果孩子的图画反映的是现实，那么当成人们发现生活在以色列的巴勒斯坦儿童的图画中不断出现受害的主题时，他们能否从中得到关于这些孩子的命运的暗示呢（Kostelny & Garbarino，1994）？我们是否可以解释在美国儿童的图画中男孩总是比女孩更强大的原因呢（Rubenstein，1987）？

除了粮食严重短缺的地区以外，几乎在所有的文化中母亲都在试图说服他们的子女进食。他们使用各种方法：从惩罚到奖励喜欢的食物，从劝说到做喂食的游戏。一个成年人的饮食习惯和食物偏好一般都与早期的喂养方法有关系（Schulze et al.，2001）。饮食偏好在不同国家和家庭间表现出了极大的差异性。面包和多种类型的水果、蔬菜在大多数文化中都是很常见的；但是，也有一些文化中儿童从幼年就开始食用的食品在另一些文化中被认为是不适合食用的。穆斯林儿童不吃猪肉，而信仰印度教的男孩和女孩可能永远不会去尝试吃牛肉，还有欧洲人也不吃狗肉（见第 7 章）。

如果说给孩子喂食在不同的国家可能还会表现出相似的情形，那么陪睡或是让孩子跟着父母睡觉的做法则通常是因国而异的。对于美国父母来说，陪睡在通常情况下是被他们所抵制的，或者仅在某些时候允许这样做。美国和西方的母亲通常把他们的孩子放在单独的房间里。这种做法在印第安墨西哥人那里是非常罕见的（Morelli et al.，1992）。不过，我们应该注意到，一些国家陪睡的习俗部分是生活条件所致：父母根本没有能力为每个子女提供单独的卧室。

许多社会认同的成分是在幼年期形成的。二年级到四年级的儿童能够清楚地辨别自己的种族、国籍和社会阶层（Dawson et al.，1977）。在以色列，阿拉伯和犹太学校的儿童在这个阶段对于他们的国旗喜好有显著差异，能清楚地区分出阿拉伯和犹太人的血统（Lawson，1975）。在许多发展中地区，电视的到来意味着生活在那里的人们的生活开启了新的篇章。然而，在每一种文化下电视的影响也是不同的。在曼尼托巴省北部进行的纵向研究结果表明，儿童通过电视已经开始渴望探索西方世界，他们变得更具侵略性和外群体导向。而那些试图避免与西方国家建立关系的儿童显得不那么积极，相比于其他组他们具有更多的内群体偏好（Granzberg，1985）。

不需要进行研究，任何人都知道世界各地的儿童都一样喜欢玩耍。玩耍的很多功用在不同的文化中都是普遍的，比如教育孩子们的互动教学模式、合作、交流和竞争（Farver et al.，2000）。尽管有这么多相似之处，但不同的文化习俗仍然会发展出不同的行为特点。在 20 世纪 70 年代初期进行的一项研究发现，北美的儿童相比其他很多地区的儿童具有更强的竞争性（Madsen，1971）。然而，这些结果在现在的情形中应该再次核实。为什么呢？比如在今天的美国，一位母亲会非常和蔼和小心地对她的儿子或者女儿说明棒球队的意义，她甚至会写一张便条来解释联赛的主要目的是参与比赛，而不一定是胜利。美国当代的许多儿童体育联盟（如棒球、橄榄球、篮球、足球、冰球以及其他）就有非常明确的强调非成就性的取向。例如，在 1999 年秋季，俄亥俄州一个当地青年足球联赛禁止父母在边界线尖叫和欢呼，正是因为这可能会干扰和打断某些正在比赛的儿童，特别是输的那一方队伍里的儿童。

是否有证据表明，社会规范对儿童行为的限制在很多时候可能导致孩子变得更加具有侵略性和反叛性？根据抑制—助长假说，在一种文化下被鼓励的行为在精神病院中通常不常见。例如，如果父母使用暴力惩罚孩子，在这个国家的精神病院里就不应该有很多暴力的精神病人。抑制—助长模式还假定得到奖励的行为往往是过度表现的。从成人压力阈限假设的观点来看，在儿童期不被鼓励的行为往往比“可接受的”行为在诊所出现的概率更高。威兹（Weisz）和他的同事（1987）在一个关于泰国和美国儿童的跨文化研究中检验了该模型。泰国的佛教传统不同于美国的文化规范。前者强调互不侵犯、礼貌、谦虚和尊重他人。父母无法容忍冲动和攻击，他们“控制”

孩子的行为。正如第一个假说所预测的那样，泰国的儿童比美国儿童更为频繁地报告“失控”问题（超然、退缩的态度）。而美国的儿童更多地报告的是暴力和行为紊乱。因此，抑制—助长假说得到了一些实证支持。

> 男孩子成熟的时间总是比父母认为的早三年，比他自己认为的晚两年。
>
> ——刘易斯·赫尔希（Lewis Hershey，1893—1977），美国将军

重要的演练：青春期

约翰和乔治，两个人既是邻居又是朋友。他们今年16岁了，虽然有着不同的种族背景，但同时又是如此地相像。他们都穿着成人样式的衣服，在唇上留一撮小胡子，每天会一连玩上好几个小时的游戏，设法去打暑期工，并且都在考虑两年以内进入地方高校。作为青少年，他们都已经达到性成熟，但尚未获得行使成年人角色的权利和责任。

青春期不仅被人们认为是一个发展的阶段，同时也成了一种文化现象。例如，许多发达国家延长学生在校的时间，是为了尽可能地延长他们从儿童期到成年期的过程。而恰恰相反的是，很多非工业化文化则鼓励他们的民众尽可能早地开始担当成人的角色。因此，青少年阶段几乎是完全不能区分的。在有些国家，像苏丹、巴西的许多孩子早在12岁，有的甚至在更早的时候就开始全职工作和照顾家庭的其他成员了。而在其他社会，像在印度，一个女孩在她的青少年早期就可以结婚搬到她的丈夫家里去，并接受作为一个妻子和母亲的角色。文化的状况能够决定整个发展阶段的识别。

体重和身高的迅速变化是青春期的重要特征。女孩的成熟期比男孩早两年，这具有跨文化一致性。欧洲和北美自19世纪早期以来，女孩的成熟期已经早于先前研究的同龄组女孩，大约每隔10年会早上好几个月。例如，从1850年到1950年，女孩第一次来月经的平均年龄已经下降5岁，并开始接近12岁，20世纪下半叶这种趋势已经明显放缓。但在那些欠发达的非西方国家里我们没有明显观察到这种变化（Frisch & Revelle，1970）。我们对此的可能的解释是早熟是由于在发达地区大多数公民的医疗、营养和生活条件得以改善所造成的。

在这个发展阶段，形式思维将取代具体思维，而道德判断将更多地建立在个人价值观基础之上（Piaget，1963）。与此同时，青少年的思想可能充满着矛盾、无法预测的假设以及突然的转换。尽管他们的能力足以使他们做出道德判断，同时他们也具备了巨大的认知储备，但青少年仍然还没有具备在一个更加成熟的年龄中所发现的远见或者智慧。利他主义和利己主义，热情和退缩，宽容和急躁很可能在同一时间存在于同一个人身上。如果说孩子对世界的看法通常是天真和充满信赖的，那么青少年往往是与玩世不恭联系在一起的（Sigel，1989）。玩世不恭——人们普遍地、一再违反道德标准规定行为的态度——可能成为青少年身上突出的特点，因为年轻人倾向于越来越独立和具批判性，或在青春期后期个体接收到日益增长的不被鼓励的社会信息，在政治丑闻成为普遍现象的国家里这种情形更为突出（Schwartz，1975）。但是，我们应该能够预见，在意识形态和政治同一性被政府加以严格执行的国家中，玩世不恭的公开表达是少见的。在这样的情形下，青少年可能发展出玩世不恭的想法，但却不会表达给民意调查或社会科学家（Gozman & Edkind，1992）。一个多世纪以来，许多西方国家的心理学会一直在讨论的问题是将十几岁的叛逆和蔑视现象作为每个青少年生命必经的一个预期阶段（Glad & Shiraev，1999；Hall，1916；Kon，1979）。心理学家和社会学家试图了解各种反社会潮流与“青年文化”是否在青少年的独立愿望上有着深刻的心理根源。北美和中美洲的“黑帮”、俄罗斯的“不良少年”或英国女孩的“豪女文化”（“行为像男孩”一样的行为模式，包括吸烟、讲脏话、打架、喝酒、破坏学校）仅仅是这种反社会倾向的青少年中的几个例子。在非西方文化中，流行于年轻人之间的暴力团伙也同样已经被记录在案。然而，需要质疑的是，仅仅从心理上的原

因来解释为什么青年会参加各种叛逆的群体是否足够。很显然，具体的社会经济和政治因素也必须加以考虑。例如，在非洲，就有不少关于青少年和儿童违背其意愿被强迫加入反叛武装组织的案件记录（Beah，2008）。

社会和政治条件在个体的社会化中发挥着重要的作用。在以色列进行的一项研究中，北美和苏联移民的儿童在课堂上就表现出明显不同的行为模式。来自北美的学生具有同伴导向，而来自苏联的学生具有教师导向（Horowits & Kraus，1984）。苏联的教育体制相比于美国的体制，有一个非常大的重心是放在学生的纪律和服从上面的。虽然进入了一个新的文化环境，但苏联移民的青少年并没有改变他们以服从为导向的行为模式。而在以色列的另一项研究中，经过苏联式教育的青少年在道德判断上明显比在以色列长大的以色列人更具有实用主义倾向（Ziv et al.，1975）。也许是多年的屈辱和为获得脱离苏联的机会与政府的斗争，对于实用主义和注重实效的态度的发展起到了明显的作用（Kliger，2002）。社会和政治因素会影响青少年的文化认同。在以色列，对巴勒斯坦的阿拉伯青少年基督徒的研究表明，他们中的大多数人倾向于维持其种族和宗教的特性。然而，相比于阿拉伯穆斯林，他们表示更愿意采纳犹太人的社会成分。他们还认为强大的同化压力来自以色列的犹太人。阿拉伯基督徒通常被视为“双重少数分子”，因为他们是阿拉伯人，但大多数阿拉伯人是穆斯林，而他们又生活在一个以犹太人为主的国家。巴勒斯坦的阿拉伯基督徒有较强的意愿与以色列犹太人建立社会和文化联系，可能反映了他们希望获得更多的诸如教育和工作等重要资源。此外，巴勒斯坦的阿拉伯基督徒在历史上倾向于将自己划分到一个更为西化的文化群体（Horenczyk & Munayer，2007）。

总的来说，某个特定国家的社会和政治条件可能会影响到青年人的态度和动机（Bronfenbrenner，1970）。例如，在20世纪80年代，波兰是社会主义国家，那里的青年人被报告要比芬兰的年轻人具有更多的侵略态度（Fraczek，1985）。在好些年里，波兰人都生活在政府发起的紧急和武装状态下，这可能引发了人际水平上更多的暴力事件。

在另一项研究中，芬兰和爱沙尼亚的1 500名高中学生被要求想象自己处于三种假设的情境中（Keltikangas-Jaervinen & Terav，1996）。例如，如果你的一个同学多次取笑其他同学，你会怎么做？如果你的同学持续成为被勒索的目标，你会怎么做？如果你看到有人偷你同学的钱，你会怎么做？学生将被给出一些对于上述情境的可选择的解决方法：侵略性、亲社会性、社会责任和逃避。结果表现出一些趋势。爱沙尼亚的青少年给的答案比芬兰的青少年具有更多的侵略性和更少的社会责任。此外，结果还表明逃避是爱沙尼亚的学生解决问题最典型的方式。如何解释这种差异呢？所研究的国家在地理位置上非常接近，并有着许多共同的文化要素和历史。作者解释结果时提到了社会和政治因素。在长达40余年的时间里，爱沙尼亚是苏联的一部分，而芬兰仍是一个独立的国家。在芬兰，儿童的社会化过程中坚持的是西方个人主义价值观。而相反，在属于苏联的爱沙尼亚中，公众教育和社会化宣扬的是集体主义、服从权威、忠于祖国和社会责任感的口号。这里有一些解释上的混淆：据我们所知，在社会主义国家，体制宣扬的是忠诚、责任感和集体主义。为什么这一研究表明青年人的实际态度却是侵略、逃避和缺乏责任感的呢？研究的作者指出，尽管共产党政府付出了努力，但爱沙尼亚的大多数年轻人仍简单地拒绝了当局所推崇的主流价值观。然而，其他因素也可能有助于20世纪爱沙尼亚青年的社会化。在该国获得独立后，前所未有的政治和意识形态的斗争、快速增长的犯罪和腐败、社会不平等现象的增多、社会安全保障无形的损失，这些因素都可能会引发人群的失望和沮丧情绪。也许不仅仅是80年代初的经历，近代这些消极情绪的发展，都对本研究中爱沙尼亚青年的态度有一定影响。

集体主义和个人主义的规范会影响个体的行为和观念。艾尔贝德（Elbedour）及其同事（1997）比较了以色列的犹太人和以色列的贝都因青少年对于关系亲密度的看法。从7年级至11年级的600多名学生完成了问卷调查。这些学生被要求描述其与同性青少年的友谊关系，在从低（1）到高（4）的等级量表上进行评分。问题的情境如：“下列何种程度能够体现你与亲密朋友的关系特点？”该研究对诸如情感上的亲密、控制感、一致性和对朋友的尊重等特点都进行了研究。每个特性都通过8个问题来进行测量。结果表明，犹太青少年（更多个人主义而不是集体主义）与贝都因青少年（更多集体主义而不是个人主义）相反，与其说需要一个与他们保持一致的朋友，还不如说是需要让他们有控制感的朋友。贝多因的青少年对于朋友往往既强调控制感又强调一致性。

比起他们与自己父亲的相似，人们更多地与他们所生活的时代相似。

——阿里·本·艾布·塔里布，第四任伊斯兰教哈里发

成年期

在所有文化中，**成年期**都代表着成熟、责任感和责任心。这一时期通常分为三个阶段：成年早期、成年中期和老年期（Levinson，1978）。成年早期阶段通常与形成过程联系在一起的，而成年的中后期阶段通常与各种成就联系在一起。然而，这些时期的界线并不是那么清楚。许多成人在非常年轻的时候就已经能够完成伟大的事情。例如，乔治·华盛顿在21岁时就成了驻法国大使。他作为上校赢得他的第一次战役是在22岁。路德（Luther）开始他的基督教宗教改革的时候是29岁。菲德尔·卡斯特罗成为古巴领袖时是32岁。爱因斯坦发表他著名的相对论时是26岁。圣女贞德（Joan of Arc）只有17岁就领导了法国军队，在1429年奇迹般战胜了英国，她被处死的时候只有19岁。

虽然有一些心理功能是随着年龄下降的，但个体的社会化在成年期仍然继续。有两种模式——**持续**和**开放**——可以解释这一进程（Renshon，1989）。根据第一种模式即持续性，成人在早期生活中获得的态度和学习到的行为，往后一般不会改变。例如，如果一个孩子在摩洛哥的一个宗教家庭成长，他或她无论身在何处作为一个成人都是相信宗教的。而另一种模式即开放性，情形则恰恰相反：人们改变他们的态度和行为，因为他们必须适应不断变化的情况，而且这种变化可以十分巨大。换言之，幼儿和青少年的早期经验并不能决定一个人的今天。尽管事实上很多学生的社会化是由于持续性而得以进行的，但多数分析家认为，社会化不会在18岁或20岁时中止。现已证实，社会化在成年阶段得以继续，而且很多个人观点和行为的转变都发生在这个发展阶段（Sigel，1989）。

成年的经验在不同文化下各有不同，这取决于年龄、性别、社会经济地位、职业、家庭构造及各种生活事件。暴力、经济困难和饥饿可能影响到整整一代人的生活。例如，在阿富汗，在20世纪过去的25年里它的社会和政治发展的特点造成一系列毁灭性的事态发展，其中包括革命和罢免国王，1979年苏联的入侵，反侵略战争，还有无休止的内战夺走了成千上万人的生命。例如，那些出生于1950年的人们，几乎在他们整个成年阶段的生活中都遭受着持续的压力、贫穷、创伤性事件和对生命的担忧。与此同时，1950年出生在挪威一个小城镇的人则可以完全避免生活的灾难、重大事件和不能预料的转变。

在成年期，大多数人都发展出自己的**认同感**，即对他们自己是作为社会的个体和成员的观点。身份认同的形成不能放到文化背景之外理解。例如，在传统社会，人们接受他们在那个体系下的身份和持续的环境。社会理应给人提供安全感。个人总是参考他人的评价（Kagitcibasi，1985）。个体的独特性尤其受到意识形态或宗教水平的限制。人们逐步从一个生命阶段向另一个生命阶段发展，学习并获得他们应当扮演的角色。在西方工业化社会中，社会角色的表现是更加开放的，因为对角色的要求并不是十分正式。个人成为各种分离的子群体的成员（Camilleri & Malewska-Peyre，1997）。西方社会相比于非西方社会给个人提供了更为广泛的选择。个人不仅被给予选择，他们还被鼓励进行选择。

在当今世界，年轻人为了发展需要准备接受大量的教育。人们接受教育的时间较长，他们过渡到成人角色的时期就会越往后推迟。此外，当传统权威的权力被削弱时，年轻人越来越多地掌控他们自己的生活，他们一般选择等待更长的时

间去建立家庭。在每个工业化社会和正在迅速发展的发展中国家，这些成人多数在 20～30 岁的后半期开始转变（Arnett，2002）。事实上，成人角色过渡的时期已经略有推延，在很多社会里出现了一个新的生命发展阶段，我们称之为“新兴成人期”，它包括从 20～30 岁中期以后到形成以自我为中心开始探索爱情、工作和世界观各种可能性的特点的整个过程。工业化社会中的年轻人已经经历过这一阶段，如今它在发展中国家的年轻人中间开始流行（Arnett，2000）。

> 我不仅用我有的一切智慧，我能借的也用上了。
>
> ——伍德罗·威尔逊（Woodrow Wilson，1856—1924），美国第 28 任总统

在人们的脑海中，成人与智慧联系在一起。一个人越成熟，他或她就将越聪明。社会期望会影响我们对成人智力的感知。举例来说，敏捷的思维与流体智力、形成观念的能力、思维的抽象能力和在新的情境中运用知识的能力相联系（见第 5 章）。而晶体智力是个体知识和经验的积累。

经典案例

尤拉·哈玛诗（Yola Ghammashi）教授致力于发展“冻结文化”的概念，它主要用来描述许多成年移民在他们新的家园中的生活和经验。许多成人移民在新的国家里定居后继续保持与他们移民前相似的大多数习俗，如说话方式、信仰、情感依恋等。他们故意讲自己古老的语言，保持独特的文化习惯，并抵制学习或适应不同的文化规范。与此同时，他们的祖国随着时间的推移慢慢转变。习俗、时尚和说话方式都可能改变。然而，这些移民继续生活在一个自我创造的历史文化当中。他们认为自己不属于他们的新文化。然而，他们的“老”文化已不是他们记得的形式了。你认识这样的人吗？你能给我们讲讲他们“冻结文化”的组成吗？

在西方社会，快速思维受到高度重视，流体智力被作为成功的一个指标。在许多非西方社会，操作速度很少受到重视，因为经验或晶体智力被认为比速度更为重要（Gardiner et al.，1998）。有许多个人因素和社会因素的中介会影响晶体智力。例如，在里海附近的一个小镇，一个 60 岁的伊朗父亲可以作为他的儿子开始经商的完美导师。同样是这个父亲，假使他的家庭移民到另一个国家，他的知识和效用将大打折扣。

在一些非工业化国家的文化当中，中年的概念是模糊的。例如，一个人可以被描述为“年轻女子”或“老人”，而不大可能被描述为“一个中年人”。同样地，有观点认为，中年危机应作为一个阶段，人们需要用时间和金钱来承受这一时期。

> 生命之叶片片凋零，正如生命的酒酿滴滴流逝。
>
> ——欧玛尔·海亚姆（Omar Khayyam，12 世纪），波斯诗人、天文学家

老年期

人们从什么时候开始变老？年龄导致的物理老化磨损和功能下降是否不会伴随态度的重大变化？人们从什么时候开始行动迟缓？老化是一个生物过程。虽然生物学家们还没有找到对老龄化普遍特点的十分精准的解释（Cox，1988），但大多数人在老年期都患有类似的疾病（如癌症、老年痴呆、关节炎），他们的皮肤开始变得越来越没

有弹性，头发开始失去色素沉淀，肌肉开始萎缩，骨骼开始变得更加脆弱，心血管系统也变得越来越失效。大多数心理功能也开始衰退。听力和视力障碍是很常见的。当反应时开始下降时，记忆也可能开始衰退。然而，人类也很藐视自然的"规则"。伟大的德国诗人歌德（Goethe），在他80岁的时候完成了《浮士德》。拉马克（Lamark）在他78岁的时候，完成了他伟大的动物学著作《无脊椎动物自然史》。罗纳德·里根就任总统时是70岁。圣雄莫罕达斯·甘地（Mahatma Gandhi）在他75岁时声望达到顶峰。特蕾莎（Teresa）修女在她去世以前一直没有放松她的慈善工作，她死于87岁。

在许多国家，**老年期**开始实行退休，即一个人将正式退出工作。如果一个人不外出工作，这一时期开始也许同时意味着个人放弃了他主要的家庭责任。许多国家公认的正式退休年龄是非常高的。在俄罗斯，女性的退休年龄为55岁，男性的退休年龄比女性晚5年。在美国，公认的退休年龄为65岁。挪威公认的退休年龄高达70岁。我们预计，预期寿命越高，退休年龄也将越高。

各个国家就其人口寿命的预期差别很大。日本和瑞士的寿命预期接近80岁。贫穷、自然灾害以及长期的政治和经济问题使得一些国家（如尼日利亚、孟加拉和乍得）的预期寿命徘徊在60岁、50岁甚至更低。这比发达国家的平均预期寿命至少要少10年甚至更久。

在集体主义文化中，老年人通常会享有很高的社会地位。而在个人主义社会，年轻人往往享有最高的地位，老年人往往被孤立甚至被拒绝。事实上，有研究表明，尊重老人的行为在日本和中国远高于美国（Yu，1993）。正如在其他西方国家一样，在美国，赡养关系更多的是出于自愿。在亚洲国家，尤其是当子女成年以后必须如此（Hsu，1985；Tolbert，2000）。在大多数非洲和亚洲的社会，关于家庭代际的规范是年轻的家庭成员通常需要照顾年长的亲属（Gardiner & Kosmitzki，2008）。在美国，有着很深文化传统的亚洲和拉丁美洲的家庭，会高度重视孩子对支持、协助和尊重家庭的作用（Chilman，1993；Uba，1994）。对于辅助、支持和尊重家庭的责任感的变化，通过考察美国分别来自不同种族群体的745名从中学进入到成年早期的被试得到证实。处于成年早期的个体家庭责任感的增加略有不同，这种轻微的变化取决于种族和经济背景。来自菲律宾和拉丁美洲家庭的年轻人，相比于其他种族背景的年轻人报告的家族责任意识最强（Fuligni & Pedersen，2002）。一些研究发现，家庭在经历经济危机时，青少年会给予更多的家庭支持。性别也会影响家庭责任感的形成，传统的性别角色往往认为女性要比男性为家庭提供更多的协助。

法国作家和历史学家安德烈·莫鲁瓦（Andre Maurois，1967）写道，越来越老只是一个大忙人没有时间去形成的坏习惯。年龄和衰老与个体的时间观念密切相关。反过来，时间观念也可能影响个体的态度（Cutler，1975）。人们在幼儿期的主导想法认为，时间可以说是无限的。而在成年早期人们将认识到，时间是一种稀缺的资源。中年以后的阶段开始占主导的时间观念认为时间变得十分有限。葛根和布莱克（Gergen & Black，1965）指出，公共政策的态度、对国际问题解决的倾向都与个体的对未来的时间观念有关。高龄的人会有一种紧迫感，而且往往倾向于解决冲突，而年轻人则可能显示出倔强。任山（Renshon，1989）认为，在艺术领域，高龄的创作及勇气时常出现在不同的文化中。莎士比亚、伦勃朗、威尔第、贝多芬和托尔斯泰的最后作品都能够说明，进入生命周期的最后阶段可以把对于常规的关注释放掉，使得艺术家自由地完成伟大的创作，这也象征着人类视野的顶峰。

经典案例

文化与对年龄的感知

在许多西方文化中，有一种掩盖老龄化的趋势。在当代的美国社会，人们往往不说"老"，他们倾向于使用更为中性的"资深"。人们用手术消除脸上和身上的皱纹，购买昂贵的护肤品保持皮肤的弹性，使用耐磨损的假发和假髻，并尝试用不同的"神奇"色彩消除自然老化的灰色头发。当人们开始渐渐变老时，成年人会真的不喜欢他们自己的样子了吗？难道他们认为自己已经变得不那么有吸引力了，所以要改变自己的外观来提高自尊？其实没有任何证据表明这是真的。而且有一些研究表明，自尊和个体的“吸引力”并不相关（Kenealy et al.，1991）。

问题：你认为，化妆品行业和整形外科医师是否会为了增进销售和获得更多的客户而对创造“年轻的形象”的宣传产生兴趣？

练习 8.1

从文献原始来源中发展批判性思考能力

金（Kim，2002）对几个亚洲国家和美国的儿童和成人的口头交流数据进行了广泛比较后发现，日本中产阶级的母亲与出于同阶层的美国母亲相比，跟他们的孩子说话的频率更低。另外，中国的幼儿教师将安静作为一种控制的手段，而不是像美国的教师那样被动并对沉默表示欣赏。因此，东亚的儿童并不像欧裔美国儿童那样通常使用言语表达。反过来，日本儿童的话大大少于北美的儿童，而且他们使用语言表达来进行情感沟通要比美国儿童少很多。

找到这篇文章：

Kim，H.（2002）. We talk，therefore we think? A cultural analysis of the effect of talking on thinking. *Journal of Personality and Social Psychology*，83（4），828－842.

回答以下问题：

本研究中选取的是什么样的研究数据？本研究中选取的相同样本是什么？在你看来，这些样本的代表性如何（他们是否与被研究国家的儿童相类似）？本研究使用的主要研究方法是什么？该项研究中发现的差异有多大？作者得出了什么结论？作者是否提供了解释？你能自己给出解释吗？

* *

本章总结

● 自古以来，世界上许多思想家认为人类是环境和自然的个体倾向之间互动发展的结果。人类发展的现代理论强调个体和社会文化因素的作用。而许多传统的发展理论具有种族优越感，没有考虑到人类多样化的丰富性。

● 在传统的农村社会中常见的相互依存的家庭，其相互依存的家庭结构特点主要表现在两个方面：父母与子女之间以及子女之间。独立的家庭，是大多数欧洲和北美国家典型的中产阶级核心家庭，其家庭结构的特点是在这两个方面是独立的。

● 正在成长的儿童通常被看成具有个人与生俱来的特质和发展技能的潜力。儿童所处的环境是一个大的文化体制的一部分。环境和个人都被视为是开放和交换的系统。环境中文化规范的力量来自协调行动的三个要素。它们彼此相关，也与外部力量有关，而且致力于个人的发展。

● 根据埃里克森的理论，个人的发展需要通过一系列的心理危机。每一次危机或冲突，主要是出于适应社会环境和发展竞争意识的需要。一旦危机得到解决，个体就得到进步。这一理论经过一定的修正，可以适用于各种各样的文化背景。但是，埃里克森受到的批评是其混淆了客观描述与主观认定。具体来说，他的优势在于他很显然是按照西方犹太教和基督教伦理、价值观和社会舆论来确定个人的健康标准。

● 研究表明，皮亚杰提出的阶段序列（前运算、具体运算、形式运算）和推理风格虽然有一定的局限性，但在不同文化中仍具有普遍性。皮亚杰和他的同事们所使用的方法和程序上的局限被视为种族优越感。此外，皮亚杰的理论解释了儿童如何认识到体积、重量和数量守恒。然而，日常的思维，尤其是在特定文化环境中作出实际决策的能力并没有在这一理论中得到很好的解释。

● 根据柯尔伯格的理论，道德发展有6个发展阶段，其中儿童和成人能够使用多种类型的道德判断。总的来说，人们从较低阶段的推理向更高的阶段发展，在较低阶段他们宁愿选择逃避处罚的行为，而在较高的阶段他们选择社会契约，然后用普遍原则来指导道德行为。这一理论可以适用于不同的文化背景。然而，道德发展的跨文化研究使用的方法是基于道德选择的假设性故事，它们绝大多数与美国的情境相关。另外一点批评是，与发展阶段密切相关的价值观念是基于西方自由主义和个人主义的道德选择，而价值观念在世界各地是不具有普遍性的。

● 从跨文化角度看，人类的发展是被理解为分阶段发生的。专家指出，特定的文化规范和生物、行为和生理的变化是具有跨文化特点的确定特定生命阶段的依据。大多数的著作将人类发展区分为几个常见的生命阶段：胎儿期、婴儿期、儿童期（分为儿童早期和儿童中期）、青春期和成年期，成年期也分为三个阶段，即成年早期、成年中期和老年期。

● 在胎儿期，母亲子宫内发育中的胚胎可能接触到任何有利或不利条件。伴随着社会和心理压力的环境、个体获得资源和专业的产前护理是影响胎儿发展一些至关重要的因素。不同文化对于怀孕、堕胎和分娩的态度也各不相同，这是与当地的传统和法律相关联的。

● 每一种文化都为亲子关系提供了一些特定的准则。儿童的思维是充满幻想的，这一点具有跨文化一致性。每个孩子的发展领域包括社会习俗、价值观念和需求，这是由他或她的父母和照顾者转递的。

● 青春期不仅是一个发展阶段，而且也是根植于社会和经济条件的一种文化现象。很多非工业化国家鼓励其成员尽快承担成人角色，几乎要完全跳过青春期阶段。青春期标志着性成熟。尽管他们有能力做出道德判断且拥有巨大的认知储备，但青春期仍然无法获得往往是在一个更加成熟的年龄才会发现的远见或者智慧。

● 在所有文化中，成人代表成熟、责任感和责任心。这一阶段分为成年早期、成年中期和老年期。成年早期通常是与形成过程联系在一起的。而成年中期是和成就联系在一起的。在成年期，个体一般会形成他们的认同感，这是他们自己对其作为社会的个体和成员的观点。事实上，成人角色过渡的时期已经略有推延，在很多社会里出现了一个新的生命发展阶段，我们称之为“新兴成人期”，它包括从20～30岁中期形成以自我为中心开始探索爱情、工作和世界观各种可能性的特点的整个过程。

● 在许多国家，老年期开始实行退休，即一个人将正式退出工作或放弃他主要的责任。老年期是与衰老相关联的生理过程。预期寿命、一般的社会经济条件、个体的心理和生理特点、社会对老人的态度涵盖了个体最后发展的境况。

关键词

青春期 指从11、12岁到19、20岁的时期。这一阶段孩子已经达到性成熟，但尚未获得行使成人角色的权利和责任。

成年期 指20岁以上的时期。这一阶段个体已经获得被某个特定社会的规范和法律承认的成人角色。

儿童期 指从2岁到11、12岁的时期。这一阶段儿童获得语言，并学会大多数重要的社会技能。

认同感 认为自己作为个体是社会的一员。

婴儿期 指从出生到2岁的时期。这一阶段儿童获得最初的运动、认知和社会技能。

老年期 生理机能开始损耗和衰退的时期。

人类发展 个体在从受孕到死亡的整个生命历程中所经历的生理的、心理的和社会行为的变化。

持续模式 这一理论观点认为，成年人在早期生活中形成的态度和行为往往在以后的生活中不会改变。

开放模式 这一理论观点认为，成年人的态度和行为会因适应不断变化的环境而发生改变。

胎儿期　指从受孕到出生的时期，大约持续38个星期。

社会化　个体成为某个特定文化下的成员，并开始接受其价值观、信念和行为的过程。

气质　在婴儿期表现出的人格特质（可能是基于遗传）。

第9章

心理障碍

疯子认为这个世界是疯狂的。

——普布利琉斯·塞勒斯，古罗马作家

人类的救赎是在那些不能适应环境的有创造力的人的手中实现的。

——马丁·路德·金，美国民权运动领袖

为保护事件中真实人物的身份，故事中的人名和具体细节已经过修改。梅丽莎在美国南部的一所大学就读，正当教育学学士阶段的学习即将完成时，她在中学毕业时就开始交往的未婚夫布莱恩决定先工作几年，赚些钱之后再回大学学习。然而，他们都没有预料到在学校中将会遭遇一件麻烦事。春季学期刚刚开始，班上一名较年长的女生意外地亲笔给布莱恩写了一封长达 12 页的信，信中充满了奇特的隐喻及相关宗教资料。她不仅向布莱恩告白，更说到她将为了布莱恩与自己的丈夫离婚并抛弃自己十来岁的孩子。布莱恩完全被这个无法解释的告白吓到了。他把这封信拿给梅丽莎看，梅丽莎建议布莱恩应该和这个女生谈一谈并要求她不要再追求他了。但是当布莱恩和她谈过话后，事情变得更糟了。那个女人开始给布莱恩打电话，并时常守候在他们家附近。随后，事情又变得更复杂了，那个女人又写了一封信，说到她的灵魂和布莱恩的灵魂在 300 年前曾经相遇，而根据她所信仰的宗教所示（她是一个印度教徒，于 60 年代随父母到美国），很久很久以前她曾和布莱恩有过婚姻，而现在她想要这两个本已相属的灵魂重新团聚。布莱恩和梅丽莎开始害怕了，他们觉得这个女人有妄想症，于是赶紧休学并搬到了千里之外的另一个州。他们向学校领导反映或请律师了吗，向警察投诉了吗？都没有。梅丽莎后来解释了他们的决策："那个女人有病。就是有病。她都可能把我们杀掉，还好我们跑得快。学校、警察不可能帮到我们。那女人就是一个魔鬼，她就是有病。"

她是真有病吗？人们是否可以在尚未仔细评估一个人全部的可知情况及其所处的周围环境前就对此人做出评判？有一些熟知这个事件的人，包括一些心理学家，曾指出这个女人其实可能是完全"正常"的人。她被误解的原因是人们害怕那些自己看不惯、不熟悉的行为。有人就认为古怪的、反常的表现并不属于精神疾病范畴。我们所不喜欢的行为也并不一定就是不正常的。那么那个女人是否有可能反常到会造成危险？人们当然可以对此提出严正怀疑。印度教认为存在轮回，印度教徒将轮回作为一种正常的信念。另外，没有人可以规定我们应该有什么信仰，对吧？

"不对"，一些评论者认为如果有人表现出任何个人的、宗教的或任何其他种类的信仰，他应该要理解他所生活的文化背景。故事中的女人未能理解及调适至美国的文化现状：你可以有自己的信仰，但是不能在未经其许可的情况下强加于他人。所以，在布莱恩和梅丽莎看来——大概对其他数百万美国人也一样——具有侵犯性且有害的行为，是可以被称为奇怪甚至不正常的。但是稍等一下，刚才这句话是不是在说，如果一个人不喜欢另一个人的想法，就能成为评判此人罹患精神疾病的坚实基础？而且，故事中的女人显然也没有做出任何违法的行为。这么看来，这个女人的行为到底正不正常？专家们在原则上是否能将精神疾病的症状与一种文化准则分辨清楚而不致混淆？我们将试着回答这些以及许多其他有关文化和心理障碍的问题。

美国的背景：DSM-IV

根据美国精神医学学会的《精神疾病诊断与统计手册》第四版修订版（DSM-IV-TR），**精神障碍**是"发生于某人的临床上明显的行为或心理症候群或症状类型，伴有当前的痛苦烦恼（例如，令人痛苦的症状）或功能丧失（即在某一个或一个以上重要方面的功能缺损），或者伴有明显较大的发生死亡、痛苦、功能丧失或丧失自由的风险"（DSM-IV，p. xxi）。美国医师通常从五个维度对一个个体的可用信息进行评估，这些维度能帮助专家从五种不同的观点或资讯领域检测一个个体的现状（见表 9—1）。现今 DSM-IV 已成为美国划分心理障碍的主流系统，被大多数心理健康专家所采用，其中包括精神科医师、心理学家、社会工作者以及为私人和政府机构工作的顾问。

《国际疾病与相关健康问题统计分类》（ICD）是一个对已知疾病及外伤的详细描述，由联合国世界卫生组织创立。它会被定期校订，目前版本为第十版，缩写为 ICD-10，且同样包含精神障碍的描述。由于美国医师的帮助与合作，ICD-10-CM 中的精神障碍部分与 DSM-IV 及其最新版本在术语和结构方面非常相近。

表 9—1 多轴诊断系统

轴一指示临床疾患以及其他可能为临床关注焦点的重要状况。
轴二为报告人格障碍或智力障碍。
轴三是对可能与理解或管理个体的精神障碍相关的当前医学状况进行报告。
轴四用以记录可能影响精神障碍之诊断、治疗及预后的心理社会及环境问题。其中主要是与社会环境和初级支持群体相关的问题、教育与职业问题、住房与经济问题、获得医疗保障服务相关问题以及法律与其他社会问题。
轴五是医师对一个个体整体功能程度的评估。
一些偏向于不使用多轴系统的专家会为一个个体列出适当的诊断方式。

> 何为疯狂？具有错误的知觉却进行正确的推理。
>
> ——伏尔泰（Voltaire，1694—1778），法国哲学家

对于文化及精神疾病的两种观点

文化至少可以在五个方面影响心理障碍。第一个方面是基于个体所处文化的主观经验，包括关于心理问题的知识。第二个方面是基于文化的关于痛苦烦恼的习语，也就是个体在解释和表达其症状时所依照的基于文化的表达规则。第三个方面是针对不同形式心理障碍的基于文化的诊断方式，包括专业和非专业的判断。第四个方面是基于文化的治疗方式，包括专家在内的人们尝试解决精神疾病症状的方式。第五个方面是基于文化的治疗结果，或评价治疗结果所依据的原则（Castillo，1997）。

为诊断精神疾病症状所需的主观经验、关于痛苦烦恼的习语以及治疗结果可以通过至少三个方面症状的判断加以评估：身体、行为和心理。人们在很大程度上会依照大众所接受的文化标准及个人的知识而感受和解释他们的症状，专家在评价病患报告出的症状时也会将其判断建立于经验之上。知道了这些描述，我们可以提出如下二选一的假设。

（1）人类按照一套既定的文化规定发展观念、建立行为准则以及学习情绪反应。所以来自不同文化背景的人应该对心理障碍有不同的理解，而且这种不同应该会很显著。这种看法叫做精神病学的**相对主义视角**，因为它以一种相对的视角检视心理现象。

（2）除了文化差异，人们有大量相似的特征是共有的，包括态度、价值观和行为反应。所以对精神障碍的总体理解应该是普遍的。这种看法叫做精神病学的**普遍主义视角**，因为它提出在文化间存在着绝对的、不变的精神疾病症状。

我们先为相对主义视角辩护并假设在每种文化中的精神疾病都是独特的，而且不能在其发展的背景之外被理解。根据这种观点，精神疾病有文化特异性，在不同社会中应该有不同的含义。各国的宗教、社会和政治规范会决定各种心理症状的表现、理解和治疗方式。如果我们接受这种观点，我们就无法将在一种文化环境所建立起的精神疾病学观点继续应用于其他文化的情境中。如此看来使用北美的诊断方法研究日本的重度抑郁障碍就是徒劳的，因为亚洲国家的人们对感觉和肢体反应的解释和描述可能会与大部分美国人、德国人、加拿大人并不相同。

依照相对主义视角，在一种文化中所认为的精神疾病可能在另一种文化背景中被认为是正常的，反之亦然。在非洲土著和南美文化中，鬼魂附体的症状是很常见的，并且被认为是自然的。要是有人声称有外来的精神体占据了自己的身体，且症状时常表现为严重的焦虑，这在任何西方国家一般都会被诊断为罹患精神分裂症。就像大多数美国人害怕染上传染性疾病一样，一些非洲社会的人们会害怕被诅咒。

解离性神游，是一种会突然从家中或工作场所中走失到别处的疾患，只在少数几个国家所知（DSM-IV，pp. 482，485）。它的流行可能是由于自然灾害或针对特定种族或宗教群体的暴力行为

这样的状况导致的。20世纪60年代之前的美国，以及80年代后期之前的苏联，同性恋行为被认为是一种犯罪和精神疾病。承认自己是同性恋会导致严厉的惩罚，如判处有期徒刑或强制精神病拘留。甚至在90年代末，一部分俄罗斯人还相信同性恋者是有病的人，且应于肉体上将之消灭（Shiraev & Sobel，2006）。在21世纪，在很多国家，如安哥拉、喀麦隆、大多数阿拉伯和伊斯兰教国家，同性恋行为仍被认为是一种病症甚至是一种犯罪行为。

为相对主义视角辩护的人特别攻击和批评民族优越感，或从另一种文化的角度评判一种文化的现实。在批评者的眼中，最突出的民族优越感是文化主流所推崇的。民族的、宗教的或种族的文化主流，纯粹是因为其数量及其成员所具有的权力地位等，所以他们所接受的价值观和规范便具有了强大的力量（Lewis-Fernández & Kleinman，1994）。

很多专家为普遍主义视角辩护，也偏向于不去过分强调文化在诊治精神障碍方面带来的冲击程度（Beardsley & Pedersen，1997）。某些专家甚至对于精神病学的本质也持反对意见。根据这种视角，不同国家中的精神疾病症状于其根源及表现方面是普遍的。有很多的例子都指出了这种跨文化的相似性，比如很多障碍在不同文化中都表现出近乎完全相同的症状，这些症状中有阿尔茨海默症、帕金森症、精神分裂症、智力缺陷、自闭症等。对于躁郁症，还未有报道显示不同种族或民族会表现出相异的发生率（DSM-IV，p. 352）。在一份针对日本和美国女性的研究中，两份文化背景很不相同的样本在产后抑郁症（一些女性在产后会发生的一种情绪障碍）的症状表现及报告中没有表现出显著的不同（Shimizi & Kaplan，1987）。

经典案例　**关于痛苦烦恼的习语**

你听过这样的表述“I have a gut feeling”（我有种直觉）或“I am sick to the stomach”（我感觉恶心）吗？相比其他欧洲语言，英语中有丰富的关于痛苦烦恼的习语。所以，一个非洲人抱怨说“我心很痛”可能包括了一些美国人用其他词汇描述的症状。基于文化的关于痛苦烦恼的习语是文化对主观经验、医学状况、公众对障碍表达产生影响的非常重要的渠道。它可以包括感情表达、对症状的选择性认知强调及忽视，以及习性、身体行动（包括寻求医学护理）以及基于文化的对精神障碍的解释。比如在世界上很多地区，同时从科学的和灵魂的方面解释精神疾病是很普遍的。在东欧，特别是乌克兰、白俄罗斯和俄罗斯，一个普通的病患可能会坚信他的头痛是由于大气压变化而直接引发的，在这种情况下，他会寻求一种可以使其不受大气变化影响的药物（甚至报纸都会为这种头痛的病患刊登推荐药品）。而对于一个普通的美国人，这种大气压与头痛的关联在他们的关于痛苦烦恼的习语中找不到类似的对应。文化相对主义者对于西方诊断原则在其他文化中的可行性抱有很大怀疑。他们相信原生的关于痛苦烦恼的视角、概念和表述才是理解病症的文化背景的基础（Tanaka-Matsumi，1995）。

核心症状及非核心症状：普遍主义者和相对主义者辩论的结果

绝对主义和相对主义哪一种在描述心理现实时具有更高的准确度？在理解相对文化独特性以及精神病理学的普遍本质的同时，能够在精神病理学中采取如上描述的两种观点的结合将会很有帮助。也就是说，精神病理学的主要特征——非正常、不适应、痛苦烦恼——应是普遍的。然而，个体是在特定的环境、社会、文化背景中表现出这些特征的。每种障碍也就可以表现为：

- 一系列在全部人口中都能被观察到的**核心症状**。
- 一系列文化特定的**非核心症状**。

譬如，一个抑郁症患者的核心症状，比如烦躁不安、无精打采、紧张以及不能得到满足的念头，可以按照跨文化的观点理解为：

1. 由于生化因素引起；
2. 一个机体上的症候群，显示为无力、注意力下降以及各种疼痛；
3. 心理上的抱怨，如没有能力享受以前曾能感觉愉悦的活动。

这种病症的附属的（文化特定的）表征会改变，所以很多加拿大的病人会表现出自责感，其中一些还会报告有自杀想法。大多数中国台湾的病人则不会报告有自责感。自责、羞愧、身体的疼痛或行为改变都可能是最主要的表现，这取决于个人习得的对于其特定病症相关的期望（Turner，1997）。在精神分裂症的章节，我们将学习到幻觉和妄想都可以被认为是这种障碍的核心症状。然而，通过这些病症传达出的形象和想法会被患者生活的历史及文化环境玄妙地影响。

经典案例　世界范围内的神经衰弱症

神经衰弱症可以是一个诊断结果的门类，同时，它也是具有一系列文化含义的社会构造。历史上，这种诊断结果的应用是由于医务人员难以解释包括多种形式的焦虑和抑郁在内的很多症状的病因。医务人员将这些症状归因于较弱的神经系统，并认为（不是很确定）在将来，科学将会进步到能够发现引起这种障碍的特定神经病学的原因。此外，直到不久之前，神经衰弱曾经是一个很流行的诊断结果，因为它普遍适用而且足够模糊，适用于一大部分可能会被诊断为罹患更严重障碍的患者。神经衰弱是世界上最被广泛使用的诊断结果，作为一种诊断结果，它几乎没有对患者生活产生任何严重的社会限制。虽然现在对于神经衰弱的核心特性在各国间还没有达成一致，但这并不能阻碍世界各地的医务人员都采用这种诊断结果（Starcevic，1999）。

文化约束症候群

文化约束症候群包含一系列心理学家特别感兴趣的心理现象。它的折中性质使得很难对其进行精确解释，甚至对其最佳的解释也仍存在争议。DSM-IV将文化约束症候群解释为反复发生的、有特定地域形式的反常行为，以及一些可能与DSM-IV诊断类别相关或无关的令人烦恼的经验。很多这种形式都被当地人看成一种病，至少也是痛苦，且大多数都有当地的叫法。

文化约束症候群与主流系统所认定的障碍之间并无一一对应的关系。大多数的这种症状最初都被报告为仅出现在特定的文化中，或一系列相关的或地缘相似的文化中。至少有七大类表现可以从最常被描述为文化约束症候群的表现中被辨别出来。

1. 一系列不能被归因于可测的生物原因的明显的神经病理学症状，其可以被认定为一个特定文化群体中的疾病，但无法归到西方的疾病分类之中。在马来西亚发现的amok（行凶狂），一种愤怒的突然爆发，便是一个例子。在伦敦或纽约，一个具有这种症状的人很可能会被描述为“情绪控制问题”。

2. 一系列不能被归因于可测的生物原因的明显的神经病理学症状，其可以被认定为一个特定文化群体中的疾病，且类似于西方的疾病分类，但是它具有不同于西方病症的显著的本土特征，同时缺少西方所认定的某些症状。例如中国所说的神经衰弱就很类似于抑郁症，但有更显著的身体特征且通常缺少西方描述抑郁症时常有的抑郁情绪。

3. 一个尚未被西方专家所认定的分立的病症实体。一个很好的例子是kuru（震颤病），在新几内亚土著的食人族中出现的一系列精神异常及痴呆。现在一般认为kuru是由朊病毒，即一种可以通过将大脑中其他蛋白质变形以复制自身的特殊的蛋白质所引起的（1997年的诺贝尔奖之一就是为阐明了朊病毒而颁发）。Kuru也曾被和一种叫做Creuzfeldt－Jakob的疾病（雅克氏病）相比较，它可能与羊所患的瘙痒病和疯牛病是相同的。

4. 一种在很多文化场景中都会出现的症状，但是只在一个或几个文化中被认为是一种病症。一个例子是koro（生殖器收缩症候群，或缩阳病），对于缩阳的恐惧，可能有时会具有生理—解剖学的事实，貌似会在一些文化群体中作为一种错觉或恐惧而发生。

5. 文化上所接受的机理解释或病症习语，且不与西方的类似习语相对应。其在西方看来可能表现为一种不适宜的文化思维，也可能是错觉或幻觉。相关例子包括巫术、胡毒（在加勒比海）或邪眼（常见于地中海及拉丁美洲传统）。

6. 一种或一系列包含恍惚或附体状态的行为，如听见、看到和/或与死者或精神体交流，也可能是由于过度悲伤或害怕所引发的失魂感。在本土文化架构中这些可能会也可能不会被视作精神疾病，但若不被认定为某种文化特有的就意味在西方环境下可能会被视作精神异常、错觉或幻觉。

7. 一种依其申述是发生在特定文化环境下会被报告至专家，但事实上并不存在的症候群。一个可能的例子是 windigo（食人鬼，出现在阿尔冈纪的印第安人中），一种对食人的痴迷，对其存在性人们仍有怀疑（Marano，1985）；然而这种主张可能会像巫术一样被用于驱逐或处决一个部落的遗弃者。（见表 9—2）

对于文化约束症候群的争论经常围绕着对不同分类的疑惑和合并而反复不休。很多所谓文化约束症候群其实在很多相互无关联的文化中都出现过，或它们只是在某些地区表现得更为种类繁多。这个事实特别有意思，因为这表示文化约束症候群可以被看作一个大趋势的一种着重表现。特定的文化将特定的行为解释为精神病学的症候群，将其叫做障碍并像疾病一样对待。有些看起来更像是机理解释而非事实病症，如对巫术或体液不平衡的信仰。这些信仰可以引发看起来会显得有障碍的思维过程或情绪不稳定的行为。文化约束症候群这个概念，在将一种文化（特别是宗教和民族身份）引入在另一种文化传统下受训的精神病医师和心理学家的注意范畴这个层面来讲，还是有用武之地的（Simons & Hughes，1985）。

表 9—2　特定的文化约束症候群

这里是一些反复发生的、有特定地域形式的反常行为，以及一些可能与 DSM-IV 诊断类别（DSM-IV，p. 844）相关或无关的令人烦恼的经验。文化约束症候群一般被限制于特定的社会或地区，且表现出重复性的和令人烦恼的一系列经验和观察结果。思考一些文化约束症候群的例子，试着找出每种症候群的核心症状和非核心症状。

Amok（行凶狂）。已知于马来西亚，类似形式也可能在其他地区发生。行凶狂发作时，一个平时正常的人会突发狂暴，有时还会伤害其所途经地区的其他人。在长时间的消沉之后出现一次突然的爆发；它常可以被轻蔑或侮辱所激发。这种症状在男性中流行，且被英国在马来西亚的殖民者所熟知，“running amok”这个短语也就被带进了英语中。现今，行凶狂的案例常被马来西亚新闻报纸所报道（Osborne，2001）。

Ataque de nervios（精神崩溃）。也被称作“attack of nerves”，在拉丁美洲和地中海群体中很常见。症状包括无法控制的喊叫、攻击或哭泣、发抖、胸中热气上升至头顶，以及语言和肢体上的侵犯性。精神崩溃常发生于紧张的家庭事件中，特别是亲属的死亡，但也可以是离婚或与家庭成员的争斗。对精神崩溃的研究表明，26%患此病的人在其他心理障碍上都有较高的危险系数。80%以上的人有与非正常焦虑、情绪、自杀、精神病或药物使用相关的症状（Tolin et al.，2007）。

Bilis、colera 或 muina。是一部分盛行于拉丁美洲的，指称对于极端情绪扰乱了心境所产生的痛苦烦恼的习语以及对身体和心理疾病的解释（用冷和热描述）。其他症状包括紧张、头痛、颤抖、尖叫等。Bilis 和 colera 特别针对引发疾病原因的愤怒方面。在韩国，类似的病症被叫做 Hwa-byung 或 wool-hwa-bung，意为“愤怒症候群”。症状被归因为对愤怒的压制，还包括失眠、无力、紧张、对即将到来的死亡的恐惧、消化不良、厌食症、心悸、普通的疼痛以及感觉小腹上部有块状物。

Brain fag（脑力疲倦）。已知于西非地区，有时也被叫做脑力疲惫，这是一种对学校教育所引发的挑战的精神和肉体反应，主要是中学或大学的男性学生所体验的。症状包括注意力难以集中、记忆力减退和思维能力下降，学生常声称他们的大脑无力。非核心症状以头颈部位为中心环绕出现，包括疼痛、压力、紧张、视觉模糊、灼热感。由于思考过度引发的脑力疲倦在很多文化中都是习语。这些症状与 DSM-IV 中的焦虑症、抑郁症或躯体形式障碍很相似。

Dhat。发生于印度，类似情况在斯里兰卡和中国也有描述。这种症候群的特征是过度担心因性生活过频和尿液损失掉的精子。Dhat 症候群表现为衰弱、抑郁以及性问题，还包括如心悸等不特殊的症候群；类似的症状在印度叫 jiryan，斯里兰卡叫 sukra prameha，中国叫肾亏。症状被归因为频繁的交媾、自慰、遗精或尿液所导致的过量的精子流失。由于这种过量的精子流失代表一个人生命精华的流失而可能造成生命危险而使人产生恐惧。

Falling out（跌落）。出现于美国南部，还有“黑视”现象，加勒比海地区也有。症状有：突然倒下；虽然眼睛张开但失去视觉。患者通常可以听到和理解他身边发生的事情但是感觉无力移动。这些症状在俄罗斯文化中被描述为 obmorok，可能对应于转化症或解离症（DSM-IV）。

Frigophobia（畏寒症）。这是在中国的叫法，意为怕冷。患者在热蒸汽中也会将全身包裹住并戴上毛线帽子和手套。畏寒症可能是基于中国文化认为人的体质分为热的与寒的，这些症状还主要出现在新加坡的华人群体中。

续前表

Ghost sickness（鬼上身）。报道于美国原住印第安人中，症状包括关注死亡和死者、噩梦、晕厥、食欲减退、恐惧、巫术、幻觉、窒息感、混淆等。

Koro（缩阳病）。已知于马来西亚的华人族群；相关情况在东亚其他地区也有描述。主要症状：患者经历突然的强烈的对于性器官缩入体内而导致死亡的焦虑。

Latah。发生于马来西亚、印度尼西亚、泰国和日本。症状包括对突然惊吓的敏感，常伴随无意义的模仿他人以及恍惚行为。此后患者会逐渐变得过于敏感以至于掉落的椰子都能引发恍惚。表现出该症状的人倾向于冲口说出侵犯性的言语，很类似于妥瑞症的患者［事实上，乔治·吉尔（Georges Gilles de la Tourette）于19世纪80年代发现了患此症候群的法国人，将其与latah进行了详细的比较］。表现出latah症状的人常模仿周围人的行动或机械听从指令，包括脱掉自己衣服的要求。事后人们一般都称自己没有当时所做所言的记忆。

Locura。在美国和拉丁美洲有病例。症状包括不协调、兴奋、视听幻觉、不能遵守社会交往的规则、无法预测以及可能出现暴力行为。

Mal de ojo（邪眼）。在地中海地区及其他地区的人所患。患病者大多是儿童，被认为是受到了恶灵之眼的干扰，导致断续的睡眠、哭泣、生病和发烧。

Pibloktoq（极地歇斯底里）。已知极地和亚极地的因纽特社区会发病，如格陵兰的爱斯基摩人。这种症候群在整个极地都有出现且有本地的名字。症状包括极端兴奋、肢体暴力、言语辱骂、暴乱和短暂昏迷。在攻击期间，患者可能会撕开衣服、损毁家具、叫喊猥亵语言、吃粪便、从庇护所逃离或表现出其他非理性的危险行为。患者在出现攻击行为前几小时或几天可能会无表现或平和不易被激怒，且会报告在攻击期间完全失忆。

气功。在中国所知。一种短期片段式的症状，如视听幻觉等，发生于练习气功之后，亦如冥想（Lim & Lin，1996）。在美国，对持续幻觉的报告可能会表示患精神分裂症或类精神分裂症。

Rootwork（胡毒）。症状知于美国南部和加勒比海地区，包括焦虑，如对被下毒和死亡的恐惧，且将其归咎于会对其他人下毒、施咒的个体。

Sin-byung。已知于韩国。这是一种被抱怨为解离和被祖先灵魂附体造成的焦虑和身体不适的症候群，其特性为普遍的衰弱、晕眩、恐惧、食欲减退、失眠和胃肠道问题。

The sore-neck syndrome（酸颈症）。这是一种在高棉难民中可观察到的症候群，其主要特性包括对于血液和风的压力会造成颈部血管崩裂的恐惧。非核心症状还包括心悸、呼吸短促、惊恐、头痛、视线模糊、耳鸣、晕眩和发抖。

Spell（咒术）。一些美国南方和世界其他地区的个体都曾报告有此症状。这是一种个体可以与已逝亲属或灵魂进行交流的恍惚态，有时这种恍惚还附带着短期的人格改变，这在民众传统中并不被认为是一种精神疾患；然而在西方医学界这个现象常被鉴定为精神疾病发作。

Susto（着魔惊恐）。发现于美国的拉丁美洲群体中，且在加勒比海地区被标识为“惊吓”或“丢魂”。症状是由惊吓事件引发的灵魂离开身体而造成不快乐和生病。

Taijin kyofusho（对人恐怖症）。在日本，一个人会对其身体及附属部分或功能会在外观、气味、表情或动作方面使其他人不愉快、令人为难或冒犯他人的可能性有一种强烈的恐惧。这种疾病已包含在日本官方对精神障碍的分类中，这些症状可能在某些方面类似于社交恐惧症（DSM-IV）。

Zar。已知于埃塞俄比亚、索马里、埃及、苏丹、伊朗以及北非和中东的其他地区。认为灵魂附体会导致叫喊、大笑、撞头、唱歌或哭泣。个体可能表现出无情感和冷漠，拒绝吃饭或进行日常工作，或与附体的灵魂发展一段长期的关系。这种行为在当地环境下并不一定被认为是一种精神疾病。

> 我们的健康就是我们与外界事物的坚实关系。
>
> ——拉尔夫·沃尔多·爱默生，美国诗人、哲学家

现在我们要在更宽的跨文化背景中探索一些曾在美国鉴定出的特定的精神障碍。

焦虑症

对**焦虑症**的定义容易受到根植于文化间可变的价值观评判标准的不同阐释所影响（Satcher，2000）。然而，不管一个人生活在哪里，每种焦虑症都会显现为一系列文化特定的核心症状。比如焦虑症的症状可以被普遍报告为一种持续的担忧、恐惧或者持续的惴惴不安的预期态势——这些情况是适应不良的，而且会引发个体显著的痛苦烦

恼。一个人可能对蝎子怕得要死，另一个人可能发展出对大学考试的全然恐惧，但他们都报告有会干扰其日常工作的标识为“恐惧”的情绪存在。比如，一例普遍的焦虑症的核心症状可以被跨文化地视作：(1) 一种身体的症候群，表现为无力、注意力减退和肌肉紧张；(2) 一种心理症候群，表现为个体对特定社会表现或活动的持续性担忧。焦虑症非特定的核心（文化特定）的标识可以不同，在大多数西方国家和一些工业化国家，个体的焦虑通常与其如何看待自己成功的方式有关。财务上的失败以及晋升过慢都可能会被数以千计的美国、加拿大、日本职业人士定为持续性忧虑的来源。这种忧虑在很多其他不将物质领域成就动机作为主要生活目标的国家的人看来可能会显得完全没有必要（Tanaka-Matsumi & Draguns，1997）。

每一个国家、宗教或民族群体都可能发展出对于不同焦虑症的特定的非核心症状的产生条件。如在日本和韩国，患社交恐惧症的个体可能会表现出对可能冒犯别人的持续性恐惧。一些文化情境可能会导致发展出“正常”的忧虑，而在其他文化的视角下可能并非如此。比如一些中东国家会限制女性在公众生活中的参与度，而且对女性在公众场合的穿着和行为做了严苛的规定。所以一个美国专家不应该想当然地将一个女人不愿在公众场所出现归类为患广场恐惧症（DSM-IV，pp. 399，413）。一个个体的生活环境经常决定了他所经历的恐惧的种类。对有魔力精神体的恐惧，在一个将这种恐惧视为正常的文化中，可能不应该被诊断为恐惧症。然而，如果这种恐惧变得过分，以至于会干扰到这个个体的日常活动并引发不正常的痛苦，这种状态可以被标识为恐惧症（DSM-IV，p. 407）。

以强迫症为例，它表现为思想和冲动重复出现且持续。是不是每一种强制式的或强迫式的行为都应被诊断为强迫症？不一定。特定的重复式行为，如祈祷，应该被认定为是符合这个个体所处文化的准则的，而且由于其社会角色功能应与强迫症明确区分开（DSM-IV，p. 420）。

焦虑症除这些各异的文化特定的非核心症状外，还是有很多明显的相似之处的。比如在各个国家中各种创伤事件都会对焦虑问题的发展产生直接和间接的影响。谢丽尔·考夫曼（Cheryl Koopman，1997），一个斯坦福大学的心理学家，曾经对不同范围和强度的创伤事件所引发的情绪症状进行了一个跨国家的检验，她发现如大屠杀、恐怖主义、囚禁、折磨、强奸、政治暗杀和政治庇护等创伤会使不同国家、文化和宗教背景的个体产生相似的行为反应。这些反应可以被描述为创伤后应激障碍、急性应激障碍或急性应激反应（ICD-10）。被暴露于创伤事件下——如政治难民、寻求庇护者和种族清洗受害者——的个体，与普通大众相比一般具有更高的创伤后应激障碍发生率。

症状的相似性并不一定表示在不同文化群体中情况的严重程度相同。如以广场恐惧症为例，对这种障碍的验证表明非裔美国人比白人更易患此症。而且，非裔美国人比其他群体更少地寻求对广场恐惧症的治疗（Chambless & Williams，1995；Eaton et al.，1991）。

抑郁症

在过去，**忧郁**（melancholy，也常说精神忧郁）是对于现在所言的**抑郁症**的最普遍的标识。Melancholy 一词来源于希腊文 melas（意为黑）和 khole（意为胆汁，由肝脏产生并储存于胆囊）。经历几个世纪之后它被“情绪障碍”代之，抑郁症属于其中一个亚型。各种对于与情绪相关的疾病的文字记载和细节描述，特别是抑郁症，可在古文明，包括中国、巴比伦、埃及、印度和希腊的典籍中找到。根据《圣经·旧约》，以色列的国王索尔（Saul），被剥夺了上帝对其的支持而注定要忍受长久的痛苦烦恼以及悲哀，他最终自杀了。在印度的史诗《罗摩衍那》中，十车王由于悲剧性的家庭事件引发而经历了三个阶段的沉重哀伤。抑郁的人物形象也出现在了印度另一部神圣的史诗《摩诃婆罗多》中，这个故事里面一个年轻的男人阿周那患上了严重的抑郁症状，这些症状后来被克里希纳缓解了。现在一般认为乔达摩·悉达多太子在成佛之前，在青少年期曾经表现出了抑郁症状，为了让他高兴起来，担心他的父亲和养母为他建了三座宫殿，一座御寒，一座避暑，还有一座是为了雨季而建。各种对于狂躁状态和抑郁状态的描述都能在《荷马史诗》这部希腊最早的已知文学作品中找到。

对抑郁症的第一份科学记载是和希腊学者、医师和哲学家相关联的。除了解释的明显区别外，希腊哲学家总体上对人类情绪抱持着几个共同的看法（Simon，1978；Tellenbach，1980）。这些观点曾在很大程度上被罗马和中东的学者及医师支持。最非凡的观测结果和假设包含如下这些：

- 存在物理、身体方面的引发抑郁症状的原因。
- 身体功能的平衡（充盈或缺乏）与特定的情绪问题有联系。
- 个体的生活事件和经验可以使其易罹患特定的情绪病症。

第一本英文的关于情绪障碍的专著是波顿（Robert Burton）出版于1621年的《忧郁的剖析》。波顿提出情绪障碍的表现有很多种，包括很多今天被认为属于解离症和强迫症的症状。他把环境因素如饮食、酒精、生物钟和热恋都列入忧郁的成因。在波顿生活的年代，抑郁症普遍被认为是一种贵族人士、艺术家、思想家和其他聪颖人士易罹患的病症，因为他们具有超常的怜悯心。它常被标识为“爱之病”（Gilman，1988）。除了这一种类外，波顿还描述了宗教忧郁症。总之，作者不仅讨论了抑郁症的原因和症状，还引入了治疗的原理。在18世纪，更多的医师开始系统化地在医疗状况中观察精神病患。对于不太超常的病例，包括既无暴力行为也没有表现出奇异行为和想法的病患也被详细考察。心理学知识的细化导致了对情绪障碍的非常详细的描述。

一些对情绪障碍的跨文化研究显示了人们偏向于报告一些所指宽泛的常见症状。一份世界卫生组织早期的（1983）研究发现，多于3/4的被诊断患有抑郁症的个体报告了相似的病症，如悲伤、紧张、无精力、失去兴趣、不满足的念头和不能集中注意力。对于情绪障碍早期的不同国家间的比较研究也显示了质上的相似性。根据一份1972年的研究结果，在专制政府统治下生活和在民主政府统治下生活的人，如瑞典、德国、西班牙、英国和美国生活的人表现出的症状是相似的（Zung，1972）。

在一份对抑郁症状的综合跨文化分析中，田中松美和德更斯提出了抑郁症的通用核心症状包括烦躁不安、焦虑、紧张、无精力和不满足的念头。在这些核心症状之外，可发现抑郁症表现的文化变异。比如西方比非西方有更多的病患表现出了自责的感受。诊断习惯可能也能部分解释抑郁症流行率很低的报告，特别是在一些亚洲文化中（Tanaka-Matsumi & Draguns，1997）。DSM-IV提及了一些抑郁症的非核心症状。拉丁地区和地中海地区国家的患者报告的头痛，中国和其他亚洲国家报告的虚弱、失衡和疲劳，以及中东地区报告的心脏问题都可以被解释为抑郁症。亚洲文化对于身心合一的信仰加上亚洲人偏向于不公开表达感受可能导致了抱怨身体问题和报告心理症状的数量较少（Goldston et al.，2008）。

民族和国家群体在情绪障碍的流行率上是否存在差别？在美国进行的量化研究得出了不同的结果。过去20年中有些流行病学的调查指出在非裔美国人、拉丁裔美国人和欧裔美国人之间抑郁症的发生率是相同的（Garrison et al.，1990；Tanaka-Matsumi & Marsella，1976）。另一些研究则报告，多数情况下少数族裔的个体报告了更高程度的抑郁症状（Emslie et al.，1990）。对这些各不相同的结果的解释涉及了与压力有关的因素和应对策略：一方面，一些不占优势的少数族裔承受着更大的痛苦烦恼；另一方面，基于群体内规范的应对机制帮助个体克服了压力与日常烦恼的重担。

至少三个因素——诊断实践、个体对症状的理解和症状表现——共同影响了世界范围内情绪障碍的医学现状的内容。

这个领域的研究取得了可以在诊断实践和报告情绪障碍症状中提出特定文化区别的成果。埃塞克斯大学的伊安·尼尔瑞（Ian Neary）在日本对诊断实践进行了一项长达三年的研究，他指出，一些医学专家避免给出“抑郁症”的诊断结果，特别是对年轻女性，是因为这种诊断会使其亲属和朋友将其状况归为“无可救药”的精神疾病。而结果就是这个人可能会在寻找配偶、组建家庭时面临严重的问题：很多男人和女人都会避免与有精神疾患的人订婚。医师在描述抑郁症时会很小心，且以开具不同诊断结果的方式避免它，比如神经衰弱或其他的官能障碍这种被视作可进行常规治疗的身体问题（Neary，2000）。

一些国家的健康专家，由于医疗体制积重难

返，经常被训练为不去认定病症，特别是心理症状。比如，非洲国家主要在乡村地区提供的医疗服务趋向于将大部分精神疾病视为有强烈精神特征的行为，如幻觉和错觉。虽然情绪影响没有被忽视，但它们却常常被解释为环境因素。一个曾在津巴布韦工作两年的医师报告了提交给医疗服务供应商作评价的案例总结中的一例。在描述中，一个 40 岁的女人表现出悲伤、动机下降、无精力、兴趣减弱和持续的个人无能之念头。报告中还说到生活不值得过下去，而且曾经有一次尝试过自杀。最普遍的诊断结果是什么？最普遍的解读涉及这个女人思虑过多、认为她丈夫不忠的成见、她邻居的嫉妒以及可能针对她实施的巫术。情绪障碍没有在这份评价中被提及（Patel，1996）。除了可辨认的文化因素，诊断实践在任何给定的国家都取决于国家官方的分类系统所明确的指标。

症状若不能在访谈过程中被医师直接观测到，就会按照病患自己的陈述被记录下来。有没有可能一些个体具有某些对情绪障碍具有指示性的症状但却不报告出来？的确有证据支持这种假设。在一份研究中可以发现很多中国病患并不知道他们自己有了某些症状，如缺少愉悦感、不抱希望和失去自尊。在进一步的询问之下，这些症状才逐渐被揭示出来（Kleinman，1986）。相似地，亚普（Yap，1965）最初注意到了中国的抑郁症患者很少出现自责感受。然而，更多的观测和问题揭示了与自责相关的情感经验存在。这些例子指出抑郁症中情感和认知的维度在一些中国患者身上并不是不存在的。这些症状与其他主要表现在身体上的症状相比更少被报告（Yen et al.，2000）。

一个最有意思的跨文化发现是情绪障碍中身体症状和心理症状表现的不同。一些群体偏向于心理化，另一些倾向于躯体化他们的痛苦烦恼经历（Marsella，1980；Tanaka-Matsumi & Draguns，1997）。一个对于日语和英语中与抑郁相关的词汇研究发现日本被试偏向于使用外在的东西来说明，如“阴雨”或“愁云”，以及躯体表述，如头痛和疲劳。而与之相对，日裔美国人和欧裔美国人联系到的主要是情绪状态的表述，如悲伤或孤独（Tanaka-Matsumi & Marsella，1976）。对中国人和华裔美国人的研究支持了其他华人群体着重表达身体症状的结论（Yen et al.，2000）。类似的关于文化区别的观测也在杰萨尼（Ulusahin）及其同事的研究中被验证（1994）：在英国（代表西方国家）的抑郁症病患中，心理抱怨的分数较高，如悲伤、自责和悲观；而土耳其病患（代表非西方国家）抱怨躯体不适的分数较高，如睡眠紊乱、疼痛等。

为什么会有这种对身体和心理症状报告的区别出现？多数作者都提及对于情感表现的文化规范；另一些人将中国人和其他种族的人加以区别分析。中国人的人际联系往往会决定其态度和随后的行为。在这种背景下，职责、责任、一致性、对等性以及避免冲突、意见不同和羞愧是被高度评价的。比如对于一个成长在中国文化中的个体，抑郁症的情感表达会常被解读为自我中心主义、不善社交、拒人于千里之外和有损人际关系的。然而，身体痛苦和疼痛的表达这种可以被治疗好而不损伤社会联结的表现在中国文化中更容易被接受（Ying et al.，2000）。另外的专家推断这是由于西方国家相对中国社会而言心理和身体现象的关系更远。根据观察者所言，在中国文化和中医里，身心是一体的，同时也和社会背景一体。而且在社会主义中国，对于精神疾病的描绘和不充足的精神健康护理资源等方面的因素，可能会成为调节变量。相比之下，对身体症状的报告会有助于病患获得家庭和朋友的支持。结果就是在中国社会中，相对于抑郁症这种精神疾病诊断，医师更偏向于神经衰弱这种一种医疗判断（Cheung，1995）。

虽然文化差别可以对抑郁症状起到显著影响，但试着不要在分析所报告症状时忙着下结论。身体反映并不是一系列独特的只能在非西方患者身上才能找到的特征。身体症状能够很经常地在西方主流患者中被识别出来，当熟练的专家仔细诊断时，结果通常会是“隐匿性抑郁”。

> 保持知觉是一种病——一种真正的完全的病。
>
> ——费奥多尔·陀思妥耶夫斯基，俄国小说家

精神分裂症

精神分裂症是一种特征为存在错觉、幻觉、无组织的语言和无组织或过紧张的行为的疾病。世界上大概1%的人口被精神分裂症所影响，且其症状表现形式是统一的。比如在一次包含九个国家和多于12 000名精神分裂症患者的多文化调查中，发现多于75%的患者是基于调查中所使用的标准诊断工具而被诊断为患有精神分裂症（Berry et al.，1992）（然而，重要的是要注意约有25%的被试患者不能基于所使用的诊断步骤而被诊断为患精神分裂症）。

除了普适的相似的发病率，还存在着一些文化差异。比如爱尔兰共和国就有着较高的患病率，美国黑人的发病率比白人相对更高（Levinson & Simmons，1992）。急性发作和紧张性的例子在发展中国家比发达国家更普遍（Sartorius，1992）。一个文化中的错觉念头在另一个文化中可能并不是，视听的幻觉在不同地区可能有不同的解释，且由于各种语言表达方式不同，所以语言可能会被错误诊断为一种障碍。

除了被认定的生物原因，社会情况也会影响精神分裂症的进程。比如患者受过高等教育对于病症是否会长期保持就具有预测性，但这种趋势只在非西方国家才被证实。人们可能会依不同方式将其环境的影响内化，如同辈压力、来自他人的要求和期望。华纳（Warner，1994）通过提出第三世界国家中，教育经历更好会带来更大的工作压力这样一种途径解释了这个事实。然而，关于精神分裂症，世界各国不同的发病率亦能被解释为寻求医疗帮助的难易度差别。在这个假设所能达到的范围内，若寻求医疗服务和机构是受限制的，那么一个更严重的案例可能会比不那么严重的病症得到更多注意。

精神分裂症在世界上多数地区都是男性发作率高于女性，然而，由菲利浦（Phillips）及其同事在中国进行的一项最近的研究（2004）指出，在中国这个趋势是相反的，他们的结果表明每有三例男性患者就会有五例女性患者。研究者使用了人口普查的数据、卫生部的资料以及其他资料，估计出中国约425万人患有精神分裂症。这个研究对于精神分裂症具有普适发病率且仅有微小变异的假设提出了挑战。就像研究者指出的，文化、社会以及社区的经济特性都可能影响精神分裂症的出现及发展。这个研究进一步提出了关于诊断过程、与精神分裂症相关的污名化以及政府对健康统计报告的管制等更进一步的问题。由于男女正常行为间存在着可见的差别，所以医生们可能更不愿将男性诊断为患精神分裂症。然而，这种感觉却不会在诊断女性时起作用。此课题的研究者也检测到了精神分裂症和自杀之间的联系，他们的数据显示中国每年的自杀者中有近10%的人罹患精神分裂症。此外，自杀者中女性也比男性多。

在当今的发达国家，精神分裂症主要是通过精神抑制剂治疗的，其目的是减少此病症最严重的症状，在此之后一系列心理方法可被用于减少复发。所以，在病人的生活中，家庭和社区关怀的作用就会变得极端重要。

文化与自杀

在美国，大约每15分钟就有一个人结束自己的生命。在高压文化中，如德国、中国台湾和美国，自杀率远高于非成就取向的文化。如美国和印度自杀率的比例为2∶1。日本的自杀率比美国还要高，特别是在老年群体中。

叙利亚、埃及、约旦和科威特等国家的自杀率较低。中美和南美的很多国家，除苏里南、萨尔瓦多和古巴之外，自杀率也较低。北欧地区国家，以及中欧和东欧地区相对别国有更高的自杀率。一些亚洲国家如日本、新加坡和斯里兰卡有相对高的自杀率。在除了古巴、巴拉圭和泰国的世界其他地方，男性自杀率比女性高。世界上最高的自杀率报告于斯里兰卡（每10万人中47例）和匈牙利（每10万人中39例）。有些假设认为在斯里兰卡种族暴力是导致高自杀率的原因，而在匈牙利则被解释为迅速的社会发展和从社会主义转换所引发的混乱。然而这种解释并不正确。一些其他之前曾为社会主义制度的国家和遭受种族战争的国家的自杀率都非常低。此外，对某些国家数据的准确度仍无定论。一些人认为在比如伊朗、朝鲜和苏联，官方的自杀数目没有也不能反映真实情况。在一些重视主观幸福感的国家，自杀率会较高（Inglehart，1997）。换句话说，在人们更加快乐的国家中，自杀率比其他国家要高。可能在一个所有人都被期待为应该开心的社会中，比起在一个大多数人都相信自己的生活艰苦且悲惨的社会中，一个悲伤深重的人会感觉更加难过。

日本的自杀率一直都很高，每年自杀的人数与美国这个人口多于其两倍的国家相近（2002年有31 655起）。在21世纪，日本每年报告约30 000起自杀事件。在日本，没有反对自杀的宗教戒律，而且自杀长期被看作一种逃离失败或从困窘中拯救所爱之人的方式。此外，在日本这个将荣誉视为无上美德的国家，很多人久已将自杀视作一种荣誉的死而非羞愧和懦弱的行为。自杀仍是日本的禁忌话题，公众对此的意识还保持在很低的水平，且有自杀念头的人不太可能向心理专家寻求帮助。

虽然10～19岁非裔美国人的总自杀率由1995年的每10万人4.5例下降到了2004年的每10万人3.0例，但自杀仍是15～19岁非裔美国人死亡的第三大原因（CDC，2007）。抑郁症仍为自杀最重要的原因。不幸的是，非裔美国青年在精神健康服务门诊中较少出现，致使很多人没有接受预防性的保护。自杀的其中一个风险系数就是缺乏预防性的保护。拉丁裔青年相比于其他群体较少因自杀死亡，然而研究表明新的拉丁裔移民对于服务系统不熟悉而且常会因害怕被报告为偷渡客而惴惴不安。

在具有强烈反对“自我谋杀”的宗教的文化中，自杀率显著偏低。相比于很多认为自杀可以合法地逃避身体痛苦、个人损失和其他生活中不幸的西方和新教主义国家，天主教和穆斯林占主流的国家的自杀率会相对较低。然而伴随着宗教规定，同时还有其他文化因素影响人们对于自杀的态度。比如，虽然同为天主教国家，波多黎各的自杀率比墨西哥高。这种差别可能可以解释为是由波多黎各人中天主教教义和印第安人信仰（也就是生者与逝者可以交流的假设）的同时存在造成的。然而，宗教和意识形态信仰如恐怖主义活动也会引发自杀行为。自杀受到几种因素的影响，其中之一是抑郁症，另一个风险因子是药物滥用。在大多数民族群体中，严重的或有严重趋势的酒精及药物使用与自杀行为风险的上升呈现出较强的相关。在美国土著青年和墨西哥裔美国青年中，与饮酒相关的问题对自杀率产生了重要的影响（Goldston et al.，2008）。

另外一个对自杀产生推动作用的因素是群体压力。在某些群体中，特别是亚裔美国人（主要是华裔和日裔），最严重的心理疾病是和一个个体不合时宜的行为所导致的羞愧或丢脸相关联的。若羞愧是不能忍受的，或如果一个群体将自杀看作一种应对困难时的光荣行为，则丢脸可以作为自杀行为的一种诱因。另外，如果这个群体将自杀视作一种被憎恶的行为，那么一个青少年即使丢脸了大多也不会去尝试自杀（Goldston et al.，2008）。

研究也发现自杀的少年比不会自杀的少年更可能是在美国之外出生的。对于东南亚人，英语能力、一种现在而非过去的指向，以及家庭和民族社区所提供的社会支持会帮助他们不患抑郁症（Hsu et al.，2004）。

一些关于自杀的理论指出社会复杂程度和自杀出现的频率可能有关系（Durkheim，1897）。一份选自58个社会的跨文化样本曾被用于检测这种一百多年前提出的理论假设。对每个被选择的社会在其社会发展程度上做了级别评定，文献中自杀案例的数量也被记录下来。社会复杂度（如城市化、组织分流和分工细化）和自杀率之间出现了显著的相关（Krauss，1970）。

经典案例

芬兰的自杀：来自和一位芬兰医生的对话

你是否知道芬兰男性在西方国家中自杀率最高？在这个繁荣的北欧国家，自杀率约为每10万人30例（美国的自杀率约为每10万人12例）。芬兰男人的自杀率比女人高出5倍。特别的是，在芬兰居住的瑞典裔自杀率较低，而在国外居住的芬兰裔的自杀率比当地人高。我们怎么解释这种高自杀率？有些人会选择易得的解释：气候，芬兰过于寒冷。然而，我们知道冰岛人生活在更寒冷的环境中，但其自杀率却远远低于芬兰人。有人可能猜测是否是酒精的关系？确实芬兰的酒精饮用量较高，而且专家表示自杀更常见于酒醉的人。然而，有些国家既具有较高酒精饮用量，又有较低的自杀率，如韩国。那么是不是因为社会暴力？自杀是否有可能是指向自己的侵犯？芬兰的谋杀率是全欧洲最高的。但相比芬兰，有些具有更高暴力犯罪率的国家（如美国）具有更低的自杀率。那么是因为社会和经济问题吗？事实上在20世纪80年代，当芬兰经济发展兴旺的年代，自杀率突然上升了25%，然而在其他国家，经济快速发展与高自杀率没有关联。最终，最有知识的人可能会指出原因是语言。芬兰、匈牙利和爱沙尼亚都有高自杀率且其语言都属于芬兰乌戈尔语系。

问题： 单一的语言因素是否能被作为高自杀率的成因？还是我们应该把所有的这些因素都考虑进去？

跨文化敏感性

当一个从美国俄勒冈交换到俄罗斯的学生杰夫受邀请参加一个生日聚会时，他很兴奋。这是他第一次参加俄罗斯人的聚会而且他知道俄罗斯人特别会搞庆祝活动。生日当天，他从旅行箱中翻出了一个精致的纪念品，然后打了一辆车并决定在花市旁停下去买一束花——他是被一位女生所邀，而他认为这束花可以作为他在波兰买的纪念品的一个很好的补充。他没能料想到一个小时之后这些花将会带来如此巨大的焦虑和挫败感。他买了一打即12枝花——这在美国标准看来非常得体。但在他向主人献花时，他注意到了她将这些花放入花瓶时明显不高兴，他甚至看到她在厨房里哭了起来。她的一帮朋友都在试着安慰她，而杰夫开始疑惑他的行为是否是这个女生哭泣的原因。按照他之后的说法，他经历了生命中最古怪的事。他说这个女生极其不爽的原因是他送了偶数枝的花，而巧合的是她最近刚刚从一场致命的病症中恢复过来，对与死相关的事件极其敏感。显然，俄罗斯人只会将偶数枝的花带到葬礼、追悼会和墓地。奇数枝花才表示约会、婚礼和其他欢乐的庆祝场合。显然杰夫带到聚会上的花，更确切地说是花的枝数成为烦扰的信号，以至于将女生受创伤的经历带回其记忆中。一般而言，如果你将偶数枝花带到庆祝场合时，俄罗斯人不会表现得如此夸张，然而你会发现你所送的一打或半打花中有一朵会从花瓶中消失。恐惧、害怕和迷信时常根植于人们的习俗和实践中。

人格障碍

人格障碍被视作一种与个体所处文化期望明显偏离的持久性行为及内在经历模式。它并不是一个单独的行为，而是可以引发个体痛苦烦恼和一至多个身体重要方面机能损伤的一种持续性行为模式（Akhtar，2002）。很多国家的专家都将人格障碍认定为一种特殊的诊断门类。在现在，对这些障碍的诊断方式已趋于统一，然而在人格障碍中考虑哪些症状在跨文化层面上相对恒定以及哪些症状受文化约束也仍重要。

DSM-IV提出对于适宜的特征和不适宜特征的判断会随着文化而变化。在知道某个特定患者所生活的文化背景的情况下，心理学家应该能够就对于这个个体的诊断是否适当做出判断。一个人光鲜的、反常的衣服可能会吸引大街上人们的注意力；同理，当与社会标准相比较时，人格特性可能会被看作是不正常的和模棱两可的。**忍耐阈值**这个词表示在一个文化环境中，对于特定人格特性能否容忍的测量标准。低的阈值表示着社会相对不能忍受特定的行为及隐含人格特质。而高的阈值表示着相对高的容忍度。如果一个社会接受行为的多样化，则忍耐阈值会相对较高。在表9—3中你将能找到关于特定环境对于人格障碍形成和评估的影响的描述。总之，人格障碍代表了在一个特定的社会和文化环境中相对于标准人格的偏离程度。

在一份由世界卫生组织赞助的比较研究中，罗兰杰（Loranger）及其同伴寻求了58位心理医生的帮助，在北美、欧洲、非洲和亚洲的 11 个国家与 716 个病人进行了面谈。一种叫做国际人格障碍测评的特殊设计的半结构化面谈被采用，它与美国所使用的评价方法和 ICD-10 是兼容的。这个研究最主要的结果是在不同国家、语言和文化间，人格障碍具有相对相似的特性，使其可以在相当高的信度水平下进行检验。附加的研究得出了相似的结果，表明在不同的种族和国家之间，特定症状的诊断具有高度一致性（Fountoulakis et al.，2002）。然而不幸的是只有反社会人格障碍的调查积累下了可信的可比的实证证据（Murphy，1976）。这种人格障碍的症状可以在所有的社会和文化群体中被辨别出来（Robins et al.，1991）。特别地，在美国，不论种族，患反社会人格障碍的个体会比一般人更多地因各种违法侵犯行为被判刑（Cooke & Michie，1999；Hare，1991）。然而，至少在现阶段的心理学研究中，有很多理由使我们相信人格障碍代表了随文化而变的分类和症状。

表 9—3　　对于文化变量与症状的表现及评估之间联系的假设

文化变量	症状的表现及评估
集体主义	集体主义准则只允许与被认为合适的行为间有非常有限的差异，所以对于展现表演型的和反社会的特质就会有更少的容忍和更多的制裁。将个体与集体分离开的人格特质也是最不被容忍的；这些包括自恋、边缘性、精神分裂样特质。依赖型和回避型的人格一般应该会被容忍，强迫特质有助于个体顺应严格要求和规定，妄想趋势在大多数人都具有相似的恐惧和忧虑时可能不被视为明显的。
个人主义	忍耐阈值相对较高，个人主义准则培养了对独立行为和一系列偏离准则行为的忍耐。很多人格障碍症状在其平缓状态下都会被接受为是一个人独特的个人特质或一个人选择他自己行为脚本的权利。然而，由于对个人主义基于自我调节和自律的期望，反社会的和边缘性的特质可能会独立出来并被排斥。
高权力距离	对于和权力阶级相匹配的行为，忍耐阈值相对高。地位高者的自恋人格倾向会被容忍，反社会特性会被特别抗拒因为它们会挑战业已建立的关系层级，如家庭成员中长幼之分、权威人物与普通人的区别。强迫特质有助于协调人际关系，因为此人将保持遵守命令和规律。依赖型人格特质可被容忍，回避型人格特质也很可能被容忍。精神分裂样人格特质会被某些社会角色所需要。
低权力距离	被视作反平等的人格特质不大可能被容忍，这些特质包括自恋和依赖性特质，因为其会与人的上下级的概念产生关联。
传统主义	被视作挑战业已建立的秩序和传统的人格特质很可能会被排斥。所以对于表演型的和反社会的特质会有很低的忍耐阈值。对其他人格特质的评判会基于其是否会有助于保持现存传统的确立的标准。
现代主义	与开放习俗、思想交流、习俗的灵活性以及个体自由相违背的特质很可能会被排斥。
特定的社会和文化环境	强迫和依赖型人格特质在稳定社会中更为适宜，而在变动的社会中则不合时宜。反社会人格特质在困难的社会情况下，如暴力猖獗和无法律控制下，可以作为一种自我保护的方式而对个体有益。边缘性人格特质会在极端的社会环境下发展出来。自恋人格特质会在极端社会流动性情况下发展出来，即个体可能获得巨大的成功和财富。表演型人格特质可能在非传统背景下的青年个体中普遍存在。妄想型人格特质在危险场景中有益，如社会骚乱中。

心理学家主要关注与这些障碍的表现和诊断相关的两组基本假设。第一组包括关于在某些文化群体中常见而在其他群体中不常见的特定的受文化约束的人格特质的假设。根据这个观点，相似的应对策略可以导致在相同的文化群体内很多个体发展出相似的特质。例如，有些人认为责任心和深植人心的自律习惯多年来植根于德国文化，所以应该会有很多在德国长大的个体发展出了与自律和有责任心相匹配的人格特质。此外，如果一个人生于德国之外的国家而在德国长大，此个体也很可能发展出这些特性。如果这种假设是正确的，那么发生强迫症状的统计概率就应该更高。换言之，这些症状在德国被发现的频率应该比在其他文化环境的国家更高，在那里文化情况养育出了另一组不同的人格特质。

第二组包括存在一种特定社会和文化环境的

假设作为“过滤器”决定我们对人格特质和人格障碍的看法。在一个特定的国家或文化视点上可被看作常见的或标准的特质，以另一个文化的观点看会是多余的甚至不正常的（若其达到特定的标准）。比如，若一个来自传统文化的女人不常去公众场合，偏好在家中单独活动，在家之外不与任何人具有亲密关系，并且在交谈中对研究人员表现冷淡或无情绪，这些特征不应被考虑为对精神分裂样的支持。她的行为应从包含男女特定性别脚本或行为规则的更大的文化背景中加以评判。因此，DSM-IV 人格障碍诊断中的一些变态行为在一些文化中可能并非是出格的，病态的；在某些文化下人们的眼中，这些病态行为甚至被视为正常的。因此，将 DSM-IV 应用到不同文化中的个体时要考虑到文化的敏感性。

以前和现在的很多智者都曾探讨过文化约束的存在或者说特定的“国民性”或“种族性”人格特质。古希腊哲学家亚里士多德（公元前15世纪）早就声称，希腊人对哲学有一种特别的偏好，而其他民族热衷于技术，此后关于全人类和各种文化群体的人格特质的文献乃至科学理论可谓汗牛充栋（Cooper，2003）。当然，这些支持存在某种特定的希腊人格、巴比伦人格或任何其他集体人格的理论只有很少的实证证据。就算在更近一段时期，在科学心理学的黎明之时，关于国家或文化群体中特定人格特质存在普遍性的这种刻板化的理论仍为数众多。最流行的假设是建立在欧洲与亚洲文化之不同的基础上的，比如卡尔·荣格（Karl Jung）相信东西方类型的个体间存在巨大的差别，西方的类型根植于推理，但很少有直觉和情感，而这在东方是不常见的。西方的类型是外向的，反过来东方是内向的（Kleinman & Kleinman，1991）。在对中国和欧洲人的人格进行评估时，其他一些作者一方面将注意力集中在中华文明的农业根源以及与之相联系的实用主义和现实考量上，另一方面是欧洲人的商业主义及其对数字和抽象理论的喜爱（Fung，1948）。对人格特质的概括化在当今的出版物中也会出现，作者们继续对不同国家中基于不同的文化基础会形成不同种类的个体行为进行广泛的假设（Li，2003；Mahbubani，1999）。这些假设中的大多数，虽然很吸引人，却并无有为的实证证据支撑（参见批判性思考一栏）。由于某些原因，国家性人格种类或人格障碍的存在理论现在还很难被证实。最重要的原因是在一个民族和国家群体之内，人格特质都会极其多样化，此外研究证实同国家内样本的特质变异一般都会比不同国家间样本的特质变异更大（Barrett & Eysenck，1984；Zuckerman，1990）。

特定的人格特质可能活跃于一个特定的环境下而被另外的环境所压抑。特定的人格种类有助于成功应对一系列的文化情境，而其他一些人格种类可能会干扰个人的成功应对。比如回避特质，在中国，人际关系很大程度上是基于人情交换的深远文化传统，或用西方词汇说即道德准则指引的对等性关系。如果一个人相信人情观而在某些特定场合下未能还别人的人情，这就会损害其名誉造成尴尬。所以为了不丢脸，一般这种人会产生回避倾向就被认为是适宜的，因为回避倾向与不能做出适宜的社会行为相比会被认为不那么尴尬。来自这个社会背景之外的个体可能偏向于将这些症状视作回避型人格障碍。相似地，希腊青年在30岁前在经济和感情方面一直依靠父母的情况也不罕见。然而一个外国的观察者可能会将其解释为患有依赖型人格障碍（Fountoulakis et al.，2002）。

在日本，类似的强迫人格特质的假设也存在，就像一个日本的教育专家所言，在日本社会中，很多人被忠实地按照模范的或普遍的行为标准塑造长大。这种环境会激发人对纪律、正式规定和步骤产生专注（Esaki，2001）。如果这些行为特质在文化背景之外表现，可能就会被视作为强迫人格特质的症状。然而，在日本的背景下，这些人格特质在一定程度内是被认为正常和主流的。

批判性思考 与人格障碍相关的刻板化的预期

在评估文化对人格障碍的影响时，研究人员一般会尝试避免刻板化的或非科学的评断（Widiger & Spitzer，1991）。但是就算是受过此类教育的个体也不能完全避免对于其他个体的心理症状做出刻板化的假设（Funtowitz & Widiger，1999）。在一个研究中，心理系的学生被要求按照种族群体将对人格障碍的诊断及特征做出归类，种族群体分类是按照美国最常见的方式，即白人、黑人、拉丁裔和土著。结果是很令人惊奇的，因为心理系的学生一般被认为是不会按照大众的刻板印象做出评断的，然而很多学生事实上表现出了这种刻板化的评判。特别地，反社会和自恋大多被对应于非裔美国人，精神分裂样的标准最常被对应于亚裔美国人，精神分裂型最常被对应于美国土著。这个研究也显示了 DSM-IV 中有 5 个人格障碍会最常被对应于白人而无拉丁裔。由此可发现一种两阶段的刻板化，在没有实证证据支持的情况下，有一些人格特质被指为一个种族群体所有而相关的人格障碍也与之相联系。这个研究的作者们使用了病理化一词，意为将精神病症特质归类为非病态的心理现象（Iwamasa et al.，2000）。

你是否能找出其他在主流认知中被刻板化归类到特定国家或种族群体的人格特质（"标签"）？你可以从思考自己的文化群体开始。在你所知范围内，这个群体会受到哪种刻板化的评断？为什么你认为这种刻板化的评断会存在？

药物滥用是否依存于文化？

各种文化和国家都有药物使用和滥用的标准，对于药物的使用及其方式、药物的易得性和与之相关的障碍的普遍性都会因文化不同而有较大变化（DSM-IV，p.188）（表 9—4）。大麻在美国是非法的，然而某些情况下在荷兰是合法的。美国的法定饮酒年龄限制是 21 岁，而在现今的俄罗斯是 18 岁，而且禁止向未成年人贩卖酒类的法律也没有被强力执行。在法国的学生餐厅中可以买到一瓶酒，但是在加利福尼亚大学洛杉矶分校或乔治·梅森大学却不可能发生。在 19 世纪和 20 世纪之交的时候，在某些亚裔美国社区中吸食鸦片还是合法的。

对于饮酒量正常与否的区分还没有普遍的标准。穆斯林和摩门教教徒禁止饮用任何酒精，而在西班牙和希腊，应答者表示饮酒是他们文化中不可或缺的成分（Bennet et al.，1993）。欧洲人虽然只占总人口的 15%，但消耗了全球 50%的酒类。最高者为葡萄牙和法国，其居民的饮酒量比最少饮酒的以色列人多 7 倍（禁止酒类的国家如沙特阿拉伯不在分析范围中）。美国人的饮酒量属中等。在大多数亚洲国家，除韩国外，与饮酒相关的障碍并不普遍，而饮酒者中男性所占比例非常高。东亚人对过量饮酒存在一种保护机制，大约 50%的韩国人、日本人和中国人的血液中缺少醛脱氢酶，它可以消除酒精的初次分解的产物。当这种个体摄入酒精时，他们会感到头胀、心悸，虽然文化规范和群体压力可以改变行为模式，但他们也不太可能大量饮酒。当年轻的亚洲移民到美国时，他们往往比在原来的国家喝得多（Halonen & Santrock，1995）。

一些研究者指出在特定文化群体内，生物因素是导致不同成瘾行为的原因。比如《美国医学会学报》就曾报告黑人吸烟者的细胞会比白人或拉丁裔吸烟者的细胞吸收更多的尼古丁。专家认为这个差异可以解释为什么黑人更容易患与烟草相关的疾病，如肺癌，并且更难戒烟（Schwartz，1998）。

与酒精相关的障碍与低教育程度、低社会经济地位和高失业率有关，然而却很难说明何为因何为果。比如从高中或大学退学的人有特别高的酒精相关障碍（DSM-IV，p.201）。是因为他退学而引发了药物相关问题，还是因为药物相关问题引发了退学？

近 33%的美国青年都在其生命某个阶段使用过某些种类的违禁药物，男女吸食率也很相似。白人男性和拉丁裔男性的吸食率比黑人男性的吸食率更高，而白人女性的吸食率比拉丁裔和黑人女性要高。白人有 30%吸食大麻，黑人少于 25%，墨西哥裔美国男性具有最高的可卡因吸食率，而白人少年使用 LSD、海洛因和安非他命的比率比黑人少年高 5 倍，拉丁裔在二者之间（Russell，1995）。

表 9—4 DSM-IV 中对药物滥用的文化差异的阐释

咖啡因的使用具有跨文化差异，男性多于女性。在欧洲和其他发达国家为每天 400 毫克或更多，而在发展中国家大约是每天 50 毫克。咖啡的价格可能是影响饮用率的因素（p. 214）。
印度大麻是美国所有文化群体试用的第一种药物（p. 219）。
在美国，包括男女两性的所有的种族和民族群体都受使用可卡因的影响，但最常见于 18～30 岁的人群（p. 228）。
致幻剂可能作为既成宗教行为的一部分而被使用。经济不发达地区的青年更常滥用吸入性药物（p. 241）。
在工业化国家，吸烟率正在下降，但在发展中国家正在上升，男性的吸烟率比女性的下降更快（p. 246）。
历史上，鸦片依赖在美国经济衰退地区的少数族裔中更加常见，然而在 20 世纪初，鸦片依赖在中产阶级个体中却更为常见（p. 254）。
处方药的滥用在女性中更常见，但因文化不同其普遍性有所不同，可能是由于世界各地开处方的实际情况不同所造成的（p. 268）。

经典案例

"宅"，是在日本观察到的一种复杂的退缩性行为，与精神分裂样人格障碍相似。这种行为模式已经成为世界范围内的关注焦点和众多电视纪录片和报章杂志文章的主题（Rees，2002）。根据政府调查，日本约有 100 万人选择了长时间相对隔离的生活方式。这些个体通常是男性，将自己封闭在父母家中，很少出门，且极少与其他人进行面对面的接触。他们整天上网或在网上聊天，与继续在经济上扶持他们的父母也很少见面。当今日本的经济和社会状况可能引发了这种形式的自我隔离，青年人因为生活得到相当程度的保障而失去了努力工作的动机并抛弃了雄心壮志。此外，电子交流和电脑游戏给这些御宅族提供了不需要面对面的与人交流的机会。研究发现这种现象在其他地区也在发展（Sax，2007）。但是这些人是否就有精神分裂样的症状？再一次地，你要在所发生的文化背景中分析症状。对于一个偏向于将其评估基于现存的文化相关的正常人格模型的专家，很多此类宅男宅女都很可能与精神分裂样人格特质相联系。然而如果关于正常的标准改变了，则另一种评估也应跟进。一个重要的观测结果是，之前提到的日本的调查并没有发现其与普通人群相比在心理障碍的流行率上有任何区别的迹象。

经典案例　一些吸烟的模式

在世界范围内，现在有约 13 亿人吸香烟或其他烟草制品，其中 10 亿为男性。全球范围来看，男性的烟草使用率大大超过女性（47%对 12%），但是在柬埔寨、马来西亚和孟加拉国，女性吸烟率却有显著上升。在库克群岛、瑙鲁、挪威、巴布亚新几内亚和瑞典，女性的吸烟率比男性还高，这是香烟厂商向女性强烈推销香烟的后果。在 2000 年，更多的吸烟者居住于中低收入国家而非高收入国家（9.33 亿对 2.09 亿）。发达国家男性吸烟率为 35%，而发展中国家男性吸烟率为 50%，中国占了将近 2/3。现在中国每年有 60 万人死于与吸烟相关的疾病。如果现在的吸烟模式继续下去，那么人口占世界总量 1/3 的亚洲每年由于吸烟而死亡的人数将在 2020 年升高至 490 万（Shafey et al.，2003）。

心理诊断偏见

专家的文化背景可能影响其对于不同行为的认知观念。心理学家对文化、民族和精神疾病间的关系很可能有着自己的认知和归因（Lopez，1989）。而且现在已知医生们由于认知、归因和表达疾病迹象的跨文化差异，会对特定疾病误诊。

比如，精神健康专家应该察觉在不同文化群体中医患社会距离的重要性。甚至我们对非正常行为的观察也可能被自己的社会地位所影响，这种情况很久以前就被注意到了。比如在1914年的奥匈帝国军队中，地位高和地位低的群体所患的精神病症状差别极大，其原因就是受到了大多数的心理咨询师属高级阶层人士的影响（Murphy，1982）。

另一个要说明的是临床情景中的诊断偏见，想一想治疗师的信念和预期都可能使其倾向于在他们所见的一切中“发现”心理疾病。假设我们问一个治疗师如何解释一个患者是否按预约的诊治时段来就诊的意义，再假设这个治疗师碰巧又以一种缜密的精神疾病学的文化模式观察这个世界。那么这个治疗师可以冷静而自信地给你提供如下解释：

> 病人来得早，是焦虑；病人来得晚，是敌意；病人按时到，是强迫表现。

这是20世纪30年代关于心理分析的名言。虽然这最初是作为一个笑话，但是其远比大多数人当时的预料更有预见性。这并不只是对非批判性思考的调侃，更是一种启迪和清醒的预言，它警醒我们维持——甚至鼓励——这种将任何人类行为都归类于各种精神疾病的图式所蕴含的危险性。

像我们之前曾提出的，一些专家对于西方诊断标准能否被应用于其他国家，或其反向可行性抱有怀疑。他们人是在特定的文化下感受和表现痛苦的。不同的文化可能鼓励或阻碍报告压力的身心反应（Draguns，1996）。此外，在某些文化中持续的噩梦被看作一种灵魂的和超自然的现象，而其他文化将噩梦作为精神或身体困扰的指示（DSM-IV，p. 581）。

一些现存的文化特定的障碍很难在其他国家的分类中找到解释。在中国常诊断出的神经衰弱包括虚弱、无力、疲劳、头痛和胃肠道问题。西方对于此类病人的诊断结果依照不同的程序会有差别，可能会是焦虑症、抑郁症或躁郁症（Kleinman，1986）。

一些症状在不同国家的样本间有着一致性。由拉齐金、苏霍多斯基（V. Ruchkin，D. Sukhodolsky）和同事（2007）在俄罗斯进行的一项研究就发现其注意力缺乏/多动症的发病率和很多其他国家一样。最近关于文化特定障碍的研究指出，不同的文化对于行为障碍有特定的标识。文化依存的症候群由于障碍中具有文化特定的内容而对现有的通用分类提出了挑战（Tanaka-Matsumi & Draguns，1997）。但是如何描述，它都会表现为一种不适应和痛苦烦恼的症状以及不能应对压力。在诊断实践中，成功的要诀是正确且在其文化背景下辨明痛苦烦恼和不适应的症状。

> 世界上大部分的不快乐是由于困惑和未明说的事情带来的。
> 能知道不快乐的原因就是最大的快乐。
>
> ——费奥多尔·陀思妥耶夫斯基，俄国小说家

心理治疗

21世纪为很多国家对于精神疾病和心理治疗的态度带来了飞速变化。如在中国，财富增长和生活复杂度的增加造就了激烈的竞争环境，对此很多人都很难适应。20年之前，政府会提供包括薪金、医疗保险和退休金等几乎一切。而今天，一个个体必须更加关注自身的幸福。所以和二三十年前相比，中国人将不可避免地面对更多的与情绪和压力相关的问题。此外，对精神疾病和心理治疗的污名化也在逐渐消退，更多的人会将心理疾病看作一种并不值得羞愧的特殊情况而去看病。如今，中国的心理学家将面临一个重要的问题：他们应采取哪种心理治疗形式？应该采用适应中国文化的西方行为或认知疗法，还是那些中国特有的方式？

如果不同的文化场景会影响诊断实践，那人们就可以假设文化在心理治疗中也扮演着重要的角色。**心理治疗**就是使用心理学手段对心理障碍的治疗，一般包括与专业医师的言语交流。比如研究案例表明，很多针对特定民族和社会类别

（中产阶级白人）的药物复原和预防计划对其他民族和社会类别也是可行的。在宽容和支持性的文化、社区和家庭中，一个患有精神障碍的个体可能比在忍耐度不高的环境中过得好一些。在日本，患抑郁症的病人更多地依靠他人为其制定决策，而在美国文化中，抑郁症患者更多依靠自己制定决策，所以比日本患者更易回避且自尊更低（Radford et al.，1991）。世界卫生组织 1979 年的一份研究也显示，来自集体主义文化的精神分裂症患者的治疗预测前景更好，而在个人主义文化中的病人表现出更少的恢复迹象（Tanaka-Matsumi & Draguns，1997）。

不同的民族群体对精神健康服务可能有不同的态度。一些研究表明墨西哥裔美国人与其他民族相比寻求门诊服务要少得多。非拉丁裔美国人中 70%被查出患有精神疾病的患者会去寻求精神健康治疗，而拉丁裔美国人中只有 50%会去。亚裔美国人也不成比例地很少寻求治疗服务。非裔美国人和土著会比白人更常寻求门诊服务。一些研究发现，与白人相比，少数族裔患者倾向于在治疗发生效果之前就中止看病的比例更高。很多因素都对这种趋势有影响，比如提供精神健康服务的人是否为同民族的人、患者语言的流利程度或对文化特定的治疗流程的警觉。然而，不同民族群体中止看病的比例在统计学意义上并不显著。

现今很多心理学家都认为专家可以使用宗教作为心理治疗的一种辅助因素。一个向上帝寻求力量和希望的人，事实上是在寻找自身可为逆境和痛苦提供帮助的资源。包括精神康复在内的介入治疗也逐渐变得普遍。比如研究证明，对于非裔美国人，精神上联结和统一的感受会通过影响其应对困境的方式而改善其生活质量。一个更有灵性的个体会有更多的内在资源，可以用于适应性应对并导致良好的健康结果。总体上看，实际情况与大量文献中所述相同，灵性自古就是非裔美国人应对困难生活环境的重要机制之一（Utsey et al.，2007）。与其他族群相比，土著美国人更加相信基于民俗信仰的传统习俗的治愈能力，即使他们也寻求专业的健康服务。比如，一份研究发现约 40%曾患抑郁症或焦虑症的印第安青少年和成年人会寻求精神健康专家的帮助，而接近 50%的人还会寻求传统治疗者的帮助（Beals et al.，2005）。

对精神疾病的羞愧可能会引发根植于个体的想要隐蔽症状（如减少确实存在的焦虑或抑郁症状）的渴望，即所谓适应性抑制模式，并证明自己其实是正常的、健康的。一些研究（Steele et al.，2003）报告了患重病的儿童中，抑制因素比在健康儿童中更加普遍。心理学家还报告在集体主义文化中的人比其他群体的人更容易显现适应性抑制。比如一份对欧裔美国人、墨西哥裔美国人和墨西哥儿童的有趣的研究（Varela et al.，2007）发现，可能由于集体主义对于在群体中带来正面影响的行为加以鼓励，所以个体便学着隐藏他们的一些痛苦烦恼的症状，使自己不会吸引到不必要的注意。事实上，这种假设可能和拉丁裔儿童倾向于将其情绪问题表述为身体症状，如疼痛和其他种类的身体不适一致（Canino，2004）。抱怨肚子疼比起告知自己的惊恐发作看来更合适。然而，这些假设还需进一步研究。也有可能文化传统是世界上数百万人为防止被看作"有病"或"像个疯子"而不去报告自己不正常的心理症状的重要因素。

经典案例　　跨文化

一些心理医师指出很多亚洲人和亚裔美国人在进行心理治疗时趋向于遵循取决于年龄和性别等正式等级制度的社会礼节，这会使他们表现得服从、尊敬和赞同上级，并保留大多数的反对意见和负面感受（Roland，2006）。虽然这个观察结果很有意思，但缺乏严格的实证探查。有多少患者对医师持这种态度？这些观察是在什么样的特定的环境中进行的？没有可信的经验事实，就算关于患者行为最全面的观测可能也充满了刻板印象和误解。对患者行为的刻板期望极易影响治疗的有效性。除了要表现文化能力，心理学家还要寻求基于事实的实践，并使用已在特定文化背景下被证实有效的治疗方法（Whaley & Davis，2007）。

文化匹配?

很多因素都可以影响心理医师的诊断判定，在这些因素中有一个就是医师和病患双方的文化背景。我们应该熟知，一个心理医师并不会因为与患者的文化背景不同就必然会作出错误判断。然而若是确有错误，至少会由两个原因造成：一是医师可能不理解患者的文化背景，从而可能错误理解了他们的反应。而且，一些患者会按照自身文化中的普遍规律表达其思想和情绪。二是可能不够重视批判性地思考对特定文化趋势的认识，从而歪曲了诊断结果，刻板印象和图式会造成对民族群体典型症状的特定预期。

很多研究都总结出了图式会在很大程度上影响我们认知的方式和结果（Bruner & Potter，1964；Kelly，1950；Reason & Mycielska，1982；Vokey & Read，1985）。比如1980年李·雷派克（Li-Repac）调查了医师和患者所处的社会文化不同对于临床印象、感受和判断的影响。在她的研究中，样本是美国白人医师与华裔医师，他们对患者面谈的录像进行评估。这些医师被告知他们将要评估白人和华裔患者。但是他们并未被告知实验的真实目的，即以医师的民族为自变量，比较医师的临床感知。

结果指出虽然两组医师对于心理正常的普遍概念都很统一，但在实际评估同一个患者时却相差显著。特别是，与华裔医师相比，白人医师认为华裔患者更加抑郁及内向，并更少具有社会姿态和人际能力。反之，华裔医师认为白人患者的困扰更为严重。李·雷派克认为这些结果表现了“文化刻板印象的双向通道”（p. 339）。

就像这个实验中证实的，可以发现文化对精神障碍诊断的影响是很深奥的。本质上，每一组医师都通过自己的社会文化图式对患者的行为加以过滤（比较），而最终产生了显著不同的判断。这里面隐藏的原理显现了出来：相比于相信我们所看见的，我们更趋向于看见我们所相信的。

种族匹配，也就是心理医生和病患都同属一个种族群体的情况，可能会产生更好的发展。比如，假设医师和患者相匹配，那么这对于心理治疗的进程就是一个有意义的预测指标（Sue et al.，1991）。非黑人的专家可能会将一个患抑郁症的非裔美国人错误地评估为患精神分裂症。一般来说，种族匹配的医师会比不匹配的医师将患者评为具有更好的心理功能。这说明种族匹配的医师比其他文化中的医师较少认为患者具有精神疾病。总之，虽然一般认为种族匹配的心理咨询师或心理医师在与同种族人工作时比白人一方的文化能力更强，然而最近的研究显示这种观点并无充足的实证支持（Karlsson，2005），还需要进行更多的研究。

这些结果可以从几个方面解释，看起来病人和医师的种族匹配可以减少错误诊断。这看上去很好，那么是不是我们就永远都应该将病人和医师进行匹配？不是，我们要考虑到种族匹配的专家可能会忽视患者某些显著的症状从而不能做出全面诊断的这种情况（Russell et al.，1996）。

另一个可能影响治疗的因素是心理咨询师的口音。现在还不清楚如果其语言有口音，对于治疗有效性的影响到底有无影响（Fuertes et al.，2002）。一些患者可能会因为将之看作同一群体的人，特别是一个种族或广义的移民族群，而对医师产生一种团结的感觉；而其他情况下可能会因此小看这个医师的地位和能力。

认知和行为治疗经常要使用一些语言调整，以便使医师的说明和解释能够与治疗对象的经历更加契合。如穆诺兹和门德尔松（Muñoz & Mendelson）在2005年使用了拉丁文化中“滴水穿石”一语的说法展示了个体的想法可以逐渐影响其对于生活的看法并导致抑郁症。

不同的国家对于精神疾病患者的住院规定和条例都不相同。在集权主义的国家（如20世纪30年代的纳粹德国和1991年前的苏联），决定一个人是否应该住院是国家的特权。在20世纪的历史上，精神疾病曾被无数次地用于政治和意识形态目的。在现在的美国社会，只有表现出即将对自身和社会造成危险的人才会被强制送往精神病院。在很多其他国家，要求住院的规定不如美国严苛，但一般而言，研究表明精神健康专家对于何种病人被认为是危险的、有自杀倾向的、不能作证或不能自理的判断在群体内是高度统一的（Swenson，1993）。

一言以蔽之，心理治疗的背景应与患者的文化保持一致（Bemak & Chung，2004；Tanaka-

Matsumi，1989)。例如克莱因曼（Kleinman）在1978年提出了成功的病人—医师交流框架。在最开始，医师会要求病人自己对现存状况给出解释，然后医师再对此问题提出她的解释，之后两种解释会经过对比，最终双方达成一个整合的解释概念，这样他们的交流就会使用相同的话，并能讨论治疗和可能的结果。

斯雷肯（Snacken）在1991年描述了当专家和患者来自不同文化时三种可以寻求的治疗方式。文化内治疗包括一个知晓病人文化和语言的专家（可以属于这个文化群体）；双文化治疗包括两类治疗者：共同工作的西方和本土医师；多文化治疗涉及患者要和代表不同文化的几个医师进行面谈。

批判性思考

想象一个心理医师和你说“差不多所有我所治疗过的少数族裔患者都早早逃离了治疗”。对这种相关关系有哪些可能的解释？你能否提出患者的民族是影响其治疗得以进行的因素？记住相关关系并不一定表示因果关系。你能否提出一些其他的因素？

1. ________
2. ________
3. ________

假设你读到了一篇报道宗教信仰和抑郁症具有负相关关系的文章（即越不信宗教就越抑郁）。有哪些因素可以解释这种关系？

1. ________
2. ________
3. ________

经典案例 **阿拉伯裔美国人及其对心理障碍的治疗**

一些阿拉伯裔美国人抗拒寻求心理治疗的帮助，一部分是由于对医师的普遍怀疑，还有一部分是因为他们对精神疾病抱有普遍的负面态度。患者可能对被贴上“疯子”的标签具有强烈的恐惧。另一个影响阿拉伯裔美国人不去寻求精神健康服务的因素是对当今的咨询服务无经验或认知。当一个阿拉伯人产生心理问题时，他会寻求家中同性成员的帮助。向一个专家谈及家庭或个人问题可能被看作对集体荣誉的威胁或对家庭的不忠。很多对心理治疗服务有显著需求的患者，特别是阿拉伯裔移民，时常抗拒去见精神健康咨询师或医师。对患者精神稳定的鼓励和咨询关系的保密性质可能可以帮助患者从精神健康服务中获得最多益处，并帮助其获得更舒适的感受。

资料来源：Abudabben (1996)；Jackson (1997)，Erickson & Al Timimi (2001)。

练习 9.1

下面列举了几个与文化约束有关的心理问题。利用 DSM-IV 按照美国的精神障碍标准给下列各个症候群进行分类。写下你的答案。

附体（在一些非洲国家）被认为是人们的身体被某种精神体占据，从而使其情绪与行为上产生奇怪诡异的变化。

缩阳症（在中国）是一种对阴茎收缩的严重焦虑，同时由于恐惧心理作祟，它也被认为会带来不可避免的死亡。

Latah 是一种在一些亚非国家蔓延的以精神状态多变为标志的症候群，患者可能表现出极端的顺从与冲动。

Malgri 被认为是一种因未经过净身仪式便闯入禁地所引发的腹部剧烈疼痛。

婚姻精神紧张存在于许多生活节奏因包办婚姻而被扰乱的印度少女之中。性虐待、与亲人的隔离和压力都可能使其具有糊涂、歇斯底里和自杀的倾向。

Kayak angst 是一种被西格陵兰岛上的爱斯基摩人所熟知的极端焦虑。这种焦虑会在不利环境下独自打猎几个小时后突然产生。

* *

本章总结

● 审视精神障碍的两个角度——文化相对主义视角和文化普遍主义视角在跨文化心理学中都得到了发展。相对主义用一种相对的视角对心理现象进行分析，同时注重精神障碍患者所特有的文化背景。而从普遍主义者的角度看，在各个文化之中确实有一些绝对的、不变的精神病理学症状。

● 当尝试诊断、治疗一个个体时，专家应当了解病人的参照群体以及文化背景在哪些方面对于临床治疗有着重大意义，其中包括心理治疗方法。专家应尤其注意以下几点：(1) 个人的文化归属感，也就是说，一个人的民族、宗教和其他文化的参照群体；(2) 对个人疾病的文化解释；(3) 文化对于社会刺激物、社会支持如宗教、阶层、无能的诠释；(4) 个人与临床医生关系的文化要素。

● 美国临床医生使用专门的诊断手册（DSM-IV）诊断精神障碍。临床医生通常会从五个轴来获取病人的可用信息，每个轴都帮助医生通过从不同的角度或领域对信息进行分析来观察状况。但是可能会有一些障碍症状会与传统的诊断策略相悖。有一些周期性的障碍症状只在当地发生，这些引发困扰、异常行为的障碍被称为文化约束综合征。它们通常只局限在特定的社会地区而且需要反复使用一套繁杂的观察治疗手段。

● 文化规范、资源的可获得性、国家对健康标准的定义、对科技的使用、社会的不平等和其他环境因素可能影响个人的健康和生活状况。

● 尽管障碍的发生率普遍相近，但关于精神分裂症的观察、诊断、治疗还是有着文化差异性。实际上，基于多变的个体差异、社会经验和对混乱与压力的文化定义，许多民族对于抑郁症的解释不尽相同。有许多经验上的证据可以表明自杀和对宗教的信仰程度、年龄、性别、国籍、药物使用以及文化传统有关联。巨大的文化差异也会使得焦虑的涵盖范围从身体到认识能力再到行为症状。诊断实践的不同在某种程度上是源于文化在定义症状时的不同。由此它便可以解释焦虑障碍在跨文化方面所呈现的巨大的多样性。所以许多人建议观察诊断及治疗人格障碍时应考虑到当地文化的规范和对特定行为的忍耐阈值。对于药物使用和药物滥用，不同的国家和文化都有标准。同时对于药物消费、药物使用形式、药物可获得性和因药物使用所产生的障碍流行率等方面的态度也是因国、因文化而异。

● 一个专家的文化背景可能影响到他对不同行为的理解。心理学家往往拥有对于文化、民族和精神疾病的联系方面更加独到的见解。人们也都知道医生会因跨文化所产生的种种差异如观念、归因、对疾病特征的表达而误诊。跨国家的心理疗法拥有不同的历史文化渊源和多变的文化表达方式。不同国家有着不同的法律来规定精神病患者的住院治疗。心理和文化的因素可能会影响医生和病人之间的跨文化关系。不同的民族对精神健康服务持有不同的态度。总的来说，为了实现文化适应，治疗内容应与病人的文化相一致。

关键词

焦虑症　一类特征为持续性的焦虑或恐惧的

精神障碍。

核心症状 可在大多数文化中观察到的精神障碍症状。

文化约束症候群 反复发生的、有特定地域模式的反常行为，以及一些可能与DSM-IV诊断类别相关或无关的令人烦恼的经验。文化约束症候群基本上被限制在特定的社会或地区并表现为重复性的和令人烦恼的经验和观察结果。

抑郁症 一类特征为深入的持续性的悲伤感或绝望、自责、对原本感到愉悦的事情不再感兴趣以及睡眠和食欲不振的心理障碍。

忧郁 过去多数国家对于抑郁症的最常见的标识。

精神障碍 个体出现的临床上显著的心理和行为症候群或模式，伴有当前的压力（令人痛苦的症状）或功能不良（在某一个或一个以上重要方面的功能缺损），或者伴有明显较高的发生死亡、痛苦、功能不良或丧失自由的风险。

非核心症状 有文化特异性的精神疾病症状。

人格障碍 个体的行为和内在体验持续地明显不同于个体所处文化的社会期待。

心理治疗 通过心理学的方法对心理病症进行治疗，通常包括和专业治疗师的言语互动。

相对主义视角 一种对心理障碍的观点，认为人类按照一套既定的文化规定发展观念、建立行为准则以及学习情绪反应。所以来自不同文化背景的人会对心理障碍有不同的理解，而且这种不同会很显著。

精神分裂症 一种特征为存在错觉、幻觉、无组织的语言和无组织或过于紧张的行为的疾病。

忍耐阈值 一种对于特定文化环境能否忍耐某种特定人格特性的量度。

普遍主义视角 一种对心理障碍的观点，认为尽管存在文化区别，但人们有大量相似的特征是共有的，包括态度、价值观和行为反应。所以对精神障碍的总体理解应该是普遍的。

第10章
社会知觉与社会认知

自由和奴役都是一种心理状态。

——莫罕达斯·甘地（Mohandas Gandhi，1869—1948），
印度精神领袖

不要企图在你不懂的东西里找到错误。

——法国谚语

记者和摄影师们提前抵达了洛杉矶公园，因为一场足球即将在这里展开。但是，记者们关注的并非这场球赛的最终结果，而是一支主要由美国的穆斯林组成的球队，这支球队的名字格外引人注意。如果是诸如“穆斯林全明星”或者“进攻者”之类的名字，大概也不会有如此大的反响。正是“巴勒斯坦起义军”、“圣战游击队”、“安拉卫士”这样的队名掀起了轩然大波。而且，这些参赛队伍也配有一些令人骇然的标志，包括射弹弓的人，穿长袍骑着马肩扛武器的人像。一些当地的“橙色国家组织”的成员认为这些队名和标志都充满了攻击性（Neiman，2004）。但是，这些球队的队员都表示：采用这些队名和队标都只是为了好玩，并没有什么恶意。可是，为何这件事情激怒了很多人？在2005年的苏格兰杯足球赛中，格拉斯哥流浪者队（球员大部分都是新教徒）的球迷们在罗马教皇约翰·保罗二世逝世默哀期间嬉笑调侃，最终使得球队的形象大打折扣。作为流浪者队对手的凯尔特人队，因其球迷主要是天主教教徒而对此事十分愤慨。那么，这是为什么？是我们对于符号过于关注和敏感吗？或者说，这些愤怒都是我们无边想象的产物？事实上，对于一些人来说，烧毁旗帜意味着一种侮辱，对于另外一些人来说，却只是一块布着火了而已。在美国，叫一些人“白人”可能是恰当的，但在其他地方这样的称呼可能是具有攻击性的。在美国的大众媒体中，竖起中指是相当猥亵的手势，但是西伯利亚的村民们根本不理解这些手势。我们每个人都根据自己和文化经验“过滤”情绪和价值观，来理解和阐释他人和事件。人们会通过自己的知觉来创造现实的意义，并且利用这些知觉的力量来改变现实。如果读者们不同意这种观点，只能说明你与本书的作者看待事情的角度不同。莎士比亚说过：“没有什么好坏之分，只是我们的想法不同而已。”对吧？

我们试图理解自己和他人的过程叫做**社会知觉**。心理学已经证实，人们在其文化环境中会因为社会化的经验而获得一些判断、态度和信念。如果知觉会受到经验的影响，那么社会知觉必然存在一些共性和差异——在相同环境中成长的人可能对于很多事物的知觉是相似的（共性），而接触到不同刺激物的人们则更可能从不同的角度去思考这个世界（差异）。一个来自芝加哥的学生可能仅仅将汽车看作简单的代步工具，而同样的车对于蒙古一个小镇上的人来说却是一件奢侈品。一位加拿大的母亲如果在公共场合打孩子的屁股，一定会遭到路人的指责，但是在其他很多国家，打孩子并不算一种虐待，而是被视为一种必要和有效的教育手段（见第8章）。

简而言之，我们对于事物的看法和态度会随着我们对它们的体验而发生变化（Matsumoto，1994），而每个人的经验和体验都不尽相同。比如说，犯罪现场的目击者的描述通常都不太准确，如果目击证人和嫌疑犯来自不同的种族群体，那么证人的证词就会更加失真（Platz & Hosch，1988）。

社会知觉的过程有助于我们形成看待和思考世界的方法。**社会认知**是我们理解、记忆和应用关于自己和世界的知识的过程。一般来说，社会认知会相对保守（Aronson，1995）。我们会保存过去的经验并运用它们进行当下的判断，例如：虽然医学取得了长足进步，但是因为一些古老宗教教义对身体和灵魂完整性的阐释，日本人仍然拒绝器官移植（见第12章）。相互冲突的族群对于他们冲突和敌对的原因会有不同的解释，但都源于多个世纪以来形成的对对方有偏差的负面刻板印象。

首先，我们将通过对态度和价值观的检验进行社会知觉和认知的跨文化分析。然后，我们将探索人们如何平衡他们的态度，以及态度一致性是否是一种普遍趋势。接下来，本章会分析人们如何解释他人的行为，以及他们如何看待公正、成功和失败。最后，我们深入思考道德价值观、自我知觉和一些普遍的刻板印象。

> 有多少个西班牙人，就会有多少种观点。
>
> ——西班牙谚语

价值观

态度也是可以改变的，比如：日哈扎（Rehza）刚从伊朗到美国的时候，并不喜欢棒球，在所有的体育运动中，他最喜欢足球，因为他从小就在大不里士踢足球。但是几年之后，事情变化了，日哈扎变成了一个棒球迷甚至开始参与洛杉矶道奇队的比赛。我们能否依据日哈扎对棒球的态度来判断他是一个什么样的人呢？答案应该是“不能”。通常来说，对于一种运动的情绪反应并不能作为他/她个性特征的显著指标。但是，有一些其他的观点和态度能代表日哈扎对于生活的重要观点，这些观点叫做“价值观”。

价值观是能反映个体认为什么原则、标准和品质最恰当合理的态度，也是认为某种具体行为（通常被称为“工具性价值”）和目标（通常被称为“终极价值”）优于其他行为与目标的稳定和持久的观点。终极价值通常和社会与个人的关注点相关，工具性价值则一般指向道德和能力。价值观比一般的态度具有更核心的地位，所以它会引导个体形成对各种不同事物的态度（Rokeach，1973）。例如，一位印度裔美国妇女可能不会在朋友举办的派对上吃牛肉三明治，因为对她来说，对牛肉的忌口（印度教的价值观）可能比对主人的礼貌（态度）更重要。同样地，一个强烈遵从平等价值观的意大利汽车工人很可能会拥护政府关于帮助南斯拉夫人民的决策（Shiraev，2000）。中国香港的一个研究表明，文化认同的价值观会体现在人们对本国历史人物的积极知觉中，而且这种积极的知觉非常强烈（Ho-Ying Fu & Chi-Yue，2007）。

价值观是否存在明显的国家或者文化上的差异？全世界的人们是否拥有同样的价值观？若是如此，那么这种普遍的价值观是什么？若非如此，我们能否知道哪种价值观是最重要的？霍夫斯塔德（Hofstede，1980，1991）对 IBM 公司 50 个国家的分公司的 117 000 名职员进行了闻名于世的研究，为了简化分析，他将所有的国家分为了 11 类，包括：北欧国家、英语国家（包括美国）、日耳曼国家、近东国家、亚洲发展中国家、拉美发展中国家、发达拉美国家、日本作为单独的亚洲发达国家。他根据人们处理他们最重要问题的方式，分出了文化的四个维度：（1）个人主义与集体主义；（2）权力距离；（3）男性化与女性化；（4）不确定性规避（详述参见第 1 章）。

研究者分别描述了各个国家类别。北欧国家和英美国家样本显示出低权力距离、高个人主义、低不确定性规避的价值观。英语国家有强烈的男性化倾向，日耳曼国家则在男性化维度上得分较低。亚洲的发展中国家和近东国家都具有高权力距离和低个人主义的价值观倾向。但是，最显著的差异来自英美和北欧文化与近东和亚洲发展中国家之间的比较：前者权力距离低、个人主义倾向高——这一模式也被称为“个人主义”；相反，高权力距离和低个人主义的模式被称为“集体主义”，是非西方国家的典型模式。

在另外一个研究中，史密斯和施瓦茨（Smith & Schwartz，1997）也提出了个人价值观的文化差异。他认为个体的价值观与各种群体处理基本社会事务的方法有关。而造成各种群体互相区别的三种基本事务就是：（1）人们在多大程度上依赖或者独立于群体；（2）人们对于财富和利益的看法；（3）人们认为应该开发、适应还是服从于外部世界。一个对人们反应的分析研究揭示了人们的基本观点大多分布在两种极端价值观之间（Schwartz et al.，2001）。

类型一：保守主义与自主性。那些依赖现状，提倡自律，关注家庭、社会秩序和传统的个体往往都拥有保守性的观念。而拥有自主性观念的人大多重视追求自我理想的权利，并且享受以乐趣为目的的生活多样性。

类型二：等级制与平等主义。如果一个人支持等级制的价值观，他就会将权力、资源和社会角色分配的不平等视为合理的。但是，如果一个人拥有平等主义的价值观，他就会将个体都看作平等的，每个人都拥有最基本的利益，并且作为人类一员应该被平等地对待。

类型三：控制与和谐。控制取向的价值观鼓励个体对社会实施控制，开发它的自然资源。拥有这一类价值观的人往往具有富有野心、高自尊等重要的个体特质。而和谐取向的价值观的基本假设是：世界应该被维护和珍惜而不是被破坏和剥削。

施瓦茨的研究包括了 40 个不同类型的国家：西欧国家、英美、东欧国家、伊斯兰教国家、东亚国家、日本（作为一个单独的国家类型）和拉丁美洲国家。东亚国家在等级制和保守主义上得分非常高，而在平等主义和自主性上得分很低，西欧被试表现出完全相反的趋势，英美人的反应在一定程度上则介于两者之间。另一个有趣的发现是：家庭规模的大小与保守主义和等级制的价值观之间存在明显的相关。往往大家庭而不是小家庭会鼓励和推行秩序、纪律和顺从等价值观。高等级制取向（低平等主义）的文化会强调人们之间权力和地位的差异，而低等级制取向（高平等主义）的文化则会将这种差异最小化，而努力将资源分配得更加平等。在国家水平上，权力距离与等级制取向正相关，而与平等主义负相关（Schwartz，2004，2007）。

当然，在一个社会或者国家中得到充分发展的主流文化价值观能决定人们对广泛的社会、政治和个人事件的看法。比如，“荣誉”这一个心理概念，在英文里它通常代表了敬意、名声与威望。莫斯克拉和他的同事（Mosquera et al.，2002）在研究中发现：西班牙人和荷兰人对于“荣誉”一词有着截然不同的理解。在西班牙语中，“荣誉”与家庭和社会互动的价值观有着非常紧密的关系。相反，在荷兰语中“荣誉”往往与自我实现和自主性的价值观相联系。

西方与非西方的价值观

多年以来，新闻界人士、政治学家、社会学家和心理学家都在积极讨论所谓“西方价值观”和“非西方价值观”两种文化态度丛之间的差异。根据韦伯（Weber）提出的哲学传统的说法，西方文明中的基本价值观在于工作、成就、对于效率的追求以及物质商品的消费。有人提出，这些价值观在非西方文明中也是有一定重要性的，但是并不是至关重要的。非西方价值观的本质在于对传统的敬重、对权威的尊崇和对总体稳定的追求。

另外，西方与非西方价值观之间还存在一些对立的方面，其中经常提到的两个概念就是西方的“个人主义”与非西方的“集体主义”。个人主义的价值观在非西方的发展中国家里远不如在西方的发达国家中那样明显突出（Hofstede，1980）。例如，研究发现个人主义的价值观在美国、德国、瑞典等西方国家中比在中国台湾、日本和印度等地更强烈（Segall et al.，1990）。也有研究指出：城市和工业区的竞争取向价值观比农村要高（Munroe & Munroe，1997）。

媒体报道中常常说到西方价值观与经济繁荣和民主态度有关。因此，这些价值观对所有的国家都是非常重要的。但是，挑战西方价值观普适性的反对观点在20世纪90年代得到了支持（具体讨论请见第7章动机）。有观点认为：追随西方价值观并不能带来满意的社会氛围。最基本的西方价值观已经不再风靡，因为它们的历史功效已经消耗殆尽（Clark，1995），特别是如下的假设：

- 人类的本质是自私的（弗洛伊德和马克思）。
- 匮乏是自然的主要状态（达尔文）。
- 过程意味着生长、复杂、竞争与自由（韦伯）。

应当向相对“柔软”的非西方思想转变，它以一致的价值观、内部一致与合作为基础。

亨廷顿（Huntington，1993）预测西方和非西方价值观之间的差异会进一步深化。全球上百亿的人将会热烈讨论并挑战西方，以及西方犹太教—基督教中物质性价值观所扮演的“全球领导”的角色。在亨廷顿看来，意识形态和宗教激进主义的发展是不可避免的，而这也将在未来激化西方与非西方价值观之间的差异。这种悲观主义受到了许多心理学家的批判。

人们如何习得态度和价值观？他们如何使用这些态度和价值观对自己和他人进行判断呢？目前已有许多态度理论得到了跨文化的检验。让我们来看看一些例子。

经典案例

请思考一下，西方世界将包括公民自由和个人权利的西方价值观作为一个评判优劣的指令强加于其他国家。关于个体权利的整个观点可能会被批判，因为对于这些权利的追求可能会导致完全独立的个体行为，而忽略其他人的感受和看法。这种行为可能会使人们和他们的家庭、文化和宗教逐渐疏离。

一些政治活动家批评西方价值观，认为从另外一个角度理解，人权并不仅由个人的政治和公民自由组成，经济保障、社会保护和传统的保持也和个人自由一样重要。

问题：你认为存在某种更适合西方文化而不是东方文化的价值观吗？你认为西方国家是否在试图将他们的价值观强加于其他国家而因此干涉他国内政？居住在美国或其他国家的不同宗教派别和种族应该接受同样的价值观吗？

一致性寻求：认知平衡理论

海德的态度平衡理论（Heider，1959）认为人们总是在他们的态度中寻求一致性。一般来说，如果你和一个你喜欢的人能达成一致，或者你和你讨厌的人存在分歧，你就获得一种平衡。因此，我们会过高地评价我们喜欢的个人和团体，而苛刻地评价那些我们不喜欢的个人和团队的正面特征，即使事实证明对方并没有我们想象的那么糟糕（Pratkanis，1988）。态度平衡的理论用一个简单的三因素认知评价过程检验了一致性压力。第一个因素A是评价者，另外两个因素B、C是评价对象和评价事件，或者被评价的其他人。比如：一个年轻女性（A）喜欢的波多黎各歌手瑞奇·马丁（Ricky Martin）（B）对美国总统（C）提出了负面评论，那么这位年轻女性（A）很有可能会赞同这位歌手（B）对美国总统（C）的评价。但是，如果她不赞同对总统的批评，她对于瑞奇·马丁的态度就很有可能从非常喜欢降到一般喜欢甚至是不喜欢。

实验研究表明认知平衡的原则在所有的国家都是适用的（Triandis，1994）。但是，研究同时也发现认知一致性存在文化差异，例如：在美国，人们就比日本人更重视自己态度的一致性，因为在日本，应付不一致的能力被看作成熟的标志。在共产主义苏联，道德一致性要求人们具备谦逊、诚实、为社会做出牺牲等品质，并公开谴责那些达不到这些标准的人（Gozman & Edkind，1992；Shiraev & Bastrykin，1988）。在一些伊斯兰教社会，人们为了与自己的宗教态度保持一致，需要做出比其他宗教社会里更为复杂的行为反应，比如：严格的日常祷告、禁止饮酒、支付伊斯兰税、遵从宗教领袖的宣言（Moghaddam，1998）。

不一致性规避：认知失调

当人们知觉到不匹配（不一致）的时候就会产生心理紧张，这些不匹配包括态度与行为、两个或多个决策选项、两种或者多种态度之间的不匹配，这种紧张就是**认知失调**（Festinger，1957）。当我们需要从多个选项中做出抉择的时候，最终的决定总是会在一定程度上与我们的信念或者先前的决定不一致，而这种不一致就会产生认知失调这种不良的情绪状态。因此，我们会强烈要求减少这种失调感以避免不适。消除认知失调有三种途径：（1）提高对已选选项的评价（“这是我买过的最好的衣服”）；（2）降低对未选选项的评价（“我没买的那件太贵了”）；（3）不想或避免谈及自己所做的选择（“我买完衣服了，不用讨论这个话题了”）。

为什么不同文化下的人们都努力减少认知失调呢（Camilleri & Malewska-Peyre，1997）？其中一个可能的原因是，和谐、一致及有意义的世界观对人们非常重要。为了避免挫败感和不良感受，我们可能会削弱与我们不喜欢或不赞同者之间的关系，以及忽略与我们的信念不一致的事实证据。

例如，如果一些人预言世界会在某一天终结，而所谓世界末日的当天什么事情也没有发生，那么我们大多数人都不会相信这个“预言家”。但是，在美国，尽管领袖们的失败显而易见，但很多最终未实现的预言还是有很多坚定的追随者（Sanada & Norbeck，1975）。这种人通常被称为“教条主义者”，他们通常即使面对强大而令人信服的事实也不会改变自己的观点和信念。

仁者必有勇，勇者不必有仁。

——孔子，中国哲学家

教条主义

在不久以前，非洲国家斯威士兰的首领公开宣布：正是穿着松垮牛仔服的女人们造成了这个世界的问题。他还严厉谴责人权是人类在上帝面前的耻辱——他在惩罚穿短裤的女性时还要引据《圣经》。说到人权，他就会坚称上帝造人本来就是不公平的，所以人类不应该企图改变神意。

人们通常不喜欢被人称为“教条主义者”。**教条主义**是一种极其挑剔、僵硬和不灵活的观念与行为趋势，是一种围绕某个核心观点形成的态度和信念的强大结合。而这一核心观点对个体拥有绝对的权威，使人不能容忍其他的人或者事物（Rokeach，1973）。教条主义者的思考和行为方式都很有限，对其他人的观点很严苛，但是对于表现出其教条观点的人又会不加批判地接受。教条主义者通常都会拒绝与他们有不同意见的人，也很难吸纳新信息。研究发现，教条主义和民主价值观是负相关的（Shwartz，2000）。

是什么原因导致一些人比其他的人更教条主义呢？一位在日本出生并长大的以色列裔学者奥弗·费尔得曼（Ofer Feldman，1996）提出了一个很有趣的解释，他将美国、意大利和日本的教条主义政治家进行了比较，结果发现：三者之中，日本官员比美国官员教条，意大利人最为教条主义，这一差异可以通过不同国家的政治体系进行解释。在进行这一研究的时候，意大利有八个主要的国内政党，他们正在积极推行各自不同的政治主张和生活哲学，所以每一个政党群体内的意识形态压力都很大。而在美国，两个政党之间组织松散且高度分化，因此群体内的意识形态压力没有预期的那么大。作者认为日本的政治系统同时具有美国和意大利的政治系统的特点：各政党具有高度的意识形态凝聚性，以及之于中心党的相对独立性。但是，有个事实值得注意：美国样本的数据来自地方，通常来说，地方政治与国家政治是不同的，会更加地“实用主义”。

社会归因

一个学生在课后找到教授，问了一个关于十分钟前刚讨论过的话题的问题，然后他问了一些其他问题，最终却做了一个私人性的评论：“我觉得您好像离婚了，是吗?”教授答道：“不，我没离婚，你为什么会这么认为?”学生说：“因为我看到您的金戒指戴在右手而不是左手，所以推测您离婚了。”教授笑了笑，说：“在我出生的国家，人们就是把结婚戒指戴在右手的，这是一种传统。”这个学生只是通过教授戴的结婚戒指就做出了推断。这一幕同样也曾发生在作者身上。这种叫做**社会归因**的现象，指的是我们解释并确定自己和他人行为原因的过程。

是否存在社会归因的跨文化一致性呢？在不同的国家里，人们都会对自己喜欢的人有偏高的评价，但是对那些我们认为是自己对手的人评价消极，哪怕有事实证明他们并不像我们想的那么坏（Pratkanis，1988）。我们常常知觉自己所属的内群体比外群体更具有多样性和异质性，由不同的因素组成（Gudykunst & Bond，1997）。在不同的文化下，人们会认为那些脸上有疤痕的人会比脸上无疤痕的人更难以相处、更没有吸引力并且更不诚实（Bull & David，1986）。韩国和美国的被试会认为长着“娃娃脸”的成年人也会有相应的幼稚行为（McArthur & Berry，1987）。

根据传播学、心理语言学和社会心理学的研究结果，大多数的人会根据他人有没有口音进行一个快速的评判（Giles，1970；Kim，1986）。而且，口音还会影响听者对于说话人能力、社会地位和社交魅力，以及一些人格特质的评价，如：开放性、诚实和自信（Ryan & Sebastian，1980）。美国的一个研究也表明，有标准口音的人（拥有所谓的“电视广播”口音，即新闻主播所使用的口音和腔调）会被认为拥有比他人更多的财富，更高的智力、教育程度和成功水平（Lippi-Green，1997）。对于言语的评价也同样会影响听话者对说话者的行为表现：已有研究证明口音能启动正面或者负面的刻板印象，引起一定的反应，甚至激发歧视行为（Abrams & Hogg，1987）。

对于社会归因的研究证明：不同文化下，人们的归因虽然有一些相似之处，但还是存在很多差异。例如在一个研究中，美国和日本被试都观察了微笑和没微笑的白人面孔和日本人面孔，然后判断他们的吸引力、智力和社交能力。美国被试会在这三个维度上对微笑面孔有更高的评价，而日本人通常会认为有微笑表情的人更有社交能力，但是没有表情的人智力更高（Matsumoto，1994）。

控制点——归因

人类最强大的驱力之一就是我们对解释周边事物的需求。如果不理解，世界就会变得没有安全感，充满威胁和危险。获得这种理解的一个重要途径就是寻求对我们生活中各个事件原因的解释。如果我们能解释原因，世界就会变得相对可预测，因此更具有可控制性（Kelley，1967）。从理论上，罗特（Rotter，1966）认为人类群体能被分为两种：一种是内部性的群体（即拥有内部的心理控制点），他们喜欢通过可控制的内部因素来解释事件；另外一种群体就是外部性群体（即拥有外部的心理控制点），倾向于通过不可控的外部因素的影响来解释事件。很多研究都表明：外部心理控制点的人比内部心理控制点的人更容易参与冒险性事业，比如赌博；而后者更容易成为政治活动家。拥有内部心理控制点的人可能成为非常难处的病患，因为相对于外部心理控制点的人来说，他们可能不会遵循医嘱，也不会被轻易说服，并倾向于有更强的成就动机。

早先关于心理控制点的著作也引起了对控制点跨文化研究的兴趣（Semin & Zwier，1997）。在特定区域或者文化中的人是否会有特定的心理控制点类型？例如，我们可以说法国人比中国人更可能是外部控制点的吗？我们是否会被激发出某种归因倾向而非另一种？好像事实就是如此。例如：大多数出生在西方国家的人在社会化后都会相信人可以掌握自己的命运，自己是命运的主人。所以，社会比较容忍特质性的归因，而不是情境性的归因。但是，这样的一个结果就是我们常常会自我欺骗，夸大我们对于自己行为的控制程度，同时低估了我们无法控制的外部因素的影响。从另外一方面来看，虽然我们不能像自己以为的那样轻易控制他人以及各种事件，然而，做特质归因会给我们带来令人安心的控制假象。

尽管有一些例外，但是西方国家的个体比非西方的个体更可能表现出强烈的内部心理控制点，因为西方人通常对强大的政府管理（外部力量）充满质疑，而且他们拥有能使自己独立于外部因素的物质经济资源。如果遵循这个逻辑，我们是否就有理由认为每一个居住在城市、属于某一宗教或种族主流群体，而且拥有较高社会经济地位的男性就是内部控制点的？或者能精确预测那些来自农村少数群体、社会经济地位低下的女性就是外部控制点的？这些预测在比较性的研究中并未得到证实（Hui，1982；Tobacyk，1992）。大体上，不同群体、国家和文化下人们心理控制点的一般模式都是不同的。一些研究也证明了不同社会群体之间存在差异，比如有一个研究揭示：美国的少数族裔比非少数族裔更多地参与彩票抽奖（Chinoy & Babington，1998）。持续的赌博是外部控制点者的典型行为模式，但是，一种行为模式不能代表个人的心理控制点。

为什么跨文化的研究并没有发现什么心理控制点的文化差异？其中可能存在一个方法学的问题：这些跨文化研究的参与者必须面对标准统一且已经预设好的问题，而这些问题可能在不同的文化下有不同的含义（Munro，1986）。这些研究中也有观点表明，人们在心理控制点上的得分也能反映人们在现实生活中的个体化控制程度，这不仅仅是由他们的社会地位和文化身份决定的（Collins，1974；Dyal，1984）。例如，如果一个人因为贫穷且居住在政府严格控制的农村地区，人们可能就会认为他是外部控制点的，但是，这个人如果是一位父亲、丈夫、长兄或是家里的顶梁柱，那么，这些角色又可能会暗示着他是内部控制点的。

无论是外部因素还是内部因素，都是个人幸福感的影响因素。来自萨瓦多尔、美国和加拿大的 200 多名大学生被试（包括英国后裔与法国后裔）被要求回答开放性的问题：“什么使你幸福？”“人为什么需要幸福？”“什么人是幸福的？”结果发现，在不同的文化中，人们归因幸福的因素都是相似的（Chiasson et al.，1996）。例如，最重要的幸福因素为家庭关系、实现目标的能力以及积极的自尊。但是，还是存在差异，来自萨瓦多尔的被试会将宗教价值观和国内的政治环境作为影响他们幸福感的因素；而北美的被试都提到了个人成功和愉快的生活事件。

批判性思考　关于心理控制点的假设

例如，比较瑞典和美国，你认为哪个国家的女性更多的是外控型？我们假设是瑞典，为什么？因为这个国家的女性好像更能掌握她们自己的命运：这个北欧国家有很高的生活水平、罕见的街区犯罪，以及充足的子女养育与医疗津贴和其他的社会福利。事实上，这一关于心理控制点的假设是错误的——研究发现瑞典女性比美国女性更多地为外控导向（Lee & Dengerink，1992）。其中可能的原因是：瑞典是一个更为平等主义的国家，政府负责了社会事务的很多方面，使得人们对于自己生活的“掌控”感低于美国人，后者常常要自己处理这些事务。

问题：这一研究也发现瑞典男性和美国男性拥有相似的控制点类型。你认为应该如何解释这样的结果？

没有任何观点和事实能逃过鄙视和嘲笑。

——费奥多尔·陀思妥耶夫斯基，俄国作家

所谓道德，只是我们对自己不喜欢的人的态度。

——奥斯卡·王尔德（Oscar Wilde，1854—1900），爱尔兰裔英国诗人

成功与失败的归因

在人们解释自己的成功与失败时，是归为外因还是内因的解释偏好已经得到了研究测量。结果发现，在不同的文化下，人们对于个人为何成功或者失败，存在三个共同的解释维度（Fletcher & Ward，1988）：

- 个人能力（“我是有能力的”或者“我没有什么能力”）。
- 努力（“我已经尽力了”或者“我并没有努力”）。
- 任务的难度（“这并没有那么难”或者“这太难了”）。

如果一个人只想享受个人成就而避免失败的责任，他/她就会表现出**自我中心偏差**。想象你选择了法语课但最终放弃了它，如果你说你学习法语失败是由于缺少时间（任务的难度），你就是在表现一种自我中心偏差。已经有一些研究致力于检验不同国家的人是如何通过这一偏差来对他们自己进行评价的。例如：有一个研究发现在南斯拉夫、印度、南非和美国被试样本中存在自我中心偏差，但是在日本人中却没有发现这样的偏差，取而代之的是另外一种**谦逊偏差**——倾向于用外部因素来解释个人成功，比如获得别人的帮助；而失败是由自己的错误或者不足所导致的（Chandler et al.，1981）。

不同的研究表明：亚洲，特别是东亚文化中存在“谦逊偏差”（他人中心偏差）。比如：和美国被试相比，日本被试会更为频繁地将失败归咎于自己，而将成功归因于别人；此外，日本被试还表现出一种“利群偏差”，即将他人的成功归因于内部因素，而将别人的失败归因于外部因素（Kashima & Triandis，1986；Yamaguchi，1988）。当个体在群体成员面前表达意见的时候，他们的利群偏差会更加强烈（Bond，1985）。同时，也有研究表明个体的边缘地位通常会影响他们对于成功的归因，如果个体认为他/她代表了与主流群体针锋相对的边缘群体，那么他/她就绝不会表现出有利于主流群体的偏好（Hunter et al.，1993）。

社会环境的迅速转变（比如移民到其他国家）会影响人们对于他们成功和失败的归因。有例证说明印度妇女会在她们的社会知觉中表现出谦逊偏差，但是这一偏差并没有发生在移民加拿大的印度妇女身上——她们的成败归因都是内部的（Moghaddam et al.，1990），这可能是因为个人主义的社会模式影响了她们的社会知觉。

批判性思考 关于个人主义与集体主义的假设

我们已经在第 3 章看到，人们如果遵循常识性的逻辑可能会导致错误的假设。如果已知美国的个人主义与物质主义的社会本质，那么我们就可能会假设婚恋关系不是这个社会的重要的心理价值。研究证明了这一假设存在问题：一个在美国、日本和德国人群中进行的实验发现，对于爱情的价值观，美国人和德国的认可水平都比日本人要高。一般来说，和传统文化相比，非传统的文化会更加重视爱情，而且在非传统文化下，人们会更多地把爱情作为结婚的前提和原因。而在集体主义文化下，家庭责任常常在婚姻中扮演了至关重要的作用（Simmons et al.，1986）。

我们再来看看另外一个例子：人们可能会根据常识认为集体主义文化下的人们会丧失他们的个体性，无法独立行动，因为他们必须遵守礼仪性的行为规范。按照这个逻辑，一个人可能会想到亲密关系在集体主义中并不常见。但是，研究发现了完全相反的趋势：亲密关系在集体主义文化中比在个人主义文化中发生得更频繁（Triandis，1994）。

现在，我们再来想想你们的同学和朋友之间的问候。人们几乎在所有的场合都会习惯性地彼此问候：“嗨，最近过得怎么样?”“还好还好，谢谢关心。”当我们问“你最近过得怎么样?”的时候，是真正想知道别人最近在做什么吗？类似地，当我们回答“还好还好”的时候，我们其实什么实际内容都没有表达。在大多数情况下，人们在进行这些交谈的时候只是因为这是一种礼节性的问候方式，不会冒犯个人隐私。但是，在集体主义文化中，如果你属于某一个群体且以此进行自我认同的话，那么你会非常想了解和照顾群体中的其他人。

对于成功的不同理解与解释在媒体中也常常出现。一位比较美国与中国香港报纸的研究者，试图找到两国报纸对不同体育活动中赢家和输家描述的异同，结果发现美国报纸比中国香港报纸更多地夸赞成功的运动员，而且美国报纸更多地将这些成功归因于内部因素。而在中国香港，绝大多数的报道都是对失败者进行外部归因（Hallahan et al.，1997）。

如果人们不停地说“你是傻子”，我们最终也会相信。

——布莱士·帕斯卡尔（Blaise Pascal，1623—1662），法国科学家、哲学家

自我知觉

人们能够区别内部世界与外部世界，而个人特质和外部环境也会通过各种各样的方式来塑造我们的自我知觉，同时也反映出一种文化的最重要最突出的潜在特点。研究发现，在不同的文化中，人们的自我知觉存在着一些共同趋势：例如，男人们总是会高估自己的智商，而且他们自评的智商平均分比女人的要高 3 分以上（Furnham & Baguma，1999；Furnham et al.，1999）。当然，自我知觉也存在着文化差异，例如，在印度，几个世纪以来的主导社会组织模式就是强化等级的种姓制度。因此，他们对于自己和人际关系的认识要比美国人更倾向于等级结构（Sinha & Verma，1983）。与美国人相比，自我知觉中的批判因素在日本人中更为典型和普遍，这一趋势也是日本多个世纪以来庞大而复杂的文化传统所造成的（Heine et al.，1999）。

在比斯瓦斯和潘迪（Biswas & Pandey，1996）的研究中，他们比较了印度三个社会群体中男性成员的自我知觉，这些人被要求评价自己的生活质量，然后将这些评价与他们的社会经济地位进行匹配。结果发现：社会经济地位的上升（通过他们收入的增加和职位的升高进行测量）并不足以影响这些被试的自我表现或他们对于自己社会地位的知觉。他们可能比几年前赚了更多的钱、有更好的工作、有更高的学术成就，但仍然认为自己处于很低

的社会地位。从这些结果中我们能得到什么样的结论？社会经济地位的变化并不一定能改变人们对自己的看法。因为大多数的社会依然因循古老的等级、性别、人种和种姓而将人们区别开，这些“古代”身份可能比新的身份更为明显，尽管很多人的生活已经发生了翻天覆地的变化。

还有一些研究指出了个人主义与集体主义文化中自尊和其他因素的相关。塔法雷迪和斯万（Tafarodi & Swann，1996）的研究对600多名美国大学生（个人主义导向型文化）和中国大学生（集体主义导向型文化）的自尊进行了检验，发现中国被试对自我能力的评价比美国被试要低，但是自我悦纳的程度却更高。作者认为，这是因为集体主义文化要求个体应该对他人的需求具有敏感性，而且自我目标要服从于集体的需要，所以个体就需要表现出自我悦纳。但是，因为集体主义社会中常常出现控制的相对缺失，所以这种文化会限制人们对自我能力的知觉。与之相反，在个人主义文化下，独立性和自我利益的优先权受到强调。美国人的能力可能是和经济地位相联系的，所以他们比中国人更容易在成就中获得安全感。但是，对于美国学生有积极的自我能力知觉却表现出较低的自我悦纳程度，原因尚不清楚。我们可能在此看到一种反转的因果关系——相对较低的自我悦纳程度产生了补偿性的想法和行为，使得个体变得更加努力实现自我，变得更有效率、更有成就。

自我知觉的跨文化研究中的一个普遍假设是关于“私人自我”和“公众自我”的存在（Benedict，1945；Shiaev & Fillipov，1990；Triandis，1994）。私人自我代表着关于自己的感受和想法，而公众自我是与他人相关的一个自我概念。你会认为集体主义文化比起个人主义文化会导致更多的群体中心的自我描述，而不是自我中心的自我描述吗？诚然，在集体主义和互相依赖型的文化下（如中国、日本和韩国），人们更倾向于将自己认同为特定社会群体中的一员而非一个独立存在的实体（Triandis，1994，1989）。而且，美国被试在描述自己的时候更倾向于使用一些独立抽象的特征词，而不太与社会群体相关；而亚洲被试则较少使用这些特征词（Bond & Tak-Sing，1983）。调查表明大多数的日本被试会接受他们的私人自我和公众自我的差异，无法接受这种差异的人可能会体验到社会孤立和不安全感（Naito & Gielen，1992）。相反，美国被试会试图弱化这种公众自我和私人自我之间的差异（Iwato & Triandis，1993）。

一个叫做法蒂玛（Fatima）的年轻妇女在一次访谈中说道，她没有将自己看作荷兰人或摩洛哥人，而认为自己是介于两者之间的。当她在摩洛哥旅行的时候，她会被看作荷兰女孩。但是，在荷兰的时候她也不觉得自己是个百分之百的纯荷兰人。当问及她的身份时，她回答说：“我就是法蒂玛。”（Richburg，2003）

面对经济和文化的全球化，很多人都认为：人们会适应这种变化。很多人将会或者已经形成了新型的自我知觉，这种知觉建立在当地古老的习俗、观念和符号，以及各种新鲜的、跨文化的因素之上（包括时尚、食物、休闲活动、教育教养等）。但是对有一些人来说，这种变化的过程会显得非常艰难，与老的、习惯的文化形象和规范相比较，新的价值观、模式和行为对他们来说具有挑战性和威胁性。一些人可能会觉得自己被排除在本地文化和全球文化之外，而无法归属于任何一个（Arnett，2002）。

社会规范会影响我们看待自己身体的方式吗？

已有研究表明对称性不仅被不同文化下的人们一致认为是漂亮脸蛋或者好身材的标志，而且是健康（如强大的免疫系统）的一个重要预测变量。进化心理学认为我们很多的视觉偏好都可能存在进化根源（Thornhill & Gangestad，2008）。苏巴尔和史通卡德（Sobal & Stunkard，1989）通过回顾发现一些人类学的研究测量了个人体重与其社会经济地位的相关，由此确立了一种值得注意的趋势：在发达国家，这种相关是负性的，即越瘦的人可能是越富有的，也有人说越富有的人会越瘦；而在欠发达国家中，这种相关却是正性的，即一般来说，较瘦的人比那些较胖的人更贫穷。

科根（Cogan）和他的同事（1996）检验了美国与西非国家加纳的大学生对于肥胖和健康的态度，他们回答的问题包括：他们的体重、饮食控制与减肥，他们的体重在多大程度上会影响其社交活动，他们对理想身材的认知，以及对于胖/瘦的人刻板印象。结果发现：加纳的学生对较胖的人的评价比美国学生要高一些，更多的美国学生会节食减肥，美国的女学生尤甚。此外，美国女学生的饮食控制水平显著高于其他人，她们也认为体重会极大地影响她们的社交活动。

在美国，绝大多数人对于体型的肥胖持有负面评价。根据一项调查，人们会将体重超重归因于贫穷或者健康状况不佳。肥胖者会因为没有自主控制好他们的体重而受到谴责，尤其是肥胖的妇女，更是会受到同龄人的贬低。这种对于体重的刻板化观点在其他国家并不多见，比如在一些发展中国家，死亡的主要原因是营养不良和疾病感染，所以瘦弱并不是一件好事情。在诸如印度、中国、菲律宾和一些拉美国家中，体重增加是和生活水平的提高相关的（Rothblum，1992）。尽管不同国家对于体重的态度不同，但是比较研究还是发现各国的男性都喜欢细腰的女性。其中有一个研究，对 16 至 18 世纪的英国文学、印度史诗《摩诃婆罗多》与《罗摩衍那》、中国六朝时期的宫廷诗中的女性形象与美国现代顶级的时尚模特进行比较，发现人们对于细腰有着明显的偏好（Singh et al.，2007）。

知善而不行，罪莫大焉。

——孔子，中国哲学家

尊敬的先生们，你们可以把哲理说得头头是道，但先让我们吃饱，再谈那些大是大非吧。

——贝尔托特·布莱希特，德国剧作家

个人主义与集体主义中的责任与公平

人们常说：“不要杀戮，不要偷盗，不要欺骗。”这样的一般性行为道德准则是放之四海而皆准的，但是对这些准则的理解却会受到文化的影响。对于道德，有两种基本的观点：第一种是基于公平的，强调个体的自主性和个人权利，这种观点认为自主性和个人权利应该是无偏差的，任何人都平等——这种观点主要在个人主义文化下盛行；第二种是基于责任的，建立在“对他人的责任是道德的基础”的观点之上，这一观点在集体主义的文化中比较常见。举例来看，当人们要求评价他人行为的时候，美国人倾向于赞同别人的个人选择，而印度人偏向对规范和标准的符合（Miller，1994）。一个关于阿拉伯教师态度的研究表明：对集体中个人责任与义务的知觉是教师职业道德中的关键因素（Abu-Saad，1998）。

跨文化敏感性

在纽约的 MTV 音乐颁奖典礼上，著名的黑人喜剧演员克里斯·洛克（Chris Rock）作为该典礼的主持人，对歌手珍妮弗·洛佩兹（Jennifer Lopez）开了一个饱受争议的玩笑：他说珍妮弗·洛佩兹是坐着两辆汽车来参加典礼的，一辆装她自己，还有一辆装着她硕大无比的屁股。第二天早上，很多评论员开始批评洛克的玩笑具有明显的攻击性，非常不合时宜。在回应这些批评的时候，这位喜剧演员说他并没有任何冒犯的意思，只是产生了误会，在他看来，对于身材的知觉和认识存在文化差异。他说，对于白人来说，大屁股可能难看，但是对于黑人来说却截然不同。在哈林区（美国纽约黑人住宅区），人们会为“大屁股”的玩笑而欢呼雀跃。此言一出，评论员们马上分为了两派：一些人认为洛克又开了一个玩笑，而另一些人认为洛克可能揭示出了对于身材知觉与解释的文化差异。你怎么看？他评论的初衷是冒犯那位歌手和所有的女性吗？

不同文化下，人们对于资源公平配置的观点是否存在不同呢？人们都喜欢听那些某人从一开始的一穷二白，通过自身努力最终走向成功的励志故事，不同国家的神话和童话都有一个共同的模式：“好人”都是通过努力获得成功，而“坏人”都是损人利己或者不劳而获的。实证研究证明了这一假设：美国人和澳大利亚人对于最初窘困最终腾达的故事，给予主人公更高的能力评价和情感偏好，而对最初腰缠万贯最终赤贫的人则刚好相反（Mandisodza et al.，2006）。政治心理学认为，对于公平存在至少两种观点，第一种观点基于价值，认为人们应该通过自己的能力和成就来获得自己应得的资源，一个人如果对社会贡献大，他/她就理所当然应该比那些贡献较小的人获得更多的社会资源。另外一种观点源于需求的立足点，认为无论人们对社会的贡献差异如何，都应该平等地分配社会资源（Sears，1996）。孩子、老人和病残者虽然创造不了什么社会价值，但是他们也应该像其他人一样被平等对待。

和你想的一样，人们对于资源分配公平性的认识确实存在着很大的文化差异。例如：美国大学生更倾向于价值导向，而德国大学生倾向于需求导向（Bernman & Murphy-Bernman，1996）。全国性的调查发现，与美国学生相比，德国学生持有以下观点的人多了近乎两倍：（1）政府应该保障每个人的最低生活水平；（2）政府应该设置个人收入的最高限；（3）即使是利用那些有钱人的财富，政府也应该帮助那些贫困者。而美国学生普遍认为个人应该通过自己的努力达到经济富足（Cockerham et al.，1988）。即使在那些被认为具有相似的民主政府管理、教育和社会传统的国家，人们如何看待公平和社会资源的公平分配还是存在一些本质上的不同。

美国和德国的不同一定程度上是因为他们的社会传统的差异，诚然，两个国家都有社会福利系统，但是德国政府的社会福利项目比美国政府的覆盖了更大范围。这一结果也可能受到调查当时社会环境的影响——以上的调查研究是在 20 世纪 80 年代末 90 年代初进行的，那个时候德国全国上下都受到了“统一”需求的影响。但是几年之后，根据一些调查显示，很多德国人开始质疑社会福利系统，质疑是否应该花这么大数额的钱去帮助那些贫穷者（Shapiro et al.，2000）。

刻板印象和概化的力量

我们常常因为没有足够的时间和心理资源去分析每一个新鲜和独特的事实，所以将自己看到、听到和遇到的事情进行分类。刻板印象就是这样一种分类假设——特定群体中的成员都会具有一定的特征。刻板印象可能是正面的也可能是负面的，可能是简单也可能是分化的，可能是确定也可能是不确定的（Smith & Bond，1993）。这些特质也会在一定程度上相互转化。比如，研究发现澳大利亚的白人对自己有积极印象但是对于澳大利亚土著居民却抱有负面的刻板印象。但是后者在一定程度上对前者的印象是赞许的，对他们自己却只是适当的积极评价（Marjoribanks & Jordan，1986）。

社会知觉的过程常使我们将接收的信息简单化并借此进行群体分类。例如：以色列境内的阿拉伯人认为犹太人智力甚高，却认为自己的社会更具有先进性——例如友谊、爱情、家庭传统和整体的集体主义（Bizman & Amir，1982）。刻板化的信念，诸如“大多数的非法移民都是罪犯”、“跨种族婚姻比同种族婚姻更不稳定”、“所有的犹太人都很富有”，在我们的日常判断中随处可见，即使很多事实表明这些刻板印象并不正确。当然有一些未登记的入境者是罪犯，但是他们只是一小部分；跨种族婚姻和同种族婚姻是一样稳定的；犹太人也有穷有富。

练习 10.1

以下对于美国人、日本人和阿拉伯人的典型人际交流的描述摘录自一本畅销书（Fast，1970）：

美国人、日本人和阿拉伯人对于个人空间有着截然不同的处理方式。在日本，拥挤在一起是亲密的表现，同样，阿拉伯人也喜欢紧贴着别人。阿拉伯人在公共场合虽然拥挤，但他们的家庭空间却非常大：他们的房间都是大而空的，所有人都集中在一小部分空间里，他们不喜欢单独一个人，会尽力避免房间之间的绝对隔离。阿拉伯人喜欢频繁接触同伴以感受到他们的存在，而日本人则会避免身体接触并保持一定的界限，美国人则在公共场合过分注重界限：你不许介入另一个人的空间！阿拉伯人在公共场合没有隐私的概念，而美国人却很少推挤和接触他人。当两个阿拉伯人交谈时，他们会一直盯着对方的眼睛，而这种密切却很少在美国人中见到。

问题：你认为这些描述都是错误的吗？确切地说，哪些地方是不准确的？或者你认为这些描述和判断在哪些方面是正确的？我们应该如何区分正确描述与刻板印象？

一个种族群体的成员可能会认为自己具备一些他人认为这个群体所具有的刻板印象。沃尔奇和钟（Walkey & Chung，1996）的研究检验了新西兰人对中国移民的态度，300 多名中国和欧洲背景的学龄儿童在研究中对中国移民表现出相同的刻板印象，两组都提到了中国人的职业道德，特别是他们的努力，也都将欧洲人视为工作不积极、更加个人主义的群体，中国移民则被认为更大程度上是社会控制的而非个人控制。

当评价不同现象之间的异同时，我们会犯至少两种错误：第一，我们会用表面上的相似性来模糊本质上的差别；第二，我们会因为表面的差异而认不清本质上的相似性。事实上，刻板印象就是容许现象之间的相似性剥夺我们对他们差异的认识。那些喜欢用刻板印象知觉他人的人会习惯性地、系统性地、自主地夸大群体内的相似性，同时低估（甚至是忽略）群体内的变异性（Fiske & Taylor，1984）。换句话说，他们认为群体成员之间的相似比他们实际的相似性更高，同时没有意识到这些成员是通过各种方式区别于其他成员的。

此外，对于我们喜好和讨厌的群体，我们的态度与看法往往也是与事实不符的（Keen，1986）。可能你已经注意到，作为极端的形式，歧视、偏执、沙文主义、种族主义、性别主义与年龄歧视等正是由这种态度和看法所引起的。“外群体”的所有成员被看作是高度同质的，他们真实的个人特征被忽略。

以跨文化咨询为例，一些治疗师可能无法尊重或者根本知觉不到每一个病患的不同之处。不幸的是，治疗师可能会将来自某一个社会文化群体的病患等同于来自同一群体的其他人，因此，病患并不会被认为是独特的和存在个体差异的。而事实上，他们每个人都有各自不同的生活经历、记忆、感觉、知觉、价值观、信念、希望、恐惧和理想，却被治疗师通过他/她自身的社会文化刻板印象进行了过滤，比如对于韩国人、黑人、犹太人、拉美人、越南人等的刻板印象。在这种不足以达到治疗水平的环境下，由于欠缺对个体病患的独特处境、问题和需求的考虑，治疗师可能给出“一刀切”的诊断和治疗。

刻板印象是一种错误的判断。但是，我们也不能草率排除两个或者更多人有相似行为、情绪和态度的可能性。你曾经多少次听到别人这样说（或者一些类似的观点）：“你不能比较这两个人，因为他们俩根本不同！”这就是一个过分关注人们之间的差别而看不到相似性的例证——一种与刻板印象相反的错误。因此，一个强硬坚持“一个人不能被定型”观点的人可能看不到自己确实具有的特定群体所有的共同特质。由于固执坚持这一立场，他们也可能不会关注群体内和群体间人们的相似之处。

与此类似，坚持“无论其文化背景如何，每个病患都应该被截然不同地看待、诊断和治疗”的心理治疗师也可能会忽视人们之间真实的相似性，而这种相似性是潜在有益的。不幸的是，治疗师们通常会通过弱化个体间的相似性来过分强调个体差异。因此，一些人类固有的深刻且普遍的生活经历就会被淡化、忽略甚至被彻底拒绝，比如爱的需要、同情心、自尊或意义。

刻板印象可能被消除吗？一些研究者对此表示怀疑（Devine，1989）。但是我们可以减少刻板印象对我们日常判断的影响。人类的差异性可能大于相似性——我们有穷人和富人，有受教育者与文盲，有高兴和愤怒的美国人、日本人和阿拉伯人，有居住在大城市和小城镇的人，有工作者和失业者，有旅行者和定居者。总而言之，人们有独特的人格特征，很难将他们归入那些普遍却狭隘的刻板印象中去。我们对于他人的期望往往和现实不符，所以，坦然面对这些不一致和不协调吧。

经典案例　对共性的研究

"求同存异"的原则应该被建设性地运用于跨文化心理咨询。尽管每两个个体都存在显而易见的不同，但是也会存在一些共性。同一文化群体中的个体可能在每一个人格特质上都不同。下面是一段寻求共性的简短对话。

来访者："你根本无法体会到我的感受！毕竟，你是白人，而我呢，是个黑人。你是不会因为自己的人种而被歧视的。"

治疗师："对，我从来没有过这样的感受，我们这个方面确实不同。但是我知道因为宗教信仰而被歧视和排挤的滋味，我甚至经历了迫害和憎恨。在这种意义上，我们俩有共同经历。我们是不同却又是相同的。"

国民性格

国民性格是指一个国家中大多数人所具有的行为和心理特征。常见的情形是，我们会将本国人看作是"好的"、"得体的"，而邻国的人却被知觉为"坏的"、"吝啬的"。这样的一些假设是暂时性的，且和特定的事件相关。另外一些则具有悠久的历史。一些国民性格的评价具有冒犯性，而另一些可能只是为了达到幽默的效果。例如：在欧洲，三代人都会开这样的玩笑："什么是天堂？什么是地狱？天堂就是一个有着法国厨师、英国警察、德国电器、瑞士理财师、意大利情人的旅馆。在地狱，这一切都乱了套：主厨是英国人，警察是德国人，技工是法国人，理财师是意大利人，情人是瑞士人。"在一般人看来，近代的俄罗斯人的形象总是在名胜景观处放浪形骸地花钱买醉；而中国人可能被描绘为工作刻苦，有数学天分，但没有生活情趣的人；印度人则被形容为计算机怪才；法国人的形象是喝着咖啡、穿着名牌批判一切。但是，我们知道这都是不准确的标签。一些名人的事实、媒体耸人听闻的报道，或是个人的经验产生并维持了这样的"国民性格"。跨国调查表明：大多数的美国人被描述成决断自信的、思想开放的，但并不友好。Pew 研究中心（2005）在一次全球投票中发现，全球 50%以上的人认为美国人是勤奋、有创造力的，但也是贪婪、暴力的，而且他们被认为是能力高、缺乏热情的。然而，这些刻板化的知觉有真实根据吗？是否大多数的瑞士人都是杰出的理财者呢？而大多数中国人都是相当有礼貌的呢？是否几乎所有英国人的厨艺都是糟糕透顶的？如果你是一个美国人，你会同意美国人是勤奋却冷漠的吗？

国民性格的观点在文学作品中多次出现，也存在于对历史的各种解读中，通过笑话进行散播，并由于游记而得以不朽。几个世纪以来，人们都认为国民性格和气候存在着一定程度上的相关：有些国家"热情"而有些国家"冷漠"。国家之间的战争、长久的殖民政策、国家排外的事实、长期稳固的大众信念和媒体危言耸听的报道，这一切都制造出并维持着一些与"国民性格"相关的刻板印象（见表 10—1）。一些国家的人存在将他们自己与邻国人民区别开来以显示自己的独特之处的倾向，比如说立陶宛人有将自己与俄国人区别开来的悠久传统（Yushka & Gaidys，2008）。加拿大人则认为自己与美国人有着完全相反的形象，这可能是因为他们想区分自己和他人并且建立起独立的民族身份（Cuddy et al.，2005）。

这些刻板信念的塑造和保持有一个重要原因就是不假思辨和批判的思维。但是，另外一方面，很多人也能将国家政策和这个国家的一般民众区别开来。伊拉克战争对于典型美国人的知觉有一定的负面影响，但是全世界的人们还是能理性区分出美国的外交政策和美国民众的特点（Terracciano & McCrae，2007）。

人们看待自己"国民性格"的方式受到多个因素的影响。例如，在一项跨国研究中，美国人将他们自己知觉为武断且脾气暴躁的。印度尼西亚人认为自己宜人性高但是不够尽责。阿根廷人则报告了更为消极的结果，他们认为自己冲动、傲慢且粗心（Terracciano et al.，2005）。一项调查发现拉丁美洲和欧洲的人们在开放性上得分较高（智利排名第一），而排名垫底的几乎都是东亚的国家和地区，比如：中国香港、日本、韩国和中国台湾。人格测验的结果也同样表明来自非洲文化区的人焦虑水平较低（Smith et al.，2007）。

无论如何，以上所有及其他的数据都不能确切地表明某个国家会具有区别于其他国家的鲜明特征（McCrae，2002）。一个横跨 49 个国家的著名综合研究通过比较不同的人格特质发现，国民性格几乎没有什么事实依据（Terracciano & McCrae，2007）。作为一种原则，心理学家有责任提醒所有人：这种刻板印象对于了解一个国家或者文化中的人们没有什么帮助。

表 10—1　关于国民性格刻板印象的一些资料

影响国民性格刻板知觉的因素
特殊事件：两个国家之间的战争或者严重的国际事件常常会让人们在对抗结束之后的很长一段时间内，对其中一个国家都保持着"侵略者"的印象。第二次世界大战之后的很长时间里，德国人和日本人还是要应对他们国家的负面刻板印象。同样，英国、法国、俄国和美国和其他一些国家的人们也不得不背负过去的战争和国际事件给他们所带来的负面形象。
压迫的历史：长期的殖民政策，以及其他国家的统治或剥削，通常会产生互相敌对的知觉。被压迫国家的人民通常会被视为"暴力"或"肇事"的受害者，而统治方的国家被认为是"傲慢自大"和"不道德"的。看一看世界帝国史，以色列与巴基斯坦的关系史，我们就能知道一个国家对另一个国家的统治能产生双方的负面知觉。
财富与贫穷：发展中国家常常认为发达国家（特别是邻国）的人很"自我中心"和"吝啬"，而相对贫穷国家的人则被刻板地宣传为"懒惰"和"邋遢"的。在民间传说、故事和日常交流中，这些相互的负面刻板印象会保持并进一步强化。很多人会相信这样的刻板印象，因为他们没有机会亲身接触到那些能证伪这些刻板印象的信息。

练习 10.2

假设你在旅途中碰到了以下一些人：（1）一个日本男人；（2）一个巴西妇女；（3）一个法国男人；（4）一个约旦妇女；（5）一个德国男人；（6）一个意大利妇女。你在他们的公司待了一个星期，回家后，你最终发现你对这些人最初的刻板印象得到了证实。你能将以下的行为举止和他们的国籍对应起来吗（请完成以下填空）。400 个弗吉尼亚和华盛顿的学生也同时给出了他们对普遍刻板印象的评价。你可以将你的答案与频次最高的刻板印象进行比较，讨论这些刻板印象为什么不准确。

问题：这个人是谁？（日本人、意大利人、法国人、德国人、约旦人、巴西人）

1. 这个人进餐从不迟到。
2. 这个人过分健谈。
3. 这个人随时带着三个摄像机。
4. 这个人是群体中最优秀的桑巴舞者。
5. 这个人总是喝啤酒。
6. 这个人试图与团体中的一些人约会。
7. 这个人在团体中总是保持安静。
8. 这个人一直保持微笑并总是说"对"、"是的"。
9. 这个人说他/她不会玩扑克，也永远不会去玩。
10. 这个人总是喝烈酒。

11. 这个人最喜欢的音乐是军队进行曲。
12. 这个人说他/她结婚之后愿意留在家里照顾小孩。
13. 这个人很懂奶酪。

练习 10.3

霍夫施塔德（Hofstede，1980）以及史密斯与施瓦茨（Smith & Schwartz，1997）的研究都发现：个人主义的价值观和一个国家的经济发展呈现显著的正相关。换句话说，如果一个国家很富有，那么它的人们比一个贫穷国家的人更可能表现出个人主义的态度。对于这种相关最常见的解释有：

- 经济的富足给人们提供了更多的机会，使得他们有更多自由做选择并且相对独立于他人。

但是，另外一种截然不同的解释也是有道理的：

- 个人主义的价值观能激发人们努力工作和提高效率。

请通过这两种解释，来证明国家经济财富（通过收入的总数进行计算）与权力距离和不确定性规避之间的负相关。如果需要，请参考第3章对于正负相关的统计数据。

* *

本章总结

- 心理学认为社会知觉是基于文化的，我们通过文化环境习得判断、态度和信念。
- 社会知觉和社会认知过程中最基本的一个因素是态度。在不同的文化下，态度都能帮助我们理解世界的意义，提供给我们一种自我保护的功能，使我们对自己感觉良好，最终能帮助我们表达自己的价值观。
- 文化从以下几个维度发展、维持并证实了具体的价值观体系：保守主义与自主性、等级制与平等主义、控制与和谐。人类的价值观可能存在个人主义和集体主义两种模式，同时也存在着对所谓“西方”与“非西方”价值观的争论。
- 认知的平衡与失调理论表明：人们总是努力寻求态度间的一致性。尽管存在一定的差异，但是在各种不同的文化下都普遍存在这种趋势。心理教条主义是一致性寻求的一种模式，这已经被众多的文化现象所证明。
- 对于社会归因的研究证明：不同国家的人虽然存在一些相似性，但是会表现出不同的归因风格，而且这些不同有着深刻的社会与文化背景。
- 尽管对于心理控制点有一些跨文化的说明与证实，但是在许多国家的研究中，它的一般模式还是存在显著差异的。
- 文化对于个体的基本归因错误和其他社会归因模式存在影响。
- 即使一般的行为道德原则是普遍的，但对于这些原则的解释却受到特定文化的强烈影响。对于道德这一概念，存在两种基本的观点：一种基于公平的观点，与强调个体自主性和权利的信念相关；另一种则基于责任，认为对他人的责任是道德的基础。
- 人们会对他们的内部世界和外部世界进行区分。个体特质和外部环境两者结合，通过各种方式影响人们的自我知觉。
- 社会知觉的过程往往使得人们简化接收到的信息并借此进行分类。刻板印象会使人们认为一个特定群体中的所有成员都具有某种特质。研究发现刻板印象可能存在跨文化的普遍特征。

关键词

认知失调　由以下因素之间的不匹配所引起的心理紧张：（1）态度和行为；（2）两种选择之

间；(3) 两种或多种态度。

教条主义　思想闭塞刻板，观点和行为不具有灵活性。

心理控制点　关于个体强化控制的观念，即依赖内部控制因素（内部控制点）或依赖外部控制因素（外部控制点）。

国民性格　一个国家中大多数人的显著行为和心理特征及普遍特质。

自我中心偏差　享受成功荣誉却避免失败责任的心理趋势。

社会归因　我们努力解释和确定自己与他人行为原因的过程。

社会认知　我们理解、记忆并运用社会信息的过程。

社会知觉　我们试图了解和理解自己和他人的过程。

刻板印象　对于特定群体成员的特质与特征的认识。

谦逊偏差　将自己的成功进行外部归因而将自己的失败归因于个人错误和缺陷的心理趋势。

价值观　由个体认为最能恰当反映原则、标准和品质的信念所组成的系统。

第11章 社会互动

己所不欲，勿施于人。

——孔子，中国哲学家

他人即地狱。

——让-保罗·萨特（Jean-Paul Sartre，1905—1980），法国小说家、哲学家

30 年以前，本书的作者们还是这个星球上天各一方的两个年轻人，但是他们都听说过这样一个故事——这个故事并不是多么有趣，而只是一个关于谈判的小趣闻。虽然他们生活在不同的文化和政府的统治下，被许多的刻板印象和误解分隔开来，但他们都能轻松理解这个故事的内涵。

两个老朋友在纽约的酒吧中重逢，其中一个说："唉，我的儿子实在不争气，我不得不助他一臂之力。"另一个问："你怎么帮他的?""他和沙特阿拉伯公主结了婚，然后做了大通曼哈顿银行的副总裁。""和沙特公主结婚？大通曼哈顿银行副总裁？你怎么做到的?！你别忘了你只是一个计程车司机啊！""我使用了'穿梭外交'手段，哈哈。""穿梭外交？那是什么?""很简单，一个月前我给沙特驻美大使馆打电话，问他们要不要把沙特公主嫁给我儿子。他们说'不'。然后我就说我刚刚忘了告诉他们我的儿子是大通曼哈顿银行的副总裁。他们马上就说：'哦，那就不同了，我们会马上为您的儿子找到一个公主的。'""等等，但是，你的儿子只是一个夜总会上的鼓手啊，哪里是什么银行家?！""对，我知道。我又给大通曼哈顿银行打电话，询问他们能否给我儿子安排一个副总裁的位置。他们不答应。然后我就说我儿子的妻子是沙特的公主，他们就马上告诉我：'噢，那就不一样了，您叫您儿子明天过来上班吧。'这就是穿梭外交嘛。"

这个故事在很多国家都很流行，所谓"穿梭外交"，是尼克松时期的国务卿亨利·基辛格（Henry Kissinger）提出的决策策略。但是这个故事的政治背景可能并不重要，它最神奇的地方在于无论我们身处什么样的文化、政治和宗教环境中，我们都能共享一些东西：我们容易理解、识别和解释人类行为的共同规律。但是，有没有实证性的事实能表明所有文化下的人都能意识到并利用同样的互动原则？如果这样的事实存在，我们在哪些领域又是不同的呢？

普遍的互动

如果与他人完全隔绝，人类是无法生存的。在我们的一生中，我们会加入不同的群体，无论是自愿还是被迫，必然还是偶然。人类学家证实了：无论在人类社会的哪个阶段，人们都会积极形成组织群体（Coon，1946）。一个**群体**必须是两个或两个以上的人所形成的完整单元，我们所属的群体叫做"内群体"，我们之外的那些群体称为"外群体"。最初，我们可能会认为群体的成员聚集在一起是因为彼此相邻。但是，地域上的临近并不一定也不足以构成内群体形成的条件。例如，在北爱尔兰，一个天主教徒和一个新教徒可能是同一个小镇上的邻居，但他们可能从未加入过同样的群体。几乎每一个人所属的每一个内群体都可能是其他人的外群体，例如：学校、教会、朋友圈。一项民意测验表明，大概 90%的英国人都没有少数人种的朋友，这说明文化群体之间的隔阂在英国变成了多元文化的国家之后几十年后反而加深了（Dodd，2004）。还有一种互动的方式日益凸显——一个来自纽约的印度教男孩和一个来自加利福尼亚的穆斯林小孩可能从来没有遇见过，但是他们可能加入了同一个"奇幻棒球联盟"，在网上进行棒球比赛。

当我们加入一个群体，我们就获得了一种**身份**：一种群体内部的正式或非正式的社交身份。社交行为模式的文化差异会促进或者抑制社会的流动性。例如：身份可以被赢得（努力实现）或者赋予（出生时授予），一个人可能会认为在民主社会，个人的价值是其社会身份与地位的基础。但是，在古老的印度社会中，种姓就能决定一个人的社会地位，几乎完全没有社会的流动性。如果一个人属于较低的种姓等级，那么他/她成为权势贵族的可能性微乎其微。

批判性的思维能帮助我们从三个方面去思考文化与身份的关系。首先，在每一个社会中，每一个人的社会身份都是可以获得或被赋予的。其次，即使在民主发展程度最高的社会，也会存在性别、人种和（或）宗教的区分（见 12 章）。最后，通过成为各种群体中的成员，人们能接受更多的社会身份。例如，一个人可能是一个移民、一位母亲、一个女儿、一位护士、一个足球教练和一个病人——可能同时扮演所有的角色。社会身份的多维度将不可避免地影响人们对自己身份认同的方式，包括他们的文化认同。

现在，我们知道作为一个群体中的一部分会获得一种身份，能通过行为模式与社会角色得到说明与阐释。所谓**规范**，是由群体建立起来的，它告诉群体成员应该做什么，不该做什么。社会**角色**是人们在特定的群体中和位置上的一系列的理想行为。一旦成为群体中的一部分，我们就必须面临群体的行为规范；一旦获得一种身份，我们就要开始扮演一定的社会角色，例如：在一些家庭，孩子在做决定的时候常常要寻求父母的护佑；在许多亚洲和非洲国家，父母不会允许自己的子女在结婚之前约会；在德国，大多数的商店在下午六点一定会关门——这就是社会规范。居住在危地马拉的玛雅人的孩子是不许对长者提出意见的，因为在他们看来，这是一种对成年人的尊重（Berger，1995）。一些宗教的模式也会限制教徒食用某些食物和使用某些产品。

群体会建立起一定**约束力**——奖励那些遵循规范的人（正性约束力）和谴责那些违背规范的人（负性约束力）。在大多数的情况下，如果没有约束力，行为规范也会不复存在。约束力的表现从体罚到善意批评、从物质奖励到言辞表扬不等，正如我们在第1章看到的那样，很多集体主义文化（比如俄罗斯、巴基斯坦和墨西哥）中存在着比个人主义文化（例如瑞士、美国和德国）更强大的约束与奖励系统。当然，文化之间也存在一定的相似性：美国和日本的管理者们都会对他们的雇员使用直接和间接的表扬（正性约束力）（Barnlund & Araki，1985）。

人口密度会对社会互动产生影响，因为它决定了人们在一段时间内将与多少人直接接触。在一些国家和地区，人们生活在拥挤的社会环境中；而在另外一些地区，人口却相当稀少。例如：将加拿大乡下与孟加拉的农村相比，或者将俄勒冈州某市中心与巴黎市中心相比，你就能发现人口密度的巨大差异。

> 在自己的家中，你就是一个王，不逊于任何宝座上的帝王。
>
> ——塞万提斯，西班牙小说家、诗人

作为一种跨文化的普遍倾向，人们常常会认同他们居住的地方并努力捍卫这一领域。这种领域性的行为包括了划定界限、明确自己的地盘、所有权和所属物。房屋边的栅栏或教室座位上的书包都是领域性行为。人类学家认为领域性行为是个体和群体所固有的行为（Schubert & Masters，1991）。另外，生物学家也指出领域行为是一种本能。例如，即使没有天敌和竞争者，一些鱼群也会实施领域性行为（Lorenz，1996）。尽管心理学家们否认人类本能的观点，但是他们也证实了领域性行为是许多文化背景和不同社会群体中都会出现的现象，群体间的差异只是行为程度的不同。具有一定包含性的群体能容忍“入侵者”，而排外性的群体会尤其地强调自己的领域。

集体主义和个人主义，作为基本的文化分类，在广泛的情境中会极大地影响社会互动。我们在第1、7、8章中看到，在个人主义文化下，人们通常会首先关注他们自己和家庭，而在集体主义文化下，人们会首先照顾他们的内群体，然后才是他们自己。在个人主义文化下，成就和个人的主动权会在社会化的过程中被强调，但是在集体主义社会中，从属于群体才是最重要的（Chiu & Hong，2006）。这可能是因为集体主义文化的人们比个人主义文化下的人们更多更频繁地与内群体成员进行交流和互动，彼此之间有更为紧密的联系。在大多数集体主义模式的社会中，人们会属于较少的内群体，但是这些群体会相对稳定和持久，而个人主义文化下情况正好相反，人们会加入各种各样的群体，但是并不能持续很长时间（Moghaddam，1998）。另一种可能是：集体主义文化下，内群体偏好和群体成员之间的相互影响比个人主义文化更显著（Gudykunst & Bond，1997）。很多旅行者可能会注意到个人主义与集体主义模式交流互动的方式和典范。例如：在美国，写邀请函邀请别人参加庆祝会或舞会是很平常的，而且会在邀请函中让受邀者回复确定他们是否能来，而这种形式的正式交流在很多集体主义国家中就并不常见。

如果说西方人更倾向于将人看成是独立于其他人的，而亚洲人本质上更倾向于将人看成是与他人相联系的，这种说法准确吗？是不是亚洲人和亚裔美国人或多或少都会比美国白人更喜欢通过寻求社会支持来解除压力呢？答案并不是这么简单。一方面，亚洲国家的集体主义导向可能促使人们分担压力性事件；但是另外一方面，保持群体和谐的趋势也会抑制这样的尝试：因为你不应该表现出自己的忧虑。在两个实证研究中，韩国人（研究一）、亚洲人和亚裔美国人（研究二）比美国白人更少地通过社会支持来处理压力。这是为什么？东亚文化规范看起来限制个人通过社会支持网络来寻求帮助和应对压力。这可能是因为来自依赖性文化的个体认为如果自己求助于他人，他们的个人收益会减少，社交会变得失败。也就是说，人们可能不愿意通过社会网络而是试图独立解决自己的问题。总而言之，人们应对压力事件的方式存在着文化差异（Taylor et al.，2004）。

不同的国家和社会可能产生相似的或区域特异性的助人行为模式。在全球 23 个大城市独立进行的实验测验了三种不同的助人行为：告知丢了笔的行人、帮助腿部受伤的行人拾起地上的杂志、帮助一个盲人过马路（Levine et al.，2001）。结果表明：在三个维度上，所有城市中的助人比例都相差不大。这说明，城市里的大多数人如果告诉行人丢了笔，他们也会帮助盲人或者残疾的行人。但是，助人行为也存在文化差异：在巴西里约热内卢，助人比例为 93%，在马来西亚的吉隆坡，这一比例为 40%。大致上，不同文化下的助人行为与本国的经济生产力有关：生产力越高，助人行为就越少。

> 即使在天堂，你也不会孤单。
>
> ——意大利谚语

无论我们的文化背景如何，他人在场或者不在场都会显著影响我们的行为：旁观者、监督者甚至只是过路人都可能强化或者抑制我们的表现（Zajonc，1965）。这种现象叫做**社会促进**，他人对于个体表现的影响研究始于 20 世纪初，最初的实验表明社会促进是一个跨文化的现象（Yaroshevski，1996）。

文化中与人际互动相关的另外一个维度就是不确定性规避（见第 1 章）。与来自低不确定性规避文化的人相比，具有高不确定性规避的人对于不确定性和模糊性的忍受力较低，他们更多地表达文化所许可的情绪，对于群体一致性有较强烈的需求，不能容忍不同的个体，对于行为标准也有更多的需求（Hofstede，1980）。非传统社会的一个标志就是，他们能容忍偏离期望模式的行为。我们应该谨记：容忍与不容忍是一个特异性的问题。从比较的视角来看，我们才能更好地去理解——一个人在特定的环境下考察特定的群体，在多大程度上能容忍或不能容忍某一特定的事件。例如，很多人无法容忍同性恋，但是，在民主社会和极权社会，传统文化与非传统文化中，这种不容忍的程度和范围是不同的（见第 7 章）。

直接接触

无论是在阿根廷、瑞典、澳大利亚、刚果还是印度，人们对肢体语言都会有一些共同的理解：他们会区别出冒犯的姿势、友好的微笑以及感到害怕时的恐慌。比如说，即使一个人一言不发，他/她也能通过耸肩这一普遍的肢体语言来表示他/她不知道问题的答案。也有研究发现：个体的社会地位越高，他/她说话的音量就会越大，这在很多竞争互动的场合下确实是存在的——对于与自己较为亲近的人，人们会提高他们的语速和强度，而面对比自己地位高或低很多的人，人们就会降低语音的强度（Schubert，1991a）。

在不同文化下，人们问候招呼和自我介绍的方式是类似的。当两个或者更多人初次见面时，人们会讲述一些自己的事情，即心理学家所说的会有一定程度上的自我暴露。他们会礼节性问候、互报姓名并微笑，研究证明，这些行为的顺序具有跨文化的一致性（Frager & Wood，1992）。当然，差异也是存在的，在一些国家（例如美国）人们第一次见面时会握手，但之后每天见面时就不会了。与之相反，在一些阿拉伯国家及俄罗斯，人们每天都会与朋友和同事们握手。还记得对观察事实进行评价的自然主义谬误吗？一些美国人可能会认为这种每天握手的行为很烦人而且具有一定的冒犯性。同样，到其他国家的美国职业人士总是会被人们认为是“冷漠而疏离的”，因为他们每天早上都不会与他们的同事握手示好。为什么？因为人们会认为自己熟悉或者“典型”的行为比非典型的行为更合乎规范，更容易接受。比如一个比较知名的案例，诺拉·C（Nora. C），一个法国的穆斯林职员，在2004年因为拒绝取下自己的围巾和与人握手而被停职了。

因为个人各种各样的原因，我们发现，无论在哪种文化中，都会有人不愿意自我表露，但也会有一些人随时都跟他人积极地表露自己。

文化传统同样能约束和规范我们最初的交流方式，例如所谓的高语境文化和低语境文化（Berry et al.，1992）。在高语境文化中，大多数的重要信息是通过语境呈现的。如果一个人对另外一个人说"我们什么时候一起吃午饭吧"，并不一定意味着第一个人会真的和第二个人一起吃饭。基于情境语境，第二个人会做出一个判断，看这是一个午餐邀请，还是只是一个礼貌性问候。在低语境文化中，几乎所有的信息都是通过语言内容表达出来的，大多数的西方国家，包括美国、加拿大，都被认为是低语境文化；而诸如日本、韩国、越南等国都被认为是高语境文化。比如说，当日本人与美国人进行交流的时候，他们更难以自我表露，而美国人与日本人交流时就不存在这种情况。日本人的内在世界常常通过暗示和弦外之音来表达，而不是直接的互动和沟通。因此，日本人与美国人进行交流的时候，与来自加利福尼亚和得克萨斯的人相比，他们可能看起来不太放松、不太灵活（Hedstrom，1992）。但是，不要用你的臆想取代现实（请记住批判性思考这个要素）：当一个日本人与美国人进行交流的时候，大多数的情况下他们使用英语，那么在这样的情境下，谁会感到更放松呢？一个从出生开始就说英语的人？还是以英语为外语而使用起来不太流利的人呢？

各种社会、宗教和文化的因素都会影响和控制我们与他人交流的方式。在人际关系中，眼神交流扮演了核心的角色（Grumet，1983）。多数文化都会教导人们不要去盯着陌生人看，因为谈话中眼神的交流是亲密和感兴趣的一个标志。但是，在韩国，情况却不是这样：只有当你足够了解一个人后，你才能和别人进行眼神交流。在一项研究中，作者对加拿大人、特立尼达和多巴哥人和日本人进行眼神凝视的表现进行了测量，同时还要求他们回答一些问题。当这些被试知道问题的答案时，特立尼达和多巴哥人维持着最多的眼神交流，而日本人的最少。当被试必须自己思考这些答案的时候，加拿大人与特立尼达和多巴哥人眼睛会往上看，而日本人会往下看（McCarthy et al.，2006）。

在纳瓦霍斯和俄罗斯人看来，用手指着别人是非常不礼貌的。在一些地中海国家和原来苏联的联邦国家中，身体接触是很普遍的事情，而在诸如荷兰、德国和芬兰等欧洲国家中情况并非如此。在日本，人们不会去触碰异性朋友腰部以下的身体部位，这种原则对于来自欧洲和美洲国家的人来说并不重要（Barnlund，1975）。拉丁美洲人的人际距离小于日本与其他东亚国家。在地中海沿岸的文化中，大声说话是可以被接受和容忍的，但是这样的交流在北欧会被认为极其不礼貌。总体上来说，人们对于文化、种族和国家传统的了解在跨国文化交流中会非常有帮助。

> *在这个人人都努力寻求主流身份而自我麻痹和获得安全感的世界，成功、认知和从众成为现代人的座右铭。*
>
> ——马丁·路德·金，美国民权运动领袖

从众

2005年，成千上万的人蜂拥至孟买海岸，在那里疯狂地淘钻石。尽管警察公开宣布那些钻石都是假的，人们依然前赴后继，成千上万的年轻人、乞丐、家庭主妇和旅游者抵达海岸，甚至有些人自制火把进行夜间搜寻。我们有时候仅仅是因为别人都在做某件事情，所以我们就会去做。**从众**是使个体改变自己的行为和态度以符合群体或者社会规范的一种社会影响力的形式。实证社会心理学家提供了有关"从众"的很多有趣的案例与解释。阿希（Asch）在20世纪50年代初期进行的一系列经典研究中，实验环境对从众并没

有特定的奖赏，对不同的行为也没有任何惩罚（Asch，1956）。但当群体中绝大多数的人都坚持错误的判断时（在 12 次的系列中），几乎 75%的被试都会至少一次从众于错误的反应。跟从“行动者”明显错误的判断的反应总计达到 35%。也有人提到，每一个群体都对不接受群体规范者有一定的约束力，这是不是意味着我们的从众都是为了避免负面的社会制裁呢？答案是否定的。我们从众并非只是逃避惩罚，而是存在着很多其他的原因。

除了逃避惩罚，我们从众的另外一个重要原因可能是为了迎合他人的期望以此获得他们的青睐，特别是当“他人”代表着大多数人的时候。例如，很多欧洲女性到了伊斯兰教国家之后都会用头巾把头包住，尽管那些国家对外国人并没有这样要求。决策行为，尤其是在不熟悉环境中的决策行为从众的概率更高。而事先承诺会降低从众（Deutsch & Gerard，1955）：一个因为其宗教责任而不喝酒的人会比那些缺乏这种强大承诺的人更不会去饮酒。

理性行动者理论从理性选择的角度解释了从众行为。根据这一理论，人们作为理性行动者，会从各种选项中选择出对自己可用和有效的（Monroe，1995）。当人们只是看到某种行为的收益而无法预测其潜在威胁的时候，他们就会从众。例如布鲁斯坦（Brustein，1998）试图解释希特勒的德国国家社会主义工人党为何会在 1933 年赢得当地和国家选举之后反而党员减少。他认为最主要的原因是德国民众的大多数人不赞同，甚至强烈反对纳粹成员。

跨文化敏感性

专业的冰球选手很辛苦，他们要击球和阻挡，有的时候手套脱落了还要赤手去击球，这可不是开玩笑。他们确实打架，可能对彼此造成伤害。但是什么是对打架的最大惩罚呢？罚离场五分钟！然后这个球员就可以继续比赛。如果你被击中，你就要回击。不要抱怨，身体间的较量是冰球的一部分。

但是，冰球赛场上的一些话语可能比割伤和擦伤更令人痛苦。我们不是要讨论性骚扰——如果你在看台上观看过职业比赛，你就会知道其实每场比赛中都会有这样的事情，只是体育官员和公众都视而不见。我们要讨论民族和种族问题——污蔑和攻击某人的种族、宗教和人种。美国全国冰球联盟已经建立起了冰球场上对种族歧视和攻击绝不姑息的规定，而且严厉惩罚了在冰场上进行人身攻击的球员。显然，言语比拳头更伤人。

> 要么像你邻居那样，要么搬走。
>
> ——摩洛哥谚语

从众行为可能是由获得奖励和避免惩罚的动机直接引起的。这种行为常常被称为**顺从**，它可能给人们带来希望。如果处于贫穷、失望和沮丧中，这时有人提供了有说服力的解决方法，人们就会依从那些提出这些解决方法的人。但是，顺从并不仅仅是个体的软弱和沮丧情绪，例如 1977 年的乔治敦“人民圣殿教”惨案和 1997 年的“天堂之门教”的集体自杀案：这两个邪教组织的成员被邪教首领劝服相信死亡是摆脱痛苦和达到精神救赎的唯一途径。我们批判性地来思考这些群体性的自杀事件以及各种各样的顺从，想一想那些使人们遵循其意志的领导者本身可能就存在严重的精神问题，比如被迫害妄想症、严重的人格障碍、自杀倾向和施虐倾向（Osherow，1993；Zimbardo，1997）。

从众是跨文化的普遍现象吗？

社会从众在不同的文化中有差异，比如说个人主义与社会经济财富存在正相关。在个人主义水平较低的国家，从众是一种普遍的现象，自主性并不是非常重要（Berry et al.，1992），因此，经济富裕的国家与较为贫穷的国家相比，从众案例明显较少。与社会经济地位较低的群体相比，中产及以上阶级的从众性显著较低。此外，在社会分层越多和集权度越高的社会中，父母也更关注将子女培养为符合社会规范的人（Kohn，1969；Shiraev & Bastrykin，1988）。总而言之，集体主义的规范比个人主义的规范更容易引发从众行为（Matsuda，1985）。在文化多元的社会中，例如美国和加拿大，主流文化的主导性比一元文化社会（比如挪威和韩国）中统一文化的主导性低。即使在苏联这样的多民族国家里，俄罗斯主流文化和单一的马克思主义意识形态也被政府加以强化，因此在公民中形成了从众（Gozman & Edkind，1992）。

对于惩罚与制裁的预测会限制人们自由表达与多数人相反的意见，会使得个体默默赞同他人。诺艾尔-诺依曼（Noelle-Neumann，1986）论述道，个体表达个人观点时最害怕的就是被社会孤立，为了避免这种孤立，人们总是努力猜测他人的想法。如果个体跟随主流的观点，他/她的判断就能够得到自由的表达和讨论。而且，没有他人的反对和批判，人们就会强化自己的观点。但是，如果个体持有少数派的意见，他们将会感受到社会孤立，并且无法在公众场合自由地表达自己的观点，使得局面最终陷入一种沉默——如果与主流观点不同的意见在公众面前得不到表达，只会越来越销声匿迹。如果社会规范拒绝甚至无法容忍不同的意见，不仅会影响某些观点和态度的表达频率，也会影响这些观点和态度在人们思维和态度中的重要性。另外，因为缺乏不同观点的表达，所以现存的社会规范会变得理所当然，一成不变。

经典案例　　性骚扰

“我做的只是别人都做的事情。”从众是一种社会规范吗？卢因（Lewin，1951）在解释传统中说道，人类行为是由两个方面组成的：情境的和个人的。根据这一传统定义，我们就可以理解很多有趣的现象，例如性骚扰。一些个体由于其个人经历和人格特质，会有性骚扰癖。同时，在特定的社会与组织环境中，社会规范可能是容许性骚扰的。在俄语里，根本就没有和“性骚扰”相对应的词汇，事实上也没有官方规定和法令阻止甚至打击性骚扰，因为在俄罗斯人看来，妇女理应承担大多数发生在自己身上的男女关系事件，如果一个女性表现“轻佻”，那么她所遭受的性骚扰或者暴力就只能归咎于自己（Glad & Shiraev，1999）。如果没有任何词汇去定义“性骚扰”，人们就很容易隐瞒甚至完全否定它的存在。这种文化模式导致的结果就是：当有性骚扰癖的人被放在容许这种行为的社会情境中时，人们对性骚扰的容忍度会很高（Pryor et al.，1995）。简而言之，因为社会的容忍，那些常常实施性骚扰的人得以免除惩罚。但是，如果这些人在美国，他们会因为知道美国人对性骚扰的看法，从而在行为方式上产生根本的变化。

在一个关于性骚扰影响的研究中，来自各个种族的1 500名妇女被试中，容忍性骚扰的被试中多于三分之二的人都是来自集体主义和宗法制文化。与欧裔的美国人相比，拉丁裔和土耳其裔的美国妇女表现出了更多的回避、否认和自行解决，而不是求助于他人。这种行为说明：集体主义文化更注重通过维持现有的人际关系来“做他人做的事情”，所以人们会容忍性骚扰以避免反抗带来的结果和影响（Cortina & Wasti，2005）。

社会和环境因素同样能影响个体的从众性，例如，贝里（Berry，1967）的研究证明，在食物丰富的社会中人们的从众性相对较高（如塞拉利昂人），而在食物匮乏的社会中则较低（如加拿大爱斯基摩人）。在这种情况下，低水平的从众可能受到社会化的影响：一个爱斯基摩的年轻人可能在很早就学会了如何做一个独立的狩猎者。在很多亚洲国家进行的研究说明他们的从众行为比欧洲人要多，尤其是中国人，在过去的研究中被证实比美国人有更高水平的从众性（Huang & Harris，

1973）。此外，亚洲人（如印度尼西亚人和日本人）比欧洲人更看重从众行为的价值（Matsumoto，1994）。例如，在罗科奇价值观调查（Rokeach Value survey）中，亚洲人更认可从众、顺从等价值观，而欧洲人更强调独立和个人自由等价值观（Punetha et al.，1987）。还有一些人研究了一些“相似”国家（如意大利和澳大利亚，它们都是信奉基督教的民主国家）中人们的从众行为，结果发现一些不同：意大利人的从众水平高于英国人（Cashmore & Goodnow，1986）。但是现在的研究已经开始质疑这些 15 到 20 年前的研究，与“存在典型的从众种族与国家”的普遍假设不同，从众行为可能与某些特定的情境相关。最近对日本大学生进行的一个研究证实，在实验室条件下，日本人的从众水平并不高于美国人（Takano & Sogon，2008）。

我们必须记住：从众水平是一个连续变量。只有比较两个或两个以上的样本时，我们才能描述他们从众水平的高和低。此外，在一种文化中，对于从众行为，不同的社会群体会运用不同的社会赏罚。

在从众的跨文化比较中，我们必须考虑这种行为产生的社会情境。从比较普遍的角度来看，人类的所有行为都能被认为是从众行为，因为大多数的健康个体都会调试自己的行为以符合特定的行为规范。一些形式的从众是随处可见的，例如：当从众行为成为社会适应的一种策略，或者从众行为不会面临道德两难境地的时候，我们就会轻而易举地从众。这就是为什么人们看到他人的社会赞许行为时很容易模仿（Aronson & O'Leary，1982—1983；Cialdini et al.，1990）。

威兹（Weisz）和他的同事们（1984）利用以下的假设解释了不同文化下的公众行为：在一些情境中，个体试图改变环境而获得一些奖励和夸赞，这样的行动被称为“初级控制”。而在另外一些情境中，人们通过适应现存的环境来获得奖赏，这种行为称为“次级控制”。有研究发现，美国人更为看重初级控制，而日本人更看重次级控制。换句话说，美国人追求的是自我监督和管理，以及独立的目标，而日本人对与他人结盟更感兴趣。这种差异能通过心理控制点来进行解释：与日本人相比，美国人有更为明显的内归因倾向（Moghaddam，1998，p. 233）。

> 过犹不及。
>
> ——孔子，中国哲学家

如果说美国是一个多样化、异质性较高的国家，我们是不是就可以认为美国人的从众水平会低于土耳其、巴西和印度的人们呢？实验研究并没有提供这样的证据。一些研究发现，在相似的实验条件下，美国人的从众水平并不比其他文化中的被试低。一个在日本进行的研究结果更是令人惊讶：数据显示日本人在阿希经典实验中从众行为的最低水平比美国人还低（Frager，1970）。假设这些代表集体主义文化的日本人会比美国等个人主义文化下的个体更为频繁地表现出从众行为，那我们该如何解释这样的意外结果？是不是实验程序出现了错误？显然，在集体主义文化下，人们对内群体表现出强烈的从众，但是对外群体却显得不太合作。在阿希的实验程序中，被试之间并不熟悉，所以这样的情境不能被定义为“内群体压力”。在日本松田（Matsuda，1985）实施的从众研究通过将日本人分为三类对此进行了解释：第一类——由实验者挑选的被试，他们没有表现出从众；第二类——互相选择的朋友，他们表现出了从众行为；第三类——核心群体，他们的从众水平最高。另有一个研究（Moghaddam，1998）也解释了为什么一些日本被试会表现出较低的从众水平，说明了社会规范会如何影响实验程序。大多数的从众实验是在大学生中进行的，对于他们中的一些人来说，在实验情境中与“陌生人”的互动不如和他们家人及其他重要群体的互动重要，所以从众水平会显著下降。例如，弗雷杰（Frager，1970）和后来的古迪昆斯特（Gudykunst）及其同事（1992）解释道，在不确定性规避水平较低的美国，人们在不同社会情境中会有不同的“标准规范”；而在日本，因为不确定性规避较强，人们在不同的社会情境下希望有更为清晰一致的行为标准，所以对待陌生人的行为方式可能与对待内群体成员的有很大差异。

同样，当我们让美国学生评价美国人与其他国家的人们在从众行为上的差异时，大多数人都认为美国人的从众水平比其他国家人的低。为什么会这样？有游历经验的人很容易看到：那些居住在北美、欧洲和工业化的远东国家的人们有更多的生活选择，这种选择不仅体现在产品和服务上，也体现在政治多样化、意识形态的选择、生活方式和宗教信仰上。当约翰比玛丽有更多的选择时，他就能选择更合适的行为方式。在这种情况下，我们解释他们两者的行为时就能发现约翰的行为更为“复杂和多样”。但是这样的事实并不足以得到“约翰比玛丽从众水平更低”的结论。玛丽在生活中的选择和机会相对较少，因此她的行为可能会被限定在某一些必要的行为模式框架之下，但是这不意味着她比约翰更易从众。

批判性思考 “人人从众”

俄罗斯的社会心理学家亚瑟·彼得罗夫斯基（1978）认为西方心理学家进行的大多数的从众实验都包含一种逻辑错误。他的主要论点是：当心理学家将人们面对群体压力时的从众描述为一个两分变量的时候，人们只有两个选择：从众或者不从众。而且，在个人主义文化下，从众的人会被负面评价为“被领导者”、“追随者”、“没有主见的人”等。相反，那些不从众的人会被贴上“领导者”、“勇敢者”和“独立者”的标签。

彼得罗夫斯基提出，我们应该避免这样的可得性偏差（即观察者对可见和显著信息的关注），从更为广泛的角度来解释从众。尤其是当人们做重要决策的时候，常常不仅会考虑当下影响他们的情境因素，也会考虑他们的价值观和更为宽泛的社会规范。在一些情境下，人们好像是在努力反对从众行为，但事实上还是在从众，只是顺从于不同的社会规范而已。例如：一群学生决定晚餐最后上牛排，其中一个学生因为自己的宗教信仰而拒绝了这一提议；或者一位年轻妇女拒绝和她的朋友们一起乘坐醉酒司机的车，因为她认为酒后驾车是很危险的。这些不追随大多数人的行为就是不从众吗？如果答案是否定的，那是为什么呢？回想我们对于从众的定义：它是一种使得个体改变态度和行为以符合群体或社会规范的社会影响力。换句话说，当人们看到某些人没有屈从于群体的压力，他/她也可能仍然表现了另外一种从众，只是他们遵循了另外的一种规范和模式。在以上的例子中，那个学生遵从着宗教规范，而那个坚持“负责任”行为的女性，也是被“不能酒后驾车”的标准所束缚。

如果无法赢得顺从，就不要发号施令。

——阿拉伯谚语

服从命令

当你读到这个标题的时候，这个星球上的某个地方有人正在向其他人发号施令，例如：命令别人起立、移动、工作、救援、建设和杀人。在各种文化下，人们会听从于他人，如父母、老师、警察、军官、丈夫和妻子。**服从**是从众的一种形式，是人们对于他人命令的遵从。对权威的服从被定义为遵循权威人物的命令，这种行为往往基于“权威人物有权提出要求和发布命令”的信念。

美国及其他国家对服从的研究明显与耶鲁大学著名科学家斯坦利·米尔格兰姆（Stanley Milgram）的经典实验相关（1963）。正如一些心理学家指出的，米尔格兰姆的研究成果是心理学史上最著名且最具有公信力的成果之一（Hock，1995）。

米尔格兰姆的研究显示，一些人很轻易就会服从他人，尽管这样的行为会触犯他们自己的行为道德标准。而且，他发现人们并不一定只在极端和异常的环境中才会变得服从，我们甚至在无甚紧要的社会情境中也会如此。米尔格兰姆及之后很多人的实验都发现，在心理压力之下，不仅是极端软弱、沮丧和病态的人会服从权威，即使是正常人也会。同时他们还发现，如果有人能对我们的行为负责，那么我们会更加不假思索地服从。在这样的情境中，我们可能做出一些自己看来也不可思议的事情。

米尔格兰姆关于服从的实验在很多国家都得到了验证，结果都非常相似：人们倾向于服从那些权威人物。尽管各国之间存在一些差异，但总体来看，权力距离较大的国家的人们的服从水平比权力距离小的国家的人高（权力距离在本书前面有过讨论，指的是一个组织中上司和下属之间不平等的程度）。一个组织中的人们都接受权力分配的不平均，那么权力距离指数就高，反之，当社会成员更倾向于接受组织中的平等性，权力距离指数就较低（Hofstede，1980）。

影响服从的另外一个重要因素就是社会中主导的领导风格，例如：权威式的领导风格就预设了领导者与被领导者的直接沟通和交流——领导者或者其他权威人物发号施令，被领导者就应该服从，对传达信息的讨论和更改都是不允许的。例如在战后的德国，在1946年到1953年之间，40%的12岁学童会参与学校的讨论和辩论，但是在1941年到1945年间（纳粹统治的最后几年），只有6%的12岁的学生参加这样的讨论（Almond & Verba，1965）。研究还发现：在过去的200年间，服从成了德国社会化中需要培养的一个重要价值观（D. Miller，1983）。

批判性思考　文化规范和服从

作为观察者，我们会评判他人的服从行为。当我们在评价的时候，我们常常用自己的标准来批评或赞同他人的服从。如果A和B属于不同的文化，那么B会如何解读A的服从呢？对于一个事件的批判性思考也意味着要对此提出其他相关的问题。对于服从这种现象，这一问题等于“为什么某些特定的人会服从特定的命令呢？”比如说印度的包办婚姻，一个年轻女子会遵循父母的意见嫁给一个她从未谋面的男子，在一个美国人看来，这就是一种服从吗（Saroop，1999）？仅仅是从这个女子听从了他人命令的角度来说，这确实是一种服从。但是从女子的角度来看，她父母的决定可能不是一个命令，而是基于他们的智慧、慈爱和真诚做出的建议。而且，这个年轻女子能通过遵从她父母的选择传承几千年来包办婚姻的文化传统。任何时候，我们都不能忽略外部因素——如传统、习俗等——对于个体行为，尤其是服从行为的影响。请参考第3章中对于基本归因错误的讨论。

根据一些其他的研究，来自社会经济地位较低群体的父母比中产阶级父母更看重服从（Kohn，1969）。同样的结果也得到了一个横跨9国研究的验证，这个研究中，父母要评价子女身上最应该具备的特质，美国和其他工业化国家（如韩国）的父母的答案更强调个人独立性和自力更生的行为和品质；而来自工业化程度稍低的国家（如土耳其、印度尼西亚）的父母则认为子女的服从非常重要，而不赞同独立（Kagitcibasi，1996）。在全球不同的文化区，非洲社会的依从和服从水平最高（Munroe & Munroe，1972）。政治的意识形态也可能会影响服从行为的频率，在集权主义国家，服从行为比民主国家更频繁（Triandis，1994）。

千万遍的诅咒也不会撕毁别人的一件外衫。

——阿拉伯谚语

社会影响

在心理学中，**社会影响**指的是某些人试图改变他人的行为和态度所做的努力。个体能行使控制和权威的能力就叫做**权力**。权力可能是正式的，也可是非正式的。正式权力的行使常常涉及官方规定、法律和机构规章。而非正式的权力往往由个体在缺乏官方规定的情境下执行。在大多数的传统文化下，父母不会拥有对他们家庭成员的正式权力，但是他们拥有且行使他们对成年子女的非正式的家长权威（Shiraev & Bastrykin，1988）。

实验证明，通过对不同国家和种族的文化符号进行简单的呈现，人们就会受到影响而自发地依照这种国家或文化群体的价值观进行思考。例如：看到大红灯笼（中国文化线索），人们就会自动想到履行人际责任的价值观（中国文化价值观）（Ho-Ying et al.，2007）。

研究发现了人们知觉他人权力的方式会影响群体行为的很多方面。即使一个小玩笑，有权力和没有权力的人对它的解读都是不同的。在一项调查中，调查者给美国的黑人、拉丁裔和白人孩子呈现了一些图画，这些图片的不同之处就是上当者的种族身份，他们需要选出两张图画中比较有趣的一张。只有白人小孩认为其他种族小孩上当的图片比自己种族小孩上当的图片更有趣（McGhee & Duffey，1983）。另外一个例证就是性骚扰，如果不理解各种文化中权力的意义以及男女关系之间的不平等，我们是很难评价和解释这一现象的。

与个人权力和**社会权力**较高的人相比，那些社会和个人权力较低的人更可能对自己的生活、国家的地位，以及世界的过去、现在和未来感到悲观（Larsen，1972）。低权力的群体对高权力的人具有较强的向往和移情，反之不然。例如，我们发现黎巴嫩的阿拉伯学生能比较成功地识别和理解典型的美国式反应和答案，而美国学生却很难识别和辨认典型的阿拉伯式反应（Lindgren & Tebcherani，1971）。

社会学中有一种“软实力”的表达，指的是通过文化、电影、文学、时尚和人类交流而实现的观念的影响。例如美国，它就具有强大的经济和财政实力去推广它的文化；日本也在通过自己的包括音乐、服装设计、玩偶、食物和武术等在内的流行文化积极散播自己的“软实力”。根据日本的数据，全球目前有300多万人在学习日语，而在1997年，这一数字为12.7万（Faiola，2003）。

经典案例　挑战你的老板

韩国航空公司一架喷气式飞机波音747的副驾驶员和工程师明知道情况不对：所有的指标显示出现了严重的问题，但是他们并没有向没有觉察到异常的机长报告。几秒后，飞机撞上山顶，有228名乘客遇难。研究者发现尽管所有的空乘人员都知道出了问题，但是没有一个人敢向机长提出质疑。这个悲剧被视为象征性的文化事件：飞行员的表现显示出韩国文化强调的对权威的尊重。相似情景下，美国或墨西哥的飞行员敢于向他们的机长提出质疑么?

假设情景中的特定行为很难预测。可是研究表明总体文化规范能够调节驾驶舱飞行员的行为。研究者（Merritt，2000）收集了19个国家9 400名男性民航飞行员的数据，表明集体主义—个体主义、尊重权威、权利距离，这三个文化指标决定了飞行员的特定行为。

观点的偏好

在这个世界上，不同社会群体的人们都会非常坚持群体共享的观点，而忽略那些与自己观点不一致的信息（见本书第3章对“信念固着”的讨论），这种现象叫做**团体思维**。最早描述这一有趣现象的欧文·贾尼斯（Irving Janis）认为团体思维和一致性寻求有关，可能会无视对备择决策和行动的客观评价（Brandstatter et al.，1984）。

肯尼迪政府在 20 世纪 60 年代的对猪湾（Bay of Pigs）进攻的惨败成了任何一本心理学教科书中对团体思维的最佳佐证：内阁成员都明白进攻的潜在危险，但是所有人都没有说出来，因为他们希望总统智囊团保持**凝聚力**。阿伦森（Aronson）认为 1986 年“挑战者”号太空穿梭实验的失败也是因为团体思维。美国宇航局（NASA）的工程师们为了追求一个共同的目标，忽视了潜在灾难的警示信号（Aronson，1995）。直到今天，人们还在讨论团体思维是否在美国 2003 年发动伊拉克战争中起了作用。

在激进的宗教信仰团体、激进的政治团体和暴力的种族团体中，团体思维是一个非常强有力的群体机制。当你加入一个团体，你就会在表达与团体决策和行动不一致观点的时候表现得犹豫不决，而你的犹豫可能会被认为是软弱或不忠的表现（《华盛顿邮报》，1996 年 5 月 12 日，A9 版）。一致性寻求使得苏联领导人米哈伊尔·戈尔巴乔夫（Mikhail Gorbachev）在 1984 年的选举中错失了苏共中央总书记一职。那时，苏共政治局的绝大多数成员都决定不对抗那些不支持戈尔巴乔夫的高层领导。但是讽刺的是，六年之后，戈尔巴乔夫自己内阁中成员的一致性需求终止了他的政治生涯。执着于团体统一对解决现实问题并没有什么帮助（Chernyaev，1993）。

另外一个群体现象叫做**团体极化**，它几乎与团体思维截然相反。团体极化是团体成员经过讨论后，最终达成的观点比个体的最初想法更极端的一种趋势。在某些情况下可能会产生风险转移的现象，即团体的最终决策比讨论之前团体成员的个人观点更具有风险性（Moscovici & Zavalloni，1969）。许多在美国、欧洲、非洲国家进行的实验研究表明，风险转移的现象同样可以通过特定的文化规范来解释（Brown，1965）。换句话说，如果一种文化看重个体的风险行为，风险转移就极有可能发生。风险转移现象已经在多个国家得到证实，比如法国、英国、加拿大、以色列和新西兰（参见 Rim，1963；Vidmar，1970）。不同文化承担风险的程度不同（Foxall & Payne，1989），而一些研究发现美国的管理者比其他国家的样本具有更高的风险承担水平。

社会懈怠是普遍的吗？

想象你一个人承担一个项目——需要通过网络来收集全球的离婚率，并比较这些统计数据，而且几天之后你必须完成这个项目。然后，你的教授出乎意料地告诉你还有两个人会来帮助你完成这个项目。听到这个消息之后，你会觉得非常放松吗？你会减少你的努力，期望帮助你的人更多承担工作任务吗？事实上，很多人会在这样的情况下减慢进度，这就是**社会懈怠**——当团体的规模扩大的时候，团体成员对任务的贡献相对于他们独自完成任务时减少。是不是所有的社会群体中都会出现社会懈怠呢？

一些跨文化的研究结果表明：社会懈怠并不是一种普遍的现象，例如：一些在中国和日本进行的实验表明，这些国家里，可能不会出现社会懈怠这一群体行为。在某些情况下，反而出现了完全相反的现象，叫做“社会努力”，即团体会强化团体成员的表现（Earley，1989）。一些研究发现，美国人（个人主义者）更多地表现出社会懈怠，而中国人（集体主义者）更多地表现出相反的模式（社会努力），他们在配对时比单独时的表现更好（Gabrenya et al.，1985）。在许多未发现社会懈怠的文化中，现存的集体主义模式可能会激发人际间的互相依赖。换句话说，在集体主义文化下，社会懈怠不典型。但是，这并不意味着社会懈怠一定是个人主义文化中群体关系的一部分。同样，我们不应该忽略这样一个事实：一个群体越是团结，社会懈怠发生的概率就越低（Petrovsky，1978）。懈怠取决于一定的社会环境，可能会随着一些心理现象的变化而上升或下降，如群体成员的**认同**、成员对群体的忠诚度和责任感。

合作和竞争

无需心理学家说，我们也知道一个团体中必然有各种不同的个体，他们各具特色。我们都拥有成功、失败和满怀抱负的个人史。一些人或多或少地会与他人进行比较和竞争。随着环境的变化，我们会不断调适自己的竞争模式，变得更易合作或更有竞争性。在团体成员之间，存在一些能激发**竞争**的情境，也会有一些促进**合作**的情况：

- 竞争的奖励条件：一个人的收获就意味着其他人的损失，他们越好，你越糟。几乎所有的体育竞技都基于竞争奖励的原则。当几个公司都在争抢一个合同而只有一个公司能赢得这个合同的时候，情况也是如此。美国很多公职的竞争性选拔都是基于"输赢原则"。人们不仅可以通过提升自己获得胜利，也可以通过"否定"而成功，即降低竞争对手的表现。
- 合作的奖励条件：人们的奖励是正相关的，如果一个人表现较差，那么整个团体的绩效都会下降。每个成员表现得越好，整个团体成功的概率就越高，例如手术间里的医生与护士、球场上的足球队员、上下班高峰期在高速公路上的车辆都表现出了合作奖励的结构。
- 个体化的奖励条件：个人的结果独立于其他人。一个教授可以给班里获得100点以上的所有学生"A"，这个分级的系统就是基于个体化奖励的机制。食物商店里的顾客、在俱乐部的老虎机前并排赌博的人、某个旅馆的住客之间都是相对独立的。

文化对于团体的奖励机制有一定的影响，例如在日本机构中，计划草案都是由组织中地位较低的人起草，然后领导者会加入自己的观点，最终，这一计划会自下而上地获得同意并通过（Berry et al.，1992）。但是这样的计划起草方式在美国并不常见。

跨文化研究表明：美国人是这个世界上最具有竞争倾向的人群之一。在商业领域，根据法律，大多数的政府与私企之间的合同与契约必须在竞争的基础上授予。也有研究表明，一般来说，来自西方发达社会的孩子的合作水平要低于来自拉丁美洲、非洲和中东国家的孩子们。另外，无论在哪种文化下，城市的孩子比农村的孩子具有更高的竞争倾向，中产阶级的孩子也比来自较低阶层的孩子更具有竞争性（Madsen，1986）。

一个比较法国人和刚果人的研究发现，在以集体主义文化为主导的刚果，人们会宽恕罪犯，恢复对他们的怜悯、感情和信任并重新与之合作——而这些都会产生行为上的和解。对个人主义的法国人来说，对罪犯的宽恕与和解行为并不必然相关，他们可能宽恕了罪犯但是不一定会开始与他们合作，或者恢复与他们的关系（Kadiangandu et al.，2007）。

不同文化之间也有一定的相似性，例如：在对苏丹人和英国人进行的比较研究中，如果处于非紧急的情况下，或者当人们的助人行为存在高成本的时候，两个国家的城市居民都不太愿意与他人合作（Hedge & Yousif，1992）。

> *若有勇气，即使是一个人，也比得上千军万马。*
>
> ——安德鲁·杰克逊（1767—1845），美国第7任总统

领导力

领导力可以与领导的能力相比较，后者指的是领导者引导、管理和指挥他人的行为和观点，而**领导力**是领导者通过影响团体成员使得整个团体朝既定目标发展的整个过程。领导者的行为常常通过两个维度被描述：一个是绩效，也就是与任务相关的行动，如解释任务、分配角色、说明要求等等；另一个维度是领导者带给下属们的心理支持。这种对于领导力的描述在一些国家得到了验证，如日本、印度、伊朗和俄罗斯（Hui & Luk，1997；Schmidt & Yeh，1992；Sventsitsky，1988），而且这样的特质似乎存在于各种文化中。心理学研究发现，在解决问题的行为方式上，很多国家都存在着两种领导角色——"适应者"与"革新者"（Kirton，1976，1994）。例如，在很多国家，尤其是一些欧洲国家，那些偏向适应性风格的人会被安置在需要密切关注细节的岗位和专业上，或者是那些更具有组织性和秩序性的工作中去。与之相反，那些革新风格的人会更加偏好系统和程序都相对松散，强调"全局"而非细节的工作（Tullett，1997）。

对于"什么样的领导是有效的"这一问题，向来都没有定论。权变理论认为一个成功的领导应该是由他/她的个人特质和各种情境因素共同决定的。规范性理论认为一个领导的成功取决于他/

她是否能获得下属的支持和参与。允许下属参与的参与式领导在一些情况下是非常有效的，特别是当个体受过良好教育并且能自行承担行动责任时。但是，如果员工因为缺乏教育或技能而无法独立行动，或者他们不愿意承担责任，参与式的领导都可能适得其反。以俄罗斯为例，1991 年苏联解体之后人们的政治参与度并没有增加，反而悲观主义、冷淡和漠然进一步加深。对此的一种解释是：大多数的人还没有准备好去承担责任并独立行动，而是期望一位优秀领导人来解决国家问题（Glad & Shiraev，1999）。

跨文化心理学应该更多地关注变革型领导，即我们所说的魅力型领导。目前对于这种领导类型的定义人们还没有达成一致。但是专家们承认魅力型的领导对他们的追随者是具有人格吸引力的，而且能感召人们一起积极热情地投入一个艰难的任务。人类文明的历史上有很多魅力型的领导，例如：美国的马丁·路德·金、法国的拿破仑（Napoleon）、南美的西蒙·玻利瓦尔（Simon Bolivar）、德国的希特勒、印度的英迪拉·甘地、伊朗的霍梅尼（Ayatollah Khomeini）等。文化环境和传统决定了一个成功的魅力型领导所必须具备的特质。

举一个例子，目前有很多人都持有这样的观点：即使一个女人有杰出的领导才能，也不应该让她成为国家领导人（Starovoitova，1998）。专家指出，在伊朗（Ayman & Chemers，1983）、德国（Koenigsberg，1992）和俄罗斯（Gozman & Edkind，1992），一位仁慈的父亲形象的领导角色会备受青睐。在中国，有道德感的领导是最好的魅力型领导，而在印度的社会中，最合适的领导者应该是“无微不至”的，在北美国家却并非如此（Hui & Luk，1997）。

按传统上来讲，现在全球的社会心理学教材中都提到了心理学家所认识到的三种领导风格：（1）权威型领导风格：领导者做出所有的决策，他们控制、引导、提出要求并且对于团体活动很少给予说明和解释。在这种情况下，团体成员不允许按照自己的策略行事，他们的角色已经精确地预定好了，任何的偏离都会受到惩罚。一般来说，罚大于赏。（2）民主型领导风格：领导者会在咨询团体成员后做出决策，一旦已经决策，团队成员可以选择自己的执行计划和策略。民主型的领导会与团体成员分享尽可能多的信息（与团体活动相关的信息）。一般来讲，这种领导风格下，赏罚应用平均。以上这两种领导风格都是库尔特·勒温（Kurt Lewin）提出来的，他是一位从纳粹德国到美国避难的杰出心理学家（Lewin et al.，1939）。（3）放任型领导风格，领导对团体没有什么控制，他只是给团体成员大概的指令和建议，然后团体成员需要自己行动，选择自己的方式和行动策略。

哪种领导风格是最有效的呢？起初，勒温与他的同事们都相信民主型的领导是最好最有效的，仅是“民主”这一个名称就可能已经强调了民主社会的意识形态优势。但是，尽管这种领导风格确实有显而易见的优点，但是并不完全理想。例如：在某种紧急的情况下，权威型领导风格可能会比其他的风格更为有效，而在家长制和后极权社会，团体成员可能并不接受民主型领导。为什么？因为在很多艰难的生活情境下，人们缺乏自己做重要生活决策的经验而不得不依赖于一些引导。极权文化在转型的过程中尤其容易出现这样的问题，因为这些政权的统治者为他们的人民做出了太多的生活决策，并且运用权力来威胁和阻止他们独立行动，所以心理依赖已经成为很多社会成员的特质。依赖一旦形成，人们就需要一个全权的领导来满足他们的需要（Koenigsberg，1992；Marlin，1990）。

> 思想者策划改革，强盗来执行。
>
> ——马里亚诺·阿祖埃拉（Mariano Azuela，1873—1952），墨西哥小说家

近几年，社会心理学家已经提出了至少两种对领导行为的解释：第一种观点叫做“特质理论”，根据这一理论，要成为一位领导者必须具备一系列特殊的素质与特征，而且这些特质在不同

文化下都是相同的。换句话说，我们可以认为萨达姆·侯赛因、纳尔逊·曼德拉、美国总统和土耳其的前首相都具有人格特质上某些相似之处。领导特质中常常提到的有：完成团体目标的能力、智力技能、强烈的动机和应对压力的能力。

但是，并不是所有具备这些特质的人都能成为领导者。根据另外一种普遍的观点，领导力是情境性的，当情境需要领导出现的时候，他们自然会现身。基于这一理论，集权统治者只会在国家发生危机的时候出现，如20世纪50年的古巴危机中菲尔德·卡斯特罗的当权。如果团体不需要领导，领导永远也不会出现。简单来说，伟大领导者都只会在社会经历重大困难的时候出现。如果团体或社会中一切顺利，优秀的领导永远也不会出现。为什么？因为不需要。但是在现实中，领导力可能是一种"特质"和"情境"综合的结果（参考第3章中对于多重因果的讨论）。

练习 11.1

头脑风暴是一种团体讨论的技术，它允许所有的参与者在一定的时间内提出尽可能多的不同建议和解决方式。头脑风暴的规则比较简单（Osborn，1957）。第一，团体需要你的观点，你提出的观点越多越好，因为这些观点会影响最终决策的质量。第二，你可以自由提出任何想法。活跃起来，别停下！你不需要担心你的想法是否太疯狂、太幼稚或者太愚蠢，在这样的情境下，没有疯狂、幼稚和愚蠢。第三，其他人不得批评和评价任何成员的观点，请保持积极和宽容。过后你还有时间对这些你不赞同的观点投反对票。第四，你应该帮助其他人改进建议和观点，建设性地说明你为什么认为你支持的这些观点具有可操作性。

问题：你认为在集体主义和个人主义文化下，头脑风暴作为一种团体决策的方式会有不同吗？在什么样的文化规范下能最成功最有效地应用头脑风暴？思考以下两个假设：

第一，在个人主义文化下，人们比集体主义文化的人们相对自由地表达自己的观点，因此头脑风暴自然就更适合个人主义文化：人们不会在意他人的批评而自由表达想法。

第二，在集体主义文化下，人们有更紧密的联系和相互依赖性，因此任何需要互相支持和理解的团体讨论都自然会更加吻合集体主义的文化规范。

你认为两个假设中哪个更可信？请解释原因。

* *

本章总结

● 人类学家证实，在所有已知的人类社会中，人们会积极建立各种群体和团体。通过加入这些团体，我们获得资格与地位，获得相对社会化的正式或非正式的身份，或者一个位于团体中的等级。我们一旦获得一种身份，就开始扮演我们的社会角色，即该群体要求某些特定身份的成员应该表现出的一系列行为。每个群体都会有一套内部的规范、原则指示它的成员应该做什么和不应该做什么。我们大多数人都会通过内群体，即我们所属的群体来进行自我认同。所谓外群体，是我们不从属于的群体。还有一些我们不属于它却依此来定义自己的群体——参照群体。人类学家认为领域性的行为是个体和社会群体的本能行为。如果一个群体能容忍"入侵者"，那么这个群体就是包容性的，反之，排外性的群体会特别强调领域性。

● 一些研究证实了不同文化下一些重要原则的一致性。尽管不同国家之间有很多相似之处，但也存在各种各样约束我们具体人际接触与联系的宗教和文化因素。

● 从众是一种个体改变自己态度和行为以符

合现有群体或社会规范的社会影响力。从众是一种普遍的现象，各种文化之间存在一定的变异。个人主义与经济财富之间存在正相关，而且，个人主义水平较低的国家从众行为更为普遍，对自主性的评价较低。高水平的个人主义国家很重视多样性。有一些在亚洲国家进行的研究表明这些文化中的人们比美国人有更多的从众行为。在农业社会和早期的狩猎采集社会，从众行为突出；中产阶级的从众水平低于社会经济地位较低的群体；层级社会中从众行为较为普遍。

● 服从是从众的一种，即一个人完全听从命令。人们倾向于服从那些有权力的人。尽管存在文化差异，但是总体来说，权力距离大的国家的服从水平高于权力距离小的国家。

● 团体思维是团体成员固着于共享观点而忽略与这些观点不一致信息的趋势。有证据表明：团体思维在各种文化中都很普遍。团体极化是团体成员经过讨论后，最终达成的观点比最初的个人想法更极端的一种趋势。团体极化会产生风险转移现象，即团体决策常常比讨论和决策前个人的观点更具有风险性。如果某种文化重视个体的风险行为，那么风险转移的可能性更大。

● 社会懈怠指的是团体成员因为团体规模扩大，付出的努力比单独完成任务时减少的一种趋势。一些文化中不会发生社会懈怠。现存的集体主义文化会激发人们的人际依赖。在竞争奖励的结构中，一个人的收获会导致其他人的损失。在合作奖励结构中，人们的奖励都是正相关的。而在个体化的奖励结构下，个体的奖励都独立于其他人。

● 领导力是领导者通过影响团体成员而达到特定的团体目标的全过程。目标导向的领导者会围绕团体的核心目标组织活动；团体导向的领导者最关心团体内的人际关系；而自我导向的领导者关注的是如何使用自己的权力。传统上，人们已经归纳出了三种主要的领导风格：权威型领导风格是领导者做出重要决策；民主型领导风格中，领导者会在询问团体成员的意见之后再作出决定；第三种是放任型领导风格，这种风格的领导者不会对团体施加控制，只是给团体成员一些大概的指令和建议。这些风格的有效性建立在特定的情境和文化条件之上。

关键词

凝聚力 作用于群体成员以使他们持久作为群体一部分的所有力量，包括彼此吸引、互相依赖和共同目标。

竞争 个体或群体努力将自己的成果最大化的社会互动形式，常常带来他人的损失。

服从 按照别人的说法和做法去说和做。

从众 个人通过改变自己的态度和行为以符合现存社会规范的社会影响力形式。

合作 个体或群体通过协调自己的行为以达到一个共同目标的社会互动形式。

团体 两个及两个以上的个体按照一定结构组成的完整单位。

团体极化 团体成员经过讨论后，最终达成的观点比最初想法更极端的一种趋势。

团体思维 团体成员都固着于共同观点而忽略了与该观点不一致信息的现象。

认同 个体强烈意识到自己作为某一个群体成员，从而遵从这个群体的观点、态度和价值观的过程。

领导力 领导者通过影响团体成员而达到特定团体目标与活动的过程。

规范 在一个群体内指示成员应该（不应该）做什么的原则。

服从 社会影响的一种形式，人们要求一个或者多个他人执行某些行动。

权力 个体实施控制和权威的能力。

角色 个体在群体内以特定身份应该表现出的一系列行为。

约束力 奖励符合规范者的行为（正性约束力）和惩罚偏离规范者的行为（负性约束力）。

社会促进 他人在场对表现的影响。

社会影响 一个人改变他人行为和态度的影响力。

社会懈怠 团体成员在合作时比独自完成任务时付出努力少的现象。

社会权力 实施控制和权威的能力。

地位 相对的社会位置（包括正式与非正式）或者群体内的等级。

第12章 跨文化心理学的应用：一些重点

自己不努力，就不要指望别人来帮你。

——布莱希特，德国剧作家

想要行善的人在门外敲着门；爱人的，看见门是敞开的。

——泰戈尔，印度诗人、小说家

心理学家不是魔术师，他们要花大量的时间和努力获得研究数据，以此努力改变他人的生活。而且，他们还需要了解所研究国家和文化的知识。我的一个同事去海外帮助一个国家的教育者们改善教室结构以提高残疾学生的学习能力。在政府机构工作，她要面对全新的考试、技术训练的描述和诊断的清单。虽然她的初衷是好的，但是要具体实践她所希望的目标则是另外一回事。她说："我看到我的同事们在那里与世界上最大的魔兽作斗争。这个魔兽的名字就叫'腐败'。但是，如果不借助于身边那些不停暗示、讨要甚至公开索贿的官员，我什么也做不了。而这些钱根本不是用于那些残疾儿童，而是落入了他们自己的腰包！"

跨文化心理学家不仅应该知道他们的研究主题，而且应该知道与这些主题相关的政策是怎么回事。发展中国家由于资源匮乏甚至是民主传统的缺乏而影响了大多数公立学校发挥作用，这已经不是什么秘密。它们被中央、地区和当地那些不愿放权的政府所掌控着。学校非常需要资金、电脑、设备和其他的资源。但是同时，就像很多专家说的那样，每个教育机构都小心翼翼地守护着自己的地盘，生怕任何的管理重构限制了自己的权力。因此，实践者的一个重要工作就是要发现任何可能的资源与帮助，比如一些当地的宗教组织、一些专业群体和商业组织，它们比当地政府更有可能发起改革。

我们不会透露这位朋友工作的国家名称，因为她要求我们不要这么做。事实上，这样的事情在这个星球上的任何国家都可能发生。重点是，尽管面对这样的困难，心理学家也不能放弃自己的研究，正如我朋友做的那样，他们不能害怕挫折，而要勇于坚持做自己认为道德的事情。

个人的求知欲——尽管是一个突出的优点——并不是心理学家比较不同文化下人类行为的唯一原因。我们在第 1 章里说到，跨文化心理学家旨在研究人类跨文化的普遍行为，也研究与文化相关的特殊行为。心理学家是为了理解跨文化现象，教育、帮助并改变人们的生活，帮助他们认识到自己的潜力，减少那些不必要的痛苦。

当回答"是什么"、"什么时候"和"为什么"这些问题的时候，心理学始终是一种理论科学，但是当我们试图寻求某些具体问题的答案时，它就变成了应用的领域——"如何去改变？"举例来说，一个人应该如何在多元文化的课堂里教学，或者如何减少不同文化带来的压力？如何将某种产品引入特定的种族群体减少种族偏见？心理学家试图找到多种文化背景下与人际互动相关的这些问题及其他很多问题的核心答案。这是一门应用学科，能给成千上万在医学、心理治疗、教育、社会服务、商业、体育等各种领域的专业人士提供有用的信息（Chung，Bemak & Talleyrand，2007）。

在文章开头我们就引用了巴纳姆的话"心理学家不是魔术师"，而且，心理学家也不是政策的制定者。但是他们可以通过制造一种"政策氛围"来影响政策的制定，解决各种社会事务和问题，促进社会发展。心理学家可以通过书籍、会议、文章、演讲、媒体甚至是人际交流，来传播他们的观点，从而影响人们的观点，改变刻板印象，管理人们的行为。

跨文化心理学家可以向心理治疗提供一些有价值的数据，而且心理学的知识可以运用在国际外交与谈判、广告和市场等方面。跨文化心理学方面的专家可以帮助成千上万的移民适应新的文化环境。我们相信，随着全球各方面跨文化交流的增多，人们对跨文化培训领域的兴趣也会日益增加的。

下面我们来看一个例子，看跨文化心理学会遇到的具体问题以及它会提供什么样的解决方法。

> *我们应该培养健康，而不仅仅是治疗疾病。*
>
> ——约翰·罗斯金（John Ruskin，1819—1900），英国作家

健　康

每年，世界卫生组织都会公布造成疾病和过早死亡的主要原因的数据。环境问题、贫困及相关问题成为全球健康问题的首要原因已经不再是什么新闻了，例如：全球有 5 000 万人的预期寿命不超过 45 岁，这些人都是来自最贫困的国家。尽

管儿童疾病的预防和治疗已经得到了显著的改善，但是直到 2050 年，每年仍会有 5 000 万的孩子在 5 岁之前夭折。这些死亡中的 97%都发生在发展中国家，大多数都是因为传染病和营养不良——这些原因占了近 50%。不过也有一些令人欣慰的消息，因为食物保存手段的改善和健康饮食的兴起，胃癌的发病率正逐渐减少。我们再一次看到：可利用的、有效的资源会影响到所有国家的人们的健康状况。

人类的活动和态度无法独立于他们的文化环境。总体来说，贫困和生态问题严重影响了人们与健康相关的行为。但是一些文化因素，如规范、价值观，也会影响人们对于健康的态度，从而进一步影响他们的健康行为。文化的迷思、大众信念的偏差以及对惩罚的恐惧使得人们不太愿意承认艾滋病的存在，例如在非洲，很多医生都不愿意将艾滋病记载为死因，而对结核病如实记载。因此——正如许多国际机构公布的那样——大量的艾滋病死亡病例只是被忽略和掩盖了。

我们可以从表 12—1 中看到一些文化信念和现实是如何抵制国际性的健康计划和科学依据的。联合国颁布了一项政策以鼓励全球贫困地区降低出生率，支持这一政策的一个主要的论点是：出生率越低，就会缓解贫困，改善健康状态，增加妇女和儿童的受教育机会。但是，更为严峻的社会经济和心理因素使得人们拒绝低出生率：在大多数的农村，避孕手段极其缺乏，人们对避孕的错误观念又会减少他们对避孕手段的使用。而且，宗教和文化的限制也会影响人们，阻止他们控制生育。在一个传统的家庭，大家根本不会去讨论性，女人也会把是否避孕的决策权留给男人（Leenen et al.，2008）。

> *以直报怨，以德报德。*
>
> ——孔子，中国哲学家

文化因素会影响与生命和健康相关的医疗决策。2001 年，荷兰国会通过了一项决议：如果有病人意识清醒下的同意，医生可以通过注射镇静剂和致命的肌肉放松剂来结束病人的巨大痛苦。基督教、犹太教和伊斯兰教都是赞同使用生命支持仪的，但是对于是否应该终止生命支持却产生了分歧。法律规定则相对严格，例如在美国、法国和其他一些国家，专家都认为大脑的死亡宣判了个体死亡。但是另外一些人认为只要心脏还在跳动就是活着。

心理学家的一个重要活动就是提出和实施一些有关教育和具有文化敏感性的项目，帮助人们迅速改善他们的健康状态，减少虐待行为，应对天灾人祸的消极影响（Bemak et al.，2003）。美国和西欧的很多国家已经开始了很多这样的项目，但是我们仍然不知道这些项目和“心理干预”是否在不同的文化环境下都有效。因此，特定文化下成功的教育和咨询项目吸引了很多人的关注，在这些项目中，呼声最高的就是弗雷德·波马克和丽塔·钟（Fred Bemak & Rita Chung，2008）的持续了十年之久的“自然灾害幸存者跨文化咨询”。另外一个例子是艾文·列尼（Iwin Leenen）和他的同事们针对危地马拉农村中墨西哥人的健康教育所开展的创新项目（Leenen et al.，2008），旨在向他们灌输健康知识，使他们能通过注重营养、日常卫生、公共卫生、性生活和生育健康来改善他们的生活习惯。

这一项目的主要目的在于改变现存环境中某些特定个体的行为，他们选取了 400 个危地马拉农村本地的生活极其贫困的妇女，在极其严密的监督下按照自上而下的程序完成了这一项目，即受过培训的当地妇女要向她们的农村妇女同胞们介绍工作坊。这个项目依次分为四个模块或阶段：

阶段一：此阶段的目标是解释影响农村妇女健康问题的因素。讨论的中心是一个女人的顺从角色会如何影响她对自己感受和需求的表达。针对如何应对家庭暴力、压力和抽烟酗酒进行训练。妇女还要学习人权、妇女的权益和自我认识，学习如何在家庭中进行协商和做与健康相关的决策。

阶段二：在这一阶段，妇女要学习健康营养和丰富平衡的饮食之间的关系，还需要她们特别注意月经、怀孕和哺乳期间的营养需求。她们会学习如何准备一些健康却花费不多的食物，以及如何种植一个家庭菜园。

阶段三：在此阶段，妇女会讨论日常卫生和公共环境的卫生，学习一些预防传染病的基本原则，强调保持家庭环境的清洁，避免移动生活垃圾，预防蚊虫，保持厕所的清洁，并强调家庭每一个成员都负有保持日常卫生的责任。

阶段四：在这一阶段，讨论主要集中于性、文化禁忌和生殖卫生。妇女会学习一些有关生育、避孕、性权力与价值观、性交可能带来的疾病以及宫颈癌的知识，而且会学习如何与她们的丈夫讨论这些“尴尬”的话题并与他们协商一些性生活事宜。

没有宗教的科学是不完善的，没有科学的宗教是盲目的。

——阿尔伯特·爱因斯坦，德裔瑞士/美国物理学家

表 12—1　健康政策、研究和大众的健康观念

健康政策与研究结果	大众的健康观念和惯例
针对一些涉及虐待妇女和儿童的案例，比如雇用童工或长期的家庭暴力，政府和社会都应该进行控制和约束。	有一些文化对于虐待的定义和西方标准不同，出于对传统的考虑，其他国家的人可能不会告知当地政府他们应该或不应该做什么。
在欠发达国家，低出生率和小规模的家庭能改善人们的经济境况、教育机会和大众健康。所以应该降低出生率。	出生率是人们无法控制的，避孕和其他控制生育的方法不应该被使用。女人也不应该和男人讨论有关节育的事情。
我们迫切需要报告艾滋病死亡和感染病例的准确数据，人们也需要更多地了解艾滋病。	艾滋病不是由传染引起的。揭发自己家庭中某成员感染了艾滋病是一件非常羞耻的事情。我们应该少报这样的病例，以避免对不道德行为和健康问题的控诉。
诸如抑郁和精神分裂症等一些心理疾病应该被及时发现并进行诊断。应该提供对于这些问题的治疗，包括药物和咨询的治疗。	根本没有精神失常这回事。所有的心理障碍都是对此人过去罪恶与不良行为的惩罚。对于这种障碍的补救不是现在的医学和心理学所能达到的。

精神性、科学和健康

心理学家常常会为他人进行**咨询**，即向别人的决策和行为提供心理引导或建议。这样的建议和引导常常是从当代西方科学的角度出发的，认为生物医学的治疗是健康问题（包括心理障碍）的主要治疗方式。在过去的一个世纪里，西方国家的心理科学在心理和宗教截然分离的环境下发展。结果，很多国家的研究者涉及“精神性”的问题都会被主流心理学拒绝和批判，例如在美国、英国、加拿大、俄罗斯和法国。西方大学里的大多数心理学专家都不太了解心理咨询和治疗中的精神性概念和宗教信仰的作用，任何涉及精神性的内容都被认为是不科学的，因此是不值得关注的。

因此，很多当代的心理学家对精神性的了解还只是处于初级阶段，而精神性恰恰是传统文化中人们动机和推理的一个重要来源。与涉及所有权、财富积累和竞争的“物质”领域相反，**精神性**关注的是与信念、信任和希望相关的“非物质”领域的许多现象。在心理学的语境下，精神性强调的是心理而非物质，强调存在胜于属性，强调心理投入胜过身体行动。个体会形成对于精神存在的强烈信仰，用这样的存在感去填补宇宙中的一切，包括人类。这样的精神存在在物质存在之外，先于物质存在，且比物质存在更长久。

经典案例　生命和死亡

人体死亡的标准是什么？不再活动，呼吸停止？心脏不再跳动？对刺激不再反应？还是不可逆的意识丧失？尽管关于生命何时开始争论不休，比如对生命的概念或是产前发展阶段的争论，但是对于

死亡还是有一些国家标准的。在美国，20 世纪 80 年代初，总统委员会和州法院达成一致，认为脑死亡意味着生命的消逝。可是在日本，主流的看法是大脑不是人类的全部，只有脑死亡的人心脏也停止跳动时，才能认定他的死亡。因此，直到 20 世纪 90 年代，日本还是禁止器官移植的（除了角膜、肾和骨髓的移植，因为它们不需要脑死亡者的捐献）。尽管近几年政府在器官移植立场上发生了松动，但捐献者也微乎其微。因为日本人相信只有死后身体完整才能转世轮回。此外，日本人很反感将其他人的身体部分移到自己体内，好像这样就有了他人的部分灵魂。

采用跨学科的方法，心理学家试图理解精神性和它对于治疗和健康的影响。因为缺乏对“精神力量”的透彻理解，所以心理学家目前只能采用比较分析的科学方法——在这种典型的方法中，两组被试被挑选出来，一组代表具有精神性且总是践行自己信念的人，他们会随着不同的文化环境和人口特点而变化：有些人说他们虔诚地信仰神，有些人则参与一些宗教性的服务（如在清真寺、基督教教堂和犹太教会堂等），有些人会进行日常的祷告，而其他人可能会强调沉思冥想、入定和其他能表明他们对精神力量信仰的活动。这种研究方法中的控制组由对精神性没有什么兴趣的人组成。

在这样的比较研究的基础上，研究者们发现了冥想和祷告与低血压、脉搏较慢、内分泌减慢，以及身体整体的新陈代谢减缓有相关（Lau et al.，1999）。另外，还有一系列基于发现各种精神性的心理机制的研究（Chopra，2000）。

总体上来说，当代对于精神性的观点是，精神性因素（包括宗教信仰、祷告、冥想和这些因素的结合）至少影响了四种相互关联的心理系统：大脑、内分泌系统、外周神经系统和免疫系统。

越来越多的科学证据证明了精神性对于健康的影响（见表 12—2）。但是，我们对此必须谨慎，因为这种结果存在混合效果：在一些领域，这样的影响是已经得到证明的，但是在另外一些领域却是未被证实的。例如：当代的科学没有证据能说明精神性能帮助人们从急性病中恢复，或者虔诚信教的人有更长的寿命。但是，有一些强有力的证据说明精神性能降低人们患心血管疾病的可能性。

什么证据能证明精神性可以作为一种有效的治疗手段呢？跨学科的研究表明：精神冥想和沉思能减缓各个年龄阶段的人的压力并增强他们的信心和乐观精神。精神性的应对可能是提高那些经历了严重创伤的人们的生活质量的有效策略，因为精神性能提供勇气和动力去处理当下的困境和限制，给人们提供一定的心理保护，帮助人们形成缓冲情绪压力（比如无效感、挫折感、挫败、抑郁和愤怒）的习惯（Ray，2004）。

在海外工作的心理学家常常发现很多个体都会试图用传统的信念和大众理论去解释心理障碍，这些信念和理论在西方的健康从业者看来都是**伪科学**的。在这个世界上，对超自然力量的信仰、精神性的治疗和各种神秘现象随处可见。特别是那些传统社会的人们，他们相信各种心理问题都是上帝对罪恶行为的惩罚。对这种惩罚的弥补只能诉求于象征性的活动，如祷告仪式或冥想，这些祷告和冥想能通过术士得到传达。但是，就像目击者们承认的，接受这些传统治疗的人常常在治疗过程中是被动的，而不能像西方式治疗中那样积极地参与。这样的证据表明在一些社会中，人们认为个人控制之外的某种力量很大程度上能决定人们的健康状态。

根据从生物学家、人类学家和其他社会科学家们那里得到的数据，我们有必要强调不同地区的人们在精神性的理解和习俗方面的异同。精神性包括了大量的人类活动和信念，而不仅仅局限于对神或者其他超自然能力的崇拜。对一些没有宗教信仰的人来说，精神性是他们对积极结果、好运、庇护和其他能带给他们能力和力量感的环境力量的虔诚信念。心理学家认为这就是典型的心理外部控制点（见第 10 章）。而对其他人来说，精神性很大程度上就是他们对于仪式和习俗的坚持，比如冥想和祷告。但是对另外一些人，精神性就是动机的强大来源，它能给他们带来快乐、力量感、行动的意义和目标。

如果当地社会的人们对心理问题和精神错乱都抱有“非科学”（以西方的立场看来）的态度，一个医疗保健的工作人员应该怎么做？一个接受

努力工作。一年之内，萨比尔就先后成立了两个公司，但是这两个公司都因为无法盈利，甚至无法赚回成本而倒闭。在过去的三年里，他与几个女人约会过但是最终都分手了。在一个访谈中，萨比尔强调自己这么多年以来的文化休克都是因为"这种文化的冷漠与不友好"。

评论：我们总是很难区分文化休克的症状和那些与文化休克无关的个人问题。在这个具体案例中，我们无法否认萨比尔确实受到文化休克的一些因素的影响，但是，一个说着一口近乎完美的英语、有其父亲提供充足资金并且在社会中并未遭到歧视的人，却对自己的生活依然不满意，那么他可能是把美国的文化和传统作为他生意失败和个人问题的借口。人总是很难去谴责自己，却很容易将怨恨和责怪发泄到别人头上。萨比尔在来美国之前没有任何压力的症状，但是他的情绪问题从他作为成人开始独立生活时就已经存在了。因此，认清文化转变是否是压力的主要来源是非常重要的。

表 12—3　　一些文化适应压力的症状及其描述

文化适应压力的症状	症状描述
思乡病	人们会思念亲人、朋友以及熟悉的事物和经历。
失去方向和控制	无法回忆起他人理想行为的熟悉线索。失去方向会造成焦虑、压抑的思维和绝望感。
对语言障碍的不满	交流上的缺乏和困难会造成挫折感和孤独感。
习性和生活方式的缺失	个体无法参与以前喜欢的许多活动，从而造成了焦虑和丧失感。
差异感知	移民地文化和原有文化之间的差异通常会被夸大从而让人觉得难以接受。
价值观差异的感知	价值观之间的差异被夸大，新的价值观看似很难接受。

资料来源：Shiraev & Boyd (2001)。

跨文化敏感性

文化适应同样是一种对于多种气味和味道的适应过程。例如，弗吉尼亚一所开设 ESL 课程（针对英语非母语学生设置的语言课程。——译者注）的学院的学生 J. K 在一次访谈中说道："韩国人会吃一种由大蒜和辣椒做的传统菜肴——泡菜，它有一种好闻的蒜味。但是当我意识到这里（美国）的人大多讨厌这股味道之后，我就有两个星期没有吃了。但是这对我来说很难受，因为美国的食物实在没有味道。"（参见 Shiraev & Boyd，2008）这个例子至少说明了两个非常重要的观点：第一，文化规范会使人们认为哪些气味或味道是好的或不好的。例如，某种文化中几乎所有人都吃大蒜，那么人们就可能闻不到自己和别人有蒜味。但是，如果你午餐吃了蒜，而其他人没有，你周围的人就一定能闻到蒜味。第二，我们大多数人都能适应我们旅居国家的特有的气味和普遍的味道（记住，感觉适应是一种普遍的心理过程）。大多数的游客都会说他们很快就习惯了日本的酱油味道。如果环境需要，很多人也都能适应那些没有污水管道系统的城市街道中难闻的气味。不吸烟的旅客也能适应大多数东方与南欧国家的烟味，这些国家的吸烟管制相对于严格禁烟的美国来说非常松散。

教育

我们知道，少数族裔儿童在智力测验和其他认知技能测验中的得分常常相对较低。假设这些测验不存在特定的文化群体偏差，而这些儿童在语言测试中也能完全过关，那么老师和家长应该如何去提高他们的测验成绩呢？

詹金斯（Jenkins，1995）的著名美国黑人研究表明成年人能通过几种方法提高少数族裔儿童的智力测验分数。他认为即使这些少数族裔儿童缺少发育经验（因为贫困、过度拥挤的家庭和父母养育的不足），也可以通过一些手段来弥补。为了达到这一目标，有些孩子需要老师对他们的认知能力给予特别的关注。而对于其他的一些孩子来说，关注他们智力学习的情绪环境很重要，例如创造合作的课堂氛围，以及父母在教育过程中的参与。如果解决智力问题的正式程序是有趣且令人愉快的，那么孩子们就会喜欢这样的学习环境，从而更加积极频繁地参与这样的活动。但是问题在于，很多少数族裔的儿童已经开始在学校之外的环境中获得一种能力感，主要是在街头游戏中，换句话说，街头文化成为了塑造儿童智力技能的角色，而不是教育者。

当然，心理学家最艰难的任务之一就是让父母参与到教育过程中来。总体上来说，在全球范围内，这一任务到目前为止还没有获得巨大的成功。但是，很多国家的案例说明这样的互动是完全有可能的，例如库查巴莎（Kagitcibasi，1995）在土耳其开展了一个以社区为基础的当地母亲教育项目，这种互动型的培训包括了特殊认知任务的分析，两周一次的关于孩子、母亲的问题和亲子关系的讨论。

目前，对于双语儿童的语言测试存在着一些争议。在一些概念习得和推理技能的测试中，如果采用他们的母语进行测试（即他们在家使用的语言），双语儿童的表现就会较高（Keats et al.，1976；Takano & Noda，1993）。但是，斯蒂芬·赖特（Stephen Wright）和他的同事们（1997）发现：如果学生来自多个种族，授课的语言类型、教师的种族对于学生的学习成就并没有影响。语言可能只是影响第二语言学习的初期阶段的一个因素。美国最高法庭2001年的一个判决确定了公立学校，以及包括驾驶考试在内的州级考试的唯一合法语言是英语（Lane，2001）

文化、行为和法律

在当代文化多元的社会，一个群体信奉的行为规则可能在其他群体看来是奇怪甚至是难以接受的。如果在过去，这样的差异会被强大的群体消除，因为他们会采用武力消灭那些弱小的群体。而现在，特别是在民主社会，人们依靠法律来判决行为是否合法。一些群体可以在法庭上捍卫自己的习俗和信仰。很多国家的司法系统常常会根据特定群体的利益进行裁决，因此常常使得其他人受伤害，不满意。尽管心理学家没有司法和立法的权力，但是他们能在全面考虑与文化相关的法律案件，以及不同国家和种族的行为后表达他们的观点。以下是一些例子。

因为吃了一个三明治，佛罗里达的一位妇女就被解雇了。现在在奥兰多市，午餐吃三明治是违法的吗？她为什么被解雇呢？她的失业显然是因为三明治中的那几片猪肉，这是对明令禁止生产猪肉及猪肉制品的企业规定的触犯。佛罗里达州的这个电信大公司与穆斯林有着非常紧密的关系，他们警告了这位吃了穆斯林认为“不干净”的食物的东正教女教徒。当她再一次触犯了公司的规定之后，她就被解雇了。批评公司决定的意见认为：这是一种宗教歧视，因为公司的进食政策并没有建立在清晰的理论原则或法律上，因此无法保证每个雇员的平等性。一些人可能对特定的产品和习惯有文化上的反对和排斥，但是这种反对不应该强加于公司的每个人身上。另外一方的观点则认为：政策既然已经说得非常清楚，雇员就应该尊重雇佣协议中的文化规定。此外，《古兰经》禁止所有的穆斯林吃猪肉，如果身边有人吃的话，他们中的多数人一定会觉得不舒服甚至是感觉被冒犯。

你怎么看待这个案例呢？双方都有强有力的观点。但是哪一边的观点更有效呢？在商业领域和公共活动中，文化限制能达到什么程度？想象你拥有一家公司，你想要充分尊重员工们的文化和宗教信仰，那么你会怎么处理一个公开以热狗当午餐的员工呢？

政府会决定特殊传统是否合适，比如说，在德国，如果一位穆斯林女性去应征教师的职位，要是因为她坚持包头巾遭到了拒绝，然后她上法庭进行申诉并赢得了诉讼，那么大多数德国地区就会开始立法以禁止在公立学校包头巾。在意大利，有一位穆斯林家长控告了他孩子所在的小镇学校的老师，因为他认为教室里不应该有十字架（在天主教国家，这是一种普遍的做法），最后他赢得了这场诉讼（Richburg，2003）。

经典案例

人们能在多大程度上挑战一个传统社会中根深蒂固的习俗和价值观呢？你的生活中什么更重要——尊重所有的传统，即使你不同意其中一些，还是质疑他们，却因此削弱了一个社会的文化基础？有没有折中的办法呢？

一个 25 岁的勤杂工和一位 67 岁的寡妇决定结婚，这样的决定必然会让人大跌眼镜，因为新郎和新娘之间的年龄差距实在是太大了。使得这个案例更为离奇的是，这桩婚姻发生在肯尼亚——一个非常看重传统习俗的国家。我们必须注意到这个婚姻个案中，男性更为年轻。这桩婚姻引起了肯尼亚国内热烈的讨论，一方是支持人权尤其是女权的人，另一方坚持婚姻应该按照部落传统和世世代代所建立起的价值观来进行。同时，在美国和欧洲，人们也在讨论同性恋的婚姻问题。在肯尼亚，讨论却围绕着一个年轻男人和年迈妇女的结合是否恰当（Wax，2003）。支持这桩婚姻的人提出，这是个老男人可以与年轻女孩子结婚的国家，著名领袖纳尔逊·曼德拉也与小他 28 岁的女人结婚了，他们并没有做错什么。而反对者认为这样的结合违背了文化传统。

在内布拉斯加州，一场父母之间的官司最终被裁决为：如果父亲继续跟他 5 岁的女儿说西班牙语的话，他将被剥夺对女儿的探视权（Fears，2003）。这场诉讼的起因是该父亲是一个墨西哥裔美国人，他要带他女儿去探访一些亲戚朋友。但是，他的女儿抱怨父亲常常说她根本听不懂的西班牙语。母亲希望女儿先学习英语，但是父亲坚持学习西班牙语也是很重要的。你会支持哪一方？为什么？

过而不改，是谓过矣。

——孔子，中国哲学家

人 权

如果你发现某些国家或种族的文化规范和模式触犯了基本的人权，你会怎么做？谁来决定什么权力是基本的和普遍的？在本土管理和国际标准之间，跨文化心理学家应该建议优先选择什么？根据联合国，一个实际上覆盖了所有国家和人口的国际性组织的基本要求，无论人们在哪里、由什么样的政府管理，他们都有权追求自己的普遍的道德和公民自由。国际人权法就是要全方位地保证所有人都能过上“完整、自由、安全、可靠和健康的生活”（UN，1948），其中指出，只有当每个人的基本需求——工作、食物、住所、保健、教育和文化——都能得到充分满足时，人们才能过上有尊严的生活。严格遵循世界人权系统的基本原则，国际人权法已经确立了公民、文化、经济、政治和社会领域中个体和群体的权力。

《联合国宪章》严厉谴责并明令禁止刑讯逼供——它基于政治、宗教或意识形态目的，或是经由官员或其他有官方身份的人的同意和默许，会对人造成身体和心理上的巨大创伤和痛苦（UN，1948）。这一规定并没有引起激烈的争辩就是因为无论在哪种文化下，人们都会反对暴力。很多人权倡导者和欧洲的政治家强烈反对美国的死刑。但是尽管绝大多数美国大众都反对刑讯逼供，却仍然支持死刑。

其他与人权相关的事情总是存在更为复杂的两难困境。根据联合国规定，儿童应该自由表达自己的观点，国家必须尊重儿童的思想和宗教自由，他们“拥有隐私权，成年人不能非法地干涉儿童的隐私权”（UN，1959）。但是，在很多国家，根据他们的文化习俗和宗教规定，人们认为儿童权益不应该是公众讨论的话题。比如说，有很多国家反对儿童自主选择宗教信仰，他们自我表达的权利常常很容易被独裁政府剥夺。而且，联合国要求国家确保儿童有丰富的资源，包括充分利于他们身体、心理、精神、道德和社会发展的生活标准。这些要求在那些资源匮乏的国家根本得不到满足。

在本书的前面，我们学习到了“真正”的社

会化与联合国确立的惯例是不同的，例如：在理论上，国家应该保证人们受教育的权利，但是这种要求在很多国家很难实施，特别是在像巴西、印度和印度尼西亚这些国家，那里总是有数以百万计的孩子可能很小就退学去工作。

此外，联合国宣称儿童的个人权利高于他们所在的社会群体（如家庭）的权利。很多人却认为这样的规定蕴含了西方社会的个人主义价值观，而这些价值会因为不同的文化环境，特别是集体主义文化的传统而很难被其他国家接受，例如巴基斯坦、博茨瓦纳和泰国。

不同的国家和政府对于家庭中的权力和财产分配会有不同的观点，这取决于个体的行为是靠自律还是依靠外部规则的约束，是个人权利重要还是他们对家庭和群体的忠诚重要，以及个体对自己和他们的家庭应该负多大的责任（Murphy-Bernman et al.，1996）。

这些例子说明了文化对于个体和政府如何定义儿童权利有非常重要的影响。但是，目前大多数的定义都存在争议而且还将持续下去，因为还有数十亿的人们承受着沉重的经济压力，而且面对自然灾害和政府干涉束手无策。

联合国也认识到了妇女基本权益的重要性。任何造成妇女在政治、经济、社会、文化、公民和其他方面受到歧视的性别排外和限制，都应该被视为不合法的，因此也是应该遭到谴责的（UN，1967）。但是，这样的要求会直接触犯很多国家的一些文化传统和宗教习俗。多哥（西非国家）的法兹娅·卡莘格（Fauziya Kasinga）女士在 1994 年到了美国，因为她所在的部落会破坏年轻女性的生殖器官，所以她不得不来美国寻求庇护（Jet，1996）。女性的割礼是否是一种文化习俗的滥用？我们已经在本书的前面部分讨论过这个问题，如果一个国家——比如 20 世纪 90 年代末的阿富汗——通过残酷的宗教法律取消了妇女的教育、劳动和医疗等平等权利，我们是否应该认为这样的做法只是一种被西方专家们所误读的文化规范？对于这个问题，不存在“正确答案”，因为任何一种回答都带有特定的文化判断。

海外工作与服务

作为一名在海外工作的外交官、记者、维和人员、企业家或咨询者，出于对道德、意识形态和政治的考虑，你会如何应对出版和广播审查，决定什么适于出版或广播？这样的惯例被称为**审查制度**。尽管被贴上了诸如本地“规范”和民主“限制”等各种隐蔽的标签，出版审查制度依然是社会和宗教机构用来“过滤”和切断某些消息的有力手段。你必须了解这样的制度是如何被证明是合理的，你应该遵纪守法，但是如果这些规定触犯了人们的基本权利，我们就要对此进行批判。

政治审查制度的捍卫者们宣称对于信息的限制对维护社会秩序和稳定来说是必要的。因此，你不应该散播那些有损于政府权威的信息，不能指责政府及其代表以及政治领导人，用漫画来描绘这些国家的政治领导人是被禁止的。这样的政治限制常常会约束人们表达对政府的看法。高权力距离（见第 1 章）的传统文化观点可能会为政治审查制度辩护，认为权威应该被尊重而不是被批判。

在意识形态的审查制度下，各种社会机构（包括有组织的宗教机构和政府）都确立了关于这个社会过去、现在和未来的原则。挑战这些原则的信息会被禁止公开。即使在今天，德国依然将发表和散布任何赞同纳粹行为的言论视为违法。但是，这些材料在其他国家是被许可出版的，比如美国、俄罗斯等。宗教审查制度是意识形态审查制度的一部分，在很多国家，批评本国主流或者官方宗教信仰是被严令禁止的。20 世纪之初，在伊朗和沙特阿拉伯，如果一个记者敢发表对于伊斯兰教——这些国家的官方宗教——的批评文章，就会遭到起诉，如果是外国记者将会被驱逐出境。今天，仍然有很多地区以各种形式推行着审查制度。

道德审查制度是人们的文化与心理警戒。地方社群设定了礼仪与道德的标准。此外，也有一些法律规定了商业、机构和媒体之间交流时必须遵循的规定和标准。例如，在 20 世纪以前，欧洲长久以来都禁止画作中出现裸体画面，除非这些人物是《圣经》中的。如今，美国的电影分级会告诉家长录影带或 DVD 中含有多少粗口、色情与暴力画面。在美国和加拿大，那些露骨的色情画面和暴力镜头都不会被安排在电视节目的黄金时段，电台和电视的主持人在报道中有一些禁忌的词语。在很多信奉伊斯兰教的国家里，西方电影中的性爱镜头都被删除了，即使是接吻的镜头也不让播出。人们在解释特殊限制的时候总是会追溯文化原因，例如，2003 年，埃及政府禁播好莱坞电影《黑客帝国》，对于这一禁令的解释是：这部电影将神描绘为人的形象，而这在埃及的电影观众看来是不合适的（见表 12—4）。

那些参与维和部队及其他社团与任务的专家们应该了解：地方当局总是试图利用文化观念去确定他们国家在政治上的优先权。例如，任何来自西方国家的帮助和支援都可能被批评，因为这样的帮助会威胁到当地的传统或生活方式。书籍、药物、电脑、技术和新的沟通模式或治疗手段都会遭到批判甚至是拒绝。尽管海外工作的专家们应该首先尊重对那些有价值的传统的保存和捍卫，但是关于文化的论断往往很容易被用于政治目的：地方当局的领导者会将社会的变化视为自己的权力受到威胁。不幸的是，人道主义者的帮助常常被无知和腐败的官员剥夺或无理批判以使当地人继续依赖他们。

批判性思考

跨文化心理学家应该有胆识去质问：为什么很多人常常将“明显”的事情视为“合理”的（见第 3 章）。例如，美国人是否认为民主是种族中心的？当美国和西欧的政治家们要求古巴、塞尔维亚和卢旺达等实施民主时，他们是否在做民族中心主义的判断？一些专家指出，那些被西方人认为是民主的“好”东西，如自由公开的选举，在其他国家可能会带来混乱与不稳定（Pei，1998，p. 69）。不考虑这些问题并努力寻求答案，一个人就很可能形成教条主义的思维路径。

表 12—4 审查制度与文化

审查类型	描述
政治审查	这种审查形式的支持者认为对信息的限制对于维持社会秩序和稳定是非常必要的。
意识形态审查	这是关于一个社会过去、现在和未来的原则。任何挑战这些原则的信息和做法都应该被禁止散播。
道德审查	社会形成了一系列的礼仪与道德标准。而且有一些法律规定了商业、机构和媒体之间沟通交流必须遵循的标准规范。

某些文化是否会延缓一些国家的民主进程？事实上，许多年以来，西方政治家和舆论领袖一直对贫困国家的政府施加压力使他们接受多党制。这样的压力看起来无可厚非：自由的民主选举必然能产生对公民负责的政府。这种政治转型的“机制”并非总是奏效。谢弗（Schaffer，1998）在西非国家塞内加尔进行的一项研究表明，大多数的塞内加尔人不是基于自由选择而是根据宗教和部落团结，以及对社会等级的知觉来进行选择。在这样的文化环境下，候选人的议案、政治偏好及特点与对神的忠诚，以及对竞选获胜后物质奖励的期望相比，都已经显得不重要了。

校园中的宗教

我们要学习容忍和尊重他人的习俗、规则和宗教观念，学习容忍的方法之一就是信息的交换。如果一个大学生想要将他/她的宗教信仰告诉其他人，这对其他学生好不好？是否有证据表明：对宗教观点的自由表达会形成学生之间的互相理解？在美国，大约有 90%的人都信仰某一种宗教，换句话说，他们的宗教信仰很容易区别（Shiraev & Sobel，2006）。美国有世界上的多种宗教。你可能知道，很多清教徒——到美国定居的第一批欧洲人——来到这个国家时都具有某种特殊的宗教观。而且，他们很多人回到欧洲就会遭到歧视、迫害甚至杀戮。现在，正如整个美国史所呈现的那样，这些回到自己国家会因为宗教信念遭到迫害的人们在美国这个庇护所中存活了下来。

作为一个自由的个体，你有权选择信仰任何一种宗教，或者不信教。美国宪法允许校园里的私人宗教活动。但是，你必须了解与校园宗教活动相关的一些规定和限制。这些规定在公立和私立学校里都差不多（一些私立的高等教育机构可能有自己关于宗教行为的指导方针），包括学生、老师、顾问和行政官员的所有人都应该遵守这些正式的规定。

总体而言，美国是政教分开的。因此，州立大学和学院都不会有弘扬某一种宗教的课程。但是，你可能会发现宗教史、宗教比较与其他讲述宗教在美国和其他国家历史中所起作用的课程。

学生有权利进行个人和群体祷告、与他们的同伴讨论宗教问题，只要这些讨论不会威胁和平共处。他们可以读任何经文，可以在饭前做感恩祷告，可以在考试前做祈祷，但是必须记住优先参加学校的活动，比如说，你不能在考试时花一个小时去祈祷，最后却向教授索要更多的时间来考试。

学生可以在课题项目或者研究报告中表达自己的宗教信仰吗？可以。没有人能因为他作品中的宗教内容（例如引用、符号和例子）而拒绝这份作业。但是，请记住：作业必须与布置的题目有关。

在课堂讨论上，任何人可以对任何一种宗教表达自己的观点，自由发言。同样，人们也可以批判宗教和宣扬无神论的观点。你的教授不会仅仅因为你对宗教持有反对意见就让你保持缄默。但是别忘了其他学生也有同样的权利去表达和批判你的观点。

请记住对于某种宗教的任何批判都不应该是过分和压倒性的，这样的批判可以被称为“宗教骚扰”。令人惊讶的是，任何企图要求他人加入宗教的冒昧行为都会被视为骚扰。

在校园里，衬衣、外套和帽子上的宗教字样不会被禁止，你不会因为穿着印有这些字句的衣服而遭到迫害。学生也可以穿着宗教服饰，比如：十字架、犹太教的圆顶小帽、穆斯林的包头巾。如果你的宗教信仰因为认为运动服太过暴露而不允许你穿，你大可不必穿。

练习 12.2

政府能强制推行文化吗？

在一些国家，政府不让国家员工使用外语，特别是英语。几年以前，法国发起了一场消灭电脑词汇表中英语单词的运动。同样，在委内瑞拉，政府规定国有的电话公司不能使用诸如“marketing”（市场）、“password”（密码）之类的英文词汇，而应该使用西班牙语。有时候这样的运动是成功的，但是大多数都会失败。官员们忘记了一个非常重要的心理现象：如果你想要推行一种趋势或者时尚风格，那就禁止它！但是，通过法律手段来“保存文化”的方法要持之以恒。

到20世纪90年代末，法国都一直限制国内影院中上映的非法语电影的数量。法国领导人说，这对于支持他们的电影产业很重要，也有利于在美国文化的帝国主义扩张中保存法国自己的文化。其他的评论家则认为这样的规定将美国电影不公平地排挤出了市场，而助长了法国的民族中心主义和国家主义。

问题：你认为法国（以及其他国家）是否应该对非法语电影的上映有所限制？你认为这样的行为是一种严重限制信息与观念自由交流的文化战争吗？你是否认为我们应该通过限制外国文化的影响来保护本国文化？请说出你的答案并进行解释。

资料来源：马里兰大学政策态度研究中心，2007—2008。

整个过程是艰难的，一个问题的解决必然会把我们带到另外一个问题的面前。

——马丁·路德·金，美国民权运动领袖

结 论

人们都期盼环境问题和全球气候变化在 21 世纪得到解决。尽管经济持续发展，但这个世界上 20%的人口依然非常贫困。在 21 世纪之初，大约就发生了 30 多次小型战争和更为隐蔽的种族冲突。国内战争和流血政变继续分裂着国家和地区。跨文化心理学家应该积极应对这些全球性的挑战与机遇，使跨文化心理学成为一门从其他学科积累研究数据的应用科学。心理学家可以对地方和全球问题的解决提供一些意见和建议，特别是那些种族、宗教和其他的冲突性事件。因此，更为紧密的文化交流与对话将会开启不同文化间价值观与思想交流的新纪元，这些价值观可能是唯物论也可能是唯心论，可能是消费与循环回收，可能是家庭规划和尊重长辈。

跨文化心理学家应该接受各种各样的思想、价值观与观念。确实，几个世纪以来的习俗都深深扎根于经济、宗教、政治和其他文化的根基之中，所以我们应该尊重很多人类的传统。但是，专家们不应该支持任何宣传鼓吹战争的政策或计划使之得以延续。他们应该谴责和抵制任何辩护和鼓吹种族歧视、种族主义、宗教排异、身体和性虐待的言论，以及那些认为特定群体具有优越性或劣等性的观点。

当然，仅靠跨文化心理学远远不能解决全球问题。但是，你关于这一领域的知识、你在学习跨文化心理学时习得的技能以及你与他人共享的观点都能有效帮助你找到解决办法。中国古代一位伟大的思想家老子说："千里之行，始于足下。"所以让我们一起来迈开这第一步，看看我们能为这个世界变得更美好而做些什么，从这里开始，从当下开始，随时随处。

* *

本章总结

● 只要回答"是什么"、"什么时候"和"为什么"这些问题，心理学就是一种理论学科。但是一旦它回答具体的问题——"如何运用"、"如何改变"，那么它就变成了一种应用科学。

● 总体来说，贫穷、社会和生态的问题会影响人们与健康有关的活动。同时，也存在一些被认为是不健康甚至是错误的文化习俗，包括家庭暴力和童工。

● 很多当代心理学家对精神性的理解还只处于初级阶段。精神性是传统文化中人们动力的来源，它指的是广泛涉及信仰、信任和希望等"非物质"内容的现象。

● 当代的跨文化心理学对于组织发展有所贡献。组织发展是旨在提高组织与个人绩效，以及私企与国企中员工幸福感的一系列变革规划。

● 谈判风格和冲突解决策略之间存在异同。了解对方的文化策略是成功谈判的关键。

● 假设认知测验没有特定的文化歧视，而且孩子们能完全掌握测验的语言，那么老师和家长就能提高孩子的测验成绩。

● 对于移民人群，心理学家要常常帮助他们克服文化适应的压力，文化适应是对一种新文化的最初的调适反应。专家们将文化适应压力定义为对任何陌生的文化环境的压力性应对，它是一系列复杂的心理体验，常常是不愉快和具有破坏性的体验。

● 尽管心理学家没有司法和立法权，但是，他们能通过全盘考虑与文化相关的法律问题，以及跨国跨种族的行为案件，表达出他们的观点和意见。

● 在非民主国家工作，专家们很可能需要面对审查制度和抵制变革的限制性惯例。

关键词

文化适应 在移居环境下，个体适应新文化的过程。

审查制度 出于道德、意识形态或政治的考虑，审查和裁定什么能够出版和广播的限制性惯例。

咨询 对决策或行动提供心理引导和建议的行为。

组织发展 旨在提高组织和个体绩效，以及私企和国企中员工幸福感的一系列规划性变革。应用到跨文化心理学中，组织发展意味着创造一种将文化和跨文化知识融入工作过程的组织氛围，以提高职场中的整体效率和心理满足感。

伪科学 那些看起来很科学但实际上并未采用科学方法的知识及其应用。

流亡者 因为被迫害或害怕被迫害（因为种族、宗教或加入了特殊社会群体，或持有某些政见）而离开自己的国家且不愿或无法回去的人。

精神性 广泛涉及信念、信任和希望等“非物质”问题的现象，与有关所有权、财富积累和竞争的“物质”问题正好相反。在心理学语境下，精神性强调的是意识大于物质，存在大于属性，心理投入大于身体行为。

参考文献

Abou-Hatab, F. (1997). Psychology from Egyptian, Arab, and Islamic perspectives: Unfulfilled hopes and hopeful fulfillment. *European Psychologist, 2*(4), 356–365.

Abrams, D., & Hogg, M. A. (1987). Language attitudes, frames of reference, and social identity: A Scottish dimension. *Journal of Language and Social Psychology, 6*, 201–213.

Abudabbeh, N. (1996). Arab families. In M. McGoldrick, J. Giordano, & J. K. Pearce (Eds.), *Ethnicity and family therapy* (2nd ed., pp. 333–346). New York: Guilford Press.

Abu-Lughod, L. (1986). *Veiled sentiments.* Berkeley: University of California Press.

Abu-Saad, I. (1998). Individualism and Islamic work beliefs. *Journal of Cross-Cultural Psychology, 29*(3), 377–383.

Adams, F., & Osgood, C. (1973). A cross-cultural study of the affective meaning of color. *Journal of Cross-Cultural Psychology, 4*(2), 135–156.

Adigun, I. (1997). Orientations to work: A cross-cultural approach. *Journal of Cross-Cultural Psychology, 28*, 352–355.

Ahmed, A. A. (2002). *Intisar: A story of a Muslim girl.* Bloomington, IN: Authorhouse.

Aizenman, N. (2002, May 12). A rebirth of traditions: Maternity wards adapt to immigrants' needs. *Washington Post*, p. A01.

Akbar, N. (1991). The evolution of human psychology for African Americans. In R. Jones (Ed.), *Black psychology* (3rd ed., pp. 99–123). Berkeley, CA: Cobb & Henry.

Akhtar, S. (2002). *Broken structures: Severe personality disorders and their treatment.* Northvale, NJ: Aronson.

Albas, D. C., McCluskey, K. W., & Albas, C. A. (1976). Perception of the emotional content of speech. *Journal of Cross-Cultural Psychology, 7*, 481–490.

Alexander, L., Hollingsworth, L., Dore, M., & Hoopes, J. (2004). A family of trust: African American parents' stories of adoption disclosure. *American Journal of Orthopsychiatry, 74*(4), 448–455.

Alexander, M. G., & Fisher, T. D. (2003). Truth and consequences: Using the bogus pipeline to examine sex differences in self-reported sexuality. *The Journal of Sex Research, 40*, 27–35.

Ali, S. R., Liu, W. M., and Humedian, M. (2004). Islam 101: Understanding the religion and therapy implications. *Professional Psychology: Research & Practice, 35*(6), 635–642.

Allen, M., Sik Hung Ng, Ken'Ichi Ikeda, Jayum A. Jawan, Anwarul Hasan Sufi, Marc Wilson, and Kuo-Shu Yang (2007). Two decades of change in cultural values and economic development in eight East Asian and Pacific Island nations. *Journal of Cross-Cultural Psychology, 38*(3), 247–269.

Allodi, F. A. (1991). Assessment and treatment of torture victims. *The Journal of Nervous and Mental Disorders, 179*, 4–11.

Allport, G. (1935). Attitudes. In C. Murchison (Ed.), *A handbook of social psychology.* Worcester, MA: Clark University Press.

Almond, G., & Verba, S. (1965). *The civic culture.* Boston: Little, Brown.

Amenomouri, M., Kono, A., Fournier, J., & Winer, G. (1997). A cross-cultural developmental study of directional asymmetries in circle drawing. *Journal of Cross-Cultural Psychology, 28*(6), 730–742.

American Psychiatric Association (1994). *Diagnostic and statistical manual of mental disorders (DSM-IV)* (4th ed.). Washington, DC: APA.

Anderson, C. (1987). Temperature and aggression: Effects on quarterly, yearly, and city rates of violent and nonviolent crime. *Journal of Personality and Social Psychology, 52*, 1161–1173.

Andreason, N. J. C., & Canter, A. (1974). The creative writer: Psychiatric symptoms and family history. *Comprehensive Psychiatry, 15*(2), 123–131.

Andreason, N. J. C., & Powers, P. S. (1975). Creativity and psychosis: An examination of conceptual style. *Archives of General Psychiatry, 32*, 70–73.

Antrobus, J. (1991). Dreaming: Cognitive processes during cortical activation and high afferent thresholds. *Psychological Review, 98*, 96–121.

Aptekar, L. (1989). Colombian street children: Gamines and Chupagruesos. *Adolescence, 24*, 783–794.

Archer, J. (1996). Sex differences in social behavior: Are the social role and evolutionary explanations compatible? *American Psychologist, 51*(9), 909–917.

Arnett, J. J. (2000). Emerging adulthood: A theory of development from the late teens through the twenties. *American Psychologist, 55*, 469–480.

Arnett, J. J. (2002). The psychology of globalization. *American Psychologist, 57*(10), 774–783.

Aronson, E. (1995). *The social animal.* New York: W. H. Freeman.

Aronson, E., & O'Leary, M. (1982–1983). The relative effectiveness of models and prompts on energy conservation: A field experiment in a shower room. *Journal of Environmental Systems, 12*, 219–224.

Asch, S. (1956). Studies of independence and conformity: A minority of one against unanimous majority. *Psychological Monographs, 70*(9) (whole no. 416).

Asher, S., Renshaw, P., & Hymel, S. (1982). Peer relations and the development of social skills. In S. Moore (Ed.), *The young child: Reviews of research.* Washington, DC: NAEYC.

Associated Press (2008, March 2). http://www.msnbc.msn.com/id/23438289.

Aune, R., & Aune, K. (1994). The influence of culture, gender, and relational status on appearance management. *Journal of Cross-Cultural Psychology, 25*(2), 258–272.

Averill, J. (1982). *Anger and aggression: An essay on emotion.* New York: Springer-Verlag.

Ayman, R., & Chemers, M. M. (1983). Relationship of supervisory behavior ratings to work group effectiveness and subordinate satisfaction among Iranian managers. *Journal of Applied Psychology, 68,* 338–341.

Bahl, V., Prabhakaran, D., & Karthikeyan, G. (2001). *Coronary artery disease in Indians. The Internet Journal of Cardiology.* http://www.ispub.com/ostia/index.php?xmlFilePath=journals/ijc/vol1n2/cadi.xml.

Baldwin, J. (1991). African (Black) psychology: Issues and synthesis. In R. Jones (Ed.), *Black psychology* (3rd ed., pp. 125–135). Berkeley, CA: Cobb & Henry.

Baldwin, J., Brown, R., & Hopkins, R. (1991). The black self-hatred paradigm revised: An Africentric analysis. In R. Jones (Ed.), *Black psychology* (3rd ed., pp. 141–161). Berkeley, CA: Cobb & Henry.

Bandura, A. (1969). *Principles of behavioral modification.* New York: Holt, Rinehart & Winston.

Barankin, T., Konstantareas, M. M., & de Bosset, F. (1989). Adaptation of recent Soviet Jewish immigrants and their children to Toronto. *Canadian Journal of Psychiatry, 34,* 512–518.

Barber, N. (1998). Ecological and psychological correlates of male homosexuality: A cross-cultural investigation. *Journal of Cross-Cultural Psychology, 29*(3), 387–401.

Barber, N. (2001). On the relationship between marital opportunity and teen pregnancy: The sex ratio question. *Journal of Cross-Cultural Psychology, 32,* 3, 259–267.

Barkow, J. H., Cosmides, L., & Tooby, J. (Eds.). (1992). *The adapted mind: Evolutionary psychology and the generation of culture.* New York: Oxford University Press.

Barnlund, D. (1975). *Public and private self in Japan and the United States.* Tokyo: Simul Press.

Barnlund, D., & Araki, S. (1985). Intercultural encounters: The management of compliments by Japanese and Americans. *Journal of Cross-Cultural Psychology, 16*(1), 9–26.

Barnlund, D. C. (1989). *Communicative styles of Japanese and Americans: Images and realities.* Belmont, CA: Wadsworth.

Baron, R., & Kalsher, M. (1996). The sweet smell of . . . safety? *Proceedings of the Human Factors and Ergonomics Society, 40,* 1282.

Barraclough, B. (1988). International variations in the suicide rate of 15–24 year olds. *Social Psychiatry and Psychiatric Epidemiology, 23,* 75–84.

Barrett, P., & Eysenck, S. B. G. (1984). The assessment of personality factors across 25 countries. *Personality and Individual Differences, 5,* 615–632.

Basoglu, M., Paker, M., Paker, O., Ozmen, E., Marks, I., Sahin, D., et al. (1994). Psychological effect of torture: A comparison of tortured with nontortured political activists in Turkey. *American Journal of Psychiatry, 151,* 6–81.

Beah, I. (2008). *A long way gone: Memoirs of a boy soldier.* New York: Farrar, Straus and Giroux.

Beals, J., Novins, D., Whitesell, N., Spicer, P., Mitchell, C., & Manson, S. (2005). Prevalence of mental disorders and utilization of mental health services in two American Indian reservation populations: Mental health disparities in a national context. *American Journal of Psychiatry, 162,* 1723–1732.

Beardsley, L., & Pedersen, P. (1997). Health and culture-centered intervention. In J. Berry & C. Kagitcibasi (Eds.), *Handbook of cross-cultural psychology: Social behavior and applications* (Vol. 3, pp. 413–448). Boston: Allyn & Bacon.

Beauchamp, G. (1987). The human preference for the excess salt. *American Scientist, 75,* 27–33.

Beck, A. (1991). Cognitive therapy: A 30-year retrospective. *American Psychologist, 46,* 368–375.

Bell, R. M. (1985). *Holy anorexia.* Chicago: University of Chicago Press.

Benedict, R. (1946). *The chrysanthemum and the sword: Patterns of Japanese culture.* Boston: Houghton Mifflin.

Bemak, F., & Chung, R. C.-Y. (2004). Culturally oriented psychotherapy with refugees. In U. Gielen, J. Fish, & J. Draguns (Eds.), *Culture, therapy and healing.* Mahwah, NJ: Lawerence Erlbaum Associates.

Bemak, F., & Chung, R. C.-Y. (2008). Counseling disaster survivors: Implications for cross-cultural counseling. In P. B. Pedersen, J. Draguns, W. Lonner, & J. Trimble (Eds.), *Counseling across cultures* (6th ed.). Thousand Oaks, CA: Sage.

Bemak, F., Chung, R. C.-Y., & Pedersen, P. B. (2003). *Counseling refugees: A psychosocial approach to innovative multicultural interventions.* Westport, CT: Greenwood Publishing.

Bemak, F., Chung, R. C.-Y., & Sirosky-Sabado, L. A. (2005). Empowerment groups for academic success (EGAS): An innovative approach to prevent high school failure for at-risk urban African American girls. *Professional School Counseling, 8,* 377–389.

Bennet, L., Janca, A., Grant, B., & Sartorius, N. (1993). Boundaries between normal and pathological drinking: A cross-cultural comparison. *Alcohol, Health, and Research World, 17,* 190–196.

Berger, K. (1995). *The developing person through the life span.* New York: Worth Publishers.

Berkowitz, L. (1962). *Aggression: A social psychological analysis.* New York: McGraw-Hill.

Berkowitz, W. (1971). A cross-national comparison of some social patterns of urban pedestrians. *Journal of Cross-Cultural Psychology, 2*(2), 129–144.

Berlin, B. (1992). *Ethnobiological classification: Principles of categorization of plants and animals in traditional societies.* Princeton, NJ: Princeton University Press.

Berlyne, D. E. (1960). *Conflict, arousal, and curiosity.* New York: McGraw-Hill.

Berlyne, D. E. (1971). *Aesthetics and psychobiology.* New York: Appleton-Century-Crofts.

Berlyne, D. E. (1974). *Studies in the new experimental aesthetics.* New York: Wiley.

Berman, A. L., & Jobes, D. A. (1992). Suicidal behavior of adolescents. In B. Bongar (Ed.), *Suicide: Guidelines for assessment, management and treatment.* New York: Oxford University Press.

Bernard, T. (1990). Angry aggression among "truly disadvantaged." *Criminology, 28,* 73–96.

Bernman, A., Jobes, D., & Silverman, M. (2005). *Adolescent Suicide: Assessment and Intervention.* Washington,DC: American Psychological Association.

Bernman, J., & Murphy-Bernman, V. (1996). Cultural differences in perceptions of allocators of resources. *Journal of Cross-Cultural Psychology, 27*(4), 494–509.

Berry, J. W. (1967). Independence and conformity in subsistence level societies. *Journal of Personality and Social Psychology, 7,* 415–418.

Berry, J. W. (1969). On cross-cultural comparability. *International Journal of Psychology, 4,* 119–128.

Berry, J. W. (1971). Ecological and cultural factors in spatial perceptual development. *Canadian Journal of Behavioral Science, 3,* 324–336.

Berry, J. W. (1988). Cognitive values and cognitive competence among the bricoleurs. In J. W. Berry, S. H. Irvine, & E. B. Hunt (Eds.), *Indigenous cognition: Functioning in cultural context* (pp. 9–20). Dordrecht: Nijhoff.

Berry, J. W. (1997). Immigration, acculturation and adaptation. *Applied Psychology: An International Review, 46,* 5–68.

Berry, J. W., & Annis, R. (1974). Acculturative stress. *Journal of Cross-Cultural Psychology, 5*(4), 382–397.

Berry, J. W., Poortinga, Y. H., Segall, M. H., & Dasen, P. R. (1992). *Cross-cultural psychology: Research and applications.* New York: Cambridge University Press.

Berry, J. W., & Sam, D. (1997). Acculturation and adaptation. In J. W. Berry, M. H. Segall, & C. Kagitcibasi (Eds.), *Handbook of cross-cultural psychology: Social behavior and applications* (Vol. 3, pp. 291–326). Boston: Allyn & Bacon.

Berscheid, E. (1982). Attraction and emotions in interpersonal relationships. In M. S. Clark & S. T. Fiske (Eds.), *Affect and cognition: The 17th Annual Carnegie Symposium on Cognition.* Hillsdale, NJ: Erlbaum.

Best, D. (1994). Parent-child interactions in France, Germany, and Italy. *Journal of Cross-Cultural Psychology, 25*(2), 181–193.

Best, D., Naylor, C., & Williams, J. (1975). Extension of color bias research to young French and Italian children. *Journal of Cross-Cultural Psychology, 6*(4), 391–400.

Betzig, L. (1989). Causes of conjugal dissolution: A cross-cultural study. *Current Anthropology, 30*(5), 654–676.

Beveridge, W. M. (1940). Some differences in racial perception. *British Journal of Psychology, 30,* 57–64.

Bhagat, R., & Landis, D. (Eds.). (1996). *Handbook of intercultural training.* Thousand Oaks, CA: Sage.

Birdwhistell, R. L. (1970). *Kinesics and context.* Philadelphia: University of Philadelphia Press.

Birman, D., & Trickett, E. (2001). Cultural transitions in first-generation immigrants: Acculturation of Soviet Jewish refugee adolescents and parents. *Journal of Cross-Cultural Psychology, 32*(4), 456–477.

Birnbaum, D. W. (1983). Preschoolers' stereotypes about sex differences in emotionality: A reaffirmation. *Journal of Genetic Psychology, 143,* 139–140.

Biswas, U. N., & Pandey, J. (1996). Mobility and perception of socioeconomic status among tribal and caste group. *Journal of Cross-Cultural Psychology, 27*(2), 200–215.

Bizman, A., & Amir, Y. (1982). Mutual perceptions of Arabs and Jews in Israel. *Journal of Cross-Cultural Psychology, 13*(4), 461–469.

Blakemore, C., & Cooper, G. F. (1970). Development of the brain depends on the visual environment. *Nature, 228,* 477–478.

Bleichrodt, N., Drenth, P. J., & Querido, A. (1980). Effects of iodine deficiency on mental and psychomotor abilities. *American Journal of Physical Anthropology, 53,* 55–67.

Blok, A. (1981). Rams and Billy-goats: A key to Mediterranean code of honor. *Man, 16,* 427–440.

Bond, M. (1985). How are responses to verbal insult related to cultural collectivism and power distance? *Journal of Cross-Cultural Psychology, 16*(1), 111–127.

Bond, M., & Tak-Sing, C. (1983). College students' spontaneous self concept: The effects of culture among respondents in Hong-Kong, Japan, and the United States. *Journal of Cross-Cultural Psychology, 14,* 153–171.

Bornstein, M. H., & Tamis-LeMonda, C. (1989). Maternal responsiveness and cognitive development in children. In M. H. Bornstein (Ed.), *Maternal responsiveness: Characteristics and consequences* (pp. 49–61). San Francisco: Jossey-Bass.

Borod, J. (1992). Interhemispheric and intrahemispheric control of emotion: A focus on unilateral brain damage. *Journal of Consulting and Clinical Psychology, 60,* 339–348.

Borowitz, A. (2005). *Terrorism for self-glorification: The herostratos syndrome.* Kent, OH: Kent State University Press.

Bouchard, T., Lykken, D., McGue, M., Segal, N. L., & Tellegen, A. (1990). Sources of human psychological differences: The Minnesota study of twins reared apart. *Science, 250,* 223–228.

Bouchard, T., & McGue, M. (1981). Familial studies of intelligence: A review. *Science, 212,* 1055–1059.

Boucher, J., & Brandt, M. (1981). Judgment of emotion: American and Malay antecedents. *Journal of Cross-Cultural Psychology, 12*(3), 272–283.

Bourguignon, E. E. (1954). Dreams and dream interpretation. *American Anthropologist, 56*(2), 262–268.

Bourguignon, E. E. (1976). *Possession.* San Francisco: Chandler & Sharp.

Bourguignon, E. E. (1994). Trance and meditation. In P. K. Bock (Ed.), *Psychological anthropology* (pp. 297–314). Westport, CT: Praeger.

Bowbly, J. (1982). *Attachment* (Vol. I). New York: Basic Books.

Boykin, A. (1994). Harvesting talent and culture: African-American children and educational reform. In R. Rossi (Ed.), *Schools and students at risk* (pp. 116–138). New York: Teachers College Press.

Brace, C. (2005). *Race is a four letter word.* New York: Oxford University Press.

Brandstatter, H., Davis, J., & Stocker-Kreichgauer, G. (Eds.). (1984). *Group decision making.* New York: Academic Press.

Brandt, M. E., & Boucher, J. D. (1985). Judgment of emotions from antecedent situations in three cultures. In I. R. Lagunes & Y. H. Poortinga (Eds.), *From a different perspective: Studies of behavior across cultures* (pp. 348–362). Lisse, The Netherlands: Swets & Zeitlinger.

Braverman, A. (2002). Open-door sexuality. *University of Chicago Magazine, 95*(1), Retrieved October 2002, from http://magazine.uchicago.edu/0210/research.

Brenton, D. (2004, March). The anthropology of adolescent risk-taking behaviors. *Body & Society, 10,* 1–15.

Briggs, D. (2001). The effect of admissions test preparation: Evidence from NELS:88. *Chance, 14*(1), 10–21.

Briggs, J. L. (1970). *Never in anger: Portrait of an Eskimo family.* Cambridge, MA: Harvard University Press.

Brislin, R. (1970). Back-translation for cross-cultural research. *Journal of Cross-Cultural Psychology, 1*(3), 185–216.

Brislin, R. (1993). *Understanding culture's influence on behavior.* Fort Worth, TX: Harcourt Brace Jovanovich.

Brislin, R. (2000). *Understanding culture's influence on behavior* (2nd ed.). Fort Worth, TX: Harcourt.

Brody, L., & Hall, J. A. (1993). Gender and emotion. In M. Lewis & J. Haviland (Eds.), *Handbook of emotions* (pp. 447–460). New York: Guilford Press.

Browder, L. (2000). *Slippery characters: Ethnic impersonators and American identities.* Durham: The UNC Press.

Bronfenbrenner, U. (1970). *Two worlds of childhood: U.S. and U.S.S.R.* New York: Russell Sage Foundation.

Bronfenbrenner, U. (1979). *The ecology of human development: Experiments by nature and design.* Cambridge, MA: Harvard University Press.

Brooks, I. (1976). Cognitive ability assessment with two New Zealand ethnic groups. *Journal of Cross-Cultural Psychology, 7*(3), 347–355.

Brown, D. (1995, November 23). Aggression tied to chemical. *Washington Post,* p. A1.

Brown, P., & Wald, G. (1964). Visual pigments in single rods and cones in the human retina. *Science, 144,* 45–52.

Brown, R. (1965). *Social psychology.* New York: Free Press.

Bruner, J., & Goodman, C. (1947). Value and need as organizing factors in perception. *Journal of Abnormal and Social Psychology, 42,* 33–44.

Bruner, J. S., & Potter, M. C. (1964). Interference in visual recognition. *Science, 144,* 424–425.

Brustein, W. (1998). The costs and benefits of joining an extremist party: Membership in the pre-1933 Nazi party. *Research in Political Sociology, 8,* 35–56.

Buckley, S. (2000, June 17). Brazil's brutal economic gap. *Washington Post,* p. A13.

Buda, R., & Elsayed-Elkhouly, S. (1998). Cultural differences between Arabs and Americans: Individualism and collectivism revisited. *Journal of Cross-Cultural Psychology, 29,* 487–492.

Bull, R., & David, I. (1986). The stigmatizing effect of facial disfigurement. *Journal of Cross-Cultural Psychology, 17*(1), 99–108.

Buss, A. H., & Plomin, R. (1985). *Temperament: Early developing personality traits.* Hillsdale, NJ: Erlbaum.

Buss, D. (1994). Sex differences in human mate preferences. *Behavioral and Brain Sciences, 12,* 1–49.

Butcher, J., Jeeyoung, L., & Nezami, E. (1998). Objective study of abnormal personality in cross-cultural settings. *Journal of Cross-Cultural Psychology, 29*(1), 189–211.

Bynum, E. B. (1993). *Families and the interpretation of dreams: Awakening the intimate web.* New York: Harrington Park Press/Haworth Press.

Byrne, D. (1982). Predicting human sexual behavior. In A. G. Kraut (Ed.), *The Stanley Hall lecture series* (Vol. 2, pp. 363–368). Washington, DC: American Psychological Association.

Byrnes, J. P. (1988). Formal operations: A systematic reformulation. *Developmental Review, 8,* 66–87.

Camilleri, C., & Malewska-Peyre, H. (1997). Socialization and identity strategies. In J. W. Berry, P. R. Dasen, & T. S. Saraswathi (Eds.), *Handbook of cross-cultural psychology: Basic processes and human development* (Vol. 2, pp. 41–67). Boston: Allyn & Bacon.

Campbell, D. (1967). Stereotypes and the perception of group differences. *American Psychologist, 22,* 817–829.

Canino, G. (2004). Are somatic symptoms and related distress more prevalent in Hispanic/Latino youth? Some methodological considerations. *Journal of Clinical Child and Adolescent Psychology, 33,* 272–275.

Cannon, W. B. (1927). The James-Lange theory of emotions: A critical examination and an alternative theory. *American Journal of Psychiatry, 39,* 106–124.

Cannon, W. B. (1932). *The wisdom of the body.* New York: W. W. Norton.

Cantor, N., & Mischel, W. (1979). Prototypes in person perception. In L. Berkowitz (Ed.), *Advances in experimental social psychology* (Vol. 12, pp. 3–52). New York: Academic Press.

Caprio, F. (1943). A psycho-social study of primitive conceptions of death. *Criminal Psychotherapy, 5,* 303–317.

Carlson, V. J., & Harwood, R. L. (2003). Attachment, culture, and the caregiving system: The cultural patterning of everyday experiences among Anglo and Puerto Rican mother–infant pairs. *Infant Mental Health Journal, 24,* 53–73.

Carrier, J. (1980). Homosexual behavior in cross-cultural perspective. In J. Marmor (Ed.), *Homosexual behavior: A modern reappraisal.* New York: Basic Books.

Carroll, J. B. (1983). Studying individual differences in cognitive abilities: Implications for cross-cultural studies. In S. H. Irvine & J. W. Berry (Eds.), *Human assessment and cultural factors* (pp. 213–235). New York: Plenum.

Cartwright, R. D. (1992). "Masochism" in dreaming and its relationship to depression. *Dreaming, 1,* 147–159.

Cashmore, J., & Goodnow, J. (1986). Influences on Australian parents' values: Ethnicity vs sociometric status. *Journal of Cross-Cultural Psychology, 17,* 441–454.

Castillo, R. J. (1997). *Culture and mental illness.* Pacific Grove, CA: ITP.

Centers for Disease Control and Prevention. (2007). National Center for Injury and Prevention Control Web site: http://www.cdc.gov/ncipc/wisqars/

Cervantes, J., & Parham, T. (2005). Toward a meaningful spirituality for people of color: Lessons for the counseling practitioner. *Cultural Diversity & Ethnic Minority Psychology, 11*(1), 69–81.

Chambless, D., & Williams, K. E. (1995). A preliminary study of African Americans with agoraphobia: Symptom severity and outcome of treatment with in vivo exposure. *Behavior Therapy, 26,* 501–515.

Chandler, T. A., Shama, D. D., Wolf, F. M., & Planchard, S. K. (1981). Multi-attributional causality: A five cross-national samples study. *Journal of Cross-Cultural Psychology, 12,* 207–221.

Chao, R. K. (1996). Chinese and European American mother's beliefs about the role of parenting in children's school success. *Journal of Cross-Cultural Psychology, 27,* 403–423.

Chernyaev, A. (1993). *Shest let s Gorbachevym. [Six years with Gorbachev].* Moscow: April.

Cheung, F. M. (1995). Facts and myths about somatization among the Chinese. In T. Y. Lin, W. S. Tseng, & E. K. Yeh (Eds.), *Chinese society and mental health* (pp. 156–166). Hong Kong: Oxford University Press.

Cheung, F. M., Leung, K., Fan, R. M., Song, W. Z., Zhang, J. X., & Chang, J. P. (1996). Development of the Chinese personality assessment inventory (CPAI). *Journal of Cross-Cultural Psychology, 27,* 181–199.

Chiasson, N., Dube, L., & Blondin, J.-P. (1996). Happiness: A look into the folk psychology of four cultural groups. *Journal of Cross-Cultural Psychology, 27*(6), 673–691.

Child, I. E. (1969). Esthetic. In G. Lindsey & E. Aronson (Eds.), *The handbook of social psychology* (Vol. 3, pp. 853–916). Reading, MA: Addison-Wesley.

Chilman, C. S. (1993). Hispanic families in the United States: Research perspectives. In H. P. McAdoo (Ed.), *Family ethnicity: Strength in diversity* (pp. 141–163). Newbury Park, CA: Sage.

Chinoy, I., & Babington, C. (1998, May 3). Low-income players feed lottery cash cow. *Washington Post,* p. A1.

Chirkov, V., & Ryan, R. (2001). Parent and teacher autonomy-support in Russian and U.S. adolescents: Common effects on well-being and academic motivation. *Journal of Cross-Cultural Psychology, 32*(5), 618–635.

Chiu, C.-Y., & Hong, Y. (2006). The social psychology of culture. New York: Psychology Press.

Cho, Y., & Kim, Y. (1993). The cultural roots of entrepreneurial bureaucracy: The case of Korea. *Public Administrative Quarterly, 16,* 509–524.

Chomsky, N. (1976). The fallacy of Richard Herrnstein's IQ. In N. J. Block & G. Dworkin (Eds.), *The IQ controversy* (pp. 285–298). New York: Pantheon Books.

Chopra, D. (2000). *How to know God.* New York: Harmony Books.

Chung, R. C.-Y., & Bemak, F. (2002). The relationship of culture and empathy in cross-cultural counseling. *Journal of Counseling and Development, 80,* 154–159.

Chung, R. C.-Y., Bemak, F., & Talleyrand, R. (2007). Mentoring within the field of counseling: A preliminary study of multicultural perspectives. *International Journal for the Advancement of Counseling, 29,* 21–32.

Chung, C. R.-Y., Walkey, F., & Bemak, F. (1997). A comparison of achievement and aspirations of New Zealand, Chinese, and European students. *Journal of Cross-Cultural Psychology, 28*(4), 481–489.

Cialdini, R., Reno, R., & Kallgren, C. (1990). A focus theory of normative conduct: Recycling the concept of norms to reduce littering in public places. *Journal of Personality and Social Psychology, 58,* 1015–1029.

Ciborski, T., & Choi, S. (1974). Nonstandard English and free recall: An exploratory study. *Journal of Cross-Cultural Psychology, 5*(3), 271–279.

Clark, H., & Clark, E. (1980). Pain response in Nepalese porters. *Science, 209,* 410–412.

Clark, M. (1995). Changes in Euro-American values needed for sustainability. *Journal of Social Issues, 51,* 63–82.

Clementson, L. (1998, December 14). Caught in the cross-fire. *Newsweek,* pp. 38–39.

Clore, G. L., Schwarz, N., & Conway, M. (1994). Affective causes and consequences of social information processing. In R. S. Wyer & T. K. Strull (Eds.), *Handbook of social cognition* (Vol. 1, pp. 323–417). Hillsdale, NJ: Erlbaum.

Cockerham, W., Kunz, G., & Lueschen, G. (1988). Social stratification and health styles in two systems of health care delivery: A comparison of the United States and West Germany. *Journal of Health and Social Behavior, 29,* 113–126.

Cogan, J., Bhalla, S., Sefa-Dedeh, A., & Rothblum, E. (1996). A comparison study of United States and African students on perceptions of obesity and thinness. *Journal of Cross-Cultural Psychology, 27*(1), 98–113.

Cole, M. (1996). *Cultural psychology: A once and future discipline.* Cambridge, MA: Belknap/Harvard.

Cole, M., Gay, J., Glick, J. A., & Sharp, D. W. (Eds.). (1971). *The cultural context of learning and thinking.* New York: Basic Books.

Collings, G. (1989). Stress containment through meditation. *Prevention in Human Services, 6,* 141–150.

Collins, B. E. (1974). Four components of the Rotter internal-external scale: Belief in a difficult world, a just world, a predictable world, a politically responsive world. *Journal of Personality and Social Psychology, 29,* 381–391.

Comas-Díaz, L. (2001) Hispanics, Latinos, or Americanos: The evolution of identity. *Cultural Diversity and Ethnic Minority Psychology, 7*(2), 115–120.

Consedine, N., & Magai, C. (2002). The uncharted waters of emotion: Ethnicity, trait emotion and emotion expression in older adults. *Journal of Cross-Cultural Gerontology, 17*(1), 71–100.

Constable, P. (2000, February 23). Roiling sacred waters: Hindus halt the shooting of a film along the Ganges, calling it defamatory. *Washington Post,* p. A15.

Constantine, M., Anderson, G., Berkel, L., Caldwell, L., & Utsey, S. (2005). Examining the cultural adjustment experiences of African international college students: A qualitative analysis. *Journal of Counseling Psychology, 52*(1), 57–66.

Constantine, M. G., Myers, L. J., Kindaichi, M., & Moore, J. L. (2004). Exploring indigenous mental health practices: The roles of healers and helpers in promoting well-being in people of color. *Counseling and Values, 48,* 110–125.

Cooke, D., & Michie, C. (1999). Psychopathy across cultures: North America and Scotland compared. *Journal of Abnormal Psychology, 1*(108), 58–68.

Coon, C. (1946). The universality of natural groupings in human societies. *Journal of Educational Sociology, 20,* 162–168.

Cooper, D. (2003). *World philosophies.* Malden, MA: Blackwell.

Cooper, K. J. (1999, September 29). Students weak in essay skills. *Washington Post,* p. A3.

Coren, S. (1992). *The left-hander syndrome.* New York: Free Press.

Cortina, L., & Wasti, S. A. (2005). Profiles in coping: Responses to sexual harassment across persons, organizations, and cultures. *Journal of Applied Psychology, 90*(1), 182–192.

Costa, P. T., & McCrae, R. M. (1997, May). Personality trait structure as a human universal. *American Psychologist, 52*(5), 509–516.

Cox, H. G. (1988). *Later life: The realities of aging.* Englewood Cliffs, NJ: Prentice Hall.

Crain, R., & Weissman, C. (1972). *Discrimination, personality, and achievement: A survey of northern blacks.* New York: Seminar Press.

Cuddy, A. J. C., Norton, M. I., & Fiske, S. T. (2005). This old stereotype: The pervasiveness and persistence of the elderly stereotype. *Journal of Social Issues, 61,* 267–285.

Cutler, N. (1975). Toward a generational conception of political socialization. In D. Schwartz & S. Schwartz (Eds.), *New directions in political socialization.* New York: Free Press.

Cutler, W. B., Preti, G., Krieger, A., Huggins, G. R., Garcia, C. R., & Lawley, H. J. (1986). Human axillary secretions influence women's menstrual cycles: The role of donor extract from men. *Hormones and Behavior, 20,* 463–473.

Dabbis, J., & Morris, R. (1990). Testosterone, social class, and antisocial behavior in a sample of 4,462 men. *Psychological Science, 1,* 209–211.

Daly, M., & Wilson, M. (1988). Evolutionary social psychology and family homicide. *Science, 242,* 519–524.

Darwin, C. (1872/1979). *The expression of the emotions in man and animals.* London: John Muray/Julan Friedman; New York: Philosophical Library.

Dasen, P. (1975). Concrete operational development in three cultures. *Journal of Cross-Cultural Psychology, 6*(2), 156–163.

Dasen, P., Berry, J., & Witkin, H. (1979). The use of developmental theories cross-culturally. In L. Eckenberg, Y. Poortinga, & W. Lonner (Eds.), *Cross-cultural contributions to psychology.* Amsterdam: Swets & Zeitlinger.

Dasen, P. R. (1984). The cross-cultural study of intelligence: Piaget and the Baoule. *International Journal of Psychology, 19,* 407–434.

Dasen, P. R. (1994). Culture and cognitive development from a Piagetian perspective. In W. J. Lonner & R. Malpass (Eds.), *Psychology and culture.* Boston: Allyn & Bacon.

Davenport, W. (1976). Sex in cross-cultural perspective. In F. A. Beach (Ed.), *Human sexuality in four perspectives* (pp. 115–163). Baltimore: Johns Hopkins University Press.

Davidson, R. (1992). Emotion and affective style: Hemispheric substances. *Psychological Science, 3,* 39–43.

Davis, J., & Ginsburg, H. (1993). Similarities and differences in the formal and informal mathematical cognition of African, American and Asian children: The role of schooling and social class. In J. Altarriba (Ed.), *Cognition and culture: A cross-cultural approach to cognitive psychology* (pp. 343–360). Amsterdam: Elsevier Science.

Dawes, R. M. (1994). *House of cards: Psychology and psychotherapy built on myth.* New York: Free Press.

Dawson, J. (1975). Socioeconomic differences in size judgments of discs and coins by Chinese primary VI children in Hong Kong. *Perceptual and Motor Skills, 41,* 107–110.

Dawson, R., Prewitt, K., & Dawson, K. (1977). *Political socialization.* Boston: Little, Brown.

Deci, E. L. (1972). Effects of contingent and noncontingent rewards and controls on intrinsic motivation. *Organizational Behavior and Human Performance, 8,* 217–229.

Dehaene, S. (2002). *The cognitive neuroscience of consciousness.* Cambridge, MA: The MIT Press.

Deregowski, J. B. (1974). Teaching African children pictorial depth perception: In search of a method. *Perception, 3*, 309–312.

Deregowski, J., & Munro, D. (1974). An analysis of "Polyphasic Pictorial Perception." *Journal of Cross-Cultural Psychology, 5*(3), 329–339.

Deregowski, J. B., Muldrow, E. S., and Muldrow, W. F. (1972). Perceptual recognition in a remote Ethiopian population. *Perception, 1*, 417–425.

Desjarlais, R. (1992). *Body and emotion: The aesthetics of illness and healing in the Nepal Himalayas.* Philadelphia: University of Pennsylvania Press.

Dettwyler, K. A. (1989). Style of infant feeding. Parental/caretaker control of food consumption in young children. *American Anthropologist, 91*, 696–703.

Deutsch, M., & Gerard, G. (1955). A study of normative and informational social influence upon individual judgment. *Journal of Abnormal and Social Psychology, 51*, 629–636.

Devine, P. G. (1989). Stereotypes and prejudice: Their automatic and controlled components. *Journal of Cross-Cultural Psychology, 9*, 259–284.

Dickerman, M. (1993). Reproductive strategies and gender construction: An evolutionary view of homosexuals. *Journal of Homosexuality, 24*, 55–71.

Dickson, D. H., & Kelly, I. W. (1985). The "Barnum Effect" in personality assessment: A review of the literature. *Psychological Reports, 57*, 367–382.

Diener, E., Gohm, C., Suh, E., & Oishi, S. (2000). Similarity of the relations between marital status and subjective well-being across cultures. *Journal of Cross-Cultural Psychology, 31*(4), 419–436.

Dodd, V. (2004, July 19). Ninety percent of whites have few or no black friends. *The Guardian*, p. 1.

Doi, T. (1989). The concept of Amae and its psychoanalytic applications. *International Review of Psychoanalysis, 16*, 349–354.

Dole, A. (1995). Why not drop race as a term? *American Psychologist, 50*(1), 40.

Dollard, J., Doob, L., Miller, N., Mowrer, O., & Sears, R. (1939). *Frustration and aggression.* New Haven, CT: Yale University Press.

Domino, G. (1986). Sleep in advanced age: A comparison of Mexican American and Anglo American elderly. *Hispanic Journal of Behavioral Sciences, 8*, 259–273.

Domino, G. (1992). Cooperation and competition in Chinese and American children. *Journal of Cross-Cultural Psychology, 23*(4), 456–467.

Domino, G., & Hannah, M. T. (1987). A comparative analysis of social values of Chinese and American children. *Journal of Cross-Cultural Psychology, 18*(1), 58–77.

Draguns, J. G. (1996). Multicultural and cross-cultural assessment of psychological disorder: Dilemmas and decisions. In J. Impara & G. R. Sodowsky (Eds.), *Buros-Nebraska Symposium on Motivation and Testing* (pp. 37–84). Lincoln, NE: Buros Institute of Mental Measurements.

D'Souza, D. (1995). *The end of racism.* New York: Free Press.

Durkheim, E. (1924/1974) *Sociology and philosophy.* New York: Free Press

Durkheim, E. (1897/1964). *Suicide.* New York: Free Press

Dyal, J. (1984). Cross-cultural research with the locus of control construct. In H. Lefcourt (Ed.), *Research with the locus of control construct* (Vol. 3, pp. 209–306). New York: Academic Press.

Dziurawiec, S., & Deregowski, J. (1992). "Twisted perspective" in young children's drawings. *British Journal of Developmental Psychology, 10*, 35–49.

Eagly, A. (1995). The science and politics of comparing women and men. *American Psychologist, 50*(3), 145–158.

Earley, P. (1989). Social loafing and collectivism: A comparison of the United States and the People's Republic of China. *Administrative Science Quarterly, 34*, 565–581.

Eaton, W., Dryman, A., & Weissman, M. (1991). Panic and phobia. In L. Robins & D. Reiger (Eds.), *Psychiatric disorders in America* (pp. 155–179). New York: Free Press.

Edelman, R., Asendroff, J., Contarello, A., Zammuner, V., Georgas, J., & Villanueva, C. (1989). Self-reported expression of embarrassment in five European cultures. *Journal of Cross-Cultural Psychology, 20*(4), 357–371.

Edsall, T. (1998, September 28). Candidates find virtue in chastity as an issue. *Washington Post*, p. A11.

Ekman, P. (1980). *The face of man.* New York: Garland Press.

Ekman, P. (1982). *Emotion in the human face.* New York: Cambridge University Press.

Ekman, P. (1994). Strong evidence of universals in facial expression: A reply to Russell's mistaken critique. *Psychological Bulletin, 115*, 268–278.

Ekman, P., & Friesen, W. V. (1969). The repertoire of nonverbal behavior: Categories, origins, usage and coding. *Semiotica, 1*, 49–98.

Ekman, P., & Friesen, W. V. (1975). *Unmasking the face.* Englewood Cliffs, NJ: Prentice Hall.

Ekman, P., & Friesen, W. V. (1978). *The facial action coding system.* Palo Alto, CA: Consulting Psychologists Press.

Ekman, P., Friesen, W. V., O'Sallivan, M., Diacoanni-Tarlatris, I., Krause, R., Pitcarin, T., et al. (1987). Universals and cultural differences in the judgments of facial expressions of emotion. *Journal of Personality and Social Psychology, 17*, 124–129.

Ekman, P., Levenson, R., & Friesen, W. (1983). Autonomic nervous system activity distinguishes between emotions. *Science, 221*, 1208–1210.

Elbedour, S., Shulman, S., & Kedem, P. (1997). Adolescent intimacy: A cross-cultural study. *Journal of Cross-Cultural Psychology, 28*(1), 5–22.

Elder, G., and Conger, R. (2000). *Children of the land: Adversity and success in rural America.* Chicago: University of Chicago Press.

Elfenbein, H., Mandal, M., Ambady, N., Harizuka, S., & Kumar, S. (2002). Cross-cultural patterns in emotion recognition: Highlighting design and analytical techniques. *Emotion, 2*(1), 75–84.

Elfenbein, H. A., & Ambady, N. (2003). When familiarity breeds accuracy: Cultural exposure and facial emotion recognition. *Journal of Personality and Social Psychology, 85*, 276–290.

Ellsworth, P. (1994). Senses, culture, and sensibility. In S. Kitayama & H. Markus (Eds.), *Emotion and culture: Empirical studies of mutual influence* (pp. 23–50). Washington, DC: American Psychological Association.

El Zahhar, N., & Hocevar, D. (1991). Cultural and sexual differences in test anxiety, trait anxiety, and arousability: Egypt, Brazil, and the United States. *Journal of Cross-Cultural Psychology, 22*(2), 238–249.

Ember, C., & Ember, M. (1990). *Anthropology.* Englewood Cliffs, NJ: Prentice Hall.

Emslie, G. J., Weinberg, W. A., Rush, A. J., Adams, R. M., & Rintelmann, J. W. (1990). Depressive symptoms by self-report in adolescence: Phase I of the development of a questionnaire for depression by self-report. *Journal of Child Neurology, 5*, 114–121.

Erickson, C., & Al-Timimi, N. (2001). Providing mental health services to Arab Americans: Recommendations and considerations. *Cultural Diversity and Ethnic Minority Psychology, 7*(4), 308–327.

Erikson, E. (1968). *Identity: Youth and crisis.* New York: Norton.

Erikson, E. H. (1950). *Childhood and society.* New York: Norton.

Esaki, L. (2001, April 1). Connecting to the 21st century educational reform in Japan and reflections on global culture. *The Daily Yomiuri*, p. 6.

Estes, C. P. (2003). *Women who run with the wolves.* New York: Ballantine Books.

Faiola, A. (2003, December 27). Japan's empire of cool: Country's culture becomes its biggest export. *Washington Post*, p. A01.

Farhi, P. (2007, January 21). Five myths about U.S. kids outclassed by the rest of the world. *Washington Post*, p. B02.

Farver, J. A., Kim, Y. K., & Lee-Shin, Y. (2000). *Journal of Cross-Cultural Psychology, 31*(5), 583–602.

Farver, J. A., Welles-Nystrom, B., Frosch, D., Wimbarti, S., & Hoppe-Graff, S. (1997). Toy stories: Aggression in children's narratives in the United States, Sweden, Germany, and Indonesia. *Journal of Cross-Cultural Psychology, 28*(4), 393–420.

Fast, J. (1970). *Body language.* New York: Pocket Books.

Fears, D. (2003, October 17). Judge orders Nebraska father to not speak "Hispanic." *Washington Post*, p. A3.

Feldman, O. (1996). The political personality in Japan: An inquiry into the belief system of Diet members. *Political Psychology, 17*, 657–682.

Ferguson, G. A. (1956). On transfer and abilities of man. *Canadian Journal of Psychology, 10*, 121–131.

Fernandes, E. (2007). *Holy warriors: A journey into the heart of Indian fundamentalism.* New York: Penguin Global.

Ferrari, J., Díaz-Morales, J. F., O'Callaghan, J., Díaz, K., & Argumedo, D. (2007). Frequent behavioral delay tendencies by adults: International prevalence rates of chronic procrastination. *Journal of Cross-Cultural Psychology, 38*, 458–464.

Festinger, L. (1957). *A theory of cognitive dissonance.* Stanford, CA: Stanford University Press.

Fijeman, Y. A., Willemsen, M. E., & Poortinga, Y. H. (1996). Individualism-collectivism: An empirical study of a conceptual issue. *Journal of Cross-Cultural Psychology, 27*, 381–402.

Fischer, A., Rodriguez Mosquera, P. M., van Vianen, A. E. M., & Manstead, A. (2004). Gender and culture differences in emotion. *Emotion, 4*(1), 87–94.

Fischer, R., & Smith, P. (2003). Reward Allocation and Culture: A Meta-Analysis. *Journal of Cross-Cultural Psychology, 34* (3), 251–268.

Fiske, A. (2002). Using individualism and collectivism to compare cultures: A critique of the validity and measurement of the constructs: Comment on Oyserman et al. (2002). *Psychological Bulletin, 128*(1), 78–88.

Fiske, S. T., & Taylor, S. E. (1984). *Social cognition.* Reading, MA: Addison-Wesley.

Fiske, S. T., & Taylor, S. E. (1991). *Social cognition* (2nd ed.). New York: McGraw-Hill.

Fletcher, G. J. O., & Ward, C. (1988). *Attribution theory and process: A cross-cultural challenge to social psychology.* Beverly Hills, CA: Sage.

Flynn, J. (1987). Massive IQ gains in fourteen nations: What IQ tests really measure. *Psychological Bulletin, 101*, 171–191.

Flynn, J. (1991). *Asian-Americans: Achievement beyond IQ.* Hillsdale, NJ: Erlbaum.

Flynn, J. R. (2007). *What is Intelligence?: Beyond the Flynn effect.* New York: Cambridge University Press.

Fogarty, G., & White, C. (1994). Differences between values of Australian Aboriginal and non-Aboriginal students. *Journal of Cross-Cultural Psychology, 25*(3), 394–408.

Forer, B. R. (1949). The fallacy of personal validation: A classroom demonstration of gullibility. *Journal of Abnormal and Social Psychology, 44*, 118–123.

Foulkes, D. (1985). *Dreaming: A cognitive-psychological analysis.* Hillsdale, NJ: Erlbaum.

Fountoulakis, K. N., Iacovides, A., Ioannidou, C., Bascialla, F., Nimatoudis, I., Kaprinis, G., et al. (2002). Reliability and cultural applicability of the Greek version of the International Personality Disorders Examination. *BMC Psychiatry, 2*(1), 6.

Fowers, B., & Davidov, B. (2006). The virtue of multiculturalism: Personal transformation, character, and openness to the other. *American Psychologist, 61*(6), 581–594.

Fowers, B. J., & Richardson, F. C. (1996). Why is multiculturalism good? *American Psychologist, 51*, 609–621.

Foxall, G. R., & Payne, A. F. (1989). Adaptors and innovators in organizations: A cross-cultural study of the cognitive styles of managerial functions and sub-functions. *Human Relations, 42*, 639–649.

Fraczek, A. (1985). Moral approval of aggressive acts. *Journal of Cross-Cultural Psychology, 16*(1), 41–54.

Frager, R. (1970). Conformity and anti-conformity in Japan. *Journal of Personality and Social Psychology, 15*, 203–210.

Frager, R., & Wood, L. (1992). Are the rules of address universal? *Journal of Cross-Cultural Psychology, 23*(2), 148–162.

Frake, C. (1980). The ethnographic study of cognitive systems. In C. Frake (Ed.), *Language and cultural descriptions* (pp. 1–17). Stanford, CA: Stanford University Press.

Frenzel, A., Thrash, T., Pekrun, R., & Goetz, T. (2007). Achievement emotions in Germany and China: A cross-cultural validation of the academic emotions questionnaire—mathematics. *Journal of Cross-Cultural Psychology, 38*(3), 302–309.

Freud, S. (1938). *The basic writings of Sigmund Freud.* New York: Random House.

Frey, C., & Hoppe-Graff, S. (1994). Serious and playful aggression in Brazilian boys and girls. *Sex Roles, 30*, 249–268.

Fried, M. (1964). Effects of social change on mental health. *American Journal of Orthopsychiatry, 34*, 3–28.

Friedman, T. L. (2000). *The Lexus and the olive tree: Understanding globalization.* New York: Anchor.

Frijda, N. H. (1986). *The emotions.* Cambridge: Cambridge University Press.

Frijda, N. H., Markam, S., Sato, K., & Wiers, R. (1995). Emotions and emotion words. In J. A. Russell, A. S. R. Manstead, J. C. Wellenkamp, & J. M. Fernandez-Dols (Eds.), *Everyday conceptions of emotion: An introduction to the psychology, anthropology and linguistics of emotion* (pp. 121–143). Dordrecht: Kluwer.

Frijda, N. H., & Mesquita, B. (1994). The social roles and functions of emotions. In S. Kitayama & H. Markus (Eds.), *Emotion and culture: Empirical studies of mutual influence* (pp. 51–88). Washington, DC: American Psychological Association.

Frisch, R. E., & Revelle, R. (1970). Height and weight at menarche and a hypothesis of critical body weights and adolescent events. *Science, 169*, 397–398.

Fry, D. (1988). Intercommunity differences in aggression among Zapotec children. *Child Development, 59*, 1008–1019.

Fuertes, J., Potere, J., & Ramirez, K. (2002). Effects of speech accents on interpersonal evaluations: Implications for counseling practice and research. *Cultural Diversity and Ethnic Minority Psychology, 8*(4), 346–356.

Fuligni, A., & Pedersen, S. (2002). Family obligation and the transition to young adulthood. *Developmental Psychology, 38*(5), 856–868.

Fung, Y.-L. (1948). *A short history of Chinese philosophy.* New York: Free Press.

Funtowitz, M., & Widiger, T. (1999). Sex bias in the diagnosis of personality disorders: An evaluation of the *DSM-IV* Criteria. *Journal of Abnormal Psychology, 108*(2), 195–201.

Furnham, A., & Baguma, P. (1999). A cross-cultural study from three countries of self-estimates of intelligence. *North American Journal of Psychology, 1*, 69–77.

Furnham, A., & Bochner, S. (1986). *Culture shock.* London: Methuen.

Furnham, A., Kirkcaldy, B., & Lynn, R. (1994). National attitudes to competitiveness, money, and work among young people: First, second, and third world differences. *Human Relations, 47*(1), 119–132.

Furnham, A., Rakow, T., Sarmany-Schuller, I., & Fruyt Filip (1999). European differences in self-perceived multiple intelligences. *European Psychologist, 4*(3), 131–138.

Futuyma, D. J. (1979). *Evolutionary biology.* Sunderland, MA: Sinauer.

Gabrenya, W., Wang, Y., & Lataner, B. (1985). Social loafing on an optimizing task. *Journal of Cross-Cultural Psychology, 16*(2), 223–242.

Gabriel, U., Beyeler, G., Daniker, N., Fey, W., Gutweniger, K., Lienhart, M., et al. (2001). Perceived sexual orientation and helping behavior: The wrong number technique, a Swiss replication. *Journal of Cross-Cultural Psychology, 32*(6), 743–49.

Gabrielidis, C., Stephan, W., Ybarra, O., Dos Santos Pearson, V. M., & Villareal, L. (1997). Preferred styles of conflict resolution. Mexico and the United States. *Journal of Cross-Cultural Psychology, 28*(6), 661–677.

Gallimore, R. (1974). Affiliation motivation and Hawaiian-American achievement. *Journal of Cross-Cultural Psychology, 5*(4), 481–489.

Gardiner, H., Mutter, J., & Kosmitzki, C. (1998). *Lives across cultures: Cross-cultural human development.* Boston: Allyn & Bacon.

Gardiner, H. W., & Kosmitzki, C. (2008). *Lives across cultures: Cross-cultural human development.* Boston: Allyn and Bacon.

Gardner, H. (2007). *Five minds for the future.* Cambridge, MA: Harvard Business School Press.

Garrison, C. Z., Jackson, K. L., Marsteller, F., McKeown, R. E., & Addy, C. L. (1990). A longitudinal study of depressive symptomatology in young adolescents. *Journal of American Academy Child and Adolescent Psychiatry, 29*, 581–585.

Geary, D., Fan, L., & Bow-Thomas, C. (1992). Numerical cognition: Loci of ability differences comparing children from China and the United States. *Psychological Science, 3*, 180–185.

Georgas, J., Poortinga, Y., Angleitner, A., Goodwin, R., & Charalambous, N. (1997). The relationship of family bonds to family structure and function across cultures. *Journal of Cross-Cultural Psychology, 28*(3), 303–320.

Gergen, K., & Black, K. (1965). Aging, time perspective, and preferred solutions to international conflicts. *Journal of Conflict Resolution, 9*, 177–186.

Giddens, A. (2000). *Runaway world: How globalization is reshaping our lives.* New York: Routledge.

Giles, H. (1970). Evaluative reactions to accents. *Educational Review, 22*, 211–227.

Gilman, S. L. (1988). *Disease and representation: Images of illness from madness to AIDS.* Ithaca, NY: Cornell University Press.

Glad, B. (1980). *Jimmy Carter: In search of the big White House.* New York: Norton.

Glad, B., & Shiraev, E. (Eds.). (1999). *The Russian transformation.* New York: St. Martin's.

Goldston, D., Molock, S., Whitbeck, L., Murakami, J., Zayas, L., & Hall, G. C. N. (2008). Cultural considerations in adolescent suicide prevention and psychosocial treatment. *American Psychologist, 63*(1), 14–31.

Goodnow, J. J. (1990). The socialization of cognition: What's involved? In J. W. Stigler, R. A. Shweder, & G. Herdt (Eds.), *Cultural psychology: Essays on comparative human behavior* (pp. 259–286). Cambridge: Cambridge University Press.

Goodnow, J. J., & Levine, R. A. (1973). The grammar of action: Direction and sequence in children's copying. *Cognitive Psychology, 4*, 82–98.

Gosso, Y., Morais, M., & Otta, E. (2007). Pretend play of Brazilian children: A window into different cultural worlds. *Journal of Cross-Cultural Psychology, 38*(5), 539–558.

Gottrfried, A. W. (Ed.). (1984). *Home environment and early cognitive development: Longitudinal research.* New York: Academic Press.

Gould, S. J. (1994, November 15). The geometer of race. *Discover*, pp. 65–81.

Gould, S. J. (1997). This view of life: Unusual unity. *Natural History, 106*, 20–23, 69–71.

Gozman, L., & Edkind, A. (1992). *The psychology of post-totalitarianism in Russia.* London: Centre for Research into Communist Economies.

Graham, J. L. (1983). Brazilian, Japanese, and American business negotiations. *Journal of International Business Studies, 14*, 47–61.

Graham, J. L., Evenko, L. I., & Rajan, M. N. (1992). An empirical comparison of Soviet and American business negotiations. *Journal of International Business Studies, 23*, 387–418.

Graham, J. L., Kim, D., Lin, C., & Robinson, M. (1988). Buyer-seller negotiations around the Pacific Rim: Differences in fundamental exchange processes. *Journal of Consumer Research, 15*, 48–54.

Granovetter, M. (1973). The strength of weak ties. *American Journal of Sociology, 78*(6), 1360–1380.

Granzberg, G. (1985). Television and self-concept formation in developing areas. *Journal of Cross-Cultural Psychology, 16*(3), 313–328.

Greenwald, J. (1986, January 13). Is there cause for fear of flying? *Time*, pp. 39–40.

Gregory, R. (1978). *Eye and brain: The psychology of seeing.* New York: McGraw-Hill.

Griffith, R. C., Miyagi, O., & Tago, A. (1958). The universality of typical dreams: Japanese Americans. *American Anthropologist, 60*, 1173–1179.

Grossman, H. J. (1983). *Classification in mental retardation.* Washington, DC: American Association on Mental Deficiency.

Grumet, G. (1983). Eye contact: The core of interpersonal relatedness. *Psychiatry, 46*, 172–182.

Gudykunst, W., & Bond, M. H. (1997). Intergroup relations across cultures. In J. W. Berry, M. H. Segall, & C. Kagitcibasi (Eds.), *Handbook of cross-cultural psychology: Social behavior and applications* (Vol. 3, pp. 119–161). Boston: Allyn & Bacon.

Gudykunst, W. B., Nishida, T., & Morisaki, S. (1992). Cultural, relational, and personality influences on uncertainty reduction process. *Western Journal of Speech Communication, 53*, 13–29.

Guida, F., & Ludlow, L. (1989). A cross-cultural study of test anxiety. *Journal of Cross-Cultural Psychology, 20*(2), 178–190.

Gussler, J. (1973). Social change, ecology, and spirit possession among the South African Nguni. In E. Bourguignon (Ed.), *Religion, altered states of consciousness, and social change* (pp. 88–126). Columbus: Ohio State University Press.

Habermas, T. (1991). The role of psychiatric and medical traditions in the discovery and description of anorexia nervosa in France, Germany, and Italy, 1873–1918. *Journal of Nervous and Mental Disease, 179*, 360–365.

Haidt, J., Koller, S. H., & Dias, M. G. (1993). Affect, culture, and morality, or is it wrong to eat your dog? *Journal of Personality and Social Psychology, 65*, 613–628.

Hall, E. T. (1959). *The silent language.* Greenwich, CT: Fawcett.

Hall, S. (1916). *Adolescence.* New York: Appleton-Century-Crofts.

Hallahan, M., Lee, F., & Herzog, T. (1997). It's not just whether you win or lose, it's also where you play the game: A naturalistic, cross-cultural examination of the positivity bias. *Journal of Cross-Cultural Psychology, 28*, 768–778.

Hallowell, A. (1955). *Culture and experience.* Philadelphia: University of Pennsylvania Press.

Halonen, D., & Santrock, J. (1995). *Psychology: Contexts of behavior.* Madison, WI: Brown & Benchmark.

Halperin, D. (1996, January). Trance and possession: Are they the same. *Transcultural Psychiatry, 33*, 3–41.

Hamermesh, D. (2003). *Economics is everywhere.* New York: McGraw-Hill.

Hamilton, D. L. (1979). A cognitive-attributional analysis of stereotyping. In L. Berkowitz (Ed.), *Advances in experimental social psychology* (Vol. 12, pp. 53–81). New York: Academic Press.

Hamilton, D. L. (1981). *Cognitive processes in stereotyping and intergroup behavior.* Hillsdale, NJ: Erlbaum.

Hare, R. D. (1991). *The Hare psychopathy checklist—revised.* Toronto: Multi-Health Systems.

Harkness, S. (1992). Human development in psychological anthropology. In T. Schwartz, G. M. White, & C. A. Lutz (Eds.), *New directions in psychological anthropology* (pp. 102–121). New York: Cambridge University Press.

Harrington, D. M. (1990). The ecology of human creativity: A psychological perspective. In M. A. Runco & R. S. Albert (Eds.), *Theories of creativity* (pp. 143–169). Newbury Park, CA: Sage.

Harris, R. J., Schoen, L. M., & Hensley, D. L. (1992). A cross-cultural study of story memory. *Journal of Cross-Cultural Psychology, 23*, 133–147.

Haslam, N. (2005, March). Dimensions of folk psychiatry. *Review of General Psychology, 9*(1), 35–47.

Hassouneh-Phillips, D. (2003). Strength and vulnerability: Spirituality in abused American Muslim women's lives. *Journal of Mental Health in Nursing, 24*, 681–694.

Hayles, R. V. (1991). African-American strength: A survey of empirical findings. In R. Jones (Ed.), *Black psychology* (3rd ed., pp. 379–400). Berkeley, CA: Cobb & Henry.

Heath, S. B. (1983). *Ways with words.* New York: Cambridge University Press.

Hedayat-Diba, Z. (2000). Psychotherapy with Muslims. In P S. Richards & A. E. Bergin (Eds.), *Handbook of psychotherapy and religious diversity* (pp. 289–314). Washington, DC: American Psychological Association.

Hedge, A., & Yousif, Y. (1992). Effects of urban size, urgency, and cost on helpfulness. *Journal of Cross-Cultural Psychology, 23*(1), 107–115.

Hedstrom, L. (1992). Interpersonal style: Contrasting emphases on individuality and group conformity in Japan and America. In U. Gielen et al. (Eds.), *Psychology in International Perspective.* Amsterdam: Swets & Zeitlinger.

Heider, F. (1959). *The psychology of interpersonal relations.* New York: Wiley.

Heiman, G. (1996). *Basic statistics for the behavioral sciences.* Boston: Houghton Mifflin

Heine, S., Lehman, D., Markus, H., & Kitayama, S. (1999). Is there a universal need for positive self-regard? *Psychological Review, 106*(4), 766–794.

Heine, S., Lehman, D., Peng, K., & Greenholtz, J. (2002). What's wrong with cross-cultural comparisons of subjective Likert scales? The reference-group effect. *Journal of Personality and Social Psychology, 82*(6), 903–918.

Hejmadi, A., Rozin, P., & Siegal, M. (2004). Once in contact, always in contact: Contagious essence and conceptions of purification in American and Hindu Indian children. *Developmental Psychology, 40*(4), 467–476.

Hellas, P., & Lock, A. (1981). *Indigenous psychologies.* London: Academic Press.

Helms, J. (2006). Fairness is not validity or cultural bias in racial-group assessment: A quantitative perspective. *American Psychologist, 61*(8), 845–859.

Helms, J. (2007). Implementing fairness in racial-group assessment requires assessment of individuals. *American Psychologist, 62*(9), 1083–1085.

Herman, J. L. (1992). *Trauma and recovery: The aftermath of violence. From domestic violence to political terror.* New York: Basic Books.

Hermans, J. M., & Kempen, J. G. (1998). Moving cultures: The perilous problems of cultural dichotomies in a globalizing society. *American Psychologist, 53*(10), 1111–1120.

Herrnstein, R. J., & Murray, C. (1994). *The bell curve: Intelligence and class structure in American life.* New York: Free Press.

Hershey, D., Henkens, K., & Van Dalen, H. (2007). Mapping the minds of retirement planners: A cross-cultural perspective. *Journal of Cross-Cultural Psychology, 38*(3), 361–382.

Hess, R. D., Kashiwagi, K., Azuma, H., Price, G. G., & Dickinson, W. P. (1980). Maternal expectation for mastery of developmental tasks in Japan and the United States. *International Journal of Psychology, 15*, 259–271.

Hinton, L., & Kleinman, A. (1993). Cultural issues and international psychiatric disorders. *International Review of Psychiatry, 1*, 111–134.

Ho, D. (1998). Indigenous Psychologies: Asian Perspectives. *Journal of Cross-Cultural Psychology, 29*(1), 88–103.

Hobson, J. A. (2002). *Dreaming: An introduction to the science of sleep.* Oxford: Oxford University Press.

Hock, R. (1995). *Forty studies that changed psychology.* Englewood Cliffs, NJ: Prentice-Hall.

Hofstede, G. (1980). *Culture's consequences: International differences in work-related values.* Beverly Hills, CA: Sage.

Hofstede, G. (1991). *Cultures and organizations: Software in the mind.* London: McGraw-Hill.

Hofstede, G., & Bond, M. H. (1984). Hofstede's cultural dimensions: An independent validation using Rokeach's value survey. *Journal of Cross-Cultural Psychology, 15*, 417–433.

Hofstede, G., & Bond, M. H. (1988). The Confucius connection: From cultural roots to economic growth. *Organizational Dynamics, 16*, 4–21.

Holcomb, H. R. (1996). Moving beyond just-so stories: Evolutionary psychology as protoscience. *Skeptic, 4*(1), 60–66.

Hong, S., & Ho, H. Z. (2005). Direct and indirect longitudinal effects of parental involvement on student achievement: Second-order latent growth modeling across ethnic groups. *Journal of Educational Psychology, 97*(1), 32–42.

Horenczyk, G., & Munayer, S. J. (2007). Acculturation orientations toward two majority groups: The case of Palestinian Arab Christian adolescents in Israel. *Journal of Cross-Cultural Psychology, 38*, 76–86.

Horowits, R., & Kraus, V. (1984). Patterns of cultural transition. *Journal of Cross-Cultural Psychology, 15*(4), 399–416.

Hortacsu, N., Bastug, S., & Muhammetberdiev, O. (2001). Desire for children in Turkmenistan and Azerbaijan: Son preference and perceived instrumentality for value satisfaction. *Journal of Cross-Cultural Psychology, 32*(3), 309–321.

Ho-Ying Fu, J., & Chiu, Chi-Yue (2007). Local culture's responses to globalization: Exemplary persons and their attendant values. *Journal of Cross-Cultural Psychology, 38*(5), 636–653.

Ho-Ying Fu, J., Chiu, Chi-Yue., Morris, Michael., & Young, Maia (2007). Spontaneous inferences from cultural cues: Varying responses of cultural insiders and outsiders. *Journal of Cross-Cultural Psychology, 38*, 58–75.

Hsu, E., Davies, C., & Hansen, D. (2004). Understanding mental health needs of Southeast Asian refugees: Historical, cultural, and contextual challenges. *Clinical Psychology Review, 24*, 193–213.

Hsu, F. L. K. (1985). The self in cross-cultural perspective. In A. J. Marsella, G. DeVos, & F. L. K. Hsu (Eds.), *Culture and self: Asian and western perspectives* (pp. 24–55). New York: Tavistock.

Huang, L., & Harris, M. (1973). Conformity in Chinese and Americans. *Journal of Cross-Cultural Psychology, 4*(4), 427–434.

Hubbard, L. R. (1955). *Dianetics: The evolution of a science.* Los Angeles: Bridge Publications.

Hudson, W. (1960). Pictorial depth perception in sub-cultural groups in Africa. *Journal of Social Psychology, 2*, 89–107.

Hui, C. H. (1982). Locus of control: A review of cross-national research. *International Journal of Intercultural Relations, 6*, 301–323.

Hui, H., & Luk, C. L. (1997). Industrial/organizational psychology. In J. W. Berry, M. H. Segall, & C. Kagitcibasi (Eds.), *Handbook of cross-cultural psychology: Social behavior and applications* (Vol. 3, pp. 371–411). Boston: Allyn & Bacon.

Hurlbert, A., & Ling, Y. (2007, August).Biological components of sex differences in color preference. *Current Biology, 17*, 623–625.

Hunter, J. A., Stringer, M., & Coleman, J. T. (1993). Social explanations and self-esteem in Northern Ireland. *The Journal of Social Psychology, 133*, 643–650.

Huntington, S. (1993). Clash of civilizations. *Foreign Affairs, 72*, 22–49.

Hupka, R., Buunk, B., Falus, G., Fulgosi, A., Ortega, E., Swain, R., et al. (1985). Romantic jealousy and romantic envy: A seven-nation study. *Journal of Cross-Cultural Psychology, 16*(4), 423–446.

Inglehart, R. (1997). *Modernization and post modernization: Cultural, economic, and political change in 43 societies.* Princeton, NJ: Princeton University Press.

Inkeles, A., & Smith, D. (1974). *Becoming modern: Individual changes in six developing countries.* Cambridge, MA: Harvard University Press.

Irvine, S. H. (1983). Testing in Africa and America: The search for routes. In S. H. Irvine & J. W. Berry (Eds.), *Human assessment and cultural factors* (pp. 45–58). New York: Plenum.

Irwin, M., Schafer, G., & Feiden, C. (1974). Emic and unfamiliar category sorting of Mano farmers and U.S. undergraduates. *Journal of Cross-Cultural Psychology, 5*, 407–423.

Iwamasa, G., Larrabee, A., & Merritt, R. (2000). Are personality disorder criteria ethnically biased? A card-sort analysis. *Cultural Diversity and Ethnic Minority Psychology, 6*(3), 284–296.

Iwato, S., & Triandis, H. (1993). Validity of auto- and heterostereotypes among Japanese and American students. *Journal of Cross-Cultural Psychology, 24*(4), 428–444.

Izard, C. E. (1969). The emotions and emotional constructs in personality and culture research. In R. B. Catell (Ed.), *Handbook of modern personality theory.* Chicago: Aldine.

Izard, C. E. (1971). *The face of emotion.* New York: Appleton-Century-Crofts.

Izard, C. E. (1977). *Human emotions.* New York: Plenum.

Izard, C. E. (2004). *The psychology of emotions.* New York: Springer.

Jackson, G. (1991). The African genesis of the black perspective in helping. In R. Jones (Ed.), *Black psychology* (3rd ed., pp. 533–558). Berkeley, CA: Cobb & Henry.

Jackson, M. (1997). Counseling Arab Americans. In C. Lee (Ed.), *Multicultural issues in counseling: New approaches to diversity* (2nd ed., pp. 333–349). Alexandria, VA: American Counseling Association.

Jahoda, G., & Krewer, B. (1997). History of cross-cultural and cultural psychology. In J. W. Berry, Y. H. Poortinga, & J. Pandey (Eds.), *Handbook of cross-cultural psychology: Theory and method* (Vol. 1, pp. 1–42). Boston: Allyn & Bacon.

James, W. (1884). What is emotion? *Mind, 19*, 188–205.

Jamison, K. R. (1993). *Touched with fire: Manic-depressive illness and the artistic temperament.* New York: Free Press.

Jane's Information Group. (2008). *A one-year investigation and analysis of 235 countries.* www.janes.com.

Jenkins, A. (1995). *Psychology and African Americans* (2nd ed.). Boston: Allyn & Bacon.

Jensen, A. R. (1973). *Educability and group differences.* London: Methuen.

Jensen, A. R. (1998). *The G factor.* Westport, CT: Praeger.

Jet. (1996, May 13). Young woman [Fauziya Kasinga] fleeing African mutilation ritual released in U.S., *89*(26), 14.

Ji, Li-Jun., Zhang, Z., & Nisbett, R. (2004, July). Is it culture or is it language? Examination of language effects in cross-cultural research on categorization. *Journal of Personality & Social Psychology, 87*(1), 57–65.

Jobson, L., & O'Kearney, R. (2008). Cultural differences in retrieval of self-defining memories. *Journal of Cross-Cultural Psychology, 39*(1), 75–80.

Johnson, F. (1993). *Dependency in Japanese socialization.* New York: New York University Press.

Jolley, R., Zhi, Z., & Thomas, G. (1998). The development of understanding moods methaphorically expressed in pictures. *Journal of Cross-Cultural Psychology, 29*(2), 358–376.

Jordan, M., & Sullivan, K. (1998, October 7). Death of three salesmen—partners in suicide. *Washington Post*, p. A1.

Joshi, M. S., & MacLean, M. (1997). Maternal expectations of child development in India, Japan, and England. *Journal of Cross-Cultural Psychology, 28*(2), 219–234.

Kadiangandu, J. K., Gauché, M., Vinsonneau, G., & Mullet, E. (2007). Conceptualizations of forgiveness: Collectivist-congolese versus individualist-French viewpoints. *Journal of Cross-Cultural Psychology, 38*, 432–437.

Kadiangandu, J. K., Mullet, E., & Vinsonneau, G. (2001). Forgiveness: A Congo-France comparison. *Journal of Cross-Cultural Psychology, 32*(4), 504–514.

Kagan, J., Kearsley, R. B., & Zealazo, P. (1978). *Infancy: Its place in human development.* Cambridge, MA: Harvard University Press.

Kagitcibasi, C. (1985). Culture of separateness—culture of relatedness. *Papers in Comparative Studies, 4*, 91–99.

Kagitcibasi, C. (1995). Is psychology relevant to global human development issues? Experience from Turkey. *American Psychologist, 50*, 293–300.

Kagitcibasi, C. (1996). *Family and human development across cultures: A view from the other side.* Mahwah, NJ: Erlbaum.

Kakar, S. (1989). The maternal-feminine in Indian psychoanalysis. *International Review of Psycho-Analysis, 16*, 355–362.

Kamin, L. (1976). Heredity, intelligence, politics, and psychology. In N. J. Block & G. Dworkin (Eds.), *The IQ controversy* (pp. 374–382). New York: Pantheon Books.

Karlsson, R. (2005). Ethnic matching between therapist and patient in psychotherapy: An overview of findings, together with methodological and conceptual issues. *Cultural Diversity and Ethnic Minority Psychology, 11*(2), 113–129.

Kashima, Y., & Triandis, H. (1986). The self-serving bias in attributions as a coping strategy. *Journal of Cross-Cultural Psychology, 17*, 83–97.

Kassinove, H., Sukhodolsky, D., Eckhardt, C., & Tsytsarev, S. (1997). Development of a Russian state-trait anger expression inventory. *Journal of Clinical Psychology, 53*(6), 543–557.

Kaufman, M. (2003, October 3). Breast implants linked to suicide. *Washington Post*, http:// www.thewashingtonpost.com.

Keating, C. F., Mazur, A., Segall, M., Cysneiros, P. G., Divale, W. T., Kilbride, J. E., et al. (1981). Culture and perception of social dominance from facial expressions. *Journal of Personality and Social Psychology, 40*, 615–626.

Keats, D., Keats, J., & Rafael, W. (1976). Concept acquisition in Malaysian bilingual children. *Journal of Cross-Cultural Psychology, 7*(1), 87–99.

Keats, D. M. (1985). Strategies in formal operational thinking: Malaysia and Australia. In I. R. Lagunes & Y. H. Poortinga (Eds.), *From a different perspective: Studies of behavior across cultures* (pp. 306–318). Liss, The Netherlands: Swets & Zeitlinger.

Keel, P., & Klump, K. (2003). Are eating disorders culture-bound syndromes? Implications for conceptualizing their etiology. *Psychological Bulletin, 129*(5), 747–769.

Keen, S. (1986). *Faces of the enemy.* New York: Harper & Row.

Kelley, H. H. (1950). The warm-cold variable in first impressions of persons. *Journal of Personality, 18*, 431–439.

Kelley, H. H. (1967). Attribution theory in social psychology. In D. Levine (Ed.), *Nebraska Symposium of Motivation* (Vol. 15, pp. 192–240). Lincoln: University of Nebraska Press.

Kelley, J. (1994, January 12). Frustrated Russians cool to the USA. *USA Today*, p. 1.

Keltikangas-Jaervinen, L., & Terav, T. (1996). Social decision-making strategies in individualist and collectivist cultures: A comparison of Finnish and Estonian adolescents. *Journal of Cross-Cultural Psychology, 27*(6), 714–732.

Keltner, D., Ellsworth, P. C., & Edwards, K. (1993). Beyond simple pessimism: Effects of sadness and anger on social perception. *Journal of Personality and Social Psychology, 64*, 740–752.

Kenealy, P., Gleeson, K., Frude, N., & Shaw, W. (1991). The importance of the individual in the "causal" relationship between attractiveness and self-esteem. *Journal of Community and Applied Social Psychology, 1*, 45–56.

Kern, C., & Roll, S. (2001). Object representations in dreams of Chicanos and Anglos. *Dreaming: Journal of the Association for the Study of Dreams, 11*(3), 149–166.

Kern, M., & Just, M. (1995). The focus group method, political advertising, campaign news, and the construction of candidate images. *Political Communication, 12*, 127–145.

Kim, H. (2002). We talk, therefore we think? A cultural analysis of the effect of talking on thinking. *Journal of Personality and Social Psychology, 83*(4), 828–842.

Kim, U., & Berry, J. W. (1993). *Indigenous psychologies.* Thousand Oaks, CA: Sage.

Kim, Y. Y. (1986). *Interethnic communication.* Newbury Park, CA: Sage.

Kirton, M. (1976). Adaptors and innovators: A description and measure. *Journal of Applied Psychology, 61*, 622–629.

Kirton, M. (1994). A theory of cognitive style. In M. J. Kirton (Ed.), *Adaptors and innovators: Styles of creativity and problem solving* (2nd ed., pp. 1–33). London: Routledge.

Kitayama, S., & Markus, H. R. (1995). Culture and self: Implications for internationalizing psychology. In N. R. Goldberg & J. B. Veroff (Eds.), *The culture and psychology reader* (pp. 366–383). New York: New York University Press.

Kleinman, A. (1978). Clinical relevance of anthropological and cross-cultural research: Concepts and strategies. *American Journal of Psychiatry, 135*, 427–431.

Kleinman, A. (1986). *Social origins of distress and disease: Depression, neurasthenia, and pain in modern China.* New Haven, CT: Yale University Press.

Kleinman, A., & Kleinman, J. (1991). Suffering and its professional transformation: Toward an ethnography of interpersonal experience: *Culture, Medicine, and Psychiatry, 15*, 275–301.

Kliger, S. (2002). Russian immigrants in America: Fears and hopes. In V. Shlapentokh & E. Shiraev (Eds.), *Fears in post-communist societies* (pp. 111–120). New York: Palgrave.

Klineberg, O. (1938). Emotional expression in Chinese literature. *Journal of Abnormal and Social Psychology, 33*, 517–520.

Klingelhofer, E. (1971). What Tanzanian secondary school students plan to teach their children. *Journal of Cross-Cultural Psychology, 2*(2), 189–195.

Kluckhohn, F., & Strodtbeck, F. (1961). *Variations in value orientation.* Evanston, IL: Row & Peterson.

Knight, G., & Kagan, S. (1977). Acculturation of pro-social and competitive behaviors among second- and third-generation Mexican-American children. *Journal of Cross-Cultural Psychology, 8*(3), 273–285.

Koenigsberg, R. (1992). *Hitler's ideology.* New York: Library of Social Science.

Kohlberg, L. (1981). *The philosophy of moral development: Moral states and the idea of justice.* San Francisco: Harper & Row.

Kohn, M. (1969). *Class and conformity.* Homewood, IL: Dorsey.

Kon, I. (2001). *Adolescent sexuality on the eve of 21st century* (in Russian). Dubna: Fenix.

Kon, I. S. (1979). *Psychologya yunosheskogo vozrasta [Psychology of adolescence].* Moscow: Prosveshenie.

Koopman, C. (1997). Political psychology as a lens for viewing traumatic events. *Political Psychology, 18*(4), 831–847.

Kostelny, K., & Garbarino, J. (1994). Coping with consequences of living in danger: The case of Palestinian children and youth. *International Journal of Behavioral Development, 17*, 595–611.

Krauss, H. (1970). Social development and suicide. *Journal of Cross-Cultural Psychology, 1*(2), 159–167.

Krippner, S. (1996). The dream models of the Mapuches in Chile. *Dream Time, 13*(2), 14–15.

Krus, D., & Rysberg, J. (1976). Industrial managers and NACH. *Journal of Cross-Cultural Psychology, 7*(4), 491–499.

Kuhnen, U., Hannover, B., Roeder, U., Ali Shah, A., Schubert, B., Upmeyer, A., et al. (2001). Cross-cultural variations in identifying embedded figures: Comparisons from the United States, Germany, Russia, and Malaysia. *Journal of Cross-Cultural Psychology, 32*(3), 365–374.

Kurman, J., & Sriram, N. (2002). Interrelationships among vertical and horizontal collectivism, modesty, and self-enhancement. *Journal of Cross-Cultural Psychology, 33*(1), 71–87.

Kush, J. (1996). Field-dependence, cognitive ability, and academic achievement in Anglo American and Mexican American students. *Journal of Cross-Cultural Psychology, 27*(5), 561–575.

Lacey, P. (1971). Classificatory ability and verbal intelligence among high-contact Aboriginal and low socioeconomic white Australian children. *Journal of Cross-Cultural Psychology, 2*(1), 39–49.

Laing, D. G., Preskott, J., Bell, G. A., & Gillmore, A. (1993). A cross-cultural study of taste discrimination with Australians and Japanese. *Chemical Senses, 18*, 161–168.

Lane, C. (2001, April 25). English only: A legal decision that may affect testing. *Washington Post*, p. A01.

Langaney, A. (1988). *Les hommes, passe, present, conditionnel [The men, past, present, conditional].* Paris: Armand Colin.

Lange, C. G. (1885/1922). The emotions: A psycho-physiological study. In C. G. Lange & W. James (Eds.), *Psychology classics* (Vol. 1). Baltimore: Williams & Wilkins.

Langgulung, H., & Torrance, E. (1972). The development of causal thinking of children in Mexico and the United States. *Journal of Cross-Cultural Psychology, 3*, 315–320.

Larsen, K. (1972). Determinants of peace agreement, pessimism-optimism, and expectation of world conflict: A cross-national study. *Journal of Cross-Cultural Psychology, 3*(3), 283–292.

Lau, A., Jernewall, N., Zaine, N., & Myers, H. (2002). Correlates of suicidal behaviors among Asian American outpatient youths. *Cultural Diversity & Ethnic Minority Psychology, 8*(3), 199–213.

Laughlin, C., McManus, J., & d'Aquili, E. (1992). *Brain, symbol, and experience.* New York: Columbia University Press.

Laumann, E. (2002). The impact of biological aging effects on the reporting of sexual dysfunctions in women aged 40–80: Results of an international survey. *The University of Chicago Chronicle, 22*(3), October 24. http://chronicle.uchicago.edu/021024/sex-study.shtml.

Lawson, E. (1975). Flag preference as an indicator of patriotism in Israeli children. *Journal of Cross-Cultural Psychology, 6*, 490–499.

Lazarus, R. S. (1993). From psychological stress to the emotions: A history of changing outlooks. *Annual Review of Psychology, 44*, 1–21.

Leach, M. L. (1975). The effect of training in the pictorial depth perception of Shona children. *Journal of Cross-Cultural Psychology, 6*, 457–470.

Lebra, T. S. (1983). Shame and guilt: A psychocultural view of the Japanese self. *Ethos, 11*, 192–209.

Lee, I.-C., Pratto, F., and Li, M.-C. (2007). Social relationships and sexism in the United States and Taiwan. *Journal of Cross-Cultural Psychology, 38*, 595–612.

Lee, R., & Ackerman, S. (1980). The sociocultural dynamics of mass hysteria: A case study of social conflict in West Malaysia. *Journal of Cross-Cultural Psychiatry, 43*, 78–88.

Lee, V., & Dengerink, H. (1992). Locus of control in relation to sex and nationality. *Journal of Cross-Cultural Psychology, 23*(4), 488–497.

Leenen, I., Givaudan, M., Pick, S., Venguer, T., Vera, J., & Poortinga, Y. H. (2008). Effectiveness of a Mexican health education program in a poverty-stricken rural area of Guatemala. *Journal of Cross-Cultural Psychology, 39*(1), 198–214.

Lerner, M. J. (1970). The desire for justice and reactions to victims. In J. McCauley & L. Berkowitz (Eds.), *Altruism and helping behavior.* New York: Academic Press.

Leung, A. K., Maddux, W. W., & Galinsky, A. D. (2008). Multicultural experience enhances creativity: The when and how. *American Psychologist, 63*(3), 169–181.

Leung, K., & Drasgow, F. (1986). Relation between self-esteem and delinquent behavior. *Journal of Cross-Cultural Psychology, 17*(2), 151–167.

Levin, M. (1995). Does race matter? *American Psychologist, 50*(1), 45–46.

Levine, R., Norenzayan, A., & Philbrick, K. (2001). Cross-cultural differences in helping strangers. *Journal of Cross-Cultural Psychology, 32*(5), 543–560.

Levinson, D. (1978). *The seasons of a man's life.* New York: Knopf.

Levinson, D., & Simmons, G. (1992). Blacks, schizophrenia, and neuroleptic treatment. *Archives of General Psychiatry, 49*, 165.

Levy, D. A. (1985). Optimism and pessimism: Relationships to circadian rhythms. *Psychological Reports, 57*(3), 1123–1126.

Levy, D. A. (1993). Psychometric infallibility realized: The one-size-fits-all psychological profile. *Journal of Polymorphous Perversity, 10*(1), 3–6.

Levy, D. A. (1997). *Tools of critical thinking: Metathoughts for psychology.* Boston: Allyn & Bacon.

Levy, D. A. (2003). *Tools of critical thinking: Metathoughts for psychology.* Long Grove, IL: Waveland Press.

Levy, D. A., Kaler, S. R., & Schall, M. (1988). An empirical investigation of role schemata: Occupations and personality characteristics. *Psychological Reports, 63*, 3–14.

Levy, R. (1996). Essential contrasts: Differences in parental ideas about learners and teaching in Tahiti and Nepal. In S. Harkness & C. M. Super (Eds.), *Parents' cultural belief systems: Their origins, expressions, and consequences* (pp. 123–142). New York: Guilford.

Levy, R. I. (1973). *Tahitians: Mind and experience in the Society Islands.* Chicago: University of Chicago Press.

Lewin, K. (1951). *Field theory in social science: Selected theoretical papers* (D. Cartwright, Ed.). New York: Harper Torchbooks.

Lewin, K., Lippitt, R., & White, R. (1939). Patterns of aggressive behavior in experimentally created social climates. *Journal of Social Psychology, 10*, 271–299.

Lewis-Fernández, R., & Kleinman, A. (1994). Culture, personality, and psychopathology. *Journal of Abnormal Psychology, 103*(1), 67–71.

Li, J. (2003). The core of Confucian learning. *American Psychologist, 58*(2), 146–147.

Liddell, C. (1997). Every picture tells a story—or does not? Young South African children interpreting pictures. *Journal of Cross-Cultural Psychology, 28*(3), 266–283.

Liem, R. (1997). Shame and guilt among first-and-second generation Asian Americans and European Americans. *Journal of Cross-Cultural Psychology, 28*(4), 365–392.

Lim, R. F., & Lin Keh-Ming. (1996). Cultural formulation of psychiatric diagnosis: Case No. 03: Psychosis following qi-gong in a Chinese immigrant. *Culture, Medicine, and Psychiatry, 20*, 369–378.

Lin, E., & Peterson, C. (1990). Pessimistic explanatory style and response to illness. *Behavioral Therapy and Research, 28*, 243–248.

Lin, Y. (2002). Age, sex, education, religion, and perception of tattoos. *Psychological Reports, 90*(2), 654–658.

Lindgren, H., & Tebcherani, A. (1971). Arab and American auto- and heterostereotypes: A cross-cultural study of empathy. *Journal of Cross-Cultural Psychology, 2*(2), 173–180.

Lippi-Green, R. (1997). *English with an accent: Language, ideology, and discrimination in the United States.* New York: Routledge.

Li-Repac, D. (1980). Cultural influences on clinical perception: A comparison between Caucasian and Chinese-American therapists. *Journal of Cross-Cultural Psychology, 11*(3), 327–342.

Liu, J. H., Goldstein-Hawes, R., Hilton, D. J., Huang, L. L., Gastardo-Conaco, C., Dresler-Hawke, E., et al. (2005). Social representations of events and people in world history across twelve cultures. *Journal of Cross-Cultural Psychology, 36*(2), 171–191.

Liu, J. H., McCreanor, T., McIntosh, T., & Teaiwa, T. (Eds.). (2005). *New Zealand identities: Departures and destinations.* Wellington, NZ: Victoria University Press.

Lloyd, B., & Easton, B. (1977). The intellectual development of Yoruba children. *Journal of Cross-Cultural Psychology, 8*(1), 3–11.

Lonner, W. J. (1980). The search for psychological universals. In H. C. Triandis & W. W. Lambert (Eds.), *Handbook of cross-cultural psychology: Perspectives* (Vol. 1, pp. 143–204). Boston: Allyn & Bacon.

Lopez, S. R. (1989). Patient variable biases in clinical judgment: Conceptual overview and methodological considerations. *Psychological Bulletin, 106*, 184–204.

Loranger, A. W., Sartorius, N., Andreoli, A., Berger, P., Buchheim, P., Channabasavanna, S. M., et al. (1994). The international personality disorder examination. *Archives of General Psychiatry, 51*(3), 215–224.

Lord, C. G., Ross, L., & Lepper, M. (1979). Biased assimilation and attitude polarization: The effects of prior theories on subsequently considered evidence.

Journal of Personality and Social Psychology, 37, 2098–2109.

Lorenz, K. (1966). *On aggression.* New York: Harcourt, Brace & World.

Lucas, T., Parkhill, M. R., Wendorf, C. A., Imamoglu, E. O., Weisfeld, C. C., Weisfeld, G. E., et al. (2008). Cultural and evolutionary components of marital satisfaction: A multidimensional assessment of measurement invariance. *Journal of Cross-Cultural Psychology, 39*, 109–123.

Luria, A. R. (1976). *Cognitive development: Its cultural and social foundations.* Cambridge, MA: Harvard University Press.

Lutz, C. (1982). The domain of emotion words on Ifaluk. *American Ethologist, 9*, 113–128.

Lutz, C. (1988). *Unnatural emotions: Everyday sentiments on a Micronesian atoll and their challenge to western theory.* Chicago: University of Chicago Press.

Lynch, O. M. (1990). The social construction of emotion in India. In O. M. Lynch (Ed.), *Divine passions: The social construct of emotion in India* (pp. 3–34). Berkeley: University of California Press.

Lynn, R. (1996). Racial and ethnic differences in intelligence in the United States on the differential ability scale. *Personality and Individual Differences, 20*, 271–273.

Lynn, R., & Hattori, K. (1990). The heritability of intelligence in Japan. *Behavior Genetics, 20*, 545–546.

Lynn, R., & Vanhanen, T. (2002). *IQ and the wealth of nations.* Westport, CT: Praeger.

Ma, H. K., & Cheung, C. K. (1996). A cross-cultural study of moral stage structure in Hong Kong Chinese, English, and Americans. *Journal of Cross-Cultural Psychology, 27*(6), 700–713.

Macdonald, M., & Rogan, J. (1990). Innovation in South African science education (Part II): Factors influencing the introduction of instructional change. *Science Education, 74*(1), 119–131.

Mackie, D. (1983). The effect of social instruction on conservation of spatial relations. *Journal of Cross-Cultural Psychology, 14*(2), 131–151.

Madsen, M. (1986). Developmental and cross-cultural differences in the cooperative and competitive behavior of young children. *Journal of Cross-Cultural Psychology, 2*, 365–371.

Madsen, M., & Kagan, S. (1973). Mother-directed achievement of children in two cultures. *Journal of Cross-Cultural Psychology, 4*(2), 221–228.

Madsen, M. C. (1971). Developmental and cross-cultural differences in the cooperative and competitive behavior of young children. *Journal of Cross-Cultural Psychology, 2*, 365–371.

Madu, S. M. (1997). Traditional healing systems and (Western) psychotherapy in Africa. In S. M. Madu, P. K. Baguna, & A. Prity (Eds.), *African traditional healing: Psychotherapeutic investigation* (pp. 28–40). Kampala, Uganda: Access Communications.

Maehr, M., & Nicholls, J. (1983). Culture and achievement motivation: A second look. In N. Warren (Ed.), *Studies in cross-cultural psychology* (Vol. 2, pp. 221–226). London: Academic Press.

Mahbubani, K. (1999). *Can Asians think?* Singapore: Times Books International.

Maher, T. (1976). "Need for resolution" ratings for harmonic musical intervals. *Journal of Cross-Cultural Psychology, 7*, 259–276.

Mandisodza, A. N., Jost, J. T., & Unzueta, M. M. (2006). "Tall poppies" and "American dreams" reactions to rich and poor in Australia and the United States. *Journal of Cross-Cultural Psychology, 37*(6), 659–668.

Mandler, G. (1975). *Mind and emotion.* New York: Wiley.

Mandler, J. M., Scribner, S., Cole, M., & DeForest, M. (1980). Cross-cultural invariance in story recall. *Child Development, 51*, 19–26.

Marano, L. (1985). *Windigo* psychosis: The anatomy of an emic-etic confusion. *Current Anthropology, 23*(4), 385–421.

March, R. M. (1989). No-nos with negotiations with Japanese. *Across the Board, 26*, 44–51.

Margalit, B., & Mauger, P. (1985). Aggressiveness and assertiveness. *Journal of Cross-Cultural Psychology, 16*(4), 497–511.

Mari, S., & Karayanni, M. (1982). Creativity in Arab culture: Two decades of research. *Journal of Creative Behaviour, 16*, 227–238.

Marin, G., & Salazar, J. M. (1985). Determinants of hetero- and autostereotypes: Distance, level of contact, and socioeconomic development in seven nations. *Journal of Cross-Cultural Psychology, 16*(4), 403–422.

Marjoribanks, K., & Jordan, D. (1986). Stereotyping among aboriginal and Anglo-Australians. *Journal of Cross-Cultural Psychology, 17*(1), 17–28.

Markham, R., & Wang, L. (1996). Recognition of emotion by Chinese and Australian children. *Journal of Cross-Cultural Psychology, 27*(5), 616–643.

Markus, H. R., & Kitayama, S. (1991). Culture and self: Implications for cognition, emotion, and motivation. *Psychological Review, 98*, 224–253.

Markus, H. R., & Kitayama, S. (1994a). The cultural shaping of emotion: A conceptual framework. In S. Kitayama & H. Markus (Eds.), *Emotion and culture: Empirical studies of mutual influence* (pp. 339–351). Washington, DC: American Psychological Association.

Markus, H. R., & Kitayama, S. (1994b). The cultural construction of self and emotion: Implications for social behavior. In S. Kitayama & H. Markus (Eds.), *Emotion and culture: Empirical studies of mutual influence* (pp. 89–130). Washington, DC: American Psychological Association.

Marlin, O. (1990). Group psychology in the totalitarian system: A psychoanalytic view. *Group, 141*, 44–58.

Marsella, A. J. (1980). Depressive experience and disorder across cultures. In H. Triandis & J. Draguns (Eds.),

Handbook of cross-cultural psychology (Vol. 6, pp. 233–262). Boston: Allyn & Bacon.

Marsella, T. (1998). Toward a "global-community psychology": Meeting the needs of a changing world. *American Psychologist, 53*(12), 1282–1291.

Marsh, A., Elfenbein, H., & Ambady, N. (2007). Separated by a common language: Nonverbal accents and cultural stereotypes about Americans and Australians. *Journal of Cross-Cultural Psychology, 38*(3), 284–301.

Marshall, R. (1997). Variances in values of individualism and collectivism across two cultures and three social classes. *Journal of Cross-Cultural Psychology, 28*(4), 490–495.

Martínez-Taboas, A. (2005). The plural world of culture-sensitive psychotherapy: A response to Castro-Blanco's (2005) comments. *Psychotherapy: Theory, Research, Practice, Training, 42*(1), 17–19.

Marx, K., & Engels, F. (1848/1948). New York: International Publishers.

Maslow, A. (1970). *Motivation and personality* (2nd ed.). New York: Harper & Row.

Masters, R. (1997). Brain biochemistry and social status: The neurotoxity hypothesis. In E. White (Ed.), *Intelligence, political inequality, and public policy* (pp. 141–183). Westport, CT: Praeger.

Matsuda, N. (1985). Strong, quasi- and weak conformity among Japanese in the modified Asch procedure. *Journal of Cross-Cultural Psychology, 16*, 83–97.

Matsumoto, D. (1992). American-Japanese cultural differences in the recognition of universal expressions. *Journal of Cross-Cultural Psychology, 23*(1), 72–85.

Matsumoto, D. (1994). *People: Psychology from a cultural perspective.* Pacific Grove, CA: Brooks/Cole.

Matsumoto, D. (2007). Individual and cultural differences on status differentiation: The status differentiation scale. *Journal of Cross-Cultural Psychology, 38*(4), 413–431.

Matsumoto, D., Hee Yoo, S., & Fontaine, J. (2008). Mapping expressive differences around the world: The relationship between emotional display rules and individualism versus collectivism. *Journal of Cross-Cultural Psychology, 39*(1), 55–74.

Matsumoto, D., Kudoh, T., Scherer, K., & Wallbott, H. (1988). Antecedents of and reactions to emotions in the United States and Japan. *Journal of Cross-Cultural Psychology, 19*(3), 267–286.

Mauro, R., Sato, K., & Tucker, J. (1992). The role of appraisal in human emotions: A cross-cultural study. *Journal of Personality and Social Psychology, 62*, 301–317.

Maurois, A. (1967). Collected Stories. Washington Business.

Mayer, J., Gasche, Y., Braverman, D., & Evans, T. (1992). Mood-congruent judgment is a general effect. *Journal of Personality and Social Psychology, 63*, 119–132.

McArthur, L., & Berry, D. (1987). Cross-cultural agreement in perceptions of baby-faced adults. *Journal of Cross-Cultural Psychology, 18*(2), 165–192.

McCarthy, A., Lee, K., Itakura, S., & Muir, D. W. (2006). Cultural display rules drive eye gaze during thinking. *Journal of Cross-Cultural Psychology, 37*(6), 717–722.

McClelland, D. C. (1958). The use of measures of human motivation in the study of society. In J. Atkinson (Ed.), *Motives in fantasy, action, and society* (pp. 518–554). Princeton, NJ: Van Nostrand.

McClelland, D. C. (1961). *The achieving society.* Princeton, NJ: Van Nostrand.

McClelland, D. C. (1987). *Human motivation.* New York: Cambridge University Press.

McCrae, R. R. (2002). NEO-PI-R data from 36 cultures: Further intercultural comparisons. In R. R. McCrae & J. Allik (Eds.), *The five-factor model of personality across cultures* (pp. 105–126). New York: Kluwer Academic/Plenum.

McGhee, P., & Duffey, N. (1983). Children's appreciation of humor victimizing different racial-ethnic groups. *Journal of Cross-Cultural Psychology, 14*(1), 29–40.

McGrath, R., Yang, E., & Tsai, W. (1992). Does culture endure, or is it malleable? Issues for entrepreneurial economic development. *Journal of Business Venturing, 7*, 441–458.

McLoyd, V. (1998). Socioeconomic disadvantage and child development. *American Psychologist, 53*(2), 185–204.

McLuhan, M. (1971). *The Gutenberg galaxy: The making of typographic man.* London: Routhledge and Kegan Paul.

McManus, J., Laughlin, C. D., & Shearer, J. S. (1993). The function of dreaming in their cycles of cognition. A biogenic structural account. In A. Moffit, M. Kramer, & R. Hoffmann (Eds.), *The function of dreaming* (pp. 21–50). Albany: SUNY Press.

McShane, D., & Berry, J. (1988). Native North Americans: Indian and Inuit abilities. In S. H. Irvine & J. W. Berry (Eds.), *Human abilities in cultural context* (pp. 385–426). New York: Cambridge University Press.

Mead, M. (1975). Review of Darwin and facial expression. *Journal of Communication, 25*, 209–213.

Meissner, C. A., & Brigham, J. C. (2001). Thirty years of investigating the own-race bias in face memory: A meta-analytic review. *Psychology, Public Policy, and Law, 7*, 3–35.

Meleis, A. I. (1982). Arab students in Western universities. *Journal of Higher Education, 53*, 439–447.

Menon, U., & Shweder, R. (1994). Kali's tongue: Cultural psychology and the power of shame in Orissa, India. In S. Kitayama & H. Markus (Eds.), *Emotion and culture* (pp. 241–284). Washington, DC: American Psychiatric Association.

Merritt, A. (2000). Culture in the cockpit: Do Hofstede's dimensions replicate? *Journal of Cross-Cultural Psychology, 31*(3), 283–302.

Mesquita, B., & Frijda, N. H. (1992). Cultural variations in emotion: A review. *Psychological Bulletin, 112*, 179–204.

Mesquita, B., Frijda, N., & Scherer, K. (1997). Culture and emotion. In J. W. Berry, P. R. Dasen, & T. S. Saraswathi (Eds.), *Handbook of cross-cultural psychology: Basic processes and human development* (Vol. 2, pp. 255–297). Boston: Allyn & Bacon.

Milgram, S. (1963). Behavioral study of obedience. *Journal of Abnormal and Social Psychology, 67*, 371–378.

Miller, D. (1983). The correlates of entrepreneurship in three types of firms. *Management Science, 29*, 770–791.

Miller, G. (2000). *The mating mind: How sexual choice shaped the evolution of human nature.* London: Heineman.

Miller, J. (1983). *States of mind.* New York: Pantheon Books.

Miller, J. G. (1994). Cultural diversity in the morality of caring: Individually oriented versus duty based interpersonal moral codes. *Cross-Cultural Research, 28*, 3–39.

Mills, E., & Singh, S. (2007). Health, human rights, and the conduct of clinical research within oppressed populations. *Globalization and Health, 3*(10). Retrieved http://www.globalizationandhealth.com/content/pdf/1744-8603-3-10.pdf.

Miner, M., & Rawson, H. (1994). *The new international dictionary of quotations* (2nd ed.). New York: Signet.

Minturin, L., & Shashak, J. (1982). Infanticide as a terminal abortion procedure. *Behavioral Science Research, 17*, 70–90.

Mirin, S. (2002). Testimony of Steven M. Mirin, M.D. Medical Director for the American Psychiatric Association on the HIPAA code set issues/ICD-10-CM implementation before the National Committee on Vital and Health Statistics Standards and Security Subcommittee, May 29, 2002.

Mirsky, J., Barasch, M., & Goldberg, K. (1992). Adjustment problems among Soviet immigrants at risk. Part I: Reaching out to members of the 1000 "families" organization. *Israel Journal of Psychiatry Related Sciences, 29*, 135–149.

Mishra, R. C. (1988). Learning strategies among children in the modern and traditional schools. *Indian Psychologist, 5*, 17–24.

Mishra, R. C. (1997). Cognition and cognitive development. In J. W. Berry, P. R. Dasen, & T. S. Saraswathi (Eds.), *Handbook of cross-cultural psychology: Basic processes and human development* (Vol. 2, pp. 143–176). Boston: Allyn & Bacon.

Moghaddam, F. (1998). *Social psychology.* New York: Freeman.

Moghaddam, F., Ditto, B., & Taylor, D. (1990). Attitudes and attributions related to psychological symptomatology in Indian immigrant women. *Journal of Cross-Cultural Psychology, 21*, 335–350.

Mok, A., Morris, M. W., Benet-Martínez, V., & Karakitapoglu-Aygün, Z. (2007). Embracing American culture: Structures of social identity and social networks among first-generation biculturals. *Journal of Cross-Cultural Psychology, 38*, 629–635.

Monroe, K. (1995). Psychology and rational actor theory. *Political Psychology, 16*(1), 1–21.

Monroe, K., & Kreidie, L. (1997). The perspective of Islamic fundamentalists and the limits of Rational Choice Theory. *Political Psychology, 18*, 1, 19–44.

Montgomery, D., Miville, M., Winterowd, C., Jeffries, B., & Baysden, M. (2000). American Indian college students: An exploration into resiliency factors revealed through personal stories. *Cultural Diversity and Ethnic Minority Psychology, 6*(4), 387–398.

Morelli, G. A., Rogoff, B., Oppenheim, D., & Goldsmith, D. (1992). Cultural variations in infants' sleeping arrangements: Questions of independence. *Developmental Psychology, 28*, 604–613.

Morse, J. M., & Park, C. (1988). Differences in cultural expectations of the perceived painfulness of childbirth. In K. Michaelson (Ed.), *Childbirth in America: Anthropological perspectives.* South Hadley, MA: Bergin & Garvey.

Moscovici, S., & Zavalloni, M. (1969). The group as a polarizer of attitudes. *Journal of Personality and Social Psychology, 12*, 125–135.

Mosquera, P. M. R., Manstead, A. S. R., & Fischer, A. (2002). Honor in the Mediterranean and Northern Europe. *Journal of Cross-Cultural Psychology, 33*(1), 16–37.

Moss, R. (1996). Dreaming with the Iroquois. *Dream Time, 13*(2), 6–7.

Mukai, T., & McCloskey, L. (1996). Eating attitudes among Japanese and American elementary school girls. *Journal of Cross-Cultural Psychology, 27*(4), 424–435.

Muñoz, R. F., & Mendelson, T. (2005). Toward evidence-based interventions for diverse populations: The San Francisco General Hospital prevention and treatment manuals. *Journal of Consulting and Clinical Psychology, 73*, 790–799.

Munro, D. (1986). Work motivation and values: Problems and possibilities in and out of Africa. *Australian Journal of Psychology, 38*, 285–296.

Munroe, R. L., & Munroe, R. H. (1972). Obedience among children in an East African society. *Journal of Cross-Cultural Psychology, 3*(4), 395–399.

Munroe, R. L., & Munroe, R. H. (1983). Birth order and intellectual performance in East Africa. *Journal of Cross-Cultural Psychology, 14*(1), 3–16.

Munroe, R. L., & Munroe, R. H. (1997). A comparative anthropological perspective. In J. W. Berry, Y. H. Poortinga, & J. Pandey (Eds.), *Handbook of cross-cultural psychology* (Vol. 1, pp. 171–213). Boston: Allyn & Bacon.

Munroe, R. L., Munroe, R. H., & Whiting, B. B. (Eds.). (1981). *Handbook of cross-cultural human development.* New York: Garland.

Munsinger, H. A. (1978). The adopted child's IQ: A critical review. *Psychological Bulletin, 82*, 623–659.

Murphy, H. B. M. (1982). Culture and schizophrenia. In I. Ali-Assa (Ed.), *Culture and psychopathology* (pp. 251–250). Baltimore: University Park Press.

Murphy, J. M. (1976, March 12). Psychiatric labeling in cross-cultural perspective: Similar kinds of disturbed behavior appear to be labeled abnormal in diverse cultures. *Science, 191*, 1019–1028.

Murphy-Bernman, V., Levesque, H., & Bernman, J. (1996). U. N. convention on the rights of the child. *American Psychologist, 51*, 1257–1261.

Murray, H. (1938). *Explorations in personality.* New York: Oxford University Press.

Murray, W. (1999). The angel of dreams: Toward an ethnology of dream interpreting. *Journal of the American Academy of Psychoanalysis, 27*(3), 417–429.

Myers, F. (1979). Emotions and the self. *Ethos, 7*, 343–370.

Nadler, A., & Ben-Shushan, D. (1989). Forty years later: Long-term consequences of massive traumatization as manifested by holocaust survivors from the city and the kibbutz. *Journal of Consulting and Clinical Psychology, 57*, 287–293.

Naito, T., & Gielen, U. (1992). Tatemae and Honne: A study of moral relativism in Japanese culture. In U. Gielen, L. Adler, & N. Milgram (Eds.), *Psychology in international perspective.* Amsterdam: Swets & Zeitlinger.

Nasar, J. L. (1984). Visual preferences in urban street scenes. *Journal of Cross-Cultural Psychology, 15*, 79–93.

Neary, I. (2000). Rights and psychiatric patients in East Asia. *Japan Forum, 12*(2), 157–168.

Neiman, D. (2004, January 12). Flag football in a political arena: Muslim youth tournament draws attention for some team nicknames. *Washington Post*, p. A01.

Neiser, U., Boodoo, G., Bouchard, T., Boykin, W., Brody, N., Ceci, S., et al. (1996). Intelligence: Knowns and unknowns. *American Psychologist, 51*(2), 77–101.

Neto, F., Mullet, E., Deschamps, J. C., Barros, J., Benvindo, R., Camino, L., et al. (2000). Cross-cultural variations in attitudes toward love. *Journal of Cross-Cultural Psychology, 31*(5), 626–635.

Nevis, E. C. (1983). Cultural assumptions and productivity: The United States and China. *Sloan Management Review, 24*, 17–29.

New, J., Cosmides, L., & John, T. (2007). Category-specific attention for animals reflects ancestral priorities, not expertise. *Proceeding of the National Academy of Sciences of the USA.* Retrieved October 1, 2007, from http://www.pnas.org/cgi/content/abstract/104/42/16598.

Newton, N. (1970). The effect of psychological environment on childbirth: Combined cross-cultural and experimental approach. *Journal of Cross-Cultural Psychology, 1*(1), 85–90.

Ng, S. H., Hossain, A., Ball, P., Bond, M. H., Hayaski, K., Lim, S. P., et al. (1982). Human values in nine countries. In R. Rath, H. S. Asthana, D. Sinha, & J. B. P. Sinha (Eds.), *Diversity and unity in cross-cultural psychology* (pp. 196–205). Lisse, Netherlands: Swets & Zeitlinger.

Nicholls, J. (1989). *The competitive ethos and demographic education.* Cambridge, MA: Harvard University Press.

Nicholson, J., Seddon, G., & Worsnop, J. (1977). Teaching understanding of pictorial special relationships to Nigerian secondary school students. *Journal of Cross-Cultural Psychology, 8*, 401–414.

Niles, S. (1998). Achievement goals and means: A cultural comparison. *Journal of Cross-Cultural Psychology, 29*(5), 656–667.

Ninio, A. (1979). The native theory of the infant and other material attitudes in two subgroups in Israel. *Child Development, 50*, 976–980.

Nisbett, R. (2003). *The geography of thought: How Asians and Westerners think differently and why.* London: Nicholas Brealey Publishing.

Nobles, W. (1991). African philosophy: Foundations for black psychology. In R. Jones (Ed.), *Black psychology* (3rd ed., pp. 47–63). Berkeley, CA: Cobb & Henry.

Noelle-Neumann, E. (1986). *The spiral of silence: Public opinion—our social skin.* Chicago: University of Chicago Press.

Norasakkunkit, V., & Kalick, S. M. (2002). Culture, ethnicity, and emotional distress measures: The role of self-construal and self-enhancement. *Journal of Cross-Cultural Psychology, 33*(1), 56–71.

Oberg, K. (1960). Culture shock: Adjustment to new cultural environments. *Practical Anthropology, 7*, 177–182.

Offermann, L., & Hellmann, P. (1997). Culture's consequences for leadership behavior: National values in action. *Journal of Cross-Cultural Psychology, 28*(3), 342–351.

Ogbu, J. (1986). The consequences of the American caste system. In U. Neisser (Ed.), *The school achievement of minority children: New perspectives* (pp. 19–56). Hillsdale, NJ: Erlbaum.

Ogbu, J. (1991). Minority coping responses and school experience. *Journal of Psychohistory, 18*, 434–456.

Ogbu, J. (1994). From cultural differences to differences in cultural frames of reference. In P. M. Greenfield & R. R. Cocking (Eds.), *Cross-cultural roots of minority child development* (pp. 365–391). Hillside, NJ: Erlbaum.

Oishi, S., Diener, E., Scollon, C. N., & Biswas-Diener, R. (2004). Cross-situational consistency of affective experiences across cultures. *Journal of Personality and Social Psychology, 86*, 460–472.

Okagaki, L., & Sternberg, R. (1993). Parental beliefs and children's school performance. *Child Development, 64*, 36–56.

Okazaki, S., Liu, J., Longworth, S., & Minn, J. (2002). Asian American-White American differences in expressions of social anxiety: A replication and extension. *Cultural Diversity and Ethnic Minority Psychology, 8*(3), 234–247.

Okonji, O. M., (1971). A cross-cultural study of the effects of familiarity on classificatory behavior. *Journal of Cross-Cultural Psychology, 2*(1), 3–49.

Olson, S., Kashiwagi, K., & Crystal, D. (2001). *Journal of Cross-Cultural Psychology, 32*, 1, 43–57.

Ornstein, R. E. (1977). *The psychology of consciousness.* New York: Penguin Books.

Osborn, A. (1957). *Applied imagination.* New York: Scribners.

Osborne, L. (2001, May 6). Case study: Latah. *The New York Times.* Section 6, p. 98.

Osherow, N. (1993). Making sense of the nonsensical: An analysis of Jonestown. In E. Aronson (Ed.), *Readings about the social animal* (pp. 68–86). New York: W. H. Freeman.

Osterweil, Z., & Nagano, K. (1991). Maternal views on autonomy. *Journal of Cross-Cultural Psychology, 22*(3), 362–375.

Oyserman, D., Coon, H. M., & Kemmelmeier, M. (2002). Rethinking individualism and collectivism: Evaluation of theoretical assumptions and meta-analyses. *Psychological Bulletin, 128*(1), 3–72.

Paige, K. (1973, September 4). Women learn to sing the menstrual blues. *Psychology Today*, pp. 41–46.

Park, J., Cho, Y.-S., Yi, K.-H., Rhee, K.-Y., Kim, Y., & Moon, Y.-H. (1999). Unexpected natural death among Korean workers. *Journal of Occupational Health, 41*, 238–243.

Park, K. (1988). East Asians' responses to western health items. *Journal of Cross-Cultural Psychology, 19*(1), 51–64.

Parker, D., & Deregowski, J. (1990). *Perception and artistic style.* Amsterdam: North-Holland.

Parsons, J., & Goff, S. (1978). Achievement motivation: A dual modality. *Educational Psychologist, 13*, 93–96.

Parsons, T. (1951/1964). *The social system.* New York: Free Press.

Patel, V. (1996). Recognition of common mental disorders in primary care in African countries: Should "mental" be dropped? *Lancet, 347*(9003), 742–744.

Pedersen, P. (1995). *The five stages of culture shock: Critical incidents around the world.* Westport, CT: Greenwood Press.

Pei, M. (1998, January/February). Is China democratizing? *Foreign Affairs*, 68–82.

Peng, K., Nisbett, R. E., & Wong, N. Y. C. (1997). Validity problems comparing values across cultures and possible solutions. *Psychological Methods, 2*, 329–344.

Pennock-Roman, M. (1992). Interpreting test performance in selective admissions for Hispanic students. In K. F. Geisinger (Ed.), *Psychological testing of Hispanics* (pp. 95–135). Washington DC: American Psychological Association.

Persidsky, I., & Kelly, J. (1992). Adjustment of Soviet elderly in the United States: An educational approach. *Gerogogics: European Research, 1*, 129–140.

Persinger, M. (2003). The temporal lobe: The biological basis of the God experience. In R. Joseph (Ed.), *Neuro-Theology: Brain, science, spirituality, religious experience.* San Jose, CA: University Press.

Petersen, A. C. (1988). Adolescent development. *Annual Review of Psychology, 39*, 583–607.

Petitto, A., & Ginsburg, H. (1982). Mental arithmetic in Africa and America: Strategies, principles, and explanations. *International Journal of Psychology, 17*, 81–102.

Petrovsky, A. (1978). *The psychological theory of the collective.* Moscow: Academy of Sciences.

Pew Forum on Religion and Public Life (2008). A 2008 National Survey http://pewforum.org.

Pew Research Center (2005). *U.S. image up slightly, but still negative.* Washington, DC: Author.

Phillips, D. (1998, March 18). Is a culture a factor in air crashes? *Washington Post*, p. A17.

Phillips, M., Yang, G., Li, S., & Li, Y. (2004, September 18). Suicide and the unique prevalence pattern of schizophrenia in mainland China: A retrospective observational study. *The Lancet, 364*(9439), 1062–1068.

Piaget, J. (1952). *The origins of intelligence in children.* New York: International Universities Press.

Piaget, J. (1954). *The construction of reality in the child.* New York: Basic Books.

Piaget, J. (1963). *The child's conception of the world.* Paterson, NJ: Littlefield, Adams.

Piaget, J. (1970). Piaget's theory. In P. H. Mussen (Ed.), *Carmichael's manual of child psychology* (3rd ed., Vol. 1, pp. 773–847). New York: Wiley.

Piaget, J. (1972). *The psychology of intelligence.* Totowa, NJ: Littlefield Adams.

Pinto, A., Folkers, E., & Sines, J. (1991). Dimensions of behavior and home environment in school-age children: India and the United States. *Journal of Cross-Cultural Psychology, 22*, 491–508.

Platz, S. G., & Hosch, H. M. (1988). Cross-racial/ethnic eyewitness identification: A field study. *Journal of Applied Social Psychology, 13*, 972–984.

Pliner, P. (1982). The effects of mere exposure on liking for edible substances. *Appetite: Journal for Intake Research, 3*, 283–290.

Pliner, P., & Pelchat, M. (1991). Neophobia in humans and the special status of foods of animal origin. *Appetite: Journal for Intake Research, 16*, 205–218.

Pliner, P., Pelchat, M., & Grabski, M. (1993). Reduction of neophobia in humans by exposure to novel foods. *Appetite: Journal for Intake Research, 20*, 111–123.

Pollack, R. (1963). Contour detectability thresholds as a function of chronological age. *Perceptual and Motor Skills, 17*, 411–417.

Poortinga, Y. H., & Van der Flier, H. (1988). The meaning of item bias in ability tests. In S. H. Irvine & J. W. Berry (Eds.), *Human abilities in cultural context* (pp. 166–183). New York: Cambridge University Press.

Powel, L., Shahabi, L., & Thorensen, C. (2003). Religion and Spirituality: Linkages to Physical Health. *American Psychologist, 58*(1), 36–52.

Pratkanis, A. (1988). The attitude heuristic and selective fact identification. *British Journal of Social Psychology, 27*, 257–263.

Pratt, K. (2000). Dream as symptom, dream as myth: A cross-cultural perspective on dream narratives. *Sleep & Hypnosis, 2*(4), 152–159.

Pruitt, D., & Rubin, J. (1986). Social conflict: Escalation, stalemate, and settlement. New York: Random House.

Pryor, J., Giedd, J., & Williams, K. (1995). A social psychological model for predicting sexual harassment. *Journal of Social Issues, 51*(1), 69–84.

Punamaki, R. L., & Joustie, M. (1998). The role of culture, violence, and personal factors affecting dream content. *Journal of Cross-Cultural Psychology, 29*(2), 320–342.

Punetha, D., Giles, H., & Young, L. (1987). Ethnicity and immigrant values: Religion and language choice. *Journal of Language and Social Psychology, 6*, 229–241.

Pye, L. W. (1982). *Chinese commercial negotiating style.* Cambridge, MA: Oelgeschlager, Gunn & Hain.

Radford, M., Nakane, Y., Ohta, Y., Mann, L., & Kalucu, R. (1991). Decision making in clinically depressed patients: A transcultural social psychological study. *Journal of Nervous and Mental Disease, 179*, 711–719.

Raspberry, W. (2000, June 2). Testing stereotype. *Washington Post*, p. A33.

Rathus, S., Nevid, J., & Fischer-Rathus, L. (1993). *Human sexuality in a world of diversity.* Boston: Allyn & Bacon.

Raven, B., & Rubin, J. (1968). *Social psychology.* New York: Wiley.

Raven, J. (2000). The Raven's progressive matrices: Change and stability over culture and time. *Cognitive Psychology, 41*, 1–48.

Ray, V. F. (1952). Techniques and problems in the study of human color perception. *South Western Journal of Anthropology, 8*, 201–219.

Ray, O. (2004). How the mind hurts and heals the body. *American Psychologist, 59*(1), 29–40.

Raybeck, D., & Herrmann, D. (1990). A cross-cultural examination of semantic relations. *Journal of Cross-Cultural Psychology, 21*(4), 452–473.

Reason, J., & Mycielska, K. (1982). *Absent-minded? The psychology of mental lapses and everyday errors.* Englewood Cliffs, NJ: Prentice-Hall.

Rees, P. (2002, October 20). Japan: The missing million. *BBC News, World Edition.* http://News.bbc.co.uk.

Renshon, S. (1989). Psychological perspectives on theories of adult development and the political socialization of leaders. In R. Sigel (Ed.), *Political learning in adulthood: A sourcebook of theory and research.* Chicago: University of Chicago Press.

Reuning, H., & Wortley, W. (1973). Psychological studies of the Bushmen. *Psychologia Africana, Monograph Supplement*, No. 7.

Rich, J. (1999). *The culture of fear: Why Americans are afraid of the wrong things.* New York: Basic Books.

Richburg, K. (2003, November 27). Europe's Muslims treated as outsiders: Moroccan family seeks acceptance. *Washington Post*, p. A01.

Rim, Y. (1963). Risk-taking and need for achievement. *Acta Psychologica, 21*, 108–115.

Rime, B., & Giovannini, D. (1986). The psychological patterns of reported emotional states. In K. R. Scherer, H. G. Wallbott, & A. B. Summerfield (Eds.), *Experiencing emotion: A cross-cultural study* (pp. 84–97). Cambridge, MA: Cambridge University Press.

Rivers, W. H. R. (1901). Vision. In A. Haddon (Ed.), *Psychology and physiology: Reports of the Cambridge anthropological exhibition to Torres straits* (Vol. 2, Pt. 1). Cambridge: Cambridge University Press.

Robertson, D., Davidoff, J., Davies, I., & Shapiro, L. (2004). The development of color categories in two languages: A longitudinal study. *Journal of Experimental Psychology: General, 133*(4), 554–571.

Robins, L. N., Tipp, J., & Przybeck, T. (1991). Psychiatric disorders in America. In L. N. Robins & D. A. Regier (Eds.), *Antisocial personality disorder* (pp. 258–290). New York: Free Press.

Rogoff, B. (1990). *Apprenticeship in thinking: Cognitive development in social context.* New York: Oxford University Press.

Rohier, I. (1975). A social-learning approach to political socialization. In D. Schwartz & S. Schwartz (Eds.), *New directions in political socialization.* New York: Free Press.

Rokeach, M. (1973). *The nature of human values.* New York: Free Press.

Roland, A. (2006). Across civilizations: Psychoanalytic therapy with Asians and Asian Americans. *Psychotherapy: Theory, Research, Practice, Training, 43*(4), 454–463.

Roll, S. (1987). Dreams. In T. M. Abel, R. Metraux, & S. Roll (Eds.), *Psychotherapy and culture* (pp. 176–195). Albuquerque: University of New Mexico Press.

Roll, S., Rabold, K., & McArdle, L. (1976). Disclaimed activity in dreams of Chicanos and Anglos. *Journal of Cross-Cultural Psychology, 7*(3), 335–342.

Rosaldo, M. Z. (1980). *Knowledge and passion: Ilongot notions of self and social life.* Cambridge: Cambridge University Press.

Roseman, I. J. (1991). Appraisal determinants of discrete emotions. *Cognition and Emotion, 5*, 161–200.

Rosen, G. (1968). *Madness in society.* London: Routledge and Kegan Paul.

Rosenau, N. (1975). The sources of children's political concepts: An application of Piaget's theory. In D. Schwartz & S. Schwartz (Eds.), *New directions in political socialization.* New York: Free Press.

Rosenthal, R., & Jacobson, L. (1968). *Pygmalion in the classroom: Teacher expectation and pupils' intellectual development.* New York: Holt, Rinehart, & Winston.

Ross, L. (1977). The intuitive psychologist and his shortcomings: Distortions in the attribution process. In L. Berkowitz (Ed.), *Advances in experimental social psychology* (Vol. 10). New York: Academic Press.

Ross, L., Lepper, M. R., & Hubbard, M. (1975). Perseverance in self-perception and social perception: Biased attribution processes in the debriefing paradigm. *Journal of Personality and Social Psychology, 32*, 880–892.

Ross, L. D., & Lepper, M. R. (1980). The perseverance of beliefs: Empirical and normative considerations. In R. A. Shweder (Ed.), *New directions for methodology of behavioral science: Fallible judgment in behavioral research.* San Francisco: Jossey-Bass.

Rothbaum, F., Kakinuma, M., Nagaoka, R., & Azuma, H. (2007). Attachment and amae: Parent—child closeness in the United States and Japan. *Journal of Cross-Cultural Psychology, 38*, 465–486.

Rothbaum, F., & Tsang, B. Y.-P. (1998). Love songs in the United States and China. *Journal of Cross-Cultural Psychology, 29*(2), 306–319.

Rothblum, E. (1992). Women and weight: An international perspective. In U. Gielen, L. Adler, & N. Milgram (Eds.), *Psychology in international perspective.* Amsterdam: Swets & Zeitlinger.

Rotter, J. (1966). Generalized expectations for internal vs. external control of reinforcement. *Psychological Monographs, 80*, 1–28.

Rozin, P., & Fallon, A. (1987). A perspective on disgust. *Psychological Review, 94*(1), 23–41.

Rubenstein, J. (1987). A cross-cultural comparison of children's drawings of same- and mixed-sex peer interaction. *Journal of Cross-Cultural Psychology, 18*(2), 234–250.

Ruchkin, V., Lorberg, B., Koposov, R., Schwab-Stone, M., & Sukhodolsky, D. (2007, August). ADHD symptoms and associated psychopathology in a community sample of adolescents from the European North of Russia. *Journal of Attention Disorders.* Online version: http://jad.sagepub.com

Rudmin, F. (2003). Critical history of the acculturation psychology of assimilation, separation, integration, and marginalization. *Review of General Psychology, 7*(1), 3–37.

Rudy, D., & Grusec, J. (2001). Correlates of authoritarian parenting in individualist and collectivist cultures and implications for understanding the transmission of values. *Journal of Cross-Cultural Psychology, 32*(2), 202–212.

Rushton, J. P. (1994). Sex and race differences in cranial capacity from International Labour Office Data. *Intelligence, 19*, 281–294.

Rushton, J. P. (1995). *Race, evolution, and behavior.* New Brunswick, NJ: Transaction.

Rushton, J. P., & Jensen, A. R. (2005). Thirty years of research on race differences in cognitive ability. *Psychology, Public Policy, and Law, 11*, 235–294.

Russell, C. (1995, July, 10–12). Do you know what your kids are doing? *Washington Post Health* p. 10.

Russell, G., Fujino, D., Sue, S., Cheung, M.-K., & Snowden, L. (1996). The effects of therapist-client ethnic match in the assessment of mental health functioning. *Journal of Cross-Cultural Psychology, 27*(5), 598–615.

Russell, J. (1994). Is there universal recognition of emotion from facial expression? A review of cross-cultural studies. *Psychological Bulletin, 115*, 102–141.

Russell, J. A. (1991). Culture and the categorization of emotions. *Psychological Bulletin, 110*, 426–450.

Russell, J. A., & Yik, M. S. M. (1996). Emotion among the Chinese. In M. H. Bond (Ed.), *The handbook of Chinese psychology* (pp. 166–188). Hong Kong: Oxford University Press.

Ryan, E. B., & Sebastian, R. J. (1980). The effects of speech style and social class background on social judgements of speakers. *British Journal of Social and Clinical Psychology, 19*, 229–233.

Sadie, S. (1980). *The new grove dictionary of music and musicians* (Vol. 9). London: Macmillan.

Sanada, T., & Norbeck, E. (1975). Prophecy continues to fail. *Journal of Cross-Cultural Psychology, 6*(3), 331–341.

Saroop, S. (1999). *Indian American attitudes regarding arranged marriages in the United States* (Unpublished manuscript).

Sartorius, N. (1992). Prognosis for schizophrenia in the Third World: A re-evaluation of cross-cultural research. A Commentary. *Culture, Medicine, and Psychiatry, 16*, 81–84.

Sarver, D., Brown, G., & Evans, D. (2007). Cosmetic breast augmentation and suicide. *American Journal of Psychiatry, 164*, 1006–1013.

Satcher, D. (2000). Executive Summary: A Report of the Surgeon General on Mental Health, Public Health Rep 2000; 115: 89–101. Assistant Secretary for Health and U.S. Surgeon General.

Sax, L. (2007). *Boys adrift: The five factors driving the growing epidemic of unmotivated boys and underachieving young men.* New York: Basic Books.

Schachter, S., & Singer, J. (1962). Cognitive, social, and psychological determinants of emotional state. *Psychological Review, 69*, 379–399.

Schaffer, C. (1998). *Democracy in translation: Understanding politics in an unfamiliar culture.* Ithaca, NY: Cornell University Press.

Scherer, K., Banse, R., & Wallbott, H. (2001). Emotion interferences from vocal expression correlate across languages and cultures. *Journal of Cross-Cultural Psychology, 32*(1), 76–92.

Scherer, K. R. (1984). Toward a concept of "modal emotions." In P. Ekman & R. J. Davidson (Eds.), *The nature of emotion: Fundamental questions* (pp. 25–31). Oxford: Oxford University Press.

Scherer, K. R., & Wallbott, H. G. (1994). Evidence for universality and cultural variation of different emotional response patterning. *Journal of Personality and Social Psychology, 66*, 310–328.

Scherer, K. R., Wallbott, H. G., Matsumoto, D., & Kudoh, T. (1988). Emotional experience in cultural context: A comparison between Europe, Japan, and the United States. In K. R. Scherer (Ed.), *Faces of emotions* (pp. 5–30). Hillsdale, NJ: Erlbaum.

Schimmack, U. (1996). Cultural influences on the recognition of emotion by facial expressions:

Individualistic or Caucasian cultures? *Journal of Cross-Cultural Psychology, 27*(2), 37–50.

Schlegel, A., & Barry, H. (1991). *Adolescence: An anthropological inquiry.* New York: Free Press.

Schlinger, H. D., Jr. (1996). How the human got its spots: A critical analysis of the just so stories of evolutionary psychology. *Skeptic, 4*(1), 68–76.

Schmidt, S., & Yeh, R.-S. (1992). The structure of leader influence. *Journal of Cross-Cultural Psychology, 23*(2), 251–264.

Schmitt, D., Allik, J., McCrae, R., & Benet-Martínez, V. (2007). The geographic distribution of big five personality traits: Patterns and profiles of human self-description across 56 nations. *Journal of Cross-Cultural Psychology, 38*(2), 173–212.

Schubert, G. (1991a). Human vocalizations in agonistic political encounters. In G. Shubert & R. Masters (Eds.), *Primate politics.* Carbondale: Southern Illinois University Press.

Schubert, G. (1991b). *Sexual politics and political feminism.* Greenwich, CT: JAI Press.

Schubert, G., & R. Masters (Eds.). (1991). *Primate politics.* Carbondale: Southern Illinois University Press.

Schulze, P., Harwood, R., & Schoelmerich, A. (2001). *Journal of Cross-Cultural Psychology, 32*(4), 397–406.

Schwanenflugel, P. J., & Rey, M. (1986). The relationship between category typicality and concept familiarity: Evidence from Spanish- and English-speaking monolinguals. *Memory & Cognition, 14*, 150–163.

Schwartz, B. (2004). *The paradox of choice: Why more is less.* New York: Ecco.

Schwartz, J. (1998, July 8). Blacks absorb more nicotine, suffer greater smoking toll, studies say. *Washington Post*, p. A3.

Schwartz, S. (1975). Patterns of cynicism: Differential political socialization among adolescence. In D. Schwartz & S. Schwartz (Eds.), *New directions in political socialization.* New York: Free Press.

Schwartz, S. (1994). Are there universal aspects in the structure and content of human values? *Journal of Social Issues, 50*, 19–45.

Schwartz, S. (2000). Value consensus and importance. *Journal of Cross-Cultural Psychology, 31*(4), 465–498.

Schwartz, S., Melech, G., Lehmann, A., Burgess, S., Harris, M., & Owens, V. (2001). Extending the cross-cultural validity of the theory of basic human values with a different method of measurement. *Journal of Cross-Cultural Psychology, 32*(5), 519–542.

Schwartz, S. H. (2004). Mapping and interpreting cultural differences around the world. In H. Vinken, J. Soeters, & P. Ester (Eds.), *Comparing cultures, dimensions of culture in a comparative perspective* (pp. 43–73). Leiden, The Netherlands: Brill.

Schwartz, S. H. (2007). Universalism values and the inclusiveness of our moral universe. *Journal of Cross-Cultural Psychology, 38*(6), 711–728.

Scribner, S., & Cole, M. (1981). *The psychology of literacy.* Cambridge, MA: Harvard University Press.

Sears, D. (1996). Presidential address: Reflections on the politics of multiculturalism in American society. *Political Psychology, 17*(3), 409–420.

Sears, D., Huddy, L., & Jervis, R. (Eds). (2003). *Oxford handbook of political psychology.* Oxford: Oxford University Press.

Segall, M. H., Campbell, D. T., & Herskovits, M. J. (1966). *The influence of culture on visual perception.* Indianapolis, IN: Bobbs-Merrill.

Segall, M. H., Dasen, P. R., Berry, J. W., & Poortinga, Y. H. (1990). *Human behavior in global perspective: An introduction to cross-cultural psychology.* New York: Pergamon.

Segall, M., Dasen, P., Berry, J., & Poortinga, Y. (1999). *Human behavior in global perspective.* Boston: Allyn & Bacon.

Segall, M. H., Ember, C. R., & Ember, M. (1997). Aggression, crime, and warfare. In J. W. Berry, M. H. Segall, & C. Kagitcibasi (Eds.), *Handbook of cross-cultural psychology* (Vol. 3, 3rd ed., pp. 213–254). Boston: Allyn & Bacon.

Semin, G., & Zwier, S. (1997). Social cognition. In J. Berry, M. Segall, & C. Kagitcibasi (Eds.), *Handbook of cross-cultural psychology* (Vol. 3, pp. 51–76). Boston: Allyn & Bacon.

Serpell, R. (1993). *The significance of schooling: Life journeys in an African society.* Cambridge: Cambridge University Press.

Shade, B. (1991). African American patterns of cognition. In R. Jones (Ed.), *Black psychology* (3rd ed., pp. 47–63). Berkeley, CA: Cobb & Henry.

Shade, B. (1992). Is there Afro-American cognitive style? An exploratory study. In K. H. Burlew, W. C. Banks, H. P. McAdoo, & D. A. ya Azibo (Eds.), *African American psychology* (pp. 246–259). Newbury Park, CA: Sage.

Shafey, O., Dolwick, S., & Guindon, G. (Eds.). (2003). *Tobacco control country profiles 2003.* Atlanta, GA: American Cancer Society.

Shapiro, R., Nacos, B., & Isernia, P. (Eds.). (2000). *Decision-making in the glass house.* Boulder, CO: Rowman & Littlefield.

Shea, J. D. (1985). Studies of cognitive development in Papua New Guinea. *International Journal of Psychology, 20*, 33–61.

Shimizi, Y., & Kaplan, B. (1987). Postpartum depression in the United States. *Journal of Cross-Cultural Psychology, 18*(1), 15–30.

Shiraev, E. (1988). I semya v otvete (The family is responsible). In A. Sventsitsky (Ed.), *The power of discipline.* Leningrad: Lenizdat.

Shiraev, E. (2000). People say, advisers advise, and officials decide. In R. Shapiro, B. Nacos, & P. Isernia (Eds.), *Decision-making in the glass house.* Boulder, CO: Rowman & Littlefield.

Shiraev, E., & Bastrykin, A. (1988). *Fashion, idols, and the self.* St. Petersburg: Lenizdat.

Shiraev, E., & Boyd, J. (2001). *The accent of success.* Englewood Cliffs, NJ: Prentice Hall.

Shiraev, E., & Boyd, G. (2008). *The accent of success.* Ann Arbor: University of Michigan Press.

Shiraev, E., & Fillipov, A. (1990). Cross-cultural social perception. *St. Petersburg University Quarterly, 13,* 53–60.

Shiraev, E., & Sobel, R. (2006). *People and their opinions.* New York: Longman.

Shlapentokh, V., Shiraev, E., & Carroll, E. (2008). *The Soviet Union: Internal and external perspectives on Soviet society.* New York: Palgrave.

Shupe, E. I. (2007). Clashing cultures: A model of international student conflict. *Journal of Cross-Cultural Psychology, 38,* 750–771.

Shweder, R., Mahapatra, M., & Miller, J. (1990). Culture and moral development. In J. Stigler, R. Shweder, & G. Herdt (Eds.), *Cultural psychology* (pp. 130–204). New York: Cambridge University Press.

Sidanius, J., & Pratto, F. (2001). *Social dominance: An intergroup theory of social hierarchy and oppression.* Cambridge: Cambridge University Press.

Sigel, R. (1989). Introduction: Persistence and change. In R. Sigel (Ed.), *Political learning in adulthood: A sourcebook of theory and research.* Chicago: University of Chicago Press.

Simmons, C., vomKolke, A., & Shimizu, H. (1986). Attitudes toward romantic love among American, German, and Japanese students. *Journal of Social Psychology, 126,* 327–336.

Simon, B. (1978). *Mind and madness in ancient Greece: The classical roots of modern psychiatry.* Ithaca, NY: Cornell University Press.

Simons, R., & Hughes, C. (Eds.). (1985). *The culture-bound syndromes: Folk illnesses of psychiatric and anthropological interest.* Dordrecht, The Netherlands: D. Reidel Publishing Company.

Simonton, D. (1987). Developmental antecedents of achieved eminence. *Annals of Child Development, 5,* 131–169.

Singh, D., Renn, P., & Singh, A. D. (2007). Did the perils of abdominal obesity affect depiction of feminine beauty in the sixteenth to eighteenth century British literature? Exploring the health and beauty link. *Proceedings of the Royal Society of London. Biological Sciences, 274,* 891–894.

Sinha, D., & Shukla, P. (1974). Deprivation and development of skill for pictorial depth perception. *Journal of Cross-Cultural Psychology, 5*(4), 434–445.

Sinha, J., & Verma, J. (1983). Perceptual structuring of dyadic interactions. *Journal of Cross-Cultural Psychology, 14,* 187–199.

Skrypnek, B. J., & Snyder, M. (1982). On the self-perpetuating nature of stereotypes about women and men. *Journal of Experimental Social Psychology, 18,* 277–291.

Skuy, M., Gewer, A., Osrin, Y., Khunou, D., Fridjhon, P., & Rushton, J. P. (2002). Effects of mediated learning experience on Raven's matrices scores of African and non-African university students in South Africa. *Intelligence, 30,* 221–232.

Smith, H. (1976). *The Russians.* New York: Quadrangle.

Smith, H. (1991). *The world's religions.* San Francisco: Harper.

Smith, K. D., Smith, S. T., & Chambers, J. (2007). What defines the good person? Cross-cultural comparisons of experts' models with lay prototypes. *Journal of Cross-Cultural Psychology, 38,* 333–360.

Smith, M. B. (1978). Psychology and values. *Journal of Social Issues, 34,* 181–199.

Smith, P., & Schwartz, S. (1997). Values. In J. Berry, M. Segall, & C. Kagitcibasi (Eds.), *Handbook of cross-cultural psychology* (Vol. 3, pp. 77–118). Boston: Allyn & Bacon.

Smith, P. B., & Bond, M. H. (1993). *Social psychology across cultures: Analysis and perspectives.* Hemel Hempstead, England: Harvester/Wheatsheaf.

Snacken, J. (1991). Guide pour le pratique dans un contexte multiculturel et interdisciplinaire. In J. Leman & A. Gailly (Eds.), *Therapies interculturelles* (pp. 135–140). Bruxelles, Belgium: Editions Universitaires, De Boeck Universite.

Snarey, J. (1985). Cross-cultural universality of social-moral development: A critical review of Kohlbergian research. *Psychological Bulletin, 97,* 202–232.

Snyder, C. R., Shenkel, R. J., & Lowery, C. R. (1977). Acceptance of personality interpretations: The "Barnum Effect" and beyond. *Journal of Consulting and Clinical Psychology, 45*(1), 104–114.

Snyder, M. (1984). When belief becomes reality. In L. Berkowitz (Ed.), *Advances in experimental social psychology* (Vol. 18). New York: Academic Press.

Snyder, M., & Swann, W. B., Jr. (1978). Behavioral confirmation in social interaction: From social perception to social reality. *Journal of Experimental Social Psychology, 14,* 148–162.

Snyderman, M., & Rothman, S. (1988). *The IQ controversy: The media and public policy.* New Brunswick, NJ: Transaction Books.

Sobal, J., & Stunkard, A. J. (1989). Socioeconomic status and obesity: A review of the literature. *Psychological Bulletin, 105*(2), 260–275.

Solomon, R. S. (1978). Emotions and anthropology: The logic of emotional world views. *Inquiry, 21,* 181–199.

Somer, E., & Saadon, M. (2000, December). Stambali: Dissociative possession and trance in a Tunisian healing dance. *Transcultural Psychiatry, 37,* 580–600.

Sonwalkar, P. (2004, April 2). Children of Indian origin outshine others in Scotland. *The Hindustan Times.* http:// www.hindustantimes.com.

Sorrentino, R. M., Nezlek, J. B., Yasunaga, S., Kouhara, S., Otsubo, Y., & Shuper, P. (2008). Uncertainty orientation and affective experiences: Individual differences within and across cultures. *Journal of Cross-Cultural Psychology, 39*(2), 129–146.

Spearman, C. E. (1927). *The abilities of man.* London: Macmillan.

Spence, I., Wong, P., Rusan, M., & Rastegar, N. (2006). How color enhances visual memory for natural scenes. *Psychological Science, 17*, 1–6.

Spielberger, C. (1980). *Test anxiety inventory. Preliminary professional manual.* Palo Alto, CA: Consulting Psychologist Press.

Sporer, S. L., Trinkl, B., & Guberova, E. (2007). Matching faces: Differences in processing speed of out-group faces by different ethnic groups. *Journal of Cross-Cultural Psychology, 38*, 398–412.

Starcevic, V. (1999). Neurasthenia: Cross-cultural and conceptual issues in relation to chronic fatigue syndrome. *General Hospital Psychiatry, 21*(4), 249–255.

Starovoitova, G. (1998, March 5–11). An interview to *Obshchaya Gazeta*, p. 1.

Staub, E. (1996). Cultural-societal roots of violence: The examples of genocidal violence and of contemporary youth violence in the United States. *American Psychologist, 51*(2), 117–132.

Steele, C. M. (1999, August). Thin ice: "Stereotype threat" and black college students. *The Atlantic Monthly, 284*(2), pp. 44–47, 50–54.

Steele, R. G., Elliott, V., & Phipps, S. (2003). Race and health status as determinants of anger expression and adaptive style in children. *Journal of Social and Clinical Psychology, 22*, 40–58.

Steers, R., & Sanchez-Runde, C. (2002). Culture, motivation, and work behavior. In M. Martin & K. Newman (Eds.), *Handbook of cross-cultural management.* Malden, MA: Blackwell.

Steffensen, M., & Calker, L. (1982). Intercultural misunderstandings about health care: Recall of descriptions of illness and treatments. *Social Science and Medicine, 16*, 1949–1954.

Stein, M. (1991). On the socio-historical context of creativity programs. *Creativity Research Journal, 4*, 294–300.

Sternberg, R. (2007). *Wisdom, intelligence, and creativity synthesized.* Cambridge University Press.

Stephan, C. W., Stephan, W., Saito, I., & Barnett, S. (1998). Emotional expression in Japan and the United States: The nonmonolithic nature of individualism and collectivism. *Journal of Cross-Cultural Psychology, 29*(6), 728–748.

Sternberg, R. (1985). *Beyond IQ: A triarchic theory of human intelligence.* New York: Cambridge University Press.

Sternberg, R. (1997). The concept of intelligence and its role in lifelong learning and success. *American Psychologist, 52*(10), 1030–1037.

Sternberg, R. (2004, July–August). Culture and intelligence. *American Psychologist, 59*(5), 325–338.

Sternberg, R., & Grigorenko, E. (2001). Unified psychology. *American Psychologist, 56*(12), 1069–1070.

Stevenson, H., Lee, S. Y., Chen, C., Lummis, M., Stigler, J., Fan, L., et al. (1990). Mathematical achievement of children in China and the United States. *Child Development, 61*, 1053–1066.

Stipek, D. (1998). Differences between Americans and Chinese in the circumstances evoking pride, shame, and guilt. *Journal of Cross-Cultural Psychology, 29*(5), 616–629.

Strauss, V. (2008, May 20). No crisis for boys in schools, study says. *Washington Post*, p. A1.

Strohschneider, S., & Guss, D. (1998). Planning and problem solving: Differences between Brazilian and German students. *Journal of Cross-Cultural Psychology, 29*(6), 695–716.

Struck, D. (2000, August 11). Gun use intrudes on Japanese serenity. *Washington Post*, p. A17.

Sue, S., & Okazaki, S. (1990). Asian American educational achievements: A phenomenon in search of an explanation. *American Psychologist, 45*, 913–920.

Sue, S., Fujino, D., Hu, L., Takeuchi, D., & Zane, N. (1991). Community mental health services for ethnic minority groups. *Journal of Counseling and Clinical Psychology, 59*, 533–540.

Suh, E. M., Diener, E. D., & Updegraff, J. A. (2008). From culture to priming conditions: Self-construal influences on life satisfaction judgments. *Journal of Cross-Cultural Psychology, 39*(1), 3–15.

Sukhodolsky, D. G., Golub, A., & Cromwell, E. N. (2001). Development and validation of the anger rumination scale. *Personality and Individual Differences, 31*, 689–700.

Sullivan, H. S. (1954). *The psychiatric interview.* New York: Norton.

Summer, W. (1970). *What social classes owe to each other.* Caldwell, ID: Caxton.

Super, C., & Harkness, S. (1997). The cultural structuring of child development. In J. W. Berry, P. R. Dasen, & T. S. Saraswathi (Eds.), *Handbook of cross-cultural psychology: Basic processes and human development* (Vol. 2, pp. 1–41). Boston: Allyn & Bacon.

Suzuki, L., & Valencia, R. (1997). Race-ethnicity and measured intelligence: Educational implications. *American Psychologist, 52*(10), 1103–1114.

Sventsitsky, A. (Ed.). (1988). *Avtoritet distsipliny* [*The power of discipline*]. Leningrad: Lenizdat.

Swenson, L. C. (1993). *Psychology and law.* Pacific Grove, CA: Brooks/Cole.

Symons, D. (1979). *The evolution of human sexuality.* New York: Oxford University Press.

Tafarodi, R., & Swann, W. (1996). Individualism-collectivism and global self-esteem: Evidence for a cultural trade-off. *Journal of Cross-Cultural Psychology, 27*, 651–672.

Takano, Y., & Noda, A. (1993). A temporary decline of thinking ability during foreign language processing. *Journal of Cross-Cultural Psychology, 24*(4), 445–462.

Takano, Y., & Sogon, S. (2008). Are Japanese more collectivistic than Americans? Examining conformity in in-groups and the reference-group effect. *Journal of Cross-Cultural Psychology, 39*(3), 237–250.

Tanaka-Matsumi, J. (1989). The cultural difference model and applied behavior analysis in the design of early childhood intervention. In L. L. Adler (Ed.), *Cross-cultural research in human development: Lifespan perspectives* (pp. 37–46). New York: Praeger.

Tanaka-Matsumi, J. (1995). Cross-cultural perspectives on anger. In H. Kassinove (Ed.), *Anger disorders: Definition, diagnosis, and treatment.* Washington, DC: Taylor and Francis.

Tanaka-Matsumi, J., & Draguns, J. (1997). Culture and psychopathology. In J. W. Berry, M. H. Segall, & C. Kagitcibasi (Eds.), *Handbook of cross-cultural psychology* (Vol. 3, pp. 449–491). Boston: Allyn & Bacon.

Tanaka-Matsumi, J., & Marsella, A. (1976). Cross-cultural variations in the phenomenological experience of depression. *Journal of Cross-Cultural Psychology, 7*(4), 379–390.

Taub, J. (1971). The sleep-wakefulness cycle in Mexican adults. *Journal of Cross-Cultural Psychology, 2*(4), 353–362.

Taves, A. (1999). *Fits, trances, and visions: Experimenting religion and explaining experience from Wesley to James.* Princeton, NJ: Princeton University Press.

Taylor, L., & deLacey, P. R. (1974). Three dimensions of intellectual functioning in Australian Aboriginal and disadvantaged European children. *Journal of Cross-Cultural Psychology, 5*(1), 49–55.

Taylor, S., Sherman, D., Kim, H. S., Jarcho, J., Takagi, K., & Dunagan, M. (2004). Culture and social support: Who seeks it and why? *Journal of Personality & Social Psychology, 87*(3), 354–362.

Taylor, S. E., & Fiske, S. T. (1975). Point of view and perceptions of causality. *Journal of Personality and Social Psychology, 32*, 439–445.

Taylor, S. E., Peplau, L. A., & Sears, D. O. (1994). *Social psychology* (8th ed.). Englewood Cliffs, NJ: Prentice-Hall.

Tedlock, B. (1987). Dreaming and dreamer research. In B. Tedlock (Ed.), *Dreaming: Anthropological and psychological interpretations.* Cambridge: Cambridge University Press.

Tellenbach, H. (1980). *Melancholy.* Pittsburgh: Duquesne University Press.

Terracciano, A., Abdel-Khalek, A. M., Ádám, N., Adamovová, L., Ahn, C. K., Ahn, H. N., et al. (2005). National character does not reflect mean personality trait levels in 49 cultures. *Science, 310*, 96–100.

Terracciano, A., & McCrae, R. (2007). Perceptions of Americans and the Iraq invasion: Implications for understanding national character stereotypes. *Journal of Cross-Cultural Psychology, 38*(6), 695–710.

Theroux, E., Kaplan, F., Semler, E., & Speransky, H. (1991). *The Harper Collins business guide to Moscow.* New York: Harper & Row.

Thompson, K. (2003). Body image, eating disorders, and obesity. Washington, DC: American Psychiatric Association.

Thornhill, R., & Gangestad, S. W. (2008). The evolutionary biology of human female sexuality. New York, NY: Oxford University Press.

Thouless, R. H. (1932). A racial difference in perception. *Journal of Social Psychology, 4*, 330–339.

Thurstone, E. L. (1938). *Primary mental abilities.* Chicago: University of Chicago Press.

Thwala, A., Pillay, A., & Sargent, C. (2000). The influence of urban/rural background, gender, age and education on the perception of and response to dreams among Zulu South Africans. *South African Journal of Psychology, 30*(4), 1–5.

Tietelbaum, S., & Geiselman, E. (1997). Observer mood and cross-racial recognition of faces. *Journal of Cross-Cultural Psychology, 28*(1), 93–106.

Tiggemann, M., & Ruutel, E. (2001). A cross-cultural comparison of body dissatisfaction in Estonian and Australian young adults and its relationship with media exposure. *Journal of Cross-Cultural Psychology, 32*(6), 736–744.

Timio, M., Lippi, G., Venanzi, S., Gentili, S., Quintaliani, G., Verdura, C., et al. (1997). Blood pressure trend and cardiovascular events in nuns in a secluded order: A 30-year follow-up study. *Blood Pressure, 6*, 81–87.

Ting-Toomey, S. (1985). Toward a theory of conflict and culture. *International and Intercultural Communication Annual, 9*, 71–86.

Tobacyk, J. J. (1992). Changes in locus of control beliefs in Polish university students before and after democratization. *Journal of Cross-Cultural Psychology, 13*(2), 217–222.

Tolbert, K. (2000, April 28). Japan's elderly: Once revered, now unemployed. *Washington Post*, p. A01.

Tolbert, K. (2002, May 29). Japan's voluntary shut-ins: Locked in their rooms, young men shun society. *Washington Post*, p. A01.

Tolin, D. F., Robison. J. T., Gaztambide, S., Horowitz, S., & Blank, K. (2007). *Ataques de Nervios* and psychiatric disorders in older Puerto Rican primary care patients. *Journal of Cross-Cultural Psychology, 38*(6), 659–669.

Tori, C. D., & Bilmes, M. (2002). Multiculturalism and psychoanalytic psychology: The validation of a defense mechanisms measure in an Asian population. *Psychoanalytic Psychology, 19*(4), 701–721.

Triandis, H. (1989). The self and social behavior in different social contexts. *Psychological Review, 96*, 506–520.

Triandis, H. (1990). Cross-cultural studies of individualism-collectivism. In J. Berman (Ed.), *Nebraska Symposium on Motivation 1989.* Lincoln: Nebraska University Press.

Triandis, H. (1994). *Culture and social behavior.* New York: McGraw-Hill.

Triandis, H. C. (1996). The psychological measurement of cultural syndromes. *American Psychologist, 51*(4), 407–415.

Triandis, H. C., Lambert, W. W., Berry, J. W., Lonner, W. T., Heron, A., Brislin, R., et al. (Eds.). (1980). *Handbook of cross-cultural psychology* (Vols. 1–6). Boston: Allyn & Bacon.

Tsai, J., & Levenson, R. (1997). Cultural influences on emotional responding: Chinese American and European American dating couples during interpersonal conflict. *Journal of Cross-Cultural Psychology, 28*(5), 600–625.

Tsytsarev, S. V., & Krichmar, L. (2000). Relationship of perceived culture shock, length of stay in the US, depression and self-esteem in elderly Russian speaking immigrants. *Journal of Social Distress and the Homeless, 9*(1), 35–49.

Tullett, A. (1997). Cognitive style, not culture's consequence. *European Psychologist, 2*(3), 258–267.

Tung, M. P. M. (1994). Symbolic meanings of the body in Chinese culture and "somatization." *Culture, Medicine and Psychiatry, 18,* 483–492.

Turner, T. (1997, October). Ethnicity and psychiatry. *The Practitioner, 241,* pp. 612–615.

Tutty, L., Rothery, M., & Grinnell, R. (1996). *Qualitative research for social work.* Boston: Allyn & Bacon.

Tversky, A., & Kahneman, D. (1973). Availability: A heuristic for judging frequency and probability. *Cognitive Psychology, 5,* 207–232.

Tversky, A., & Kahneman, D. (1974). Judgment under uncertainty: Heuristics and biases. *Science, 185,* 1124–1131.

Tversky, A., & Kahneman, D. (1982). Judgments of and by representativeness. In D. Kahneman, P. Slovic, & A. Tversky (Eds.), *Judgment under uncertainty: Heuristics and biases.* New York: Cambridge University Press.

Tweed, R. G., & Lehman, D. R. (2002). Learning considered within a cultural context: Confucian and Socratic approaches. *American Psychologist, 57,* 89–99.

Uba, L. (1994). *Asian Americans: Personality patterns, identity, and mental health.* New York: Guilford Press.

UCLA (2002). *Prime time black and white,* vol. 1. UCLA Center for African American Studies.

Ullman, M., & Zimmerman, N. (1979). *Working with dreams.* New York: Delacorte Press/Eleanor Friede.

Ulusahin, A., Basoglu, M., & Paykel, E. S. (1994). A cross-cultural comparative study of depressive symptoms in British and Turkish clinical samples. *Social Psychiatry and Psychiatric Epidimeology, 29,* 31–39.

UN. (1948). Universal Declaration of Human Rights. http://www.un.org.

UN. (1959). Declaration of the Rights of the Child. http://www.un.org.

UN. (1967). Declaration on the Elimination of Discrimination against Women. www.un.org.

U.S. Bureau of the Census (2000) United States Census 2000. http://www.census.gov/main/www/cen2000.html

U.S. Bureau of the Census (2008). *Current population survey.* Washington, DC: U.S. Department of Commerce.

Utsey, S., Bolden, M., Williams, O., Lee, A., Lanier, Y., & Newsome, C. (2007). Spiritual well-being as a mediator of the relation between culture-specific coping and quality of life in a community sample of African Americans. *Journal of Cross-Cultural Psychology, 38,* 123–136.

Valsiner, J., & Lawrence, J. (1997). Human development in culture across the life span. In J. W. Berry, P. R. Dasen, & T. S. Saraswathi (Eds.), *Handbook of cross-cultural psychology: Basic processes and human development* (Vol. 2, pp. 69–106). Boston: Allyn & Bacon.

Van Bezooijen, C., Otto, S., & Heenan, T. (1983). Recognition of vocal expression of emotion: A three-nation study to identify universal characteristics. *Journal of Cross-Cultural Psychology, 14*(4), 387–406.

Vandello, J. A., Cohen, D., & Ransom, S. (2008). U.S. Southern and Northern differences in perceptions of norms about aggression: Mechanisms for the perpetuation of a culture of honor. *Journal of Cross-Cultural Psychology, 39*(2), 162–177.

van de Vijver, F., & Willemsen, M. E. (1993). Abstract thinking. In J. Altarriba (Ed.), *Cognition and culture: A cross-cultural approach to cognitive psychology* (pp. 317–342). Amsterdam: Elsevier Science.

van de Vijver, F. J. R., & Leung, K. (1997). *Methods and data analysis for cross-cultural research.* Thousand Oaks, CA: Sage.

Van de Vliert, E. (2006). Autocratic leadership around the globe: Do climate and wealth drive leadership culture? *Journal of Cross-Cultural Psychology, 37,* 42–59.

Van de Vliert, E. (2007). Climatoeconomic roots of survival versus self-expression cultures. *Journal of Cross-Cultural Psychology, 38,* 156–172.

Van Dyk, G. A. J., & Nefale, M. C. (2005). The split-ego experience of Africans: Ubuntu therapy as a healing alternative. *Journal of Psychotherapy Integration, 15*(1), 48–66.

Van Ijzendoorn, M. H., & Kroonenberg, P. M. (1988). Cross-cultural patterns of attachment: A meta-analysis of the strange situation. *Child Development, 59,* 147–156.

Varela, R. E., Steele, R., & Benson, E. (2007). The contribution of ethnic minority status to adaptive style: A comparison of Mexican, Mexican American, and European American children. *Journal of Cross-Cultural Psychology, 38,* 26–33.

Varela, R. E., Vernberg, E., Sanchez-Sosa, J., Riveros, A., Mitchell, M., & Mashunkashey, J. (2004). Parenting style of Mexican, Mexican American, and Caucasian-Non-Hispanic Families: Social context and cultural influences. *Journal of Family Psychology, 18*(4), 651–657.

Vassiliou, V., & Vassiliou, G. (1973). The implicative meaning of the Greek concept of philomoto. *Journal of Cross-Cultural Psychology, 4*(3), 326–341.

Veenhoven, R. (2008). Sociological theories of subjective well-being. In M. Eid & R. Larsen (Eds.), *The science of subjective well-being: A tribute to Ed Diener* (pp. 44–61). New York: Guilford Publications.

Vekker, L. (1978). *Psikhicheskie protsessy* [*Psychological processes*] (Vol. 2). Leningrad: Leningrad State University Press.

Vereijken, C., Riksen-Walraven, J. M., & Van Lieshout, C. (1997). Mother-infant relationships in Japan: Attachment, dependency, and amae. *Journal of Cross-Cultural Psychology, 28*(4), 442–462.

Vernon, P. (1969). *Intelligence and cultural environment.* London: Methuen.

Vernon, P. A., Wickett, J. A., Bazana, G., & Stelmack, R. M. (2000). The neuropsychology and psychophysiology of human intelligence. In R. J. Sternberg (Ed.), *Handbook of intelligence* (pp. 245–264). Cambridge, England: Cambridge University Press.

Vesaluoma, M., Linda Müller, L.,Gallar, J.,Lambiase, A., Moilanen, J., Hack, T., et al. (2000). Effects of oleoresin capsicum pepper spray on human corneal morphology and sensitivity. *Investigative Ophthalmology and Visual Science, 41*, 2138–2147.

Vidmar, N. (1970). Group composition and the risky shift. *Journal of Experimental Social Psychology, 6*, 153–166.

Vincent, K. (1991). Black/white IQ differences: Does age make the difference? *Journal of Clinical Psychology, 47*, 266–270.

Vokey, J. R., & Read, J. D. (1985). Subliminal messages: Between the devil and the media. *American Psychologist, 40*, 1231–1239.

Vygotsky, L. (1932/1978). *Mind and society.* Cambridge, MA: Harvard University Press.

Walker, B. (1993). *The art of the Turkish tale.* Lubbock: Texas Tech University Press.

Walker, W., & Uysal, A. E. (1990). *Tales alive in Turkey.* Lubbock: Texas Tech University Press.

Walkey, F., & Chung, R. C.-Y. (1996). An examination of stereotypes of Chinese and Europeans held by some New Zealand secondary school pupils. *Journal of Cross-Cultural Psychology, 27*(3), 283–292.

Wallbott, H. G., & Scherer, K. R. (1986). How universal and specific is emotional experience? Evidence from 27 countries on five continents. *Social Science Information, 25*, 763–795.

Wallis, C. (1965). *The treasure chest.* New York: Harper and Row.

Walmsley, R. (2006). *World prison population list.* London: UK Home Office Research.

Wang, K., Hoosain, R., Lee, T. M. C., Meng, Y., Fu, J., & Yang, R. (2006). Perception of six basic emotional facial expressions by the Chinese. *Journal of Cross-Cultural Psychology*, 37, 623–629.

Ward, C. (1994). Culture and altered states of consciousness. In W. Lonner & R. Malpass (Eds.), *Psychology and culture.* Boston: Allyn & Bacon.

Warner, R. (1994). *Recovery from schizophrenia: Psychiatry and political economy* (2nd ed.). New York: Routledge.

Wassmann, J. (1993). When actions speak louder than words: The classification of food among the Yupno of Papua-New Guinea. *Newsletter of the Laboratory of Comparative Human Cognition, 15*, 30–40.

Wassmann, J., & Dasen, R. R. (1994). "Hot" and "Cold": Classification and sorting among the Yupno of Papua-New Guinea. *International Journal of Psychology, 29*, 19–38.

Watt, G. (1990). Reexamining factors predicting Afro-American and white American women's age at first coitus. *Archives of Sexual Behavior, 18*, 271–298.

Wax, E. (2003, July 25). Marriage stokes debate over gender roles. *Washington Post*, p. A18.

Wearden, J., Wearden, A., & Rabbitt, P. (1997). Age and IQ effects on stimulus and response timing. *Journal of Experimental Psychology: Human Perception and Performance, 23*(40), 962–979.

Weber, M. (1922/1968). *Economy and society: An outline of interpretive sociology.* New York: Bedminster Press.

Weber, M. (1905/1930). The protestant ethic and the spirit of capitalism. London: Allen and Unwin.

Wechsler, D. (1958). *The measurement and appraisal of adult intelligence.* Baltimore: Williams & Wilkins.

Weiner, B. (1980). A cognitive (attribution)-emotion-action model of motivated behavior: An analysis of judgment of help-giving. *Journal of Personality and Social Psychology, 39*, 186–200.

Weinstein, L. B. (1989). Transcultural relocation: Adaptation of older Americans to Israel. *Activities, Adaptation & Aging, 13*, 33–42.

Weiss, B. (1992). Some consequences of early harsh discipline: Child aggression and a maladaptive social information processing style. *Child Development, 63*, 1321–1335.

Weisz, J., Suwanlert, S., Chaiyasit, W., & Walter, B. (1987). Over and undercontrolled referral problems among children and adolescents from Thailand and the United States. *Journal of Counseling and Clinical Psychology, 55*, 719–726.

Weisz, J. R., Rothbaum, F. M., & Blackburn, T. C. (1984). Standing out and standing in: The psychology of control in America and Japan. *American Psychologist, 39*, 955–969.

Whaley, A., & Davis, K. (2007).Cultural competence and evidence-based practice in mental health services: A complementary perspective. *American Psychologist, 62*(6), 563–574.

Whethrick, N. E., & Deregowski, J. B. (1982). Immediate recall: Its structure in three different language communities. *Journal of Cross-Cultural Psychology, 13*(2), 210–216.

White, G. M. (1994). Affecting culture: Emotion and morality in everyday life. In S. Kitayama & H. Markus (Eds.), *Emotion and culture: Empirical studies of mutual influence* (pp. 219–239). Washington, DC: American Psychological Association.

White, K. (1982). The relation between socioeconomic status and academic achievement. *Psychological Bulletin, 91*, 461–481.

Whiting, B. B., & Edwards, C. P. (1988). *Children of different worlds: The formation of social behavior.* Cambridge, MA: Harvard University Press.

Whiting, B. B., & Whiting, J. W. M. (1975). *The children of six cultures: A psycho-cultural analysis.* Cambridge, MA: Harvard University Press.

Whittaker, J., & Whittaker, S. (1972). A cross-cultural study of geocentrism. *Journal of Cross-Cultural Psychology, 3*(4), 417–421.

Widiger, T. A., & Spitzer, R. L. (1991). Sex bias in the diagnosis of personality disorders: Conceptual and methodological issues. *Clinical Psychology Review, 11*, 1–22.

Williams, J. E., & Best, D. (1990). *Sex and psyche: Gender and self viewed cross-culturally.* London: Sage.

Williams, M. A., Berberovic, N., & Mattingley, J. B. (2007). Abnormal fMRI adaptation to unfamiliar faces in a case of developmental prosopamnesia. *Current Biology, 17*, 1259–1264.

Williams, R., & Mitchell, H. (1991). The testing game. In R. Jones (Ed.), *Black psychology* (3rd ed., pp. 193–206). Berkeley: Cobb & Henry.

Williams, Y., Kino, J., Goebert, D., Hishinuma, E., Miyamoto, R., Anzai, N., et al. (2002). A conceptual model of cultural predictors of anxiety among Japanese American and part-Japanese American adolescents. *Cultural Diversity & Ethnic Minority Psychology, 8*(4), 320–333.

Wills, M. G. (1992). Learning styles of African American children: A review of the literature and interventions. *African American Psychology* (pp. 260–278). Newbury Park, CA: Sage.

Winkelman, M. (2000). *Shamanism the neural ecology of consciousness and healing.* Westport, CT: Bergin and Carvey.

Wispe, L. G., & Drambarean, N. C. (1953). Physiological need, word frequency, and visual duration threshold. *Journal of Experimental Physiology, 46*, 25–31.

Word, C. H., Zanna, M. P., & Cooper, J. (1974). The nonverbal mediation of self-fulfilling prophecies in interracial interaction. *Journal of Experimental Social Psychology, 10*, 109–120.

World Factbook (2000). https://www.cia.gov/library/publications/the-world-factbook/

World Health Organization. (1979). *Schizophrenia: An international follow-up study.* Geneva: WHO.

World Health Organization. (1983). *Depressive disorders in different cultures.* Geneva: WHO.

World Health Organization. (2003a). Diet, nutrition, and the prevention of chronic disease. www.who.int/en/

Wright, G., Phillips, L., Whalley, P., Choo, G., Tan, I., & Wishuda, A. (1978). Cultural differences in probabalistic thinking. *Journal of Cross-Cultural Psychology, 9*(3), 285–297.

Wright, R. (1994). *The moral animal: The new science of evolutionary psychology.* New York: Vintage.

Wright, S., Horn, S., & Sanders, W. (1997). Teacher and classroom context effects on student achievement: Implications for teacher evaluation. *Journal of Personnel Evaluation in Education, 11*, 57–67.

Wu, D. Y. H. (1982). Psychotherapy and emotion in traditional Chinese medicine. In A. J. Marsella & G. M. White (Eds.), *Cultural conceptions of mental health and therapy* (pp. 285–301). Dordrecht, The Netherlands: D. Reidel Publishing Company.

Wundt, W. (1913). *Elemente de Völkerpsychologie.* Leipzig: Alfred Kroner Verlag.

Xiang, P., Lee, A., & Solomon, M. (1997). Achievement goals and their correlates among American and Chinese students in physical education: A cross-cultural analysis. *Journal of Cross-Cultural Psychology, 28*(6), 645–660.

Yadov, V. (1978). *K voprosy o dispozitsionnoi regulatsii socialnogo povedevia lichnosti* [*To the question of the dispositional regulation of the social behavior of the individual*]. Leningrad: Academy of Sciences.

Yamaguchi, H. (1988). Effects of actor's and observer's roles on causal attribution by Japanese subjects for success and failure in competitive situations. *Psychological Reports, 63*, 619–626.

Yamaguchi, S. (2004). Further clarifications of the concept of amae in relation to dependence and attachment. *Human Development, 47*, 28–33.

Yang, K. (1986). Chinese personality and its change. In M. Bond (Ed.), *The psychology of the Chinese people.* Hong Kong: Oxford University Press.

Yang, S., & Sternberg, R. J. (1997). Conceptions of intelligence in ancient Chinese philosophy. *Journal of Theoretical and Philosophical Psychology, 17*, 101–119.

Yap, P. (1965). Phenomenology of affective disorder in Chinese and other cultures. In A. V. S. de Reuck & R. Porter (Eds.), *Transcultural psychiatry* (pp. 84–114). Boston: Little, Brown.

Yaroshevski, V. (1996). *Istoriya psychologii* [*A history of psychology*]. Moscow: Prosveshenie.

Yen, S., Robins, C. J., & Lin, N. (2000, December). A cross-cultural comparison of depressive symptom manifestation: China and the United States. *Journal of Consulting & Clinical Psychology, 68*(6), 993–999.

Yerkes, R. (1911). *Introduction to psychology.* New York: Holt.

Ying, Yu-Wen, Lee, Peter A., Tsai, Jeanne L., Yeh, Yei-Yu, & Huang, John S. (2000). The conception of depression in Chinese American college students. *Cultural Diversity & Ethnic Minority Psychology, 6*(2), 183–195.

Yu, A., & Bain, B. (1985). *Language, social class and cognitive style: A comparative study of unilingual and bilingual education in Hong Kong and Alberta.* Hong Kong: Hong Kong Teacher's Association Press.

Yu, L. C. (1993). Intergenerational transfer of resources within policy and cultural contexts. In S. H. Zarit, L. I. Pearlin, & K. W. Schaie (Eds.), *Caregiving systems.* Hillsdale, NJ: Erlbaum.

Yushka, A., & Gaidys, V. (2008). A case in point: Lay discourses on Soviet Lithuania during Brezhnev period (1964–1982). In V. Shlapentokh, E. Shiraev, & E. Carroll. *The Soviet Union: Internal and external perspectives on Soviet society.* New York: Palgrave.

Zajonc, R. (1968). The attitudinal effect of mere exposure. *Journal of Personality and Social Psychology, Monograph Supplement, 9,* 1–27.

Zajonc, R. (1980). Feeling and thinking: Preferences need no inferences. *American Psychologist, 35,* 151–175.

Zajonc, R. B. (1965). Social facilitation. *Science, 149,* 269–274.

Zaller, J. (1992). *The nature and origins of mass opinion.* Cambridge: Cambridge University Press.

Zebian, S., & Denny, P. (2001). Integrative cognitive style in Middle Eastern and Western groups. *Journal of Cross-Cultural Psychology, 32*(1), 58–75.

Zendal, I., Pihl, R., & Seidman, B. (1987). The effects of learning sets on torque. *Journal of Clinical Psychology, 43,* 272–275.

Zepeda, M. (1985). Mother-infant behavior in Mexican and Mexican-American women: A study of the relationship of selected prenatal, perinatal and postnatal events. *Dissertation Abstracts International, 45*(9–A), 2756.

Zheng, R., & Stimpson, D. (1990). A cross-cultural study of entrepreneurial attitude orientation. *Information on Psychological Sciences, 6,* 23–25.

Zimbardo, P. (1997, May). What messages are behind today's cults? *APA Monitor,* p. 14.

Ziv, A., Shani, A., & Nebenhaus, S. (1975). Adolescents educated in Israel and in the Soviet Union. *Journal of Cross-Cultural Psychology, 6*(1), 108–121.

Zuckerman, M. (1990, December). Some dubious premises in research and theory on racial differences: Scientific, social, and ethical issues. *American Psychologist, 45*(12), 1297–1303.

Zung, W. (1972). A cross-cultural survey of depressive symptomatology in normal adults. *Journal of Cross-Cultural Psychology, 3*(2), 177–183.

译后记

文化进入心理学家的视野从现代心理学诞生的时候就开始了，但真正把文化当做心理学研究的重要变量却是近十年的事情。文化影响着人们的心理与行为我们都知道，但文化以何种方式影响我们却一直是个难以解之谜。我们如何看待文化的影响呢？最简单最直接的方法就是比较不同文化中的人的心理与行为特点，这就是跨文化心理学的基本思路。

本书从历史、概念、方法以及一些主要的研究领域等方面，系统地阐述了跨文化心理学这门学科的体系，是一本体系完整、内容新颖的著作。作者系统地总结了跨文化心理学的研究成果，这些成果既包括传统的感知觉和智力等，也包括健康与社会认知等新的领域的问题。通过阅读这本书，读者一定能够对跨文化心理学有较为深入的理解。

与一般的跨文化心理学著作不同，本书最大的特点是它的应用取向。作者不仅考虑了个体发展、动机等和文化的关系，而且把诸如价值观、偏见和心理障碍等问题和文化联系起来。这种应用取向反映了主流心理学在对文化的认识上有了长足的进步。

我本人自 2001 年以来一直在北京大学心理学系为研究生开设“文化心理学专题”课程，从那时起就在寻找一本能够反映文化心理学研究前沿的教科书，但一直未能如愿。直到十年后的一天，当中国人民大学出版社让我看看这本书是否值得翻译的时候，我觉得眼前一亮，就是它了。

当然，翻译也不是一件容易的事情，好在我的学生给了我很大的帮助，我实际上只是一个把关者，我的研究生张宁、周琰、胡睿、李慧中、罗林等参与了本书的翻译工作。由我对本书做了系统的审校。尽管会有这样那样的瑕疵，但能够出版总是一件令人欣慰的事情。希望这本书能够让我们对文化研究有更深的认识。

侯玉波

2012 年 3 月 29 日于北京大学静园

推荐阅读书目

ISBN	书名	作者	单价（元）
心理学译丛系列			
978-7-300-14847-2	心理学	［美］斯宾塞·A·拉瑟斯	45.00
978-7-300-09188-4	日常生活心理学	［美］里克·M·加德纳	75.00
978-7-300-12644-9	行动中的心理学（第八版）	［美］卡伦·霍夫曼	89.00
978-7-300-13001-9	心理学研究方法（第 8 版）	［美］戴维·G·埃尔姆斯等	48.00
978-7-300-13932-6	心理学研究方法精要（第 7 版）	［美］尼尔·J·萨尔金德	32.00
978-7-300-11128-5	行为科学统计概要（第 5 版）	［美］弗雷德里克·J·格雷维特等	58.00
978-7-300-13306-5	现代心理测量学（第 3 版）	［英］约翰·罗斯特等	28.00
978-7-300-12745-3	人类发展（第八版）	［美］詹姆斯·W·范德赞登等	88.00
978-7-300-09563-9	现代心理学史（第 2 版）	［美］C·詹姆斯·古德温	88.00
978-7-300-10248-1	变态心理学纲要（第 4 版）	［美］马克·杜兰德等	98.00
978-7-300-09603-2	变态心理学案例教程（第 3 版）	［美］蒂莫西·布朗等	35.00
978-7-300-11012-7	心理治疗与咨询理论：概念与案例（第 4 版）	［美］理查德·S·沙夫	78.00
978-7-300-12478-0	女性心理学（第 6 版）	［美］马格丽特·W·马特林	58.00
978-7-300-12617-3	社区心理学——联结个体和社区（第 2 版）	［美］詹姆士·H·道尔顿等	58.00
978-7-300-10896-4	压力管理心理学（第 4 版）	［美］沃特·谢弗尔	58.00
978-7-300-10208-5	环境心理学（第五版）	［美］保 罗·贝尔等	88.00
978-7-300-14110-7	职场人际关系心理学（第 12 版）	［美］莎伦·伦德·奥尼尔等	39.00
978-7-300-15678-1	社会交际心理学——人际行为研究	［澳］约瑟夫·P·福加斯	39.00
978-7-300-14062-9	社会与人格心理学研究方法手册	［美］哈里·T·赖斯等	65.00
978-7-300-08008-6	动机与人格（第三版）	［美］马斯洛	45.00
978-7-300-10470-6	自我导向行为（第 9 版）	［美］戴维·L·华生等	48.00
978-7-300-14533-4	没有疆界	［美］肯·威尔伯	35.00
978-7-300-07160-0	万物简史	［美］肯·威尔伯	32.00
978-7-300-09927-9	性、生态、灵性	［美］肯·威尔伯	88.00
罗洛·梅文集			
978-7-300-14799-4	祈望神话	［美］罗洛·梅	58.00
978-7-300-15039-0	祈望神话（精装）	［美］罗洛·梅	69.00

978-7-300-11882-6	爱与意志	[美] 罗洛·梅	55.00
978-7-300-11881-9	爱与意志（精装）	[美] 罗洛·梅	78.00
978-7-300-09416-8	创造的勇气	[美] 罗洛·梅	25.00
978-7-300-09779-4	创造的勇气（精装）	[美] 罗洛·梅	40.00
978-7-300-11878-9	存在心理学：一种整合的临床观	[美] 科克·J·施耐德等	75.00
978-7-300-11877-2	存在心理学：一种整合的临床观（精装）	[美] 科克·J·施耐德等	99.00
978-7-300-09588-2	存在之发现	[美] 罗洛·梅	39.80
978-7-300-09778-7	存在之发现（精装）	[美] 罗洛·梅	54.80
978-7-300-09638-4	人的自我寻求	[美] 罗洛·梅	45.00
978-7-300-09777-0	人的自我寻求（精装）	[美] 罗洛·梅	60.00
978-7-300-11880-2	心理学与人类困境	[美] 罗洛·梅	39.00
978-7-300-11879-6	心理学与人类困境（精装）	[美] 罗洛·梅	55.00
978-7-300-11598-6	自由与命运	[美] 罗洛·梅	45.00
978-7-300-11902-1	自由与命运（精装）	[美] 罗洛·梅	60.00
978-7-300-13304-1	存在：精神病学和心理学的新方向	[美] 罗洛·梅 [加] 恩斯特·安杰尔等	89.00
978-7-300-15042-0	存在：精神病学和心理学的新方向（精装）	[美] 罗洛·梅 [加] 恩斯特·安杰尔 等	99.00

当代西方社会心理学名著译丛

978-7-300-13011-8	语境中的社会建构	[美] 肯尼斯·J·格根	45.00
978-7-300-13012-5	社会表征	[法] 塞尔日·莫斯科维奇	59.00
978-7-300-12765-1	社会支配论	[美] 吉姆·斯达纽斯等	65.00
978-7-300-13004-0	自我归类论	[澳] 约翰·特纳等	45.00
978-7-300-13005-7	精英话语与种族歧视	[荷] 范·戴克	49.00
978-7-300-13006-4	社会心理学的解释水平	[比利时] 威廉·杜瓦斯	35.00
978-7-300-13007-1	文化社会心理学	[美] 赵志裕等	69.00
978-7-300-13008-8	欲望的演化（修订版）	[美] 戴维·M·巴斯	59.00
978-7-300-13009-5	社会认同过程	[澳] 迈克尔·A·豪格等	59.00
978-7-300-13010-1	论辩与思考（新版）	[英] 迈克尔·毕利希等	65.00

* * * *

Cross-Cultural Psychology：Critical Thinking and Contemporary Applications，4e by Eric B. Shiraev；David A. Levy
ISBN：9780205665693

北京市版权局著作权合同登记号：01-2008-3715

图书在版编目（CIP）数据

跨文化心理学：批判性思维和当代的应用（第4版）/（美）希雷，（美）利维著；侯玉波等译.—北京：中国人民大学出版社，2012.10

（心理学译丛·教材系列）

ISBN 978-7-300-16328-4

Ⅰ.①跨… Ⅱ.①希…②利…③侯… Ⅲ.①文化心理学-研究 Ⅳ.①G05

中国版本图书馆CIP数据核字（2012）第242284号

心理学译丛·教材系列

跨文化心理学

批判性思维和当代的作用（第4版）

[美] 埃里克·B·希雷　戴维·A·利维　著

侯玉波　等译

Kuawenhua Xinlixue

出版发行	中国人民大学出版社		
社　　址	北京中关村大街31号	邮政编码	100080
电　　话	010－62511242（总编室）		010－62511770（质管部）
	010－82501766（邮购部）		010－62514148（门市部）
	010－62515195（发行公司）		010－62515275（盗版举报）
网　　址	http：//www.crup.com.cn		
	http：//www.ttrnet.com（人大教研网）		
经　　销	新华书店		
印　　刷	北京七色印务有限公司		
规　　格	215 mm×275 mm　16开本	版　　次	2013年1月第1版
印　　张	17.75 插页2	印　　次	2018年1月第2次印刷
字　　数	480 000	定　　价	55.00元